明朝万历年间未孩堂刊本

方壶外史

附 三藏真诠

[明] 陆西星 著

盛克琦 点校

华龄出版社
HUALING PRESS

图书在版编目（CIP）数据

方壶外史 /（明）陆西星著；盛克琦点校．-- 北京：华龄出版社，2023.7

ISBN 978-7-5169-2516-4

Ⅰ.①方… Ⅱ.①陆… ②盛… Ⅲ.①道教—中国—明代—文集 Ⅳ.① B95-53

中国国家版本馆 CIP 数据核字（2023）第 071169 号

策划编辑	南川一滴	**责任印制**	李未圻
责任编辑	郑　雍	**装帧设计**	何　朗

书　　名	方壶外史	**作　者**	［明］陆西星　著 盛克琦　点校
出　　版 发　　行	华龄出版社 HUALING PRESS		
社　　址	北京市东城区安定门外大街甲 57 号	**邮　编**	100011
发　　行	（010）58122255	**传　真**	（010）84049572
承　　印	运河（唐山）印务有限公司		
版　　次	2023 年 7 月第 1 版	**印　次**	2023 年 7 月第 1 次印刷
规　　格	710mm × 1000mm	**开　本**	1/16
印　　张	28	**字　数**	434 千字
书　　号	ISBN 978-7-5169-2516-4		
定　　价	128.00 元		

《中华内丹学典籍丛书》
编 委 会

陆西星真人画像

清光绪七年（1881）集益堂刻本

鄉賢陸山人西星遺像

陸西星字長庚生有逸才讀書爲名諸生九試不售棄儒服爲方外遊纂述仙釋書數十種與宗臣同時以才名而著作推西星爲最（事詳前志文苑）

贊曰利也冀土名也雲烟不求聞達純任自然黃冠草履水涯山巔傳有奇遇得其真詮等身著作道義之肩揭精微旨託諸虛玄是通三教歸於一源淺測之者目之曰仙

陆山人西星遗像

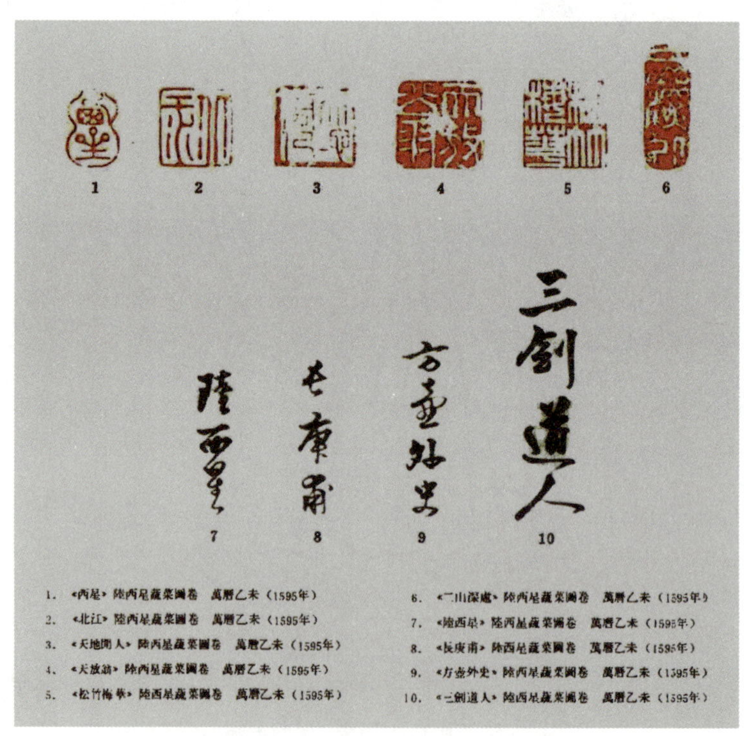

陆西星印章签名

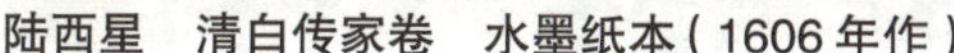

陆西星　清白传家卷　水墨纸本（1606年作）

陆西星藏品（砚台正面）

陆西星藏品（砚台底面）

简　介

本幅款识：万历丙午春日，方壶外史西星写本幅钤印：陆西星印；方壶外史本幅藏印：之泗经眼；铁华鉴定；夔臣心赏；玉麟珍赏；□□藏画记；曾经梁□杨景霖藏；曾藏吴宝珊处审定真迹所记；宝珊心赏；宝珊心爱心赏之画；寤寐不忘引首款识：清白传家，南郡王汝祯书引首钤印：王汝祯印引首藏印：开浚鉴赏；铁华鉴定；凤楼珍赏；子韶审定；丽堂鉴定；夔臣鉴赏跋幅释文：爱菜歌（全文略）跋幅款识：仆生平喜字画家藏元宋名笔甚多，一时皆被火焚靖难后，于市上偶得陆方壶白菜一幅，玩之令人舞蹈，见笔迹西风秀有……吾恐千载后是终无□者，时丙戌仲冬书于青厢馆周南圣叟詹杰跋幅钤印：刘太希；宝珊珍赏；自觉斋珍藏书画记；天响琴斋主人珍藏书画；子韶审定；丽堂鉴定；叶氏六皆鼎斋书画印；□鲁借读；曾藏吴宝珊处。

《三藏真诠》封面

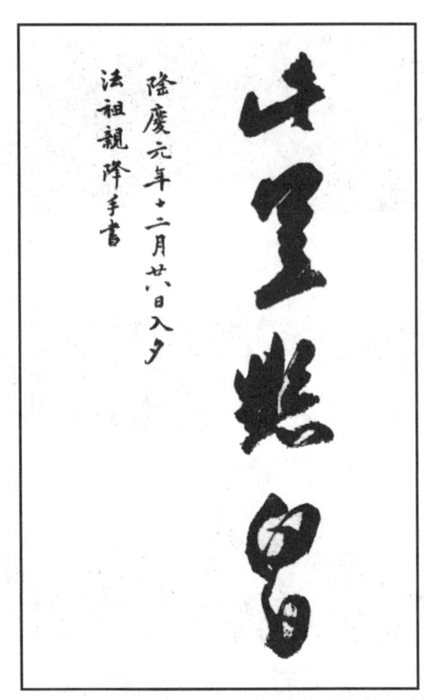

《三藏真诠》法祖手书

三藏真詮序

清虛洞天侍者潛虛子陸西星謹製

玄元大道。陶鑄萬物。天地日星山河動植皆象形之糟粕。其精粹純和靈明洞豁不屬有無不落方所者鍾為
體
帝聖真仙。于以旋斡陰陽主宰造化。三清之境。彌羅之天蓬瀛閬風之上若人居之可望而不可攀。歸乎遐哉斯造化之實理也。達者則信。衆人疑焉。昔者漢武雄材好仙。卒為方士所惑。白首無驗。喟爾嘆曰天下

《三藏真铨》序

三藏真詮卷之一

法藏

清虛洞天侍者潛虛子陸西星編

法祖純陽老師

青春容盡踰工衆術。亦徒播弄文術。窮疲精神。不為天壤山水笑者。無幾矣。 弟子華嶽以文瀆師。師因發此

非也。子等清修百日。皆可以作胎仙 弟子言仙乃天福非凡骨可期。師故荅此

參同悟真。乃入道之楷梯。 問當讀何書。

陰陽合而成道 弟子問道

有為三峯術者。可令先除墓地。 問三峯術

《三藏真诠》法藏卷一

整理说明

陆西星（1520—1606），字长庚，号潜虚子，又号方壶外史、蕴空居士、三剑道人等，江苏扬州兴化（今属江苏泰州兴化）人。生于明正德十五年（1520）十二月十四日，历经嘉靖、隆庆、万历三朝，是明代杰出的道教学者，著作极其丰富，有《方壶外史》《南华副墨》《三藏真诠》《楞严经说约》《楞严经述旨》《楞伽经述旨》等传世。据王沐和柳存仁等考证小说《封神演义》也是陆西星所作。

一、《方壶外史》八卷，收书十五种。内容分为两类：一注释，有《无上玉皇心印妙经测疏》《黄帝阴符经测疏》《老子道德经玄览》《周易参同契测疏》《周易参同契口义》《悟真篇小序》《崔公入药镜测疏》《纯阳吕公百字碑测疏》《紫阳真人金丹四百字测疏》《龙眉子金丹印证诗测疏》《邱真人青天歌测疏》；二自著，有《玄肤论》《金丹就正篇》《金丹大旨图》《七破论》。

二、《方壶外史》存有明未孩堂刻本（国家图书馆有藏），清光绪七年（1881 年）集益堂刻本（中国科学院图书馆有藏）。现流行本悉为 1915 年郑观应据明刊之重印本。

三、本书《方壶外史》以明万历年间未孩堂刻本为底本整理，郑观应刊本、萧天石《道藏精华》影印本、《藏外道书》第五册影印本为校本，后两本都是据郑观应刊本所影印，乃同一版本。

四、《三藏真诠》，题“方壶公修真墨迹，十六世孙元沼装订”。该书原分《法藏》《华藏》《论藏》三部，现仅存《法藏》，分为上、下卷。《三藏真诠》是研究陆西星不可缺少的文献，是对《方壶外史》的有效补充。现以台北“国立中央图书馆”藏陆西星抄本《三藏真诠》为底本整理，参校萧天石《道藏精华》影印本、陈撄宁《法藏总抄》手抄本。

五、本书虽经认真校勘，但限于校者水平有限，在校录过程中难免出现各种错误，敬请读者批评指正。

2022年5月8日于寓所

新梓《方壶外史》序

昆丘外史赵宋　撰

今天下文字称最古者，宓牺氏[①]之“易画”与轩辕氏之《阴符》《灵枢》，类皆宣泄造化，根极性命，为世所不可不读之书。《易》更三圣，演《翼》而其道益尊；《灵枢》则编入于医方，为九流所擅；而《阴符》一书，语高旨深，学人不解其义，辄废阁勿讲，圣人之经世轻世、重知不知使然也。乃后则老子之《道德》、伯阳之《参同》、紫阳之《悟真》，递相祖述，撰成一家之言，而后黄帝《阴符》之旨，焕然大明。而数君子者，又皆遁世去位，化形隐沦，是以其调弥高，其和弥寡，其书虽出，而知者益希。《老子》言：“知我者希，则我贵”[②]。夫天下之人之于道也，诚贵之也，乃至载道之书，则读如嚼蜡，率以无味弃去，何哉？吾闻之也，义理极于精研，天机生于悦乐，诠要本于师传，解悟由于颖慧，四者弗具而能进于知言，曾未之有也。孔子曰：“《易》之为书也，广大悉备，有天道焉，有地道焉，有人道焉”[③]。说者谓《易》为圣人穷理尽性至命之书[④]，而伯阳作《契》直参同于《周易》，《易》与天地准，故能弥纶天地之道。而黄帝之《阴符》亦曰：“观天之道，执天之行，尽矣。”如是则《符》《契》之言准之羲《易》，其殆先后一揆者欤！夫学者考信圣经，谓《易》则说天莫辨矣。若乃教外玄谈，则天机人事，关系性命，屏去勿论，何误哉！夫身与世，则必有分矣，急于经世而忽

① 宓牺氏，即伏羲。伏羲，又作宓羲、庖牺、包牺、伏戏，亦称牺皇、皇羲、太昊，《史记》中称伏牺。据说八卦始画于伏羲，伏羲是中华民族人文始祖。

② 《老子》70 章：“知我者希，则我贵矣！”

③ 见《易经·系辞下》：“易之为书也，广大悉备，有天道焉，有人道焉，有地道焉。”

④ 见《易经·说卦传》：“穷理尽性以至于命。”

于理身，号称“通儒”，吾弗惑之矣！宋启款寡闻，猥以儒术用世，非敢自谓能读天下之书，而道德性命之旨，尤所乐闻。顷者吾友潜虚陆君，博极群籍，尚友千古，精研至道，感契上真，一旦遭逢，遂成解脱。若谓谆谆语人，不若潜心著述；一言领悟，不若万理圆通也。于是摘取诸家之书，各为测疏，旁通曲畅，一旨同归。丽泽之余，颇闻法要，间尝以《易》参玄，以玄准《易》。所谓乾坤、离坎、咸恒、既未，古仙丹法厥有深旨，其诸火候消息、药材铢两，莫不准则阴阳，符合卦气。自非天门洞启、灵关朝彻，则玄通微妙，鲜克举之。予问陆君，《易》前民用玄，何以乎？君曰：正德厚生，自利利他，上圣仁寿之学也。某测其书旧矣，为予诵之，聆其言若江河之有源[①]，而流衍无极也；又若吴机蜀锦，千丝万缕，而同出于一轴也；又若行空之月，普印万川，而流光互映也。君子之立言也，得其君宗，不当如是乎哉？深悯后生好道之伦，皓首穷经，废书长叹，一经指示，倏尔改观，将使愤者启，悱者发，邪者破，正者显，云雾廓而天开，荆榛剪[②]而道夷，何其畅欤！何其畅欤！爰请陆君，谓宜梓传以惠同志。虽然，盐入水中，饮则知味，强不饮者而使之知，即将不能也。君平生精力，尽在此书言。念昔者，艺同铅椠，佥谓君当振英舒采，大有补于斯世，而君数数奇[③]，其身则既隐矣。君功名不介于纤毫，而精神独贯于千古；事业不建于当时，而利泽广被于来学。古之所谓“志士”，盖庶几近之。此有人焉，致身要地，冠盖上青云，而随俗治化，与穷愁著书一言之几乎道者，比量功德，吾知其不肯去此就彼也，而况君也！君著述甚富，予所取者书十种，总若干万言，厘为八卷。

子昂藏书跋

（见《杨子卮言》）

聚书藏书良匪易事，盖观书者，澄神端虑，净几焚香，勿卷脑，勿折角，勿以爪侵字，勿以唾揭幅，勿以作枕，勿以夹刺，随损随修，随开随掩，后之得吾书者，并赠此法。

---

① 源，底本作“原”，今改。

② 剪，郑观应刊本作“翦”。

③ 数奇，指命运不好，遇事多不利。陆西星“九试不第”，故云“数数奇”。

玄律

遇人不传失天道，传非其人泄天宝。
传得其人身有功，妄传七祖受冥考。

方壶外史首题

目　录

第一卷　乾字集

无上玉皇心印妙经

淮海参学小臣陆西星　谨测

上药三品，神与气精。

夫人身中三宝，精气与神而已矣。灵明知觉之谓神，充周运动之谓气，滋液润泽之谓精。以其分量而言，则神主宰制，气主作用，精主化生，各专其能，而皆听命于主人。以其功用而言，则精能化气，气能化神，而神之所至，气亦至焉，气之所至，精亦至焉，又皆相依相济，以成自然之用。若乃原始反本，则无极之真，二五之精，妙合而凝，而后三者始具。盖神即无极之真，而气与精，即二五之精也。大朴未散之民，药物完具，圣体浑全，故童初之子，不假归复，而成无为之道。自夫窾凿[①]之后，天真既斲，而此三者，日改月化，而度于后天。后天之物，当体属阴，不能久固，故不可以入于药品。今之上药，则指先天而言，所谓元精、元气、元神是也。盖元神者，混沌之神，非日用思虑之神也；元气者，鸿濛始判之气，非口鼻呼吸之气也；元精者，"其精甚真，其中有信"之精，非交感淫泆之精也。是三者，得而用之，然后可以扶救老残，补续年命，回阳换骨，而成上品九级之天

① 窾，同"窍"字。《庄子·应帝王》："南海之帝为倏，北海之帝为忽，中央之帝为浑沌。倏与忽时相与遇于浑沌之地，浑沌待之甚善。倏与忽谋报浑沌之德，曰：'人皆有七窍，以视听食息，此独无有，尝试凿之。'日凿一窍，七日而浑沌死。"

仙[①]。若乃后天之物，则破坏无用，但可保啬，以为助道之阶梯，品为上药，理或未然。又诸丹经之言药者，有内有外，不容无辨。上阳子云："外药者，色身上事也；内药者，法身上事也。"内药了性，外药了命。内药无为无作而实有，外药有为有作而实无。又内而非外，则丹基不立；外而非内，则圣果不圆。二者相须，其用始备。

恍恍惚惚，窈窈冥冥。存无守有，顷刻而成。回风混合，百日功灵。

章首二句，见《道德经》。恍惚者，似有似无之义；窈冥者，深昧不测之称。言此三品，隐于互藏之宅，视之不可见，听之不可闻，抟之不可得，然却有真信。故曰："其精甚真，其中有信。"圣人知此，故盗其机而逆用之。存无守有，言盗机也；回风混合，言逆用也。存无者，凝神静虑，炼己以有待也；守有者，勿失爻动，乘时而有为也。盖无者，离之性；有者，坎之情。《悟真篇》云："恍惚之中寻有象"，是存无也；"窈冥之内觅真精"，是守有也。迨夫玄珠呈象，运剑追来，疾驾河车，逆转而上，此时元皇正炁来合我身，故曰"回风混合"。合则冠婚相纽，龙虎交媾，而丹药圆成矣。是知存无守有者，以神而驭炁也[②]；回风混合者，以炁而合神也。药物和合，火候调停，百日之中，灵功早著，奚俟久远哉！

默朝上帝，一纪飞升。知者易悟，昧者难行。

上言丹药圆成，故此遂言养丹之事[③]。盖西入东家，宾迎主人，既已"回风混合"于戊己之宫，但见身中精气一时辐辏而朝于主人，如君臣之庆会者然。如此朝朝暮暮，火候无差，长养圣胎，婴儿显相，直至三年九载，行满

① 〔宋〕白玉蟾《必竟恁地歌》："人身只有三般物，精神与气常保全。其精不是交感精，乃是玉皇口中涎；其气即非呼吸气，乃知却是太素烟；其神即非思虑神，可与元始相比肩。……但知即日动止间，一物相处常团圆。此物根蒂乃精气，精气恐是身中填。岂知此精此神气，根于父母未生前。三者未尝相反离，结为一块大无边。"

② 〔宋〕白玉蟾《玄关显秘论》："神则火也，气则药也，以火炼药而成丹者，即是以神御气而成道也。"

③ 海印子徐颂尧《天乐集·养丹与养胎》："丹家温养工夫，实有二部，即养丹与养胎是也。炼精化炁足，即止火，以防泄炁。止火得力，则得结丹之效。初结丹时，灯光下一直望去，眼前现一黑点，日间不能见也。一现此点，知丹已结，即须温养火候以养丹。眼前黑点，渐转红黄，直至日光下望去作金色，即知小还丹已成矣。《海山奇遇》载华阳隐士李奇，得小还丹，年数百岁，容貌不衰。吕祖游句容，遇于金坛洞天。即此小还丹也。此养丹火候，圣圣相传，只凭口授，不载于书，本编也不能例外。盖本编宗旨，只露初步延年益寿之诀，至深秘口诀，非人人所能行者，亦秘而不书也。小还丹养足，则行大周天，超凡入圣。"

功成，脱胎神化，而升于玉阙，则还丹之事毕，而大丈夫之志愿遂矣。夫存无守有，采炼于顷刻之间；回风混合，功灵于百日之内；默朝上帝，升神于一纪之期。如此程途，历历可循，所谓“功夫容易，大药非遥”。上根之人，一闻即悟，勤而行之，则如上功程，指日可计。若彼愚昧小人，素无慧目，不能洞晓深达，独以一言半句，臆度揣摩，冥行妄作，以希成就，岂不难哉？或谓“默朝上帝”为移丹上田者，于义亦通。

履践天光，呼吸育清。出玄入牝，若亡若存。绵绵不绝，固蒂深根。

如上指陈药物，克计功程，大义已晰，故此复言火候密旨。盖火之消息，准于日辰。《参同契》云：“日辰为期度，动静有早晚。”天光，即日辰也。履践天光，则能执天之行，而早晚动静之消息，斯得之矣。夫火，神火也，而何与于息？盖息者，火之橐籥[①]也。今夫冶人之铸金也，必以橐籥，急则火躁，调则火匀，缓则火藏，止则火冷。故养丹之法，妙在调停真息，以佐神火，常使一呼一吸消息合宜，育养清阳，以滋灵质。然而呼吸出入，必有根蒂，所谓“呼则接天根，吸则接地脉”。玄牝者，神气归复之所，真息之根蒂也[②]。《南华真经》云：“真人之息以踵”，故绵绵不绝，而若亡若存，

① 橐籥，无底之囊曰橐，有孔之窍曰籥，古指风箱，用于冶炉旁动吸鼓风。引申为虚而不竭，动而生风之妙。语出《老子·谷神章第六》：“天地之间，其犹橐籥乎？虚而不屈，动而愈出。”

② ［元］陈虚白《规中指南》：夫身中一窍，名曰玄牝，受炁以生，实为神府，三元所聚，更无分别，精神魂魄，会于此穴，乃金丹返还之根，神仙凝结圣胎之地也。古人谓之太极之蒂、先天之柄、虚无之宗、混沌之根、太虚之谷、造化之源、归根窍、复命关、戊己门、庚辛室、甲乙户、西南乡、真一处、中黄房、丹元府、守一坛，偃月炉、朱砂鼎、龙虎穴、黄婆舍、铅炉土釜，神水华池、帝一神室、灵台绛宫，皆一处也。然在身中而求之，非口非鼻，非心非肾，非肝非肺，非脾非胃，非脐轮，非尾闾，非膀胱，非谷道，非两肾中间一穴，非脐下一寸三分，非明堂泥丸，非关元炁海。然则何处？曰：“我的妙诀，名曰规中，一意不散，结成胎仙。”《契》云：“真人潜深渊，浮游守规中。”此其所也。《老子》曰：“多言数穷，不如守中。”正在乾之下，坤之上，震之西，兑之东，坎离水火交媾之乡，人一身天地之正中，八脉九窍，经络联辏，虚闲一穴，空悬黍珠，不依形而立，惟体道以生，似有似无，若亡若存，无内无外，中有乾坤，黄中通理，正位居体。……纯阳谓之“穷取生身受炁初”。平叔曰“劝君穷取生身处”。此元炁之所由生，真息之所由起，故玉蟾又谓之“念头动处”。修丹之士，不明此窍，则真息不住，神化无基。且此一窍，先天而生，后天而接，先后二炁，总为混沌，杳杳冥冥，其中有精，恍恍惚惚，其中有物，物非常物，精非常精也。天得之以清，地得之以宁，人得之以灵。谭真人曰：“得灏炁之门，所以归其根；知元神之囊，所以韬其光。若蚌内守，若石中藏，所以为珠玉之房。”皆真旨也。然此一窍，亦无边傍，更无内外，若以形体色象求之，则又成大错谬矣。故曰：“不可执于无为，不可形于有作，不可泥于存想，不可著于持守。”

则以踵之道得，而根日以深，蒂日以固矣。我师有云：“丹灶河车休矻矻，鹤胎龟息自绵绵”，意盖如此。夫既指天光以为消息，又指呼吸以为橐籥，又指玄牝以为根蒂，火候之旨，无余蕴矣！

人各有精，精合其神。神合其气，气合体真。不得其真，皆是强名。神能入石，神能飞形。入水不溺，入火不焚。

阴阳之精，互藏其宅，故云“各有”。各有则阴中用阳，阳中用阴，而坎离之药物显矣。今夫先天之精，隐于窈冥之内者，吾盗其机而用之，以合己汞，是精合其神也。精合其神，是谓“金来归性”，而还丹可成矣。惟此金精，有气无质，既合我神，日以神火周遭温养，混合为一，非神合其气乎？气合我体，则怀胎结婴，于是乎真体始就，而四大假合之躯，始为幻质矣，故曰“气合体真”。然谓之真，即真一也。不得此真，则不知以何而为丹母，云何而化阳神？是以强名曰“道”，而偏枯不全；强名曰“丹”，而灵通莫著。既得此真，则阴阳妙合，丹体常灵，道备功圆，阳神出现。夫是以透金石而无碍，入水火而无虞，飞空步虚，皆其余事，又岂复为形体所累哉？《参同契》云：“服食三载，轻举远游，入水不濡，跨火不焦”，与此同旨。

神依形生，精依气盈。不凋不残，松柏青青。

上言三品相合，而成不坏之真。此又言三品相依，而成永固之体，所谓“形神俱妙”者也。夫先天元神，原自不坏，但不依形身，未经煅炼，虽有灵妙，无自而显。是故学道之士，贵在保啬此身，以固主人之宅舍①。然而四大一身皆属于阴②，则又不能以永固，必得先天真一之气以补

---

①《西升经·生置章第十七》：“老君曰：生我于虚，置我于无。生我者神，杀我者心。夫心意者，我之所患也。我即无心，我何知乎？念我未生时，无有身也。直以精气聚血成我身耳。我身乃神之车也，神之舍也，神之主也。主人安静，神即居之。躁动，神即去之。是以圣人无常心者，欲归初始，返未生也。”

②《性命圭旨·第四节口诀天人合发采药归壶》：“盖人之一身，彻上彻下，凡属有形者，无非阴邪滓浊之物。故云房真人曰：四大一身皆属阴，不知何物是阳精。缘督子曰：一点阳精，秘在形山，不在心肾，而在乎玄关一窍。赵中一曰：一身内外尽皆阴，莫把阳精里面寻。丘长春曰：阳精虽是房中得之，而非御女之术。内非父母所生之躯，外非山林所产之宝。但着在形体上摸索皆不是，亦不可离形体而向外寻求。”

之[1]，然后阳里阴精长盈长住，而不凋不残，蔚乎如松柏之青青。盖精盈则形固，形固则神安，而长生久视之道，端在是矣！

三品一理，妙不可听。其聚则有，其散则零。

是上药也，分类则品各有三，混合则理原归一。一，即真一也。归于一，则超于色相声臭之表，而妙不可听矣。不可听，即不可见、不可闻、不可得之意。《悟真篇》云："见之不可用，用之不可见。恍惚里相逢，窈冥中有变。"变则聚而成有，故曰"其聚则有"。聚者，三五归一、攒簇合和[2]之义。盖聚则怀胎结婴，而无质生质矣。若耗散不收，则药物日见其零落，而大命随之，乌能生妙有耶?

七窍相通，窍窍光明。圣日圣月，照耀金庭。一得永得，自然身轻。太和充溢，骨散寒琼。得丹则灵，不得则倾。丹在身中，非白非青。诵之万遍，妙理自明。

此言圣胎灵质之妙。盖身外之身，本无形体之隔，是以晃朗交映，洞彻无外，而圣日圣月常自照耀于金庭之中。金庭，即金胎神室也。圣日圣月，坎离之精也。盖丹法本日月交光而成，故内景焕照，七窍通明，表里莹然，无有隔碍，其妙有如此者。《悟真篇》云："近来透体金光现，不与旁人话此规"，是皆得此真一之气而然。然得其一，则万事毕矣，故"一得永得，自然身轻"。谓之永得者，如以矿销金，不复重为矿也。若乃美在其中，而畅于四肢[3]，则太和充溢，盎然元气之春融；骨节致坚，铿尔寒琼之错落。珠藏渊媚，玉韫山辉，理势自然，无足异者。是知得丹则转凡成圣，而灵通莫测；不得则流浪生死，而命日倾危。且丹在身中，果何物也而灵妙若是?以为龙虎弦炁，则尚属之两家，既归身中混合为一，则不可谓之青龙、谓之白虎，而谓之丹矣。丹之为字，象日象月，是乃日月交光而成真体，所谓无质

---

① 〔明〕钱道华《注敲爻歌序》："道也者，金液还丹之道也。人禀天地精血而生，初为赤子之时，元精元气元神，混一纯全。及至长成，因眼耳鼻舌四门所诱，一灵真性，被色声香味触法，习染深沉，日复日，岁复岁，元精化为交感之精，元气化为呼吸之气，元神化为思虑之神，元气分泄，难复天真。历代祖师，发慈悲之心，垂言立教，载诸丹经，示后人修补之法。精损则以精补，气损则以气补，神损则以神补，是以人衰人补，树衰土培，故用修补之法，返本还元，以复其命。复者何?以精不漏泄，则精全为深根，气全为固蒂，神全为妙合。若能全此三者，实为终身之药物也。今世之人，昧道者多，知道者少。"

② 合和，底本作"和合"，改。

③ 肢，底本作"支"，改。

之质、不空之空。故弹丸、朱橘、摩尼、黍米，古仙状之不一，然皆未有实见其形容者。至于“非白非青”之旨，则杳绝名言，空诸色相矣。有缘之士，得遇是经，苟能口诵心研，百遍千遍，乃至万遍，则精诚所感，自尔心花发明，洞彻玄理。又况是经乃上帝之心印，诸经之鼻祖，玉京之尊典，有志斯道者，当信受而奉行之。

臣志窃负山，学惭窥管，不揣固陋，僭为测疏。凡我同志，好道之伦，尚冀因言悟道，同登法航，不胜庆幸之至。

时隆庆五年岁在辛未[①]五月十日

黄帝阴符经测疏

序

《阴符经》者，轩辕氏之书也。昔者轩辕氏得道于广成子[②]，作《阴符》《龙虎》二经，所谓性命之宗、三元之道，则论之备矣。老氏祖之而言《道

---

① 隆庆五年岁在辛未，公元1571年。

②《庄子·在宥》：“黄帝立为天子十九年，令行天下，闻广成子在于空同之上，故往见之，曰：‘我闻吾子达于至道，敢问至道之精。吾欲取天地之精，以佐五谷，以养民人。吾又欲官阴阳以遂群生，为之奈何？’广成子曰：‘而所欲问者，物之质也；而所欲官者，物之残也。自而治天下，云气不待族而雨，草木不待黄而落，日月之光益以荒矣，而佞人之心翦翦者，又奚足以语至道！’黄帝退，捐天下，筑特室，席白茅，闲居三月，复往邀之。广成子南首而卧，黄帝顺下风，膝行而进，再拜稽首而问曰：‘闻吾子达于至道，敢问治身奈何而可以长久？”广成子蹶然而起，曰：‘善哉问乎！来，吾语汝至道：至道之精，窈窈冥冥；至道之极，昏昏默默。无视无听，抱神以静，形将自正。必静必清，无劳汝形，无摇汝精，乃可以长生。目无所见，耳无所闻，心无所知，汝神将守形，形乃长生。慎汝内，闭汝外，多知为败。我为汝遂于大明之上矣，至彼至阳之原也；为汝入于窈冥之门矣，至彼至阴之原也。天地有官，阴阳有藏。慎守汝身，物将自壮。我守其一，以处其和，故我修身千二百岁矣，吾形未尝衰。’黄帝再拜稽首曰：‘广成子之谓天矣！’”陈撄宁《口诀钩玄录》：“这段文章，把长生不死的道理，和盘托出，玄妙无伦。凡后世丹经所言，炼己筑基，周天火候之说，无不在此。黄帝为道家之祖，而广成子又是黄帝之师，其言如此显露，如此切实。”徐颂尧《天乐集·道源》：“此道家养生之要素，长生久视之玄枢也。篇中最肯綮处，乃‘守一处和’四字，即心息相依之工夫也。金丹之学，即滥觞于此。……此篇妙文，语虽短，而药物、火候、真土、采取、温养之功，长生久视之理，罔不兼赅。陆西星《南华副墨》：‘看千卷丹书，不如读《在宥》一段’，洵属知音。”

德》，伯阳拟之而作《参同》，言言一旨，等趣不殊，诚入道之津梁、登真之梯筏也。盖尝论之，“道”一而已，生天生地、生人生物同一“道”之所为，其以可知可见者而言，则天地、人物皆形而下者也。形而下者谓之器①，故天地人物会有变灭而不能久；以其不可知、不可见者而言，则所以为天地、人物之根者，又皆不受变灭，超然独存者也。圣人知其如此，故尝修之以善其身，能使形神俱妙而与道为之合真焉。故曰：“性以道全，命以术延”②，此圣修之能事，而性命之极致也。道则道也，而以术言者，何也？曰：术者，道法之巧者也。《经》曰：“性有巧拙，可以伏藏。”又曰：“其盗机也，天下莫能知、莫能见。”又曰：“阴阳相胜之术，昭昭乎进于象矣。”盖言术也。夫人物之生也，既落于后天，则不能以无身；既囿于气数，则不能无生死。若乃等身世为飘瓦，幻死生如梦蝶③，此乃得道者之言，而非体道之事也。故《庄》《列》之谈，识者拟之空中之楼阁，使人可望而不可攀。《老子》曰：“九层之台，起于累土；千里之行，始于足下。”古之君子，真造而实诣，下学而上达，欲以延命却期，非术不能也。《翼》曰：“一阴一阳之谓道”，“百姓日用而不知”④。不知者，谓不知其术也。若乃识互藏之精，审合发之信，得盗机之巧，明相胜之理，则其于术也几乎！故曰：“君子得之固躬”，有以也。星也寡昧，于道罔闻，独以因缘遭际，得蒙圣师提挈，指以性命根宗、三元机要。一旦茅塞顿开，豁无疑滞，乃取黄、老之书，窃而读之，反覆䌷绎，质以师授之言，参互考订，似有迎刃而解者，乃知庖丁之目无全牛⑤，其

---

① 《易经·系辞上》：“形而上者谓之道，形而下者谓之器。”

② 吕洞宾《黄鹤赋》：“上德以道全其形，斯纯乾之未破；下德以术延其命，乃撅坎之已成。”

③ 梦蝶，《庄子·齐物论》：“昔者庄周梦为蝴蝶，栩栩然蝴蝶也。自喻适志与，不知周也。俄然觉，则蘧蘧然周也。不知周之梦为胡蝶与，蝴蝶之梦为周与？周与蝴蝶，则必有分矣。此之谓物化。”

④ 见《易经·系辞上》：“一阴一阳之谓道，继之者善也，成之者性也。仁者见之谓之仁，知者见之谓之知，百姓日用不知，故君子之道鲜矣！”

⑤ 目无全牛，见《庄子·养生主》：“庖丁为文惠君解牛，手之所触，肩之所倚，足之所履，膝之所倚，砉然响然，奏刀騞然，莫不中音，合于桑林之舞，乃中经首之会。文惠君曰：‘嘻，善哉！技盖至此乎？’庖丁释刀对曰：‘臣之所好者道也，进乎技矣。始臣之解牛之时，所见无非全牛者。三年之后，未尝见全牛也。方今之时，臣以神遇而不以目视，官知止而神欲行。依乎天理，批大郤，导大窾，因其固然。技经肯綮之未尝，而况大軱乎！良庖岁更刀，割也；族庖月更刀，折也。今臣之刀十九年矣，所解数千牛矣，而刀刃若新发于硎。彼节者有间，而刀刃者无厚，以无厚入有间，恢恢乎其于游刃必有余地矣。是以十九年而刀刃若新发于硎。虽然，每至于族，吾见其难为，怵然为戒，视为止，行为迟，动刀甚微，謋然已解，如土委地。提刀而立，为之而四顾，为之踌躇满志，善刀而藏之。’文惠君曰：‘善哉！吾闻庖丁之言，得养生焉。’”

肯綮者得而批导者熟也。星于暗昧之中，略具只眼，不敢自私，妄意述之篇章，垂之竹帛，破诸说之支离，作一经之断案。有志之士，得吾书而读之，性命之宗或其有悟，而吾圣师垂教万世之意，亦庶几其不孤矣乎！若夫道听而涂说之，则星之弃于德也久矣。

时隆庆元年[①]岁次丁卯春三月望后二日淮海潜虚子陆西星长庚书于安宜舟中

阴符经

淮海潜虚陆西星　测疏

同志遵阳赵栻、太华姚更生　校阅

上篇

观天之道，执天之行，尽矣。天有五贼，见之者昌。五贼在心，施行于天。宇宙在乎手，万化生乎身。天性，人也；人心，机也。立天之道，以定人也。天发杀机，移星易宿；地发杀机，龙蛇起陆；人发杀机，天地反覆。天人合发，万化定基。性有巧拙，可以伏藏。九窍之邪，在乎三要，可以动静。火生于木，祸发必克；奸生于国，时动必溃。知之修炼，谓之圣人。

一阴一阳者，天之道也；一动一静者，天之行也。人能观天之道，执天之行，则道自我出，命自我立，而圣修之能事毕矣。夫道生天地，天地生万物，而万物之中，惟人也，得阴阳五行之秀而最灵。五行之气交胜互盗，而万物之生杀，莫不由之，是天之五贼也。是五贼也，顺之则人，逆之则仙，人患不能见之，能见之，斯能转而用之矣。苟能洞晓阴阳，深达造化，实见其理之如是也，逆转杀机，以善其身，举水以灭火，以金而伐木，其心之施行，与天道、天行无不吻合，则铅汞同炉，三五归一，自然怀胎结婴，而宇宙在乎手，万化生乎身矣。所谓"见之者昌"，意盖如此。是知天性，人也；人心，机也。立天之道，以定人也。何谓天性人也？人受天地之中以生，负

① 隆庆元年，公元 1567 年。

阴而抱阳，冲气以为和[①]。人之性，即天之性也。性本无生，乘气机以有生。人心之机，即气机也，故曰“人心机也”。知此机之在人心，与天地相为流通，则可观天之道，执天之行，窃其机而逆用之矣。然是机也，生杀互藏，祸福倚伏，如《下篇》所谓“生者死之根，死者生之根，恩生于害，害生于恩”，机之用可易言哉？故天发杀机，则移星易宿矣；地发杀机，则龙蛇起陆矣；人发杀机，则天地为之反覆矣。杀机，即生机也。以其生死互根，故反言而曰“杀”。移星易宿，言气序之迁也；龙蛇起陆，言气机之动也，此五贼擅之以盗物者也。天地反覆，言阴阳之交泰也[②]，此吾人转之以修身者也。此天地人之至玄[③]至妙者，吾得而施行之，则天人合发，而万化之基定矣。所谓颠倒阴阳，旋斡造化，劈鸿濛而再造，超形器以独运者，则非天下之至神至圣、至巧至妙者，孰能与于此哉？故“性有巧拙，可以伏藏；九窍之邪，在乎三要，可以动静”。何谓“性有巧拙，可以伏藏”？圣神之所谓道者，非于百姓日用之外，别有所加也，特巧耳！是故识互藏之精，知动静之妙，窃合发之机，逆而用之，以伏藏于一身之中。人之一身，凡有九窍[④]，而九窍之三要，又伏藏之关键也。三要者，耳目口三宝也。是三者，人皆知动而不知静，故常失之于动，而有邪淫之害。圣人则知其可以动静也，而常守之以静，务使神气相守，抱一无离，如此则伏藏之巧可施，而五贼之在心者，各得其制，而不淫溺于九窍之邪矣。苟为不然，则物诱于外，情炽于中，九窍之邪，一时交作，是犹火生于木，而祸发必克；奸生于国，而时动必溃也。虽有伏藏之巧，将安所施哉？然则知之而能修炼者，非圣人，吾谁与归？

中篇

天生天杀，道之理也。天地，万物之盗；万物，人之盗；人，万物之

---

① 《老子》42 章：“万物负阴而抱阳，冲气以为和。”

② 坤上乾下，地上天下，是为泰卦。天本在上，今则在下；地本乎下，今却在上，上下颠倒，所谓“天地返覆”也。

③ 玄，底本作“妙”，据文义改。

④ 九窍，指人体九孔窍。《周礼·天官·疾医》：注云“阳窍七，阴窍二。”阳窍，指眼、耳、鼻、口。阴窍，为溺道、肛门。元·王道渊注《阴符经》“九窍之邪”句则云：“人之首有九宫，乃曰九窍。”

盗。三盗既宜，三才既安。故曰：食其时，百骸理；动其机，万化安。人知其神之神，不知不神之所以神。日月有数，大小有定。圣功生焉，神明出焉。其盗机也，天下莫能见、莫能知。君子得之固躬，小人得之轻命。

上篇言“观天之道，执天之行”，此篇遂言天道。太始、太素之先，浑沦一炁而已，是谓无极之真、无名之始，圣人不得已而名之曰道，无所谓“生”与“杀”也。及夫具而为太极，分而为阴阳，变合而为水、火、木、金、土，于是生克嗣续，循环无穷。而物生其间，莫不顺其生杀之气，以长养休息，是“天生天杀”，乃道之理也。理谓条理，浑沦之分也。故天地万物之盗，万物人之盗，人万物之盗，何以故？天以阴阳五行化生万物，而一舒一惨，万物莫不由之以生死焉。故曰：“天地，万物之盗”。万物之于人也，绚之以五色，和之以五音，滋之以五味，吾人不知其为吾之盗也。往往背觉合尘，贪着其事，用以窍凿太朴，迷失真宗，而大命随之。老氏所谓：“五音令人耳聋，五色令人目盲，五味令人口爽。”释氏所谓：“爱欲者，轮回之本，生死莫不由焉。”故曰：“万物，人之盗[①]。”人知万物之能盗人，而不知人亦能盗万物，顾所以转而用之者何如？如贤者则时食以养生，至人则资炁而育气，皆盗万物之类也。是三盗者，非有心以相戕相贼也，一顺其自然而已。其生也无恩，天地之委和也；其死也无怨，天地之委蜕也。是三盗亦既安，而三才亦既宜矣。故曰：“食其时，百骸理，动其机，万化安。”时谓万物生熟之时，机谓阴阳生杀之机，言三才之相盗也，其相安、相宜盖如此。故人知其神之神，而不知不神之所以神。不神之所以神者，谓如三才之相盗也，皆夫人耳目闻见之所习焉，而不以为神者。不知其事则显，其机则微，谓之曰“盗”，则其潜消默夺之妙，夫固有不见其朕，莫知其然者矣，是乃所以为神也。故夫日月有数，人所知也；大小有定，人所见也，而圣功生焉，神明出焉。其盗机也，天下莫能知、莫能见焉，此不神之所以神也。日月有数，言交会之有期也；大小有定，言阴阳之有类也。天地间可知、可见者，惟此而已，而神圣之功，神明之化，皆由此出，盖亦不过一机之相盗焉耳！然而其盗机也，天下莫不知，而天下莫能知；天下莫不见，而天下莫能见，

① 《老子》：“五色令人目盲，五音令人耳聋，五味令人口爽，驰骋田猎令人心发狂，难得之货令人行妨。是以圣人为腹不为目，故去彼取此。”

何耶？神圣之事，百姓日用而不知也，其惟体道之君子乎？君子者，得是机而用之，则能盗物而不盗于物矣，深根固柢之道也，长生久视之术也，故曰“得之固躬”。小人无德，则虽得是机，适以滋荒长乱而已，言妄作招凶，命宝轻弄也，故曰“得之轻命”。“盗机”二字，乃《阴符》一经之骨髓，其妙用则不外乎明日月之数、识阴阳之类而已，所谓“观天之道，执天之行，尽矣”。噫嘻！可易言哉！

下篇

瞽者善听，聋者善视。绝利一源，用师十倍；三返昼夜，用师万倍。心生于物，死于物，机在目。天之无恩，而大恩生，迅雷烈风，莫不蠢然。至乐性余，至静性廉。天之至私，用之至公。禽之制在气。生者，死之根；死者，生之根。恩生于害，害生于恩。愚人以天地文理圣，我以时物文理哲。人以愚虞圣，我以不愚圣；人以奇其圣，我以不奇其圣。沉水入火，自取灭亡。自然之道静，故天地万物生。天地之道浸，故阴阳胜。阴阳相推，而变化顺矣。是故圣人知自然之道不可违，因而制之。至静之道，律历所不能契。爰有奇器，是生万象，八卦甲子，神机鬼藏，阴阳相胜之术，昭昭乎进于象矣！

用志不分，乃凝于神。瞽者善听，聋者善视，志不分而神且凝也。今之足以夺吾志者，独唯利耳。不知贪利之源，生于有我，人惟执有我相，则凡可以适己自便而利其身图者，无不为矣，此丧志之大者。苟能绝去好利之一源，则不见有我，而己私克矣，用师之功，将不十倍于昔乎？一昼一夜之间，而能三自返焉，则功愈密矣，用师之功，将不万倍于昔乎？所以然者，炼己持心，学道之首务也。且心本无生，触境而生，苟或不能忘健羡、去贪着，无见于道，而惟见于物焉，则心有所住，而太虚之体，反为物所凝滞而死矣。故曰：“心生于物，死于物”。然而心之生死，虽系于物，而其所以生、所以死，其机又在于目也。盖人心之神，常游于目，凡所以遇物而生情者，皆目为之牖也。故《老子》曰：“不见可欲，使心不乱”。学道之人，昼夜三返，而又知关键于目，则庶乎内者不出，外者不入，而可凝于神矣。天之无恩而大恩生，何以故？恩者，有心结人之谓。天无心也，“迅雷烈风，莫不蠢然”，何恩之有？而天下之言大恩者归焉。故夫无心于恩，而恩自归之，此天之所以为大也。学道之人，亦如是焉，则心无所住，而可以无生死于物之患矣。故至乐者，性之余者也；至静者，性之廉者也。何以故？心不逐物，则无求自足，而性常有余，故乐；心不逐物，则不爱不求，而性常廉，故静。既乐且静，则吾心之天定，而可以与无恩者等矣。天之至私，用之至公，何以故？天之无恩而大恩生，大恩若私也，无恩实公也。故曰：“天地之常，以其心普万物而无心[①]。”夫其心普万物也，若物物而仁之也，然实非物物而仁之也，一气以为之胚腪焉耳，故曰“用之至公”。彼其一元之气，震荡无垠，而凡夭乔蠕动、胎卵湿化、万有不齐之物，莫不赖是以生畜长养。观于禽之制在气，斯可见矣，是天之私而公也。何谓禽之制在气？制，犹伏也。禽鸟得气之先，当其生畜长养之时，雄则守之，雌则翼之，常使温燠之气，绵绵[②]不绝，然后时至气化而鷇生焉，专气之妙有如此者。故观诸物理，而吾人胎息之法，因可类推。《胎息经》云：“胎从伏气中结，气从有胎中息。”《老子》曰：“载营魄抱一，能无离乎？专气致柔，如婴儿乎？”使其不知伏藏之法，关键之要，而日以其心生死于万物之中，则神气不能以相守，欲望成道，不亦远乎？“生者，死之根；死者，生之根。恩生于害，害生于恩”，何以故？凡世之所言生死恩害者，皆判然相反而不相连，乃世缔也。以道言之，生死互根，恩害互藏，在乎知者转而用之。心生于物者，徇象因之以丧心，情迷于境者，贪着乃生夫三毒，是生者死之根也，人道也。若也心若寒灰而浑消于煨烬，念如泥絮而永绝于飞扬，则心死而神活矣，是死者生之根也，仙道也。今人但知恩之为恩，而不知生于害者为至恩；但知害之为害，而不知生于恩者为至害。是故骄淫纵欲，则乐极以哀生。逆转杀机，则莲生于火焰。《老子》所谓：“祸兮福所倚，福兮祸所伏。正复为奇，善复为妖，民之迷，日固久矣。”彼氓蚩蚩，乌足以识此哉？故愚人以天地文理圣，我以时物文理哲，何以故？愚人不能洞晓阴阳，深达造化，独以天地文理自矜自圣，而不知天地文理，皆象形之糟粕，以是为道，非所喻也。以时物文理者，识互藏之精也，明合发之信也，知不神之神也，得盗机之巧也，

① 〔宋〕程颢《定性书》：“天地之常，以其心普万物而无心；圣人之常，以其情胜万物而无情。故君子之学，莫若廓然而大公，物来而顺应。”

② 绵绵，原作“緜緜”，按语意改。

观天之道而执天之行也，是哲人之事也。然虽不敢以圣自居，而聪明睿智，非天下之至圣，诚不足以语此。且天地文理，皆象形之糟粕，苟求其故，愚者可知也，而人以为圣，是以愚虞圣矣。虞之言，度也。若夫时物文理，则举世不能殚其学，非圣哲不能也，故我以不愚圣焉。圣固不愚也，无乃奇乎？故人以奇其圣，而不知其不奇也，故我以不奇其圣焉。盖凡谓之奇者，必其有巧绝过人之事，而圣人之所谓道者，非于百姓日用之外别有所加也，不过识互藏之精，盗其机而逆用之耳，何奇之有？且夫百姓日用之事，喻如水火，而沉水入火自取灭亡者，比比皆是也，此人道也。若也于世缔水火之中，而超然远览悠然独得者，仙道也，长生久视之术也。是道也，夫岂有所矫揉造作而为之哉？一自然而已矣！以自然之道言之，静故天地万物生，学道而能知夫静，则于万物并作之时，而有以观其复矣。浸，故阴阳胜，学道而能知夫“浸”，则于一阳初动之微，而有以得其信矣。浸者，渐渍不骤之意。《易》曰：“临刚浸而长”。夫阴之胜阳，与阳之胜阴，皆自渐进，故知道者，于其渐焉图之。是故阴阳相推，而变化顺，皆自然之道也。圣人知自然之道之不可违也，因而制之，制亦伏藏之意。制之者，观天之道，执天之行，盗机逆用，以修其身也。若夫至静之道，则律历有所不能契，何以故？至静之道，无为之道也。知自然之道之不可违，因而制之，则有为之法也，阴阳相胜之术也。无为则性之宗也，有为则命之窍也。无为，则先天也，无极也。兹时也，方体不落，名相两忘，故至静之道，律历有所不能契。邵子曰：“思虑未起，鬼神莫知”，意盖如此。有为，则后天也，太极立而阴阳判矣，是故命由此立、法由此出，皆形而下者也。形而下者谓之器，是故圣人因而制之。“爰有奇器，是生万象，八卦甲子，神机鬼藏。[①]”夫曰万象，则灵蠢圣凡，皆从此器而生；曰八卦，则乾坤离坎，皆因此器而名；曰甲子，则亥子晦朔，此器有合符之时；神机鬼藏，则恍惚窈冥，此器有变化之妙。如是则律历可契，而伏藏之巧可施矣。圣人言之至此，大段分明。末复继之以辞曰：“阴阳相胜之术，昭昭乎进于象矣”，言吾之所谓术者非他也，乃阴阳相胜之术也。道不外乎阴阳，故术亦不外乎阴阳之相胜。以是知道即术也，术即道也，但有有为、无为之分，先天、后天之辨耳。然而无为固妙，有作

① 《周易参同契》：“以无制有，器用者空，故推消息。”

为基，圣人以术示人，以象进人，可谓理物不遗，上下兼尽矣。奈之何百姓日用而不知，犹执是器而问人曰："斯器也，何器也？[①]"噫！不知器，焉知道乎？昧也久矣。

后序

《阴符经》，世本有《三皇玉诀》[②]，乃今翰林江浦石公淮所序者，首言蚩尤大鸟，荒唐无稽，妄拟于天真皇人，而石公信之。所分上篇神仙抱一之道，中篇富国安民之旨，下篇强兵战胜之术，固已支离破碎，大失经旨。而兵家者流，又窃其"八卦甲子，神机鬼藏"之说，以为兵机，不根甚矣。《阴符经》固古之丹经也，至有宋文公先生[③]，以豪杰之才，天人之学，亦尝深味乎其言。而观其所述，似亦未能究其精微之蕴者。彼其盘桓武夷，与紫清仙翁特相友善，而谈不及此，岂其大道之要，虽贤达如文公，抑亦有未易闻者耶！至其《感兴》之诗，将欲脱屣以从神仙，而复有偷生逆理之恐，公于是乎大有不歉于其心者矣[④]。夫天道天行，非天理耶？《经》言："观天之道，执天之行。"而公顾谓之逆天，以是知公之意，或有所指，而紫清之于是经，信于公未尝有一言之及也。且夫乾坤橐籥，坎离构精，造化以之而生物，吾人以之而作丹，其理一也。得其一，故宇宙在乎手，而万化生乎身，其言盗机逆用，非偷生逆理之谓也。逆理，则获罪于天矣！有获罪于天，而可以长生久视者乎？或谓：有生有死，天道之常，而神仙者流，欲以长生独存，公之感盖有以也。审若兹，则公之言天，乃气数，非理道也。且夫天地人物，凡囿于气数之中者，终有变灭而不能久。苟无道以主之，则逝者如斯，而沦

---

① 〔清〕李涵虚《阴符经类解》："但掌阴符者，须知身有奇器。藏器于身，待时而动，则卦象甲子、天地鬼神，无不合道，又何难富国安民、强兵战胜、抱一全真而已哉？""静在何处？有奇器焉，玄关一窍是也。万象生于中，八卦变于中，甲子运于中。神机难测、鬼藏莫晓、阴阳相数之数，无不出乎其间。昭昭乎人所共见之理，非隐怪难知之事也。"

② 《阴符经三皇玉诀》，三卷，收在《道藏》洞真部玉诀类。

③ 文公先生，即南宋理学大师朱熹（1130—1200），世称"朱文公"，曾化名"崆峒道士邹䜣"撰《阴符经考异》一卷，收入《道藏》洞真部玉诀类。

④ 朱熹《感兴诗》第15首："飘飘学仙侣，遗世在云山；盗启元命秘，窃当生死关。金鼎蟠龙虎，三年养神丹；刀圭一入口，白日生羽翰。我欲往从之，脱屣谅非难。但恐逆天道，偷生讵能安？"有赵孟頫手书《朱子感兴诗》存世。

澌以尽矣！《易》曰："先天而天弗违。" 古之至人，所以提挈阴阳，纲纪造化，超然于形气之外，而不为二五之所陶铸者，非与道合真故耶？《经》曰："君子得之固躬"，其言得者，得于道也。得于道，天且弗之违矣，何逆之有耶？予既读是经，而观公之所注，慨然深叹夫知言之难。意谓贤如文公，尚不能无疑贰于其说，而笃学如江浦，则又信非所信，而真赝为之不分，则是经之在万世，其将何时而明耶？星才非颖脱，光借隙窥，非敢自附于知言之列，而作者之意，或有以得其万乙，然后窃取是书僭而疏之。凡我好道之伦，与星同志者，苟能玩索而有得焉，则星也就正之意不孤，而承教有日矣！

是岁七月望后五日潜虚子序

第二卷 坤字集

老子道德经玄览

《老子道德经玄览》序

昆丘外史赵宋 撰

今《文献通考》及《百川学海书》略记《老子》注疏，河上公以下，大小百有余家。起自西汉，以讫兹今，上下数千载，或散布于人寰，或珍袭于天府，或晦迹于遐方，或残缺于异代，第恨不得穷搜而遍读之，以观古人用心之所极。间得一二，则苏子由、林希逸、王道、薛蕙、朱得之辈，若是已矣，而数君子类以儒术谈玄，殊失宗旨。子由虽自禅宗悟入，而了命一关，尚隔影响。不有深造实诣之士，逢师得诀，印可亲承，则玄室幽深，法藏閟密，吾恐不得其门而入，终亦宫墙外望而已。夫《道德》五千，的非儒术，谷神玄牝，六经无文，妙徼重玄，虞廷弗及也。乃今壹以儒术窥之，何谬哉！若迺白紫清之论谷神，张紫阳之指玄牝，《参同契》之言守黑，与夫上德下德之旨、大国小国之辨，发明经义，类皆不落言筌，直求象外。准是而读《老子》，则如镜花水月，弄影虚无之中，传神色相之表，乃为得之。如斯而论，敢谓诸家大儒所未喻也。天下有大难二，知德尚矣，而知言亦次之。夫言有君也，事有宗也，夫惟无知，是以莫我知，老子盖伤之矣。审为儒术，则《折杨》《皇华》[1]，属而和者众矣，何为其莫我知耶？尝试论之，以

① 皇华，底本作“黄华”，据《庄子》改。《庄子·外篇·天地》：“大声不入于里耳，《折杨》《皇华》则嗑然而笑。是故高言不止于众人之心，至言不出，俗言胜也。”

正治国，以奇用兵，以无事取天下，儒术似矣。然而绝仁弃义，是阶之乱也。不敢进寸而退尺，是速之惫也。将欲取之，必固与之，是益之诈而多事也。拂经绝世，吾知其不可厕于邹鲁之门决矣。信不足，有不信，无惑乎下士闻之而大笑也。故曰：言有君，事有宗，夫惟无知，是以莫我知。今夫解牛而昧于肯綮，则族庖之刀月不更未已也。况读玄圣之书，羌不得其君宗，而欲自附于知言，希不难哉！是说也，宋闻之伯兄子岩，子岩闻之长庚云云。长庚注《老子》二卷，名曰《玄览》，二万余言，贯串一旨，要皆契悟于言语文字之外者，然非长庚之私言也。古人著述，皆前有师承，《道德》五千，本于《阴符》三百[①]，继之则《参》《悟》诸家，又皆副墨之子，洛诵之孙也。是作会意群经，履影先觉，发窍妙重玄之秘，明盗机逆用之巧，指阴阳相胜之术。末转数语，旨趣悠长，媲美群籍，所谓百不为多，一不为少者。惜也章句腐儒，未能尽读玄圣之书，为长庚赞一辞，而以耳目睹记，似当准此梓传，海内具正法眼者，求印可云。

时万历庚辰[②]中秋日

《老子道德经玄览》序

淮海参学弟子陆西星长庚　撰

盖在乙丑[③]，而星居于灌河之滨，始读《老子》，辄掩卷叹曰："嗟乎！《老子》者，圣人道德之微言，而性命之极致也。"世儒谓老氏为见小，而以阴谋捭阖之术尽出其书，奚然哉！奚然哉！大道既隐，儒者各以所见为学，是此非彼，不得于言，而不肯求之于心，老氏之不白于天下，滋已久矣！且夫圣人治世之书，六经尚矣，必欲治世则取足于六经，《老子》奚贵焉？若夫溯大道之宗，穷性命之隐，完混沌之朴，复真常之道，则孰先《老子》？昔者虞廷精一，爰开道统，孔门一贯，杳绝名言，非以所阐者微，所操者要乎！得一之贞，老圣盖屡言之，人生而静，天之性也；感物而动，

① 〔宋〕张紫阳《悟真篇》："《阴符》宝字逾三百，《道德》灵文满五千。今古上仙无限数，尽于此处达真诠。"

② 万历庚辰，即神宗万历八年，亦即公元 1580 年。

③ 乙丑，公元 1565 年。

性之欲也。《经》曰："常无欲以观其妙，常有欲以观其徼。"无欲则静也，以观其妙，则无极也；欲则感而动也，以观其徼，则阴阳也。是故从无而入有，则造化生焉；推情而合性，则圣功出焉。斯之谓性，斯之谓命，斯之谓一，斯之谓道德也。无为之治也，不争之善也，居下之利也，静正之胜也，言言一旨，皆作是观，是谓妙徼同玄，圣修之极耳。古之圣神，深造实诣，故能提挈阴阳，主张造化，致中和而天地位焉，万物育焉，皆得一之贞也，所谓以其真治身，而出其绪余以理家国天下，盖在上古为然。大道之行，尼父窃有志焉而未逮，亦时使然也。且夫道有升降，政由俗易，儒者不知变通，醉心颛蒙，直欲推其说，以成清净宁一之化，不亦难矣！夫绝圣弃智，绝仁弃义，尧舜不能以治天下，况后世乎？经之意有攸属也，言有宗，事有君，夫惟无知，是以不我知。知言之难，老圣盖伤之矣。星既读此书，窃窥立言之旨，参以丹经，质之师授，恍然似得其要领者，然后敢取其书，僭而演之，末复赘以数言，隐括其义，既三月始脱稿。或谓老圣之书，就事论事，明切若此，子郢书而燕说之，何居？星谓：老圣以将隐之身，强为关尹著书明道，而暇为此忤世绝俗之谈，其不然明矣。彼其治国用兵与取天下，言近旨远，意在使人得之言语文字之外，以为就事论事而释之，何名乎道德？何贵于知言也？是疏也，虽未能尽发老圣之蕴，然于性命之微，思过半矣。

嘉靖四十五年岁在丙寅[①]闰十月念又五日

《老子道德经玄览》序

淮海同志遵阳子赵栻子严[②] 撰

有物混成，始乎无名，不得已而强名之曰道，鸿庞灏噩之世，其人无不知道者。自圣人治世之学出，而斯道分，而为异教者流，荒迷之徒，日用不知，尘劳汩汩，日趋于毙而后已，可哀也。吾闻道之真以治身，而其绪余以为国家，其土苴以治天下，何世之昧昧也，而徒逐末以丧真，悲夫殆哉！老

① 丙寅，公元1566年。

② 严，赵宋《序》中作"岩"。

圣之学，性命兼修，造化在我，《道德》一书，其肯綮[①]也。道者，盗也；德者，得也。因盗机而有得焉，斯之谓“道德”也。《经》曰：“常无欲以观其妙，常有欲以观其徼。”常作是观，斯知盗矣。吾闻诸长庚，离宫修定，观妙之宗也；水府求玄，观徼之学也。观妙则知从无以入有，观徼则能推情以合性，妙徼同玄，要归得一，是若经之要领也。读是书者，莫得其宗，逐节标著，就事论事，附以儒术，弘纲大旨，渺乎畔涣，何取于释哉？老圣曰：“知我者希”，叹知言之难也。陆君长庚，吾玄友也。潜心斯学，廿载有奇矣，究道德之根宗，得仙师之口授。暇出是编，示我精要，凡八十一章，一意贯彻，辟彼月圆[②]千树而同光，风谷百岩而共声，何其畅哉！是疏也，世所希睹，如得其言，薛考功、林鬳斋之徒，可同语哉！

嘉靖丙寅[③]闰十月望日

读《老子》宗眼

是书以“道德”二言为宗旨，无名有名、无欲有欲，又《道德》一经之肯綮也。无名天地之始者，无极而太极，太极本无极，道之谓也；有名万物之母者，太极分阴阳，阴阳生万物，德之谓也。无欲以观其妙者，上德之人，全真体道，行无为之事者也；有欲以观其徼者，下德之士，返还归复，行有为之事者也。无为之道，致虚守静，知常复命，载营魄，抱一无离之谓也。有为之道，知白守黑，知雄守雌，濡弱居下，善利不争之谓也。知无为，则性源清矣；知有为，则命窍[④]阖矣，是谓了性了命，圣修之极也。然无为，非顽空断灭之谓也，以无制有，无为而无不为也。有为，非徇生执有之谓也，生而不有，为而不恃，长而不宰，无不为而实则无所为也。故失道而德，则有为为基；复归于朴，则无为为宗。是书言有为之事，如治国用兵与取天下而为之，皆寓言也。读者不知，而直以本意释之，误矣！误矣！或谓孔子言“志道，据德”，此书不当以道德属有无；《中庸》言“天命之谓

① 肯綮，筋骨结合的地方；紧要的地方。綮，音 qìng。

② 圆，底本作“园”，校者改正。

③ 嘉靖丙寅，即嘉靖四十五年，亦公元 1566 年。

④ 窍，底本作“穷”，改。

性”[①]，此书不当以性命异宗旨。老氏之说，儒者无取焉。噫！不然，有无道器，本不相离，即道即德也，即性即命也。但有子母之辨，先后天之殊耳。今曲士尚未知儒，又焉能知老氏邪？是疏也，所言性则或者悟之，言命未喻也。此非予之私言也，夫予与长庚有所受之矣！

同志太华姚更生述

老子道德经玄览

淮海参学弟子潜虚陆西星长庚　疏

上篇

第一章[②]

道可道，非常道；名可名，非常名。无名天地之始，有名万物之母。故常无欲以观其妙，常有欲以观其徼。此两者同出而异名，同谓之玄。玄之又玄，众妙之门。

昔老圣为周柱下史，以道不果行，乃西游出关。关令尹喜，有道人也，望气而知，迎谓之曰：“夫子殆将隐乎？强为我著书。”于是乃著灵文五千，名曰《老子》。汉之景帝，遵崇其道，始名曰经。至唐玄宗，始加道德，分为上、下两篇。何谓道德？道者虚而无有，德则一而不分。《庄子》云：“性修返德，德至同于初。”初，即无名之始，道之谓也。“道德”二字，世人罕知，汉兴以来，笺疏《老子》，代不乏人，略记百有余家，得其旨者，庄子《南华》之外，指不可以多屈。盖自河上之说，已属可疑，其散焉者，则狃于儒说之支离，而于所谓妙徼重玄之秘，则概乎其未有得也。星启窾寡闻，晚遭圣师诲谕，命读《阴符》《参》《悟》之书，沉潜反覆，泝源穷委，观其递相祖述，言近指远，迥出思议之表，乃知是经根极性命，八十一章的非即事曼衍之谈。于是尽废诸说，不敢分裂章句，同欣戚于矮人之场，僭为测

① 陈撄宁云：“《中庸》之‘天命’，即《老子》所谓‘道’；《中庸》之‘性’，即《老子》所谓‘德’。”（摘自陈撄宁抄本《法藏总抄》）

② 底本《老子》篇章序次在文末标为“右第一章”，校者移于篇首，下同。

疏，名曰《玄览》，贵在得其君宗，中其肯綮，读吾书者，当作别观。

疏曰："道可道，非常道"，何也？曰：道者，先天太朴，溟涬无光，不落方体，不属指拟，何可言说？故不可道。不可道，即佛语所谓"不可说、不可说"也。若其可道，则非真常之道矣。何谓真常？纯一不二曰真，恒久不已曰常，佛言"不二法门"，又云"唯此一乘法，余二则非真"，盖言此也。然又须知非真则不可常，何者？"凡有所相，皆是虚妄"，终有变灭，而不能久。故惟真常之道，主张于未始有物之先，而自古及今以阅众甫，故生天生地、生人生物。既有生矣，于始落于后天名相之中，而为朴散之器，故《经》曰："始制有名"。始即道也，天地人物即名也。名为道之所生，道既不可道矣，名又何可名耶？执而有之，名相起而真常隐矣。佛告大慧，相句非相句，所有句非所有句，以至四相俱忘，百八皆非，意盖如此。故曰："名可名，非常名"。何谓真常之名？如执天地之形而名天地，则天地虽曰至大，会有劫坏而不可常。惟曰"上天之载，无声无臭"，以是而名天地，则道不变，天地亦不变，斯得名真常之天地矣。执万物之形而名万物，则万物虽曰无穷，终有生灭而不可常。惟曰"真如之性，无所从来，亦无所去"，以是而名万物，则道不变，万物亦不变，斯得名真常之万物矣。是知名立乎有，道之委也。道妙于无，有之根也。若是乎有无之相生，而道与器之不相离也。于是乎圣人于有为名相之中，而教人以归复真常之道焉。然是名也，推之于前，则无名者为天地之始；引之于后，则有名者为万物之母。何以故？有有名，必有无名者以主之，而无名者，即不可道之道也。道为生天生地之根，故曰"无名天地之始"。《经》曰："道生一，一生二"，一与二皆名也。一，即太极也；二，即两仪也。《悟真篇》云："道自虚无生一气，便从一气产阴阳。阴阳再合生三体，三体重生万物张。"故两仪再合，三体重生，万物出焉。《易》曰："天地絪缊，万物化醇；男女媾精，万物化生。"故有名为万物之母。《经》曰："天地万物生于有，有生于无"，盖言此也。其在人也，若何而体之？故常自其无欲者而言之，即无极之真，道之妙于其无者也，是故可以观其妙焉；常自其有欲者言之，即阴阳二五妙合而凝，道之所以立乎其有者也，是故可以观其徼焉。徼之言，求也，或曰窍也，有相通之义焉。盖当无欲之时，至静无感，以观其妙，则见清净之中，一物无有，释氏所谓"真空"，儒者所谓"未发"，皆不出此。但不可以有心观之，有心观者即着思虑，而非自然，又不可以无心弛之。《经》云：“载营魄抱一，能无离乎？”作是观者，方为合妙。及乎时至机动，天人合发，元始真一之炁自虚无来者，吾得其机而用之，则见阴阳相求，冠婚相纽，所以为万物之母者在是，所以为立命之基者在是。千圣传心，惟此二语，所谓性命双修，圣凡同证。万世之下，不得师旨，孰敢妄言？吾今略而言之，破诸说之支离，立圣修之断案。何谓观妙？曰：复归混沌潜天地。何谓观徼？曰：劈破鸿濛运坎离。如此则圣师之旨，岂复有余蕴哉！夫曰妙、曰徼，虽有两者之异名，而实同出于大道之自然，同出于道，则妙者固谓之玄，而徼者亦不可不谓之玄也；同谓之玄，则既不可道矣，而又可名也耶？玄者，幽深微眇不可测识之称。夫观妙则既玄矣，而观徼则又玄也，玄之又玄，则性在是，而命亦在是。顺修而生人生物也，逆修而成圣成真也，所谓“圣功生焉，神明出焉”，故曰“众妙之门”云。八十一章，老圣之言道德，其肯綮实在于此，学者苟能得其宗旨，则其后所言治国用兵与取天下，皆属寓言，吾可以曲畅旁通而得意于文辞之外矣！

道不可道，名亦无名。知妙知徼，慎密而行。

存无守有，复归于婴。

世本每章之上各加二字，盖取章内之意，而更有不可晓者，乃唐玄宗所定，至分上篇为《道》，下篇为《德》，支离甚矣，今悉去之，仍从其旧云。

第二章

天下皆知美之为美，斯恶已；皆知善之为善，斯不善已。故有无相生，难易相成，长短相形，高下相倾，声音相和，前后相随。是以圣人处无为之事，行不言之教，万物作焉而不辞，生而不有，为而不恃，功成而弗居。夫惟不居，是以不去。

大朴既散，私智日开，天下之人滞于名相之中，各以意见自为好恶，而不知清净之中，本来无有夫好恶，同出于太虚。而常人每执于有我，故知其美而美之，知其善而善之者，皆识也，非性也。由此妄识，遂有妄执，迷惑自性，去道远矣，何美之有，何善之有？故有无之相生，难易之相成，长短之相形，高下之相倾，与夫声音之相和，先后之相随，对待反覆，皆自识起而不知。自大道观之，何有于美，何有于恶，何有于善，何有于不善，何有何无，何易何难，何短何长，何高何下，何有于和，而抑何有于随也？夫道之无有若此，民之惑乱若彼，圣人于是镇之以常无有焉。处无为之事，行不言之教，万物作焉而不辞，不知己之作之也；生焉而不有，不知己之生之也；为焉而不恃，不知己之为之也；功成而弗居，不知己之为功也。圣人之无妄执如此，盖由圣人之朴未散，故本体虚空，不留不碍也。夫惟不居，是以不去。言圣人虽不居其功，而功在万世，终不可去，盖以真常不变者，在我故耳。不辞不有、不恃不居，即吾儒毋固、毋我之意，释氏度人而不见所度之人，布施而不受所施之福，与此同旨。

顿除妄宰，空不生华。本来无有，莫竟添些。

圆通寂照，应感无差。如斯谛义，同证三家。

第三章

不尚贤，使民不争；不贵难得之货，使民不为盗；不见可欲，使心不乱。是以圣人之治，虚其心，实其腹，弱其志，强其骨，常使民无知无欲，使夫知者不敢为也，为无为，则无不治。

承上章，遂言圣人无为之事。不尚贤，不以贤尚人也。如上章“作焉而不辞，生焉而不有，为焉而不恃，功成而不居”之类[①]。大道既无所有，则亦本无可尚、可好、可欲之事。自夫妄识既开，天下皆知美之为美，善之为善，自矜自伐，自见自贵，于是始有相形、相倾、相和、相随之事，而民之争端日益起矣。至于黩货而盗生，见欲而心乱，辗转迷惑，愈失愈远，祸乱之原，皆自识起。圣人知其如此，故常使人舍妄归真，返乎太朴，无所于尚，无所于贵，无所于见，而虚其心也；无所于争，无所于盗，无所于乱，而弱其志也。实其腹，谓饱乎道德。强其骨，谓强立不反。圣人之治，有如此者，是皆无知无欲之事，所谓无为之治，不言之教也。夫常使民无知无欲，而智者不敢为，则天下无不治矣。此无知无欲，亦自首章“常无欲”上透下，盖能静能应，常应常静，圣人定性之学，有为中之无为也。

贪嗔不生，祸乱不作。虚心弱志，复归于朴。

① 此四个“不”字，底本所无，据《老子》第二章补加。

第四章

道冲而用之或不盈，渊乎似万物之宗。挫其锐，解其纷，和其光，同其尘，湛兮似若存。吾不知谁之子，象帝之先。

道本冲虚，而其用之也恒不盈。不盈者，生而不有，为而不恃，不自满足也。然静深不测之中，而万物于是乎出焉，所谓“虚而不屈，动而愈出”者，故渊乎似万物之宗。挫其锐者，虽主始物而潜机不露，若挫之也。解其纷者，万一各正而善利不争，若解之也。和其光者，其上不皦，其下不昧，若和之也。同其尘者，糟粕煨烬，无非至教，若同之也。湛寂而能照也，以为存耶？然视之而不见也，听之而不闻也，搏之而不得也。以为不存耶？然独立而不改，周行而不殆也。故曰：“湛兮似若存”。“不知谁之子”，言其无名也。“象帝之先”，为天地之始也。曰象帝之先，则不为谁之子，又可知矣。曰或、曰似、曰若、曰象，皆疑其词，以明不可道、不可名之意，言道之本体若此。体之者奈何？亦曰：“挫其锐，解其纷，和其光，同其尘”而已。盖四者，皆虚心弱志，不自盈满之事。苟能如此，则吾渊湛之体，不为物感所挠，自尔专气致柔，而太和为之保合矣。《经》曰：“保此道者，不欲盈”，旨哉言乎！

大道冲兮，而用不盈。和同挫解兮，渊湛为宗。

象帝之先兮，有物混成。子兮子兮，孰知其名哉！

第五章

天地不仁，以万物为刍狗；圣人不仁，以百姓为刍狗。天地之间，其犹橐籥乎？虚而不屈，动而愈出。多言数穷，不如守中。（数，音朔。）

天地之于物，未尝煦煦而仁之也。生而不有，为而不恃，长而不宰而已，是谓“以万物为刍狗”。圣人之于民，亦未常煦煦[①]而仁之也。生而不有，为而不恃，长而不宰而已，是谓“以百姓为刍狗”。刍狗者，祭天解厌之物。方其祭也，非有心以贵之也；及其已陈而弃之也，亦非有心以贱之也。夫其自陈自弃，不惟刍狗不得而知，而祭者亦将不得而自知，造化之普物而无心也，亦复如是。何者？造化一气耳。一气之在天地间，其犹橐籥

① 煦，底本作“照”，依前句改。

乎？虚而不屈，动而愈出。橐籥者，冶人鼓气之物。籥，其管也。天地之间，本一气之流行，而有动静耳。方其静而藏诸用也，其中无有，但见其虚而已，然虚矣而不屈也。屈者，诘曲之意。及其动而显诸仁也，则愈出而愈无穷焉。若或鼓之，若或出之，而不见其迹，莫知其然者，"无名天地之始"为之也。然出者自出，而天地无心。使物物而煦煦焉以仁之，造化亦劳且息矣。是道也，言之不能尽，体之则可得。盖道不可道，而吾必欲以言语形容之，吾见其多言而数穷矣。体之于身，不若常守此中，庶乎致虚守静，而道可凝也。中，即下章"玄牝"之谓，乃吾人之橐籥也。性由此立，命由此出，所谓"无欲以观其妙"者，意盖如此。然谓之中，则已不落方所，不属指拟，果何自而守之哉！

守中执中，了了不了。扑碎虚空，与君分晓。

第六章

谷神不死，是谓玄牝。玄牝之门，是谓天地根。绵绵若存，用之不勤。

愚闻之师曰：凡物之滞于形器，囿于象数者，皆落后天，会有变灭而不能久。惟先天之神，太虚默运，静则灵彻无方，动则滋张万化，为能不受变灭，超然而独存，故曰"谷神不死"。谷者，空虚之譬；神者，灵应之称。《易》曰："神也者，妙万物而为言者也。"《经》曰："天地之间，其犹橐籥乎，虚而不诎[①]，动而愈出"，是谷神也。其在吾人，是谓玄牝。何以故？玄牝者，吾人之灵窍，命之所由以立者也。玄牝虽有阴阳之分，其实则未始判而为二。盖此虚无之窍，乃吾人体具未分之太极也。周子曰："无极而太极"[②]。《经》曰："道生一"。无极，则道也；太极，则所生之一也。一者既立，两者遂行，于是始有玄牝之门焉。门者，神之所由以出入者也。《易》曰："乾坤其《易》之门耶？"乾，阳物也；坤，阴物也。阴阳分，则玄牝之门一阖一辟，而造化于是乎生，圣功于是乎出矣。故曰："玄牝之门，是谓天地根。"《经》曰："常有欲以观其徼"，其所谓观，观此者也。百姓日用而不知，不知乎此者也。且夫圣人之与百姓同此一窍，百姓不知也，故勤于用，而昧

① 诎，同屈。

② 〔宋〕周敦颐（1017—1073），字茂叔，世称濂溪先生，著有《太极图说》。

于存，往往有邪动之害，流浪生死，去道远矣。圣人则知此，而存之以绵绵，用之以不勤，专气致柔，务以复乎无极之本体，故能以神驭气，以气留形，圣人之所以长生而久视者，其道如此。[①]紫阳《金丹四百字》云："一窍名玄牝，乾坤体合成。中藏神气穴，内有坎离精。"《悟真篇》云："要得谷神全[②]不死，须凭玄牝立根基。"然又须知，玄牝自玄牝，而玄牝之门自玄牝之门，不可混而为一。故《悟真》之诗又曰："玄牝之门世罕知，休将口鼻妄施为。"非得明师指点，则迷者众矣。此章诸解，皆不得其旨。

休将玄牝等闲论，要识生门与死门。

若解盗机兼逆用，顿超生死道常存。

第七章

天长地久。天地所以能长且久者，以其不自生，故能长生。是以圣人后其身而身先，外其身而身存。非以其无私耶？故能成其私。

夫语天曰长，语地曰久，天地之所以长且久者，以其不自生，而生于道也。道则无名天地之始，天地得之则常清常宁。圣人者，以为吾之一身，既落于后天形气之中，必不能与天地同其长久也。于是观妙、观徼于阴阳互藏之宅，得其所谓"无名天地之始"者，以为立命之基，则是"后其身而身始先，外其身而身始存"。[③]盖吾之身自有先者、存者，不后其身、不外其身，

---

① 〔清〕李涵虚《道德经注释》："圣人守中以治身，以中之能养谷神也。谷神者，元性也。谷以喻虚，神以喻灵。性体虚灵则不昧。不昧者，即不死也。夫谷神也，而复谓为玄牝，何也？盖以玄，天也。牝，地也。天地合而玄牝成，其间空空洞洞。……圣人治身，即借空洞之玄牝以养虚灵之谷神，故以谷神之名名玄牝，此因用取名之义也。一玄一牝，一乾一坤。孔子曰：'乾坤其《易》之门耶？'《参同》云：'乾坤者，《易》之门户。'所谓两孔穴法，金气相胥，即此玄牝之门也。阴阳来往于其内，坎离交媾于其中。男女媾精之房，日月交光之所，圣人颠倒之，则为生门。凡人顺用之，则为死户。地天交泰，不外乎此。故又称为天地根，言天地互藏之根也。天地之根，乃返本还元之地，炼气化神之区。绵绵若存，即是调养谷神，自然胎息也。用之不勤，即是外炉增减，自然符火也。不勤者，不劳也。"

② 全，《悟真篇》本作"常"。

③ 徐颂尧《天乐集·外身易形》："外身易形之道，的是玄宗所修证之直指。外身者，明身外虚空一着。如运瓮者，必立在瓮外，方能运转自如。易形之道亦然，必先舍此色身，到外边虚空中去凝神调息，方能无中生有，尽七返九还之妙。是故玄宗丹法，最初从身外虚空下手，最后即在身外虚空了手，自始至终，步步不离虚空，尽在外边运用，而一切法验，则在色身上显得。如易发、易齿、易血、易瞳，乃至易粗重色身为微妙法身。根生世界，一一密转、密移，洎乎脱胎神化，则飞升冲举，神通自在。故能外其身，即能易其形矣。"

则是牿于形气之私，而不原于性命之正，百姓之所以流浪生死也，其能久乎？故圣人不以身为身，而以道为身，是圣人之无私也。惟无私，故能成其私。彼私其身而能存焉者，吾见亦罕矣。

圣人无身，以道为身。天长地久，道炁常存。

第八章

上善若水。水善利万物而不争，处众人之所恶，故几于道矣。居善地，心善渊，与善仁，言善信，正善治（正，与政通。），事善能，动善时。夫惟不争，故无尤。

夫修道者，以不争为上善，老圣盖屡言之。佛经云："我得无诤三昧，人中最为第一。"偈曰："诤是胜负心，与道相违背，便起人我相，安能得三昧。"《语》曰："君子无所争"。三教圣人，同口一词，实修行之上德，入圣之要机也。故上善之德恒若水，水能利泽万物而居下不争，又含垢纳污而处众人之所恶，故几于道。彼上善者，随顺方便，不争险易，此其居之善地也。随境而定，不争静躁，此其心之善渊也。平等行慈，不争彼此，此其与[①]之善仁也。随流得妙，不争权实，此其言之善信也。泽润万物，不争远近，此其正之善治也。事善能，则能圆而能方。动善时，则时行而时止。七者皆上善若水，利物不争之事。惟不争，则人己两忘，内外俱顺，怨尤何自而至哉？其为上善宜矣。

大道无我，有相皆非。不争之德，万善咸归。

第九章

持而盈之，不如其已；揣而锐之，不可长保；金玉满堂，莫之能守；富贵而骄，自遗其咎。功成名遂，身退，天之道。

持惧其盈，而极力以枝之也。揣惧其折，而量地以施之也。言物之盈者必溢，持而盈之，不如不盈之为已也。锐者必折，揣而锐之，不若挫锐之可保也。金玉而至于满堂，则莫之能守矣，不若积而能散之为愈也。富贵而至于骄人，则自遗其咎矣，不如上而能下之为得也。所以然者，盖以天道亏

① 与，底本作"语"，依《老子》原文改。

盈，故四时之序，成功者退。今也，功成名遂，而身不知退，是逆天也，其能久乎？世有不知天道者，动引老圣之言以自文曰：功成、名遂、身退，天之道，今吾功尚未成也，名尚未遂也，奈何求退？是未有欲退之心，而先有求成求遂之志，妄孰甚焉！不闻先民之言，志于道德者，功名不足以累其心，故舜禹有天下而不与。今以倏然逆旅之身，而汲汲于傥来之物[①]，患得患失，疲精耗神，其不知孰甚焉。故曰："名与身孰亲，身与货孰多，得与亡孰病？"又曰："宠辱若惊，贵大患若身。"老圣盖重伤之焉！苟得其意于言筌之外，则吾日用云为宁无适然？当乎其意者，是即已成、已遂之功名也，即思退然以收敛之。故有嗣续颇得，而遂绝意于色荒；世味少尝，而即皈心于道德，是谓知止知足，而终身可以不殆矣。不然，则向平之累何时而已，以至钟鸣漏尽而不归，斯则天下之罪人也。噫！

欲休便休，觅了未了。急流勇退，功名可保。

第十章

载营魄抱一，能无离乎？专气致柔，能如婴儿乎？涤除玄览，能无疵乎？爱民治国，能无为乎？天门开阖，能为雌乎？明白四达，能无知乎？生之畜之，生而不有，为而不恃，长而不宰，是谓玄德。

此言圣人治身之道也。载营魄抱一，五字成义。载，承载也。营魄，即魂魄也。予闻之师曰：人之生也，精气为物。魂者，气之所化也。魄者，精之所化也。精魄属阴，气魂属阳，以其寓于后天形质之中，则皆阴也，而不能久。圣人知其如此，故迎其所谓先天真乙之炁者，以为一身之主，而真乙之炁，即所谓一也、道也、无名天地之始也。于是一身之中，精炁魂魄，翕然归之，如子母之相抱而不忍离，日铄月化，剥尽群阴，体化纯阳，后天不老而凋三光。圣人之所以长生而久视者，其道如此。然载营魄以抱一者，贵乎无离，少离则火冷而丹散矣。故曰："能无离乎？"抱，如"以鸡抱卵"之抱，常使暖气不绝，庶可望其有生。迨夫时至气化，自然调神出壳，而身外有身矣，抱一之妙有如此者。"专气致柔，能如婴儿乎？"专者，守之笃；致者，柔之极。《经》曰："骨弱筋柔而握固"，是婴儿之专气致柔也。抱一者

---

① 傥来，意外得来。欧阳修《新唐书》："况荣宠贵盛，傥来物也，可恃以凌人乎。"

如之，则致柔之极而守静之笃矣。“涤除玄览，能无疵乎？”涤，洗濯之意；玄览，深远之览。闻见深远，恐生理障，言能一切扫去，使胸中洒洒，一疵不存乎？“爱民治国，能无为乎？”国以身言，民以身之精气而言，言能宝精惜气以养其身，而不妄有作为以害之乎？“天门开阖，能为雌乎？”生我之门，死我之户，一开一阖，常人生死没溺乎其间，而不知杀机反覆，害里藏恩。今能以柔静之道胜之，如牝之胜牡而能转此生杀之大机矣乎？明白四达，人咸逞其聪明之德以驰骋天下，今能收听返视，如广成子所言“使耳无所闻，目无所见，心无所知”，而神常为之守形乎[①]？天地以道生我，而我不能以自生自畜者，谓其不知抱一之道也。今能如此，则宇宙在手，而万化生身矣。是故能以道自生自畜，而又能以道生人畜人。然虽曰生之，而非我生之，道生之也；虽曰为之，而非我为之，道为之也；虽曰长之，而非我长之，道长之也。故曰：“生而不有，为而不恃，长而不宰。”不有、不恃、不宰，即无为无知之意。圣人之所谓“无私而能成其私”者，盖如此。是谓玄德，岂人所易能哉，亦岂人所易测哉！

神炁相守，抱一无离。生而不有，为而不为。

是谓玄德，圣者能之。

第十一章

三十辐，共一毂，当其无，有车之用。埏埴以为器，当其无，有器之用。凿户牖以为室，当其无，有室之用。故有之以为利，无之以为用。

此言圣人以“无”为用也。夫天地万物，皆以“无”为本。试即物类观之，三十辐共一毂，车之用或在是矣。不知毂非中空，则无以受轴而利转，是“当其无，有车之用”也。埏，和也；埴，土之黏者。和土为器，器之用或在是矣。不知器非中空，则无以容物而利盛，是“当其无，有器之用”也。至于凿户牖以为室，而户之利出，牖之通明，莫非以虚无而致其用焉。[②]是“有之以为利，无之以为用”，“无”以制“有”，而“有”资于“无”。若

① 《庄子·在宥》：“目无所见，耳无所闻，心无所知，女神将守形，形乃长生。”

② 《参同契》云：“器用者空，故推消息。”李涵虚《道窍谈·鼎器直说》：“天地间，实者不能容物，而虚者能受。故假坤之虚以藏其实，而以乾之实先投其虚。……宾主浮沉，皆在鼎中作用，然后知鼎器之设，妙在乎空耳。”

是乎“有”“无”之相须，而“道”与“器”之不相离也。[①]盖谓之“有”，即“有名万物之母”也；谓之“无”，即“无名天地之始”也。修道者，徒利夫有名有质之幻身，而不求所谓“无名天地之始”者，以为致用之本，乌能久而不变哉！

以无制有，器用者空。空亦莫执，真空不空。

第十二章

五色令人目盲，五音令人耳聋，五味令人口爽，驰骋田猎令人心发狂，难得之货令人行妨。是以圣人为腹不为目，故去彼取此。（令，平声。行，去声。为，去声。）

爽，如爽信之爽，言失也。口爽，谓失其正味。行妨，谓妨进道之行。难得之货，令人黩之，贪嗔在前，痴暗在后，安能进道？

世人妄认四大六根为自身相，往往认贼为子，迩声色，殖货利，恣贪喜杀，为境所瞒，迷失本性，轮转无已。圣人则虚其心，实其腹，弱其志，强其骨，常使无知无欲。故贵腹而贱目，重内而轻外，去彼之华荣，而取此之恬澹，然后能归于朴，而与道为之合真也。

舍妄归真，背尘合觉。谁其镇之？无名之朴。

第十三章

宠辱若惊，贵大患若身。何谓宠辱？宠为下，得之若惊，失之若惊。何谓贵大患若身？吾所以有大患者，为吾有身。及吾无身，吾有何患？故贵以身为天下，则可寄于天下，爱以身为天下，乃可以托于天下。

此章圣人为人解黏去缚，遣疑破执，使进于道也。夫大道本来平等，天下为公，有何宠辱祸患？世人不知皈心于道，而每役役于傥来之物，舍身求名，忘己逐物，固有宠辱若惊，贵大患若身者。贵之言，重也。不知宠辱本不由己，而乃视之若惊，大患本与吾身不相干涉，而乃贵之若身，何其贪执之甚，而见之颠倒也。何谓宠辱若惊？盖宠辱乃身外之物，非性分所有，故赵孟之所贵赵孟能贱之，使吾身不可得而宠，焉可得而辱哉？是宠者，辱之

① 《易经·系辞上》：“形而上者谓之道，形而下者谓之器。”

招也。达人以宠为下，故常藐之而弗居。世人则得之若惊，失之若惊，何惑哉！何以贵大患若身？凡吾所以有大患者，为吾有身也。世人执有我相，是以是非海阔，人我山高，互起争竞，而大患至矣。不知己欲宠，何人居辱？己欲利，何人居害？愈有此身，则愈有此争；愈有此争，则愈有此患。患之与身，若形影之相随而不能离。自达人观之，身非我有，天下之人之身也。常将此身置于天地民物之中，平等看来，谁宠谁辱，谁得谁失？剖破藩篱，推倒人我，故虽以至贵至爱之身，而常以之为天下，则洞然八荒，皆在我闼，而吾之身可以寄托于天下而无患矣！所谓“及吾无身，吾有何患”者以此。否则宠辱惊心，得失撄念，所谓“出门即有碍，谁谓天地宽？”我既不能大同于天下，而可以寄托于天下哉！此章言吾身认为己有，则有惊而有患，此身公于天下，则可寄而可托。

大道平等，天下为公。谓彼何辱，谓此何荣？

宠固不喜，辱亦奚惊？孰达此观？犹龙之翁。

第十四章

视之不见，名曰夷；听之不闻，名曰希；抟之不得，名曰微。此三者不可致诘，故混而为一。其上不皦，其下不昧，绳绳不可名，复归于无物，是谓无状之状，无象之象，是谓恍惚。迎之不见其首，随之不见其后，执古之道，以御今之有，能知古始，是谓道纪。

此言道之妙也。大道无声无臭，无相无名，于不可名者，而强名之。自其视之不见也，而名之曰夷，可乎？自其听之不闻也，而名之曰希，可乎？又自其抟之不得也，而名之曰微，可乎？三者皆不可致诘，故混而为一。谓之一，则庶乎可以不失其混成之体矣，然岂终无可见可闻而已哉？吾将自其生出之妙者言之，其在上者虽未尝皦，然以色相示人，而其下也，不自昧藏。绳绳继继以生众甫，而不可以一端名其既，则归根复命，复归于无物而后已。道之实无而实有，至费而至隐，有如此者。是谓无状之状，无象之象，以为有耶？惚焉不觉其无也。以为无耶？恍焉似见其有也，是谓恍惚。是道也，无古无今，先天地而无始，后天地而无终，迎之不见其始也，随之不见其后也。但今之徇生执有者，知有名为万物之母，而不知无名实天地之始。故不能执古以御今，以无而制有，卒滞于名相，而不能窥见大道之渊源。故能知古始，则能复归于朴，而可以为道纪纲矣。古始，即无名天地之始，知则岂但闻见之知而已哉！

真知无知，真见无见。复归寻无，太虚掣电。

第十五章

古之为士者，微妙玄通，深不可识。夫惟不可识，故强为之容。豫兮若冬涉川，犹兮若畏四邻，俨兮其若客，涣若冰将释，敦兮其若朴，旷兮其若谷，浑兮其若浊。孰能浊以静之徐清？孰能安以久动之徐生？保此道者，不欲盈。夫惟不盈，故能敝不新成。

古之士，能知古始者也，故微妙玄通，深不可识。不可识，又可名耶？“强而为之容，豫兮若冬涉川。”豫，先事而戒之之词，莫畏匪川而冬涉之，则畏之深也。“犹兮若畏四邻”。犹者，后事而戒之之词，莫狎匪邻而犹畏之，则慎之至也（或曰：犹豫，二物名，性多疑畏。）。“俨兮其若客”，象其庄也。“涣若冰将释”，象其和也。“敦兮其若朴”，象其质也。“旷兮其若谷”，象其虚也。“浑兮其若浊”，象其深也。孔德之容，有如此，要非作意而为之也。至人全体道朴，以道物身，故其气象浑厚，渣[①]滓消融，复归于朴，而与道为之合真，有不自知其然而然者。下此则囿于形气之私，轻浮浅露，志以气动，而去道远矣。孰能浊，言“孰有能浊而静之徐清”者乎？孰能安以久，言“孰有能安且久而动之徐生”者乎？清，谓浑然之中而灿然有条。生，谓静定之中而沉几应物。盖所谓专一而能直遂，翕聚而能发散，皆道之自然也。保此道者，其有要乎？曰：不欲盈而已。盖为初学入德者而言，志气盈满，必不能畏而戒也，必不能庄而和也，必不能质，必不能虚而深也，又乌能微妙玄通而不可识也耶！“惟不盈，故能蔽不新成。”“能”读曰耐，耐敝，言能久也。不新成，不再造也。盖真常之道，不受变灭，保之以修身，则长生久视之术也，保之以治国，即久安长治之策也。圣人之训也，深哉！

深不可识，是谓玄德。深哉玄哉，大伪滋炽。

① 渣，底本作“查”，改。

第十六章

致虚极，守静笃。万物并作，吾以观其复。夫物芸芸，将复归其根。归根曰静，静曰复命，复命曰常，知常曰明。不知常，妄作凶。知常容，容乃公，公乃王，王乃天，天乃道，道乃久，没身不殆。

此言圣人观妙之学也。夫道本虚无静一，静极而动，游气纷扰，生人物之万殊，而道始落于后天名相之中。故体道者，原本返始，以致虚守静为本焉。常观清净之中，一物不着，何其虚而静也，少有物焉，虚者实，而静者挠矣。太虚廓然，片云横而障疑[①]。渊泉湛若，微风起而波生。焉能复其本然之体哉？体道君子，时时打叠此心，内者不出，外者不入，使其胸次洒洒，一尘不挂，有以复其天空渊湛之本体，是则可谓致虚之极矣。致虚之极，非守静之笃者，孰能之哉？世人不知此学，往往失之于动，试于万物并作之中，独观其复焉，则于道几矣。夫万物芸芸而生，未有不复归其根者，何以故？万物凭道以生畜长养，故诚之通，而物随以通焉；诚之复，而物随以复焉。所以复归其根者，乃道之动极而静，故物随机以入也，故归根曰静。静则复归于无物，而有以还造化矣，故静曰复命。复命则真常之道也，故谓之曰常。知常则能知古始也，故谓之曰明。小人不知真常之道在于归根复命也，乃不能致虚守静，沉着于有为名相之中，芸芸并作，识见互起，尚贤贵货，惊宠辱，贵大患，自盈自满，误为妄作，疲精耗神，而凶咎随之，能无殆乎？能知常者，常虚常静，虚则能受，静则能载，是不谓常乃容乎？容则万物一体，大道为公，故曰"容乃公"。公则天地父母之量也，故曰"公乃王"。王者与天合德，故曰"王乃天"。天地之大，大于道，故曰"天乃道"。道则真常不变，故曰"道乃久，没身不殆"。云体道至此，内圣之德，外王之业，无以复加矣。抑"观复"之说，有二义焉。《易》曰："复其见天地之心乎？"是以静极而动者为复也。此曰"万物并作，吾以观其复"，是以"动极而静"者为复也。于此之复，以观其妙；于《易》之复，以观其徼。性命之学，思过半矣。

离宫修定须观复，水府求玄复要观。

观复复观观复复，方知妙徼两玄玄。

---

① 疑，郑观应刊印本作"凝"。

第十七章

太上，下知有之；其次，亲之誉之；其次，畏之；其次，侮之。信不足，有不信。犹兮其贵言。功成事遂，百姓皆谓我自然。

此章圣人密指观徼之学。万世之下，不得宗旨，作何笺解？今以所闻于师者，僭演其义。太上者，上德之人，道朴未散之民也。道德浑全，不假修证。虽知世有有为之道，但知有之而已。其次则道朴既散，欲行返还归复之道，未免有作为基，故亲之誉之。亲者，历试其事；誉者，称扬其德。亲之誉之，欲得之也。其次畏之。畏之者，清心节俭，洁其身以远害也。其次则侮之矣。侮，戏玩也。侮之不已，必有妄作之凶。夫言有宗也，事有君也。吾言甚易知，甚易行，天下莫能知，莫能行也。其所谓有之、亲之、誉之者，当何指哉？未闻当求以闻之，既闻当信而行之可也。奈何百姓日用而不知，其于所谓阴阳互根之理，生杀互转之机，与夫道器子母不相离之妙，信之不足，反有拒之而不信者。以是语人，犹兮其贵言哉！及夫既得此道，而归之身，则我镇之以无为，养之以自然，是功成事遂，百姓皆谓我之道无为而已、自然而已。岂知有为有作之妙，既不可轻以语人，况虽言之而人有不信者哉？《悟真》之诗云："始于有作无人见，及至无为众始知。只见无为为妙用，岂知有作是根基。"意盖出此。

无为之道，有作为基。达者则信，众人则疑。

第十八章

大道废，有仁义。智慧出，有大伪。六亲不和，有孝慈。国家昏乱，有忠臣。

有为之道，圣人不得已而用之以治其身者也。故功成事遂，即镇之以无为，反之以自然，所谓抱一无离，复归于朴而后已。自大道废，而后仁义兴，不若虚静恬淡之可贵也。知慧出，而大伪滋，不若以恬养知之为得也。彼六亲不和，然后有孝慈；国家昏乱，然后有忠臣。圣人者抑何乐乎？国家之多事，而使忠臣孝子得以擅名于天下哉！噫！有为之道，圣人用之以治其身，其亦有所不得已焉耳。

国有忠良亦匪贤，无为澹泊始安然。

自从失却来时路，历尽千山与万山。

武成王道注此章曰：此言朴散之弊。《庄子》曰：“至德之世，相爱而不知以为仁，端正而不知以为义”，言其相忘于大道也。迨夫仁义之名迹既立，而人争趋之，则离道以善，险德以行，世与道始交丧矣。故曰：“大道废，有仁义。”名迹既立，则有是非。有是非，则有取舍，而智慧出焉。始则辨是与非，终则以非冒是。所谓“并仁义圣智而窃之”者也。故曰：“智慧出，有大伪。”孝慈忠臣，又仁义之最显而乐趋者，然必乘国家之敝而后可以立此名也。名立而与道日远，与伪日近矣。故特指而言之，正解得之，求其顿悟于言意之表，未也。

第十九章

绝圣弃智，民利百倍；绝仁弃义，民复孝慈；绝巧弃利，盗贼无有。此三者以为文不足，故令有所属。见素抱朴，少私寡欲。（令，平声。）

有为之道，圣人不得已而用之以治其身者也。欲证无为之道，绝圣弃智，绝巧弃利，反其有为者而已。盖智慧出，而后大伪生，世人执于名相，贪于情境，不能抱元守一，以空其心。故圣人以反朴之道教之。“绝圣弃智”云者，得一之后，洗心涤虑，不复知有圣智、仁义、巧利之事，所谓“朴乎其未兆，如婴儿之未孩”，“俗人昭昭，我独若昏；俗人察察，我独若闷”之意。如此，则一身之中，奸宄不生，和顺充溢，其利将百倍矣。我之所以如此者，盖以有为之道文也，无为之道质也，徒文令人是导之伪而已。文不足，故令有所属，见素抱朴，少私寡欲，意之所属，正在于此。或问：有为之道，仁义何居？《契》不云乎，“在义设刑，当仁施德”，意更明矣。可为知者道也。

休言智巧胜昏愚，人我原来不是渠。

自识函关牛背老，欲从罔象觅玄珠。

第二十章

绝学无忧。唯之与阿，相去几何？善之与恶，相去何若？人之所畏，不可不畏。荒兮，其未央哉！众人熙熙，如享太牢，如登春台，我独泊兮其未兆，如婴儿之未孩，乘乘兮若无所归。众人皆有余，而我独若遗。我愚人之心也哉！沌沌兮，俗人昭昭，我独若昏；俗人察察，我独闷闷。忽兮若海，漂兮若无所止。众人皆有以，而我独顽似鄙。我独异于人，而贵食母。

世人不知无为之道，而滞其见于名相之中，博物洽闻，多见广览，自谓通人，而不知见闻知解，俱落下乘。独有至人，全体道德，委志虚无，超然于名相之外。绝去俗学，损之又损，使其胸次洒洒，一尘不挂。及其随机应物，则机锋电掣，鞭影莫加，千人自废，岂以支离俗学忧烦其思虑哉？故曰："绝学无忧"。彼"唯之与阿"，"善之与恶"，乃俗学之所以切切焉辨之，而不敢以毫发僭差者也。不知大道原无名相，而"唯之与阿"盖起于应对之巧愚，"善之与恶"则生于意见之颠倒，相去几何？相远何若？而顾辨之畏之，一至于此也。若曰："人之所畏，不可不畏"，是谓一犬吠形，百犬吠声，矮人随众以观场，盲子从人而转脚，以是为道，"荒兮，其未央哉"！如是则俗学之当绝，而众人之不足徇也亦明矣。故众人之于世味也，熙熙若享太牢，淫淫若登春台，何其秾且郁也。而我独泊兮其未兆而无所见，如婴儿之未孩而无所知，乘乘兮不知棁驾之何地而无所归。众人皆有余，而我堕支黜聪，不知我之为我而若遗。我之心，真愚人之心也哉，而又乌知其不愚也。"沌沌兮，俗人昭昭"，我乃自晦其明而若昏。"俗人察察"，我乃自敛其神而若闷。"忽兮若海"，而不清不浊也。"漂兮若无所止"，而不留不碍也。"众人皆有以，而我独顽似鄙"也。我之所以独异于人者何哉？亦惟食母之为贵焉耳。盖无名天地之始，有名万物之母。万物之母炁，即先天之始炁，一而二,二而一者也。人皆得之以有生，而以智慧巧利窍凿混沌，存焉者寡矣。圣人则知母炁之在人，乃吾生身立命之根，而不可以须臾失也。于是观妙观徼于同类有情之中，而窃其互藏之精，以为性命之主，养之韫之，食之味之，则见道味深长，而世味为之自忘，又何俗学之足以撄吾念哉？"食母"二字，老圣平生学术，尽露于此。篇中"食母"、"守母"、"有国之母"，皆是此意，观者详之。

未是愚兮未是昏，曾知我独异于人。
不知寄食于谁母，便把西江一口吞。

第二十一章

孔德之容，惟道是从。道之为物，惟恍惟惚。惚兮恍兮，其中有象；恍兮惚兮，其中有物。窈兮冥兮，其中有精。其精甚真，其中有信。自古及今，其名不去，以阅众甫。吾何以知众甫之然哉？以此。

昔者老圣谓孔子曰："良贾深藏若虚，君子盛德，容貌若愚。"是知若愚者，盛德之容貌，而体道之符验也。故曰："孔德之容，惟道是从。"然是道也，果何物哉？自其先天而言，则曰"无名天地之始"；自其后天而言，则曰"有名万物之母"。道器相乘，虚实相形，恍焉而有，惚焉而无，若有若无而不可测者，道之谓也。故曰："道之为物，惟恍惟惚。"然"惚兮恍兮"，而"其中有象"也；"恍兮惚兮"，而"其中有物"也；"窈兮冥兮"，而"其中有精"也。"其精甚真"，而"其中有信"也。精，谓阴阳互藏之精；信，谓天人合发之信。是谓无象之象，无物之物，甚真之精，不言之信。所以为生天生地、生人生物之根，实在于是。圣人洞明古始，深达造化，故于阴阳互藏之宅，而求其所谓象、所谓物、所谓精、所谓信者，以为立命之基，则宇宙在手，万化生身，而长生久视之道端在是矣。是道也，真常不变，虽若寓于后天名物之中，而自古及今，其名不去。《列子》所谓"生之所生者死矣，而生生者未尝终；形之所形者实矣，而形形者未尝有。"故曰："自古及今，其名不去，以阅众甫。"甫之言，美也。众甫犹众美，即众妙之意。众甫往来不常，而道阅之，如传舍之阅过客然者。且吾何以知众甫之为道所阅哉？盖以道，则真常不变，而众甫不常，故缘是以知之也。"恍惚窈冥"数语，古今论道之公案，万世之下，未得师指，孰敢妄笺？今以所闻于师者，略赘一言，千古断肠，信在何处！

少女初开北地花，起看庚月一钩斜。

不知何物西邻子，归到东家便做爷。

第二十二章

曲则全，枉则直，洼则盈，敝则新，少则得，多则惑。是以圣人抱一为天下式。不自见故明，不自是故彰，不自伐故有功，不自矜故长。夫惟不争，故天下莫能与之争。古之所谓曲则全者，岂虚言哉？诚全而归之。

此言圣人修道之事。曲，委曲也；全，谓全而归之也。夫道恍惚窈冥，隐于互藏之宅。吾欲诱而归之，未可骤得。故必枉己屈身，委曲以行其事，而后可就，所谓"曲则全，枉则直"也。洼者，不自盈满之意。敝，耐敝也。炼己之道，虚心弱志，久久纯孰，而后能之。非耐敝者，何以臻此！少则得，多则惑。少者，自歉之意；多者，自满之称。此数语者，盖古人称之，而圣人体道之事实不外是，诚万世学者所宜式也。不见、不伐、不矜、不争四句，正以申明上意，故结之曰："古之所谓曲则全，岂虚语哉？"诚全其道而归之，且道归个甚么？咦！

几年失却娘生面，认得归来却是渠。

舍己从人，委曲其事。完璧归来，道人及第。

第二十三章

希言自然。飘风不终朝，骤雨不终日。孰为此者？天地。天地尚不能久，而况于人乎？故从事于道者：道者同于道，德者同于德，失者同于失。同于道者，道亦乐得之；同于德者，德亦乐得之；同于失者，失亦乐得之。信不足，有不信。

天下之希言者，其自然之道乎？天下皆以自见自是、自矜自伐为常德，故希言自然。自然者何？道也。道本冲和可久，且天地至大也，一旦失其冲和自然，致有亢戾之德，飘风骤雨，凌害万物，然且不能终朝，卒归于和而后已。天地且不能久，而况于人乎？然则世人欲自见自是、自矜自伐，以高亢于天下而与之争，吾知其不能久也必矣。是故从事于道者，以和同不争为贵焉。"道者同于道，德者同于德，失者同于失。"夫同于道、同于德可也，而失亦同于失，何耶？天下有道与德者常少，失道与德者常多，于此分别美恶，计较短长，爱憎取舍，介然互起，不惟道之本体不当如是，而天下之人起而争者，抑又多矣。至人则心地平等，廓然大公。挫其锐，解其纷，不知在己之有余也。和其光，同其尘，不见在人之不足也。我既不能立异于人，则人亦不能自异于我。故有道与德者，乐得之。而失道与德者，亦无不乐得之。所谓贤者悦其德，不贤者服其化。圣人之所以如此，岂矫情而为之哉？盖玄同之德，出于自然，故民之信之而乐得之也。彼信不足者，然后有不信，圣人岂信不足者哉！

大道无伪，冲和自然。玄同之德，圣人贵焉。

第二十四章

跂者不立，跨者不行，自见者不明，自是者不彰，自伐者无功，自矜者不长。其于道也，曰余食赘行。物或恶之，故有道者不处也。(赘行之“行”，与“形”通。)

跂者自谓其立之高，而不能以久立；跨者自谓其步之远，而不能以久行。自见自是、自矜自伐之人，亦犹是也。盖大道无名，凡有功德，皆属名相。苟一有之，则当生而不有，为而不恃，功成而不居，乃为合道。若执而不忘，过而不化，则与道为梗，反成长物，譬诸余剩之食、赘疣之形，不惟无用，而反为人所恶，故有道者不处也。夫以有道之余食赘行，而今之人，方且夸之为己有，固之为己私，一何悖哉!

功德如何可自矜，彼何疏也我何亲?

驱车日日羊肠道，谁作周行缓步人?

第二十五章

有物混成，先天地生，寂兮寥兮，独立而不改，周行而不殆，可以为天下母，吾不知其名，字之曰道，强为之名曰大，大曰逝，逝曰远，远曰反。故道大、天大、地大，王亦大，域中有四大，而王居其一焉。人法地，地法天，天法道，道法自然。

此言道也。混成者，一而不分之意。混沌未分之先，一炁而已。其分清、分浊也，天地生焉。而此混成之炁，常寓于有名之中，而为天地万物之主。寂兮寥兮，自先天而言也。寂，静而无声也。寥，空而无侣也。言道虚无空寂，独立于未始有物之先而万古不变，周行于既始有物之后而其出不穷，如此则信乎“无名天地之始”，而“可以为天下母”矣。或曰:“有名万物之母”，此以“无名”为母何也?曰:天地生万物，则天地者万物之母，道生天地，是母之复有母也。圣人食母、守母，食此守此而已。然道本无名，吾则不知其名，因其为天地万物之所由也，从而字之曰“道”。因其为天地万物之所共由也，强而名之曰“大”。然谓之强名，则殆有不得其故而固以是加之，而终不可道，终不可名之意，亦已见于言外矣。夫其大也，则周行长往，有逝之义焉，故“大曰逝”。逝则周遍无涯，有远之义焉，故“逝曰远”。然岂出太远而无所归哉？万物芸芸，将复归其根，故“远曰返”。曰大、曰逝、曰远，以其用之不可御者言也。曰返，以其体之静而正者言也。夫“道”而谓之曰“大”，则天下之至大者，莫如道矣。天地者，道之所生，故天大、地大。王者体道以参于天地者，故王亦大。域中有四大，而王居其一焉，然亦岂以其肆然于民物之上而遂谓之大焉已哉！以有道焉耳。故王者厚德以载物，安贞以应地，有法地之义焉。地则承天以时行，无成而代终[①]，故地乃法天。天地无心而成化，故天乃法道。道则自本自根，无所法也，自然而已，故曰："道法自然"。夫语天地而归之道，语道而归之自然，则王者之法地，乃所以法天法道，而法其自然也欤！

物乃无物，名亦强名。法其自然，得一而贞。

第二十六章

重为轻根，静为躁君。是以君子终日行，不离辎重，虽有荣观，燕处超然。奈何万乘之主，而以身轻天下？轻则失臣，躁则失君。

承上章，借言“王者法地”之义，以明君子修身体道之事。重为轻根，静为躁君，言天下之轻未有不根于重者，天下之躁未有不归于静者。故夫厚重莫如地，而万物皆承藉以有生；安静莫如地，而凡水火风雷躁动之物，未有不归藏于地者。世人不知持重居静之学，轻浮狂躁以劳其形，以摇其精，元神凋丧，而大命随之，非道远人，人自远于道也。故知道者，效法乎地，以持重安静为本焉。终日行而不离辎重，喻重之至也。虽有荣美之观，而燕处深闲，超然远览，言静之极也。所以然者，盖以吾身亦大矣。奈何万乘之主，而以其身轻天下哉！轻则失臣，气动精流；躁则失君，火佚神耗，乌能长保其身哉？万乘之所以不敢以身轻天下者，以此。

自有骊龙颔下珠，寒光夜夜彻清虚。
叮咛好向深潭卧，莫作风雷遍九衢。

① 《周易·坤·文言》："坤道其顺乎！承天而时行。""地道也，妻道也，臣道也，地道无成而代有终也。"

第二十七章

善行无辙迹，善言无瑕谪，善计不用筹策，善闭无关键而不可开，善结无绳约而不可解。是以圣人常善救人故无弃人，常善救物故无弃物。是谓袭明。故善人，不善人之师；不善人，善人之资。不贵其师，不爱其资，虽智大迷，是谓要妙。

先天道朴，混成自然，不倚于物，而能物物。故善于体道者，行无方所，不履人之辙迹也。言无争辩，不谪人之瑕类也。且善计而能不用夫筹策，善闭而能不用夫关键，善结而能不用夫绳约，以明善救人而能不用夫拣择去取。何者？道无名相，有所倚着安排分别取舍，即不中矣。故圣人善救人而无弃人，善救物而无弃物。《易》曰："曲成万物而不遗。"今夫圣人之于民物也，道者同于道，德者同于德，失者同于失。因性牖民，随机善导，任其生畜于大道自然之中，而吾一毫爱憎取舍之意无所与乎其间。如是则曲成之道得，而利济之仁普矣。自非洞明大道之原，深达一体之义者，畴能之哉？故曰"是谓袭明"。袭明，犹言继明，继续大道，明了不绝也。圣人之所以无弃人者，何哉？善人乃不善人之师，既为人师，不当有所弃也。不善人如善人所怀之资，既为吾资，亦不当有所弃也。予将以斯道济斯民，而固有所弃焉，是不贵其师也。吾与民物本为一体，而顾有所弃焉，是不爱其资也。不贵其师，不爱其资，如道何哉？彼虽自以为智，吾则谓之大迷，非袭明也。所谓以执着心成颠倒见，去道之远，职是故耳。夫彼以分别为智，吾以畔道为迷。吾言之与世俗每每相反如此，然实要妙之言，不可不深长思也。今夫老圣之言大道要妙如此，而世顾谓其有自私自利之心焉，其亦不得于言，而不肯求之于心也夫！

大道本来无物我，但加分别总成迷。
同来俱是凭阑者，共醉春风待月归。

第二十八章

知其雄，守其雌，为天下谿；为天下谿，常德不离，复归于婴儿。知其白，守其黑，为天下式；为天下式，常德不忒，复归于无极。知其荣，守其辱，为天下谷；为天下谷，常德乃足，复归于朴。朴散则为器，圣人用之则为官长。故大制不割。

此言圣人反朴之道也。夫自道朴既分之后，阴阳名相互起对立，于是始有雄雌、黑白、荣辱之称。胜负屈伸，感遇不常。常人执而有之，迷失真性，去道远矣。故惟真常之德，远离名相，绝去对待。非不知天下之有雄也，而常守其雌；非不知天下之有白也，而常守其黑；非不知天下之有荣也，而常守其辱。何谓守雌？濡弱不争，以静胜牡也。何谓守黑？不自表曝，用晦而明也。何谓守辱？含垢纳污，处众人之所恶也。所以然者，盖以阴为阳根，静为躁君[①]。故圣人之道，常处于虚静不争之地，以待天下。而天下之情状，任尔变态反覆，千绪万端，而吾真常可久之德，常在于此而不离。如此则其复归也，宁不与婴儿同其纯一，无极同其静虚，大[②]朴同其浑沦乎？曰“复归”云云，则与道为之合真矣。然先天道朴不能久而不散，故朴散为器，亦理势之所必至者。圣人与世推移，又乌能独守其朴而不用夫器哉？但众人之于器也，执而有之，而圣人之用之也，为能以无而制有，以虚而御实，万物生焉而不有也，为焉而不恃也，长焉而不宰也。如官长焉，总其纲纪而已，不琐屑于细务也。如大匠焉，执其绳墨而已，不侵职于断割也。所谓守雌、守黑而守辱者，意盖如此。其复归于朴也，有由然哉！

知雄守雌，知白守黑。万物并作，吾观其复。

第二十九章

将欲取天下而为之，吾见其不得已。天下神器，不可为也，为者败之，执者失之。故物或行或随，或呴或吹，或强或羸，或载或隳。是以圣人去甚、去奢、去泰。（去，上声。）

此言世人有为之害，以显圣人无为之妙也。将欲取天下而为之，盖亦借辞。取，如“取高帝约束纷更”[③]之取。已，语助词。不得已，言不能也。盖圣人之于天下，不忍弛之以无事，亦不敢扰之以多事。世人不知神器之不可

① “君”字后，底本衍一“君”字，删。

② 大，底本作“太”，改。

③ 取高帝约束纷更，语出《史记·汲郑列传第六十》：“张汤方以更定律令为廷尉，黯数质责汤于上前，曰：‘公为正卿，上不能褒先帝之功业，下不能抑天下之邪心，……何乃取高皇帝约束纷更之为？公以此无种矣。’”

为，而顾作为以败之，执着以失之。庄生所谓："倏与忽谋报混沌之德，日凿一窍，七日而混沌死[①]。"《孟子》所谓："宋人有闵其苗之不长而揠之者[②]"，皆有为之害之类也。夫物之或行或随、或呴或吹、或强或羸、或载或隳，是皆相待而生，相对而反。既有名物之后，其胜负屈伸之感，消息盈虚之数，皆一定而莫之或移。时未至，而强为以益之，是速其败也；时已去，而强执以留之，是益其失也。圣人知其如此，而使付之无可奈何，恝[③]然而不为之所焉，则末矣。故惟日用之间，检束身心，损之又损，去其甚者、奢者、泰者，而保之以不盈，镇之以不欲，知止知足，自然复归于朴，而与道为之合真，神器可常守矣。盖惟去此三者，则是未始有夫行也者，而何有夫随？未始有夫呴也者，而何有夫吹？未始有夫强焉者，而何有夫羸？未始有夫载焉者，而何有夫隳？所谓"出为无为，则为出于无为[④]"，非知道者，孰能与于此！要之，无为亦不可着，会么？

一切有为俱是幻，无为为幻幻非轻。

有无俱遣仍成幻，云散天空月自明。

第三十章

以道佐人主者，不以兵强天下，其事好还。师之所处，荆棘生焉。大军之后，必有凶年。善者果而已矣，不敢以取强。果而勿矜，果而勿伐，果而勿骄，果而不得已，果而勿强。物壮则老，是谓不道，不道早已。

以道佐人主者，不以兵强天下，况以道治其身者乎？夫以强胜人者，人亦思以强胜之，故曰："其事好还"。世人不知濡弱不争为道之表，驰骋血气，矜骄暴戾，贼伤天和，乖气感召，群异旁出，荆棘生而性地荒，蟊贼起而灵苗槁。所谓"一念不谨，乃贻终身之忧；一日不谨，以致千百年之患。"

---

① 《庄子·内篇·应帝王》："南海之帝为倏，北海之帝为忽，中央之帝为浑沌。倏与忽时相与遇于浑沌之地，浑沌待之甚善。倏与忽谋报浑沌之德，曰：'人皆有七窍以视听食息，此独无有，尝试凿之。'日凿一窍，七日而浑沌死。"徐颂尧《天乐集》："金丹之道，古代称之曰'学混沌'。老圣云'守中抱一'，庄子但云'守一处和'。"

② 《孟子·公孙丑上》："宋人有闵其苗之不长而揠之者，芒芒然归。谓其人曰：'今日病矣，予助苗长矣。'其子趋而往视之，苗则槁矣。"

③ 恝，淡然，不经心。

④ 《庄子·杂篇·庚桑楚》："出为无为，则为出于无为矣。"

可不慎欤？可不戒欤？能于愤怒沸腾之时，便廓然思以消化之；意气发扬之时，便翕然思以收敛之。非天下之大勇，不足以与此。故曰："善者果而已，不敢以取强。"以理自胜曰果，以气凌人曰敢。古之善为道者，保之以不盈，尚之以不争，虚其心，弱其志，惟知以理自胜其私而已，故"果而勿矜，果而勿伐。果而勿骄，果而勿强。"如是则日用之间，德性常用，自然中和交致，而与道为之合真矣。彼物之壮者鲜不老，用壮而至于老焉，悖道甚矣，是谓不道。不道早已，乌能长保其身哉？

自胜者强，强亦莫着。虚心弱志，复归于朴。

第三十一章

夫佳兵者，不祥之器。物或恶之，故有道者不处也。君子居则贵左，用兵则贵右。兵者，不祥之器，非君子之器，不得已而用之。恬淡为上，胜而不美。而美之者，是乐杀人也。夫乐杀人者，不可得志于天下矣。吉事尚左，凶事尚右，偏将军处左，上将军处右，言以丧礼处之。杀人众多，以悲哀泣之。战胜，以丧礼处之。

承上章，言君子不得已而用兵之事。盖亦寓言，今会其意而解之。佳，读曰甲，声相近而误书也，或曰喜也。天下无事，则有道者安之而已。惟夫不能以无事也，于是乎下德之人不得已而用兵，以行归复之道。但其用之也，识宾主之分，明动静之理，察倚伏之几，转生杀之柄，知止知足，而不敢矜伐以丧吾宝。盖亦知为不祥之器，非有道者所处，故用之以恬淡之为上焉耳。否则是乐杀人而已，曾谓乐于杀人者，而可以得志于天下哉？吉事尚左，凶事尚右，偏将军处左，上将军处右，是释[①]上文"用兵贵右"之义。夫道，阳常居左，阴常居右。右之也者，尊之也。尊之而有所求焉，尊之而有所得焉，尊之而不敢先焉，则吾之事济矣。杀人多，以悲哀泣之，言护以慈也。战胜以丧礼处之，去甚、去奢、去泰也。君子之不得已而用兵也如此。

佳兵不祥，战胜非美。恬淡无为，虞圣恭已。

① 释，底本作"什"，据郑观应刊印本改。

第三十二章

道常无名。朴虽小，天下不敢臣。侯王若能守，万物将自宾。天地相合，以降甘露，民莫之令而自均。始制有名，名亦既有，夫亦将知止，知止所以不殆。譬道之在天下，犹川谷之于江海也。

道无名相，未雕未琢之先，其朴虽小，天下有所不敢臣者。无名天地之始，故无得而臣焉者也。盖道至微而至尊，王侯守此，则能宰制群动，宾服万物，旋转坤乾，酝酿和气。故天地相合，以降甘露，和之动于上也。民莫之令而自均，和之达于下也。中和位育之应有如此。人能全体大道，专气致柔，抱一无离，则吾冲和之气，自然周流灌注于一身之间，天地交泰而百骸为之条畅矣。所谓甘露之降，民物之均，非自外至。至是则道自我全，命自我立，而法由我出矣。故能以无名制有名，以一法生万法。始制有名，始即无名之始。有名者，一生二,二生三,三生万物，凡有名相，皆自道生。《经》曰:“朴散为器。”世人不知无之制有，虚之造实也，而每滞其见于名相之中，由此妄见，逐生妄宰，转迷转惑，去道远矣。故圣人复晓之曰:“名亦既有，夫亦当知止。”止者，归宿之地，道朴是也。依止道朴，则“内观其心，心无其心；外观其形，形无其形；远观于物，物无其物。”而可以无逐妄迷真之患矣。故曰:“知止所以不殆。”“譬道之在天下，犹川谷之江海也。”江海，其源也；川谷，其委也。知江海为川谷之所归，则知道为万物之所归，而君子当知所止者，止此而已。王侯守此以宾服万物，感召和瑞也，宜哉!

有相终归无相朴，爱河深处错承当。

回头却泛犹龙海，傀儡棚中笑一场。

第三十三章

知人者智，自知者明。胜人者有力，自胜者强。知足者富，强行者有志。不失其所者久，死而不忘[①]者寿。

夫知人者，知其美恶，知其贤否，知其情伪，谓之智焉可也。若自知，则可谓之明也已。胜人者，或以物力，或以势位，或以勇敢，谓之有力焉可也。若自胜，则可谓之强也已。大抵察察者恒昧于反观，悻悻者或多为理

① 忘,《老子》河上公注本作“亡”。

屈。天下之务外而忘内者，比比然也。故圣人教之以反观之学焉。物有余之谓富，常人资虽有余，而贪得之心惟日不足，不可谓之富也。故惟达生委分，随寓而安，则知足常足，可以名之为富矣。有所期待之谓志，常人虽各有志，而役于功名，夺于富贵，不可谓之志也。故惟志于道德，强行不怠，则志气常伸，斯可谓之有志矣。“不失其所者久”。庄生曰：“鱼相忘于江湖，人相忘于道德。”是江湖者，鱼之所，而道德者，人之所也。人而不失其所，则常德不离，而可以阅众甫矣，故曰久。“死而不忘者寿”。《列子》曰：“生之所生者死矣，而生生者未尝终。”是知生之无生，幻相宛然，无生之生，真性湛然也。人能死而不亡，则真常湛寂而不受变灭矣，故曰寿。然死而不忘，非不失其所者不能也。天下之失其所者众矣，若之何而能不失其所哉！

锐不可保，察亦非宜。隐明内照，抱一无离。

物壮则老，我作婴儿。复归无极，万古如斯。

第三十四章

大道氾兮，其可左右。万物恃之以生而不辞，功成而不名有，爱养万物而不为主。常无欲，可名于小。万物归之而不为主，可名于大。是以圣人终不为大，故能成其大。（氾，音泛。）

道无名相，亦无方所，故曰“大道氾兮，其可左右”。万物恃之以生成长养，而道不自知，自然而已。故曰：“恃之以生而不辞，功成而不名有，爱养万物而不为主。”“常无欲，可名于小。”无欲，即首章无欲之意，言未兆之先，渊然寂然，视之不可见，听之不可闻，抟之不可得，至微也，至隐也，故曰：“可名于小。”然既兆之后，万物归之而不为主，又何如其大焉！圣人全体大道，是故生而不有，为而不恃，长而不宰，虽与道同其大，而渊然寂然之中，至虚至弱，终不自以为大也。夫惟不自以为大，此圣人之所以成其大欤！

道本无大，大乃不大。圣人体道，不大而大。

第三十五章

执大象，天下往。往而无害，安平泰。乐与饵，过客止。道之出口，淡乎其无味。视之不足见，听之不足闻，用之不可既。

大象者，无象之象，大道是也。道者，万物之所归也。故圣人执之以往天下焉，使天下同归于道者，圣人之愿也。然以道帅天下者，天下亦以道归之，故“往而不害，安平泰”。不害，犹不括之义。安平泰，言往之利也。道之所以利有攸往者，何哉？盖以道味冲和澹泊，用不可既，非若悦耳之音，炙口之饵，可暂设而不可久用者，故乐饵虽美，过客则止。道之出口，虽澹乎其无味也，然而无味之味，至味存焉，故“视之不足见，听之不足闻，而用之则不可既”。不因过客而始设也，不因客过而遂止也。故执之而往，无所不利。使其可设可止，则亦乐饵之类耳，岂道之谓哉！

无味味偏长，有味终须止。

其如过客心，惟歆乐与饵。

第三十六章

将欲噏之，必固张之。将欲弱之，必固强之。将欲废之，必固兴之。将欲夺之，必固与之。是谓微明。柔胜刚，弱胜强。鱼不可脱于渊，国之利器不可示人。

此章之旨，说者多借其言以为阴谋捭阖之术自老氏始，盖不得于言而敢于诬圣者，今为正之。将欲云者，且然之词。必固云者，已然之词。言物之翕张、强弱、废兴、予夺，互相倚伏，皆理之一定而不可易者。其今之将欲如彼者，必昔之已然如此者也。《易》有之曰：“无平不陂，无往不复。”《象》曰：“无往不复，天地际也。”圣人知其如此，固尝持之以谦虚，守之以濡弱，后其身而不敢为天下先者，非固居是以为取胜之地也，不然则倚伏之几终不可逃，而吾与世人亦同幻化于起灭之中，推迁于转毂之数而已，而何以握真常不变之权于万世哉！故曰：“将欲噏之，必固张之。将欲弱之，必固强之。将欲废之，必固兴之。将欲夺之，必固与之。”噏由张始，弱自强生，废从兴转，夺自与来，是谓至微至明，至幽至著，不可易也，不可逃也。能逃此者，其惟道乎？夫道以柔弱为表，故常胜于刚强。圣人处其胜者，何以明乎？彼鱼不可脱于渊。脱，取之也。脱鱼于渊，则终无可得矣，是渊虽至柔而有不可犯也。“国之利器不可示人。”利器，权谋之类。利器示人，则人思备之矣，是利器虽刚而有不可恃也。柔弱之胜刚强，不亦居然可见矣乎？盖惟处夫柔弱，则吾不用刚而天下之刚者废矣，吾不用强而天下之强者废矣。

刚强废，则无对待。无对待，则无倚伏。无倚伏，则无轮转、无起灭。真常不变之道，在我矣。虽欲噏之弱之，废而夺之，胡可得哉！

坐穷兴废知今古，勘破盈虚识化权。

百尺竿头休进步，人间能得几回看。

第三十七章

道常无为而无不为。侯王若能守，万物将自化。化而欲作，吾将镇之以无名之朴。无名之朴，亦将不欲。不欲以静，天下将自定。

道之本体，寂然不动而已，及其感也，万化生焉，圣功出焉，故“无为而无不为”。其无为也，非顽空断灭之谓也，能静能应，道之所以不沦于无也。其无不为也，非逐末忘本之谓也，常应常静，道之所以不滞于有也。有无合一之妙，有如此。侯王若能守此无为之道，则万物之化之也，孰能已哉！然其化之也，乃万物之自化，万物不知也。万物不知，各具无名之朴，未免沉着于有为事相之中，为境所瞒，逐物而转，故化而欲作。即此欲作之心，逐妄迷真，去道远矣。圣人于是镇之以无名之朴焉。无名之朴何哉？亦将不欲而已。盖众人欲作，而吾镇之以不欲。不欲者，作而不作，不作而作，顺其自然，行所无事而已。如是则无欲而静矣。我好静而民自正，我无欲而民自朴，天下有不定者乎？老圣之言，若指理道，而治身之道，实不外是，要在学者会而通之耳。

朴散为器，化而欲作。以静镇之，复归于朴。

下篇

第三十八章

上德不德，是以有德。下德不失德，是以无德。上德无为而无以为，下德为之而有以为。上仁为之而无以为，上义为之而有以为。上礼为之而莫之应，则攘臂而仍之。故失道而后德，失德而后仁，失仁而后义，失义而后礼。夫礼者，忠信之薄，而乱之首也。前识者，道之华，而愚之始也。是以大丈夫处其厚，不处其薄；居其实，不居其华。故去彼取此。

上德，上乘之德也。上乘之德，无成心，去执着，全体大道，心若太虚，不自知其德也。故曰："上德不德，是以有德。"下乘之德，返还归复，求以不失其德而已，而不知心染法尘，终为法缚。若非抱元守一以空其心，几何而不蔽于释家之理障哉？故曰："不失德，是以无德。"是知上德不德者，无为而无以为者也。无为者，非顽空断灭一无所为之谓也，定慧相生，寂照并用，不见其迹，莫知其然，神圣之德也。下德为之而有以为，则贤士之德，归复之道也。有以为，而不知速返以证无为之道，则执着之病乌能免哉！"上仁为之而无以为。"仁义者，生于事相之中而立之名。上仁虽不能无为，然亦未尝煦煦焉仁之也，故其为德也，几于上德。上义则为之而有以为矣。有以为，则虽知柔、知刚、知彼、知此，详审精密，动合事宜，而不知混沌之德已不免[①]于"窍凿"之虞矣！若夫所谓上礼者，不过于有为名相之中，别嫌明微，定上安下，虽有节文度数如此之详，而已属于朴散之器矣，况为之而莫之应，又有"攘臂而仍"之患乎？仍之也者，绳之也。以礼绳民，民终莫齐。故"失道而后德，失德而后仁，失仁而后义，失义而后礼。"失道而德，失德而仁，去之犹未远也。失仁而义，则去之远矣。失义而礼，则远之远矣。夫礼者，忠信之薄，而乱之首也。何谓乱首？世降愈下，民伪日滋，窃近似而大乱真者，礼首之也。故曰："忠信之薄，而乱之首。"前识者，道之华而愚之始也。前识，智也。何谓愚始？大道以多歧亡羊[②]，世人不知道无名相，而顾沉滞于名迹，支离于见解，前识陈，故自谓通人，而与之以适于道，则伥伥焉而无所之。民之愚，日固久矣，是何其谬昧之甚，而不知返本还源以归于朴乎？诚知之，则必先道德而后仁义，自有为以证无为。"处其厚，不处其薄。居其实，不居其华。"而可以窥见大道之原矣。大丈夫之所以去彼而取此者，良有以哉！上篇绝圣弃智、绝仁弃义、见素抱朴、少私寡欲，与此正相发明[③]，且道何谓上德不德？咦！试看：

个里从来绝点埃，道人何事强安排。

须知四勿兼三省，犹是教人拂镜台。

尝观老圣之论仁义如此，而吾儒谓性中只有仁义。老圣之薄礼若此，而

① 免，底本作"兑"，依郑观应刊印本改。

② 歧，底本作"岐"。《列子·说符》："大道以多歧亡羊，学者以多方丧生。"

③ 明，底本无，校者据文义补入。

吾儒欲为国以礼。何其言之矛盾一至是耶？曰：老圣之学，主于先天，彻性命之根原；吾儒之学，起于后天，为经世之大典。性中仁义，自后天已发者而言。而其浑沦未凿之先，则固无可名相，无可指拟，仁义何从立耶？故失道而后德，则仁义立而名相生矣。失德而仁，犹全体也。若义则仁中之有断制者，礼则仁中之有节文者，谓之非道非德固不可，然亦岂可据是而遂谓之道德哉！盖谓之失，则愈降而愈末矣。及观夫子之论礼，"大林放、从先进、礼让为国"[①]之说，"礼云礼云"[②]之叹，则其处厚居实之意，隐然自见于言表，于此会而通之，然后知二圣之不异。而以其言为见小者，其亦不得于言而不肯求之于心也夫！道德仁义礼说，尝以木喻：道者，根也；德者，干也；仁义，枝也；礼，华叶也。失道则失其根矣，求之德犹干也，求之仁义则枝也，已远矣。求之礼，则华叶烦而愈远矣。老子欲人返本，故先道德。孔子"志道、据德、依仁"[③]之说，亦似有序。

第三十九章

昔之得一者，天得一以清，地得一以宁，神得一以灵，谷得一以盈，万物得一以生，侯王得一以为天下贞，其致之一也。天无以清将恐裂，地无以宁将恐发，神无以灵将恐歇，谷无以盈将恐竭，万物无以生将恐灭，侯王无以为贞而贵高将恐蹶。故贵以贱为本，高以下为基。是以侯王自称孤寡不穀，此其以贱为本耶？非乎？故致数车无车，不欲琭琭如玉，落落如石。（数，上声。）

此言得一之妙也。一，即真乙。真乙之炁，为生天生地、生人生物之根。故天得之以清，地得之以宁，神得之以灵，谷得之以盈，万物得之以生，王侯得之以为天下贞，其实皆由此真乙而致之。《庄子》曰："孰主张是？孰纲维是？孰居无事推而行是？"，此之谓也。况使天不得一，则失其所以为清，而运动者将恐裂矣；地不得一，则失其所以为宁，而闭藏者将恐

① 《论语·八佾》："林放问礼之本。子曰：'大哉问！礼，与其奢也，宁俭；丧，与其易也，宁戚。'"《论语·先进》："子曰：'先进于礼乐，野人也；后进于礼乐，君子也。如用之，则吾从先进。'"《论语·八佾》："子曰：'能以礼让为国乎？何有？不能以礼让为国，如礼何？'"

② 《论语·阳货》："子曰：'礼云礼云，玉帛云乎哉？乐云乐云，钟鼓云乎哉？'"

③ 《论语·述而》："子曰：'志于道，据于德，依于仁，游于艺。'"

发矣；神不得一，则正炁不行，故无以灵而恐歇；万物一之所生，不得一何以为生，而化机不几于灭乎？王侯者，天地神物之主，不得一何以为天下贞，而贵高不几于蹶乎？是王侯之所以贵高而蹶者，失道故也。失道，则自见自是、自矜自伐、自高自贵，故天地神人皆厌其德，而颠蹶随之。不知贵以贱为本，高以下为基，而自高自贵非所以为道也。古之侯王善守道者，其身虽处高贵之位，而其自称曰孤、曰寡、曰不穀，是皆居其至贱至下之名以自贬损，此其以贱为本非耶？盖大道本来平等，一体同观，谁贵谁贱、谁高谁下？王侯有见于此，真能略其势分之尊，相忘于道，不徒琐细于称谓之间而已。“故致数车无车”，致，极也。极数一车之全，为輗为軏、为轮为辐、为衡为厢，无有名为车者，特以虚中能载，故谓之车。侯王一身，其心性、耳目、口鼻、四肢之类，皆与人同，无有名为侯王者，特以其置身兆庶之上，谓之侯王。今也以其适然所遭之名而自高自贵，以求立异于天下，则是名之为玉而琭琭然，名之为石而珞珞然，鄙亦甚矣。琭琭，言少也；珞珞，言多也。玉石虽有多寡之分，而玉石不知。王侯民庶虽有贵贱之分，而王侯不知，是乃所以为道也。彼以势位为荣者，何足与言议于道哉！

本来平等，意见不生。卑以自牧，得一而贞。

第四十章

反者道之动，弱者道之用。天下之物生于有，有生于无。

此章之旨，直泄道妙。反，复也。《易》曰：“复，享，刚反。”言先天真乙之炁，根于虚静之中，及其动也，神明生焉，圣功出焉，故夫地势重阴之下而一阳来复，乃造化之根柢，而品汇之枢纽也。圣人洞晓阴阳，深达造化，赞《易》至复，不觉叹曰：“复，其见天地之心乎！”天地生物之心，至复乃见，则夫静极而动之端，其道之出机乎？故曰：“反者道之动。”圣人用其道以善其身，故于阴阳互藏之宅，而窃其微动之机，逆而修之，以立性命之根宗。其未得之也，守之以濡弱，尚之以不争。及其得之，则专气致柔，抱一无离。始终以弱为用者，体道之事也。故曰：“弱者道之用。”所以然者，盖以天地万物皆生于有，有生于无。谓之曰“无”，即“无名天地之始”也。谓之曰“有”，即“有名万物之母”也。圣人之于道也，求之于有而能窃其机，守之于无而善观其妙。知动知静而不失其时者，其惟圣人乎？此非予之私言也，尝闻之矣。

自遇国中师，大道今分剖。

东家弱子过西邻，漫向离中寻坎有。

君知否？要得张公醉，须用李公酒。

待得他家冬至时，一盏醍醐方入口。

洞房夫妇镇交欢，一载生儿行第九。

能食母，却与青牛背上人同寿。

国中师，师自号也[①]。

第四十一章

上士闻道，勤而行之。中士闻道，若存若亡。下士闻道，大笑之，不笑不足以为道。故建言有之：明道若昧，进道若退，夷道若类，上德若谷，大白若辱，广德若不足，建德若偷，质真若渝，大方无隅，大器晚成，大音希声，大象无形，道隐无名。夫惟道，善贷且成。

此道至神至圣，至易至简，凡人得而修之，立跻圣域。“上士闻道，勤而行之。”上乘之人，根器甚利，其闻道也，如良马见鞭，追风千里，故能勤而行之。中士则虽闻大道之要，而尘根难断，欲海颇深，行而不行，若存若亡，自非真师提挈，良友熏陶，终亦堕落而已，可胜惜哉！下士则信心不及，反生疑谤，故闻而笑之。然“不笑不足以为道”，何以故？道者，百姓日用之道，夫妇之愚可以与知、与能，而极其至也，则造化生焉，圣功出焉。故圣人以是导人，使行归复之道。藉不为人所笑，则是孤高玄远、可惊可骇之事，而非圣人易简之道矣。“故建言有之，明道若昧，进道若退，夷道若类。”言道皆常道，百姓日用而不知，故圣人之所谓道，非于百姓日用之外而别有所加也。明道与昧道同行，进道与退道同事，圣道与凡道同类，其理一而已矣。“上德若谷”以下，又言君子虚心体道之事。上德若谷，不自盈也。大白若辱，不自洁也。广德若不足，重积而啬施也。建德若偷，慎密而不露也。质真若渝，无执着也。大方无隅，无方所也。大器晚成，无欲

① 《三藏真诠》载：“法祖纯阳老师降予宅，首言成真子，别号‘國中師’（三字皆‘二口’成姓）。”（乙丑年正月）

速也。大音希声，无声臭也。大象无形，无色相也。道隐无名，微妙玄通，深不可识也。如是，则可谓体道之至矣。“夫惟道，善贷且成[①]。”贷者，假借之意。道能贷人，亦能成人。凡者贷之可使圣，则是成其为凡矣。老者贷之可使壮，则是成其为老矣。盖道藏于彼，彼乃善贷，道修于己，成者自成也。且道贷个甚么？

百丈滩头自整纶，桃源不赚问津人。

惊他海底骊龙觉，一夜风雷大地春。

第四十二章

道生一，一生二，二生三，三生万物。万物负阴而抱阳，冲气以为和。人之所恶，惟孤寡不穀，而王公以为称。故物或损之而益，或益之而损。人之所教，我亦教之。强梁者，不得其死。吾将以为教父。

道者，无名无相，根于太极之先，始生一炁，为生天生地、生人生物之根，是谓元始祖炁。至虚至静，静极而动，遂分阴阳。阴阳二炁，絪缊交通，复合为一，故二而生三。三体重生，万物乃出。《易》曰：“易有太极，是生两仪。”又曰：“天地絪缊，万物化醇。”周子曰：“无极而太极”。世儒不知此理，遂以无极、太极合而为一，而曰非太极之上复有无极，是徒知一之生二，而不知道之生一，得其宗而忘其祖也。且夫一二与三，皆落名数，谓之一者，但浑沦而未判，体具而未分耳。不知未始有一之先，必有所以主张纲维之者，庄生所谓：“太初有无无，有无名”[②]，是谓无极。故周子曰：“太极本无极”也。太极本于无极，而谓之合一可乎？“万物负阴而抱阳，冲气以

① 徐颂尧《天乐集·学道利益》：“老圣曰：‘夫惟道，善贷且成。’贷者何？假之以先天一炁也。此善贷之主翁，即是对面虚空一着，近而且易。我能在虚空中心息相依，一到恍惚杳冥，此主人翁自以先天一炁贷之，使衰者壮，凡者圣，愚者智，病者瘳，枯者荣，弱者强，塞者通，寒者得衣，饥者得食，一一满其所愿。其法至简至易，其效至神至速。夫人之愚与不肖，可以与知与行焉，岂非一了百当，平等普遍之至乎？三丰真人云：‘凡人养神养气之际，神即为收气之主宰，收得一分气，便得一分宝，收得十分气，便得十分宝。气之贵重，世上凡金凡玉，虽百两不换一分。’是故玄宗气化之学，向无缝塔前发展，虚无窟内经纶，空王殿上起居，无影树下宴息，摄造元阳，翕聚先天。利用真一之炁，以营卫身心，变化凡骨，销除识阴，顿歇尘劳，超越生死，永免三灾，最为中华民族逗机之教，能解现前困苦，永葆无穷逸乐，人胡不勉而行之哉！”

② 《庄子·天地》：“泰初有无无，有无名，一之所起，有一而未形。”

为和”，言万物之生，负阴以肖地，抱阳以肖天，而冲虚之气流行于中，以肖天地之和。即此冲和之气，是为性命之根。《易》曰：“各正性命，保合太和。”圣人致中和，而天地位焉，万物育焉。以和召和，理固然也。奈何世人牵于物欲，执于人我，胜负竞起，失此和气，去道远矣。是以圣人教人，与道为体，常使虚心弱志，保之以不盈，尚之以不争。且如人之所恶，惟孤寡、不穀，而王公之知道者，或以是称之，岂其漫无所见而顾贬损于言语称谓之间哉？盖道本冲和，吾既得此以为性命之根，而使自高自亢，与道相违，则“不道早已”，是欲益之而反损者也。能反是道，则虽深自贬抑，而谦光之德终不可逾，非损之而反益者乎？故物或损之而益，或益之而损，损益无常，惟其自召。圣人者，究损益之理，而知此和者，人之所与也。彻性命之原，而知此和者，天之所命也。故首举此义以为教父焉。父之言，始也。“人之所教，我亦教之。”今其言曰：“强梁者，不得其死。”盖虽恒言，而至理攸寓，使知强梁者死，则知柔弱者生，而冲和之德，可坐进矣！子路行行，而夫子戒之曰：“若由也，不得其死然。”[①]圣人之无异教也如此。

物壮则老，不道早已。冲气为和，真常不死。

第四十三章

天下之至柔驰骋天下之至坚，无有入于无间，吾是以知无为之有益。不言之教，无为之益，天下希及之。

“天下之至柔驰骋天下之至坚，无有入于无间”，言此冲和之气生于虚静之中，而凡天下之至坚者皆能驰骋之而各尽其才，无间者皆能贯彻之而不见其隙。盖一真之气，震荡无垠。张子所谓：“其来也，几微易简；其究也，广大坚固。”是乃真常之妙用，造化之自然，所谓无为之益有如此也。圣人体之，处无为之事，行不言之教，故能以无入有，以柔制刚，无为而民自化也，好静而民自正也，无事而民自富也，无欲而民自朴也。常与造化之妙同运并行，下此则皆属于有为，皆落于变幻，而不足以望其涯涘[②]矣！故曰：“天下希及之”云。

① 《论语·先进》：“闵子侍侧，訚訚如也；子路，行行如也；冉有、子贡，侃侃如也。子乐。‘若由也，不得其死然。’”行行，刚强之貌。

② 涘，底本作“埃”，依郑观应刊印本改。

无入无间，柔驰至坚。圣人无为，法其自然。

第四十四章

名与身孰亲？身与货孰多？得与亡孰病？是故甚爱必大费，多藏必厚亡。知足不辱，知止不殆，可以长久。

今天下不可解者有二焉：曰名与利。世人不知轻重之等，而逐末以丧真。故老圣等之以示人，曰：名与身孰亲乎？身与货孰多乎？以是相较，其轻其重，必有能辨之者。然而贪夫死利，志士死名，重反在彼，轻反在此，所得者未尺寸，而所亡者已寻丈矣。得之与亡果孰病乎？大抵甚爱者必大费，多藏者必厚亡。人苟甚爱其名，则患得患失，疲精耗神，而所费者大矣。惟货是黩，则损志益过，敛怨招祸，而所亡者厚矣。与其多藏而厚亡，孰若知足而不辱乎？与其甚爱而大费，孰若知止而不殆乎？知足知止，则既无心于得，而亦无所于亡矣。无得无亡，长久之道，孰大于是？然谓之长久，即真常不变之道也。非知道者，孰能与于此哉！

酒边金谷终基祸，江上羊裘岂是逃。

不似东家垂白老，懵腾双眼看儿曹。

第四十五章

大成若缺，其用不敝。大盈若冲，其用不穷。大直若屈，大巧若拙，大辩若讷。躁胜寒，静胜热，清静为天下正。

大成若缺，不见其成也。大盈若冲，不见其盈也。大直若屈，不见其直也。大巧若拙，不见其巧也。大辩若讷，不见其辩也。今天下类以不缺为成，不冲为盈，不屈为直，不拙为巧，不辩为讷耳。不知既成、既盈、既直、既巧、既辩，则精神意气发泄已尽，久之自有变灭，而其用易穷。盖以其落于后天象数之中，故消息盈虚之理，虽智者亦不能以自逃。惟大成、大盈、大直、大巧、大辩之人，虚心弱志，常若不足。故无心于成，常若缺焉耳，而其用可以不敝。无心于盈，常若冲焉耳，而其用可以不穷。大巧、大直、大辩之人，亦复如是。是皆以无为用而不滞于名，未有所作而不囿于数，所谓真常之道，盖如此。圣人所以无私而能成其私，不大而能成其大者，其道类是。躁胜寒，静胜热，又言人定之足以胜天。言物之盈虚消息，虽有定数，如成者必缺，盈者必冲，伤直则屈，弄巧则拙，穷辩必讷，其往复之数虽不可逃，然我不居成，孰能缺之？不恃其盈，孰能虚之？不伤于直，孰能屈之？无巧成，故无拙败，不尚口，不致乃穷。是惟清惟静，将为天下正也。然则清静之德，其圣人之所以善其用于不穷者乎！

赏花须赏未开枝，九十春光能几时？

待得满枝齐烂漫，风吹雨打渐披离。

第四十六章

天下有道，却走马以粪。天下无道，戎马生于郊。罪莫大于可欲，祸莫大于不知足，咎莫大于欲得。故知足之足，常足。

欲返清静之德，去奢去泰，寡欲知足而已。天下有道，其君必尚清静，好大喜功之心无自而生，虽有走马而无所用之，却以粪田而已。无道，则戎马生于郊。喻如修道之士，六贼不扰，意马安闲，不事克伐而天下太平，方为有道。否则六贼交战，意马横驰，天下始多事矣。所以然者，以其见可欲而不知足故也。故罪莫大于可欲，祸莫大于不知足，咎莫大于欲得。不知足者，厌其所已有也。欲得者，贪其所本无也。一心之微，众欲攻之，祸咎宁有既耶！故圣人之教，常使人知足。如上文，成而若缺，盈而若冲，直而若屈，巧而若拙，辩而若讷，皆知足之道。知足之足，斯常足矣。常，亦真常之意。否则盈满之极，而虚或随之，乌能以常足哉？

休驰六贼乱情田，清静无为合自然。

一自华山归马后，几人能见太平年。

第四十七章

不出户，知天下。不窥牖，见天道。其出弥远，其知弥少。是以圣人不行而知，不见而名，不为而成。

此言圣人定性之妙也。圣人之心，常清常静，寂然不动之中，而万象森罗已具，故能不出户而知天下，不窥牖而见天道。盖天地万物莫非吾性之固有，性既清静，则所谓“无名天地之始”者，我握其柄矣。是以“宇宙在手，万化生身”，不行而能知也，不见而能名也，无为而能成也。彼出之弥远而知弥少者，则以其外吾性而别求博洽以为知，是以虚静之体反为闻见所牿，故不能以周知而无蔽耳。以是知圣人之知，天德之良知也。吾儒所谓诚明，释氏所谓定慧，意盖如此。

本来作镜是青铜，能费研磨几许功。

今日掇来当面照，大千沙界在其中。

第四十八章

为学日益，为道日损。损之又损，以至于无为，无为而无不为矣。故取天下者，常以无事，及其有事，不足以取天下。

以见闻知解为学者，惟求博洽以日知其所未知，故当日益。道则清静之中，一物不着，故损之又损，至于无为，而后有以复其太虚之本体。《清静经》所谓："三者既无，唯见于空。空无所空，所空既无，无无亦无。湛然常寂，寂无所寂。"皆"日损"之义疏也。然寂而能照，静而能应，故无为而无不为。盖无为者，其本体也；无不为者，其妙用也。知无为而不知无为之无不为，则落于幻空。知无不为而不知无不为之无为，则逐于事相，非道也。故取天下者，常以无事。及其有事，不足以取天下。言此无为之妙，不独可以治身而已。虽圣人之治天下，亦用是道。《庄子》曰："虚静恬淡，寂寞无为者，万物之本也。"明此以南乡，尧之为君也；明此以北面，舜之为臣也。以此处上，帝王天子之德也；以此处下，玄圣素王之道也。以此退居而闲游，江海山林之士服，以此进为而抚世，则功大名显而天下一也。无为之妙如此。

本来无有亦无无，莫竟寻无溷太虚。

认取自然真妙用，万川明月一轮孤。

又

万川明月一轮孤，万亦非真一自如。

一里原来无字脚，道人安用读多书。

第四十九章

圣人无常心，以百姓心为心。善者吾善之，不善者吾亦善之，德善矣；信者吾信之，不信者吾亦信之，德信矣。圣人之在天下，惵惵[①]焉为天下浑

① 惵，恐惧。班固《东都赋》："西都宾矍然失容，逡巡降阶，惵然意下，捧手欲辞。"

其心。百姓皆注其耳目，圣人皆孩之。

承上章，遂言圣人无为之道。夫圣人之取天下也，常以无事。所谓无事者，无常心之谓也。所谓无常心者，以百姓之心为心之谓也。以百姓之心为心者，顺其自然，利而导之。如《孟子》所谓："禹之行水，行所无事。"如是则与天下相安而无为之治成，不言之教行矣。彼百姓之有善者，吾从而善之。不善者，吾亦从而善之，是谓德善。信者吾从而信之，不信者吾亦从而信之，是谓德信。何哉？德者，一而未分之谓，大道本无分别，纯一不二，故德性之良，惟有善信。所谓"无妄自然诚"者，天之道也。百姓之心与圣人本同，而牵于物欲，牿于人我，于是乃有不善不信者出乎其间，使圣人者复以不善不信之心应之，则爱恶相攻，情伪相感，于是乎天下始多事矣。故"圣人之在天下，惵惵焉为天下浑其心。"百姓皆注其耳目，徼以为智，讦以为直，而圣人则皆孩之，使之不生分则，不起意见，有以复其德善德信之本体。盖婴儿之心，纯一无伪，是以浑沌之天未凿，而道德可几。百姓之心亦能如此，则反朴还淳，而吾可以无为而治矣。圣人之以道化天下也如此。以之治身，则所谓日损之道亦不外是。

圣人何故浑孩人，孩本无心浑始真。
不见婴儿常抱一，有何分别起三心。
谷中传响机偏捷，镜里看花境不侵。
总为太虚无所着，至人缘此独昏昏。

第五十章

出生入死。生之徒十有三，死之徒十有三。民之生，动之死地者亦十有三。夫何故？以其生生之厚。盖闻善摄生者，陆行不避虎兕，入军不被甲兵，兕无所投其角，虎无所措其爪，兵无所容其刃。夫何故？以其无死地。

老圣盖欲启人以摄生之道，故先言以警之。出生入死，言人之所欲莫甚于生，所恶莫甚于死，生死之关，间不容发，出乎生则入乎死，无有去此而能独逃者，故天下之人如此其众也。生之徒十有三，死之徒亦十有三。生而动之死地者，又十有三。生之徒者，血气方刚，神明用事，恃其生也，而不知有撙节之道。死之徒者，齿年已迈，短景相催，安于死也，而不知有归复之道。生而动之死地者，盲师所引，误作妄为，性地不明，命宝轻弄，滨于死也，而不知有正宗之道。三者之徒，十居其九。所谓贺者未已，而吊者随至，诚可哀也。故惟至人有长生之道，志士有摄生之术，而世人不知，夫何故乎？以世人知有生也，而所以生生者反过于厚，盖其妄认四大六根为自身相，狭其所居，厌其所生，美声色，厚滋味，凡可以快吾心而厚吾养者，无所不至。不知爱之愈殷，则伤之愈切，而厚生之徒非所以摄生也。盖闻古之善摄生者矣，陆行不避虎兕之威，入军不被甲兵之害，是果何术以致之哉？天下之人生生之厚者，贪恋声色，亡精耗神，则兕投其角而虎措其爪矣。驰骋血气，好战善陈，则身入其军而兵容其刃矣。曾谓攝生之善者，而有是哉？澹泊以养其心，冲和以养其气，虽尝履虎之尾而能免于咥人之凶。虽有临敌之时，而不致丧宝之患。故终无死地，而得以长生久视也。

生徒十有三，大海喷浮沤。

死徒十有三，大木万叶吟高秋。

生徒之死总十九，鸩毒甘如郁金酒。

君不见西家老翁貂重裘，虎夜入室衔其头。

东家小儿赤如洗，能入虎穴得虎子。

乃知至人善摄生，厚生之徒徒尔尔。

第五十一章

道生之，德畜之，物形之，势成之。是以万物莫不尊道而贵德。道之尊，德之贵，夫莫之命而常自然。夫道生之畜之，长之育之，成之熟之，养之覆之。生而不有，为而不恃，长而不宰，是谓玄德。

道者，无名无相，自本自根，万物资之以为始也，故曰“道生之”。德者，阴阳二五，冲气为和，万物藉之以为母也，故曰“德畜之”。既生则有物，故曰“物形之”。有形必有势，故曰“势成之”。物如“精气为物”之物，势谓阴阳大小之称。形也，势也，万物之所以成其终也；道也，德也，万物之所以成其始也。故“万物莫不尊道而贵德”。然道之所以尊，与德之所以贵也，夫岂依形而立，恃势而有哉？吾知其具于未始有物之先，而所以为造化之根抵者在是；行于未始无物之后，而所以为品汇之枢纽者在是。所谓“天无以清将恐裂，地无以宁将恐发，万物无以生将恐灭”者。其尊之贵之，奚待教令而使之然哉？是知万物不能自生自畜，而所以生之畜之、长之育之、成之熟之、养之覆之者，道也。然道本虚无自然，故能生畜万物而不居其功。盖生之也，而未尝有之焉；为之也，而未尝不恃之焉；长之也，而未尝宰之焉。程子所谓："天地之常，以其心普万物而无心"。《易·文言》所谓："乾始能以美利利天下，不言所利"者，其德亦玄矣哉！玄德，乃赞道之词。盖上德，非失道而德之德也，读者详之。

玄德无为，万物之柄。法其自然，性命各正。

第五十二章

天下有始，以为天下母。既得其母，以知其子；既知其子，复守其母，没身不殆。塞其兑，闭其门，终身不勤。开其兑，济其事，终身不救。见小曰明，守柔曰强。用其光，复归于明，无遗身殃，是谓袭常。

人皆知有名为万物之母，而不知无名实天地之始，故老圣推原以示人曰："天下有始，以为天下母。"如是则知母之复有母也。盖天地万物皆从道生，《经》曰："朴散为器"。凡有名相之类，皆道之子也。然道器子母本不相离，既得其母，以知其子，则知天下无道外之器。既知其子，复守其母，则能复归于朴，而可以无逐末忘本之患矣。守母之学，亦曰食母，其义最深，三教圣人同此命脉[①]。吾儒得之而衍"精一"之传，释氏得之而开"不二"之门，老圣得之而修"抱一"之学，盖是道也。何谓守母？"塞其兑，闭其门"，是守母也。见小、守柔，是守母也。"用其光，复归于明"，是守母也。何谓塞其兑，闭其门？人有七窍，皆为母炁出入之门，鼻为巽门，口为兑

① 徐颂尧《天乐集·食母与守母》："此食母、守母之学，乃玄宗所宗，道家所常，返还之要素也。食母，谓求食于母，即心息相依，做到恍惚杳冥，虚无混沌，外感先天一炁，薰蒸灌溉，养我法身与色身，使我元气日旺，真性日复，命基永固，性体圆明。此食母之大要也。《参同契》曰：'慈母养育，孝子报恩。遂相衔咽，咀嚼相吞。'正此道也。得丹之后，抱元守一，静养道胎，谓之守母。守者以文火温养之谓也。守母，养胎之事，食母，采取之功也。食母而又守母，则温养采取之能事毕矣。涵虚祖曰：'夫有阳铅为母，即阴汞为子。阴汞是后天子气，阳铅是先天母炁。以外边阳铅，伏内边阴汞，母与子见，故曰知其子焉。但此阳铅之来，须得火功妙用。盖铅生坎宫，沉而不起，欲其钤制离宫之真汞，当用武火猛烹，然后飞腾而上。及与真汞相见后，则宜守城沐浴，不可加以武火也。始则母恋子而来，继则子恋母而住。故曰既知其子，复守其母。子母相恋，终生不殆，则大丹成矣。'……何谓守母？塞其兑，闭其门，是守母也。见小曰柔，是守母也。用其光，复归于明，是守母也。守母之学，复命之玄机也。能复其命，则可以继袭道，而与道合真矣。"

门。《参同契》曰："闭塞其兑，筑固灵株。"又曰："兑合不以谈，希言顺鸿蒙。"诚能塞而闭之，则内焉关键三宝，外焉远绝四慾，而终身无勤劳之事矣。否则开其兑，虽济其事，而抑何救于危亡也哉？何谓见小、守柔？道之体，本自虚无，本自濡弱。《经》曰："常无欲，可名于小。"诚能见之，则知微而知彰矣，故谓之曰"明"。又曰："天下之至柔，驰骋天下之至坚。"诚能守之，则牝静而胜牡矣，故谓之曰"强"。"用其光，复归于明，无遗身殃。"明者，光之体；光者，明之用。世人不能塞兑闭门、见小守柔，而每以聪明察物，贤智先人卒之自贻伊戚者[1]，皆用光之太过也。诚能复归于明，则是知子守母而没身可以不殆矣，殃咎胡自而至哉？是谓袭常。常，即真常之道母是也；袭者，承袭之义。"复命曰常"，守母之学，复命之道也，能复其命，则可以继袭常道，而与道为之合真矣。问子还识母否？

风尘四海正茫茫，归去还须认本乡。

借问世儿谁氏子，无劳刻木拜高堂。

第五十三章

使我介然有知，行于大道，唯施是畏。大道甚夷，而民好径。朝甚除，田甚芜，仓甚虚，服文采，带利剑，厌饮食，资财有余，是为盗夸，非道哉！

介然，倏然之顷也。施，张大之意也。言使我倏然有知于大道，而欲行之，则亦唯施之是畏。何者？大道虚无澹泊，生而不有，无可张大，使我介然有知，行于大道，尚不敢如此，以为大道之所弃，况实体之以善其身乎！夫道本坦夷平直，至易至简，而民往往好径，舍正路而弗由。即此好径之心，骄淫矜夸，无所不至，以宫室则甚除治也，以衣服则甚绮丽也，佩带利剑以为武，厌饫饮食以为乐，其外若此之有余。然而灵田荒芜，灵宝空竭，其内若此之不足。纵使资财有余，而不知自有道者观之，是谓道夸，非道。何者？倘来之物，非吾本分所有，若盗而得之然者，以盗得之物而夸以示人，可乎哉？"使我介然有知，行于大道"，信唯施之是畏也已！

大道自有余，但耕方寸地。

莫叫仓廪虚，常使灵田治。

---

① 自贻伊戚：自寻烦恼，自招忧患。《诗经·小雅·小明》："心之忧矣，自诒伊戚。"

第五十四章

善建者不拔，善抱者不脱，子孙祭祀不辍。修之身，其德乃真；修之家，其德乃余；修之乡，其德乃长；修之国，其德乃丰；修之天下，其德乃普。故以身观身，以家观家，以乡观乡，以国观国，以天下观天下。吾何以知天下之然哉？以此。

此言真常不变之道，圣人所以善其用于不穷也。夫物有其建之希有不拔者，有其抱之希有不脱者，何哉？以其落于有为事相之中，故终受变灭而不能坚固长久。故惟“善建者不拔，善抱者不脱”，而子孙守之祭祀不辍。则非真常不变之道，孰能与于斯哉！真常不变之道，道德是也。以此而修之身，则为守母，为抱一，复归于朴，而与道为之合真矣。故曰：“其德乃真”。大道之行，天下为公，不但可以独善其身而已，由是而修之家、修之乡、修之国与天下，不过举而措之，而德施之溥有莫知其然而然者[①]。何哉？吾尝以身观身，而其身同也；以家观家，而其家同也；以乡观乡，以国观国，以天下观天下，而乡、国、天下亦无不同也。身、家、乡、国、天下既同，而道德焉有不同者哉？道德既同，则推之可以无不准，动之可以无不化矣！且吾何以以知其然哉？以道德之同焉故也。圣人之所谓善建、善抱者，盖如此。其恒久而不变也，宜哉！

道德有于身，身修德乃真。阳和不择地，化作万家春。

第五十五章

含德之厚，比于赤子。毒蛊不螫，猛兽不据，攫鸟不搏。骨弱筋柔而握固，未知牝牡之合而峻作，精之至也。终日号而嗌不嗄，和之至也。知和曰常，知常曰明。益生曰祥，心使气曰强。物壮则老，是谓不道，不道早已。

古之修身者，含藏道德，深厚不露，故常比之赤子。《经》曰：“载营魄抱一，能无离乎？专气致柔，能婴儿乎？”婴儿之心，惟知抱一，利害不干，故毒蛊不螫，猛兽不据，攫鸟不搏，心既无机，故物亦不以机心乘之。

---

① 《大学》：“古之欲明明德于天下者，先治其国；欲治其国者，先齐其家；欲齐其家者，先修其身；欲修其身者，先正其心；欲正其心者，先诚其意；欲诚其意者，先致其知。致知在格物，物格而后知至，知至而后意诚，意诚而后心正，心正而后身修，身修而后家齐，家齐而后国治，国治而后天下平。自天子以至于庶人，壹是皆以修身为本。”

且骨弱筋柔而握物反固，未知牝牡之合而其机常作。何也？精之至也。精，即“精气为物”之精。精全则气自专，故握物反固，而机以时作，有莫之令而自然者。终日号而嗌不嗄，何也？和之至也。和者，“冲炁为和”之和。气和则音自圆，而要之气之所以和者，由于神之不伤也。大喜大惧、大哀大怒而号焉，不终日而神气为之两伤矣。精和交至，是赤子之德也。含德之厚者，亦复如是，故常抱元守一，专气致柔，使吾冲和之炁与天地相为流通，则性真全，命蒂固，而真常不变之道在我矣[①]。非明于大道者，孰能之哉？故“知和曰常，知常曰明”。不知常道者，误为妄作，而反求益于身心之外，是生生之厚，非摄生之福也，适为妖祥而已。又其甚者，自见自是、自矜自伐，以心使气，而敢以胜人，失其太和之德，以至壮极而老，背道违真，早则已耳，是含何德哉？

婴儿不解含何德，保合冲和养谷神。

珍重莫将心使气，阎浮多少益生人。

第五十六章

知者不言，言者不知。塞其兑，闭其门，挫其锐，解其纷，和其光，同其尘，是谓玄同。不可得而亲，不可得而疏；不可得而利，不可得而害；不可得而贵，不可得而贱。故为天下贵。

道不可道，故知者不言。多言数穷，故言者不知。《易》曰：“默而成之，不言而信，存乎德行。”子曰：“予欲无言。”世之人好以言语状论，自谓知道，而不知落于言筌，去道远矣。有能塞其兑而闭其门，挫其锐而解其纷，和其光而同其尘，则是人也，夫岂深自秘藏，阉然媚世而漫无可否者哉！大道本无分别，浑然大同。吾之同，同于玄，而非同于迹也，故曰“是谓玄同”。玄同之人，未尝亲人，故不可得而亲之。未尝疏人，故不可得而疏之。不趋利，故利不可诱。不避害，故害不可惕。不阿势，故贵不可尚也。不厌贫，故贱不可加也。常超然于万物之上，而与道为伍，故为天下贵。是道也，吾自有之，吾自知之而已，言不能尽，而亦岂可以徒言示人哉！

---

① 《钟吕传道集·论炼形第十四》：“根源牢固，元气不损，呼吸之间，可以夺天地之正气。以气炼气，散满四大。清者荣而浊者卫，悉皆流通。纵者经而横者络，尽得舒畅。寒暑不能为害，劳苦不能为虞，体轻骨健，气爽神清，永保无疆之寿，长为不老之人。”

市儿终日道千金，定两分铢倚市门。

待得千金交易后，千金不属道金人。

第五十七章

以正治国，以奇用兵，以无事取天下，吾何以知其然哉？以此。天下多忌讳，而民弥贫；人多利器，国家滋昏；民多技巧，奇物滋起；法令滋彰，盗贼多有。故圣人云：我无为而民自化，我好静而民自正，我无事而民自富，我无欲而民自朴。

以正治国者，尚贤贵能，信赏必罚，正道也。以奇用兵者，雄守雌伏，阳予阴夺，奇道也。然皆有为之法，非圣人所贵。故惟取天下者常以无事，则无为之道也。然则国与天下有二道乎？曰：有为之法，臣道也；无为之道，君道也。君臣道合，则上下交而成泰矣。犹之治身者焉，积精累炁，筑固基址，非以正治国之谓乎？天人合发，盗机逆用，非以奇用兵之谓乎？及乎功成事遂，则惟抱元守一，以显无为之道，如是则性命兼修而成圣矣。吾何以知取天下者之当以无事哉？盖以“天下神器，不可为也，为之者败之”。自天下多忌讳而民弥贫。有天下者，不知万物一体，贵己贱人，多生忌讳，深宫峻宇，竭下奉上，故财用不节，而民弥贫。汉文深用黄老，身衣绨弋，露台惜费，良有以也。何谓“人多利器，国家滋昏”？利器者，权谋智术之类，人多有此，则颠倒是非，乱法干纪，国政益昏。以至民多技巧而奇物生，上多法令而盗贼起。乱有由兆，祸有由生，是皆化而欲[①]作，而不能镇之以无名之朴故也。治身之道，多为多败，亦复如是。圣人知其如此，故尝为之言曰：“我无为而民自化，我好静而民身正，我无事而民自富，我无欲而民自朴。”曰富则无贫，而盗贼为之日消矣；曰朴则无巧，而利器为之不作矣。以无为之道取天下，而天下亦以无为应之，其效盖如此哉！此与“绝圣弃智”章意同。取天下，盖寓言耳！

休分有作与无为，富国强兵合有时。

大药不修谈面壁，磨砖成镜待何如？

① 欲，底本作“砍”，依郑观应刊本改。

第五十八章

其政闷闷，其民醇醇。其政察察，其民缺缺。祸兮福所倚，福兮祸所伏。孰知其极？其无正耶？正复为奇，善复为妖。民之迷，其日固久。是以圣人方而不割，廉而不刿，直而不肆，光而不耀。

上古之世，民醇事简，故圣人以无为之道治之。其政闷闷者，以民之醇醇故也。世降，则圣人不能与天下相忘于无事，未免有偏可救，有弊可补，故其政察察。所以察察者，以民之缺缺故也。犹之治身者焉，“上德无为，不以察求”，是闷闷之政也。今天下之称上德者，几何人哉？道德既失，未免以时而行归复之法，于是乎察察之政，有所不能已者。何谓察察？辨水源，知药材之老嫩；执天行，知火候之消息；微乎深乎，入于无朕，至于无垠；慎乎密乎，视于无形，听于无声者，是察察之政也。圣人于此岂乐而为之哉？求以补吾身之缺缺焉耳。且夫治身之道，圣人非自百姓日用之外别有所加也。盖其洞晓阴阳，深达造化，故于其互藏之宅，而窃其所谓真乙之炁者，以为立命之基。是知杀机逆转，害里藏恩，祸福倚伏之机，奇正互变之势。所谓“顺之则法界火坑，逆之则大地七宝”，出死入生，转凡成圣，非有二道。孰知极之无定一至是耶！若民则昏迷于道日固久矣，自非至人，孰能知之？抑非至人，孰能行之？是以圣人方而不割，廉而不刿，直而不肆，光而不耀，四者皆圣人恭己体道之事。廉，廉隅也；刿，亦割也，与上句义意相属。常人方则必割，廉则必刿，直则必肆，光则必耀，不能转此一机，贼生伤物，肆志扬己，要皆昏迷大道而使之然。圣人则于常人所事之中，独能超然远览，悠然自得，善藏其用，而圭角为之浑然，虚己下人，而形迹为之不露，所谓“欲为而为之以不为”。是以虽行察察之政，而终得以证无为之妙也。

祸福无正，杀机互伏。转此一机，灾变为福。

第五十九章

治人事天莫如啬。夫惟啬，是谓早复。早复，谓之重积德。重积德则无不克，无不克则莫知其极，莫知其极可以有国。有国之母，可以长久。是谓深根固柢，长生久视之道。

察察之政，以啬为先。非啬则灵株不固，己汞不全，纵能知药，而二八不当，宾强主弱，无以行一时半刻之功，故当“啬”以积之。然所谓啬者，又非止深藏固閟不妄施予而已。以究其极，则伯阳翁之所谓“关键三宝”，能仁氏之所谓“不染六尘”，紫阳翁之所谓“顿超无漏”，皆“啬”之妙义也。治人，即治身也。事天者，全其天之所予。言治人事天，以“啬”为本，惟啬是谓早复。《易》曰：“不远之复以修身也。”常人不知啬施早复，为治人事天之要，误为妄作，耗精丧神，以抵于尽，非天促之亡，自贻之戚也。既知早复，是谓重积德。何以故？既已失德，知而亟反之，自惩自艾，自惜自吝，积之之久，神气满室，民安国富，待时举事，而动罔不克，又孰知其底止哉？如是则可以有国矣。有国，犹言有身也。然天下岂有无母之国哉？虽能有国，而不得其母，亦非长久，故有国之母可以长久。母，即食母、守母之母，乃真乙之炁所以生生者也。夫重积而至于有国，有国而能得其母焉，则宇宙在手，造化生身矣。所谓“深根固柢，长生久视之道”，又孰有加于此哉？莫知其极，意盖如此。

治人莫若啬，早复重积德。

太息阎浮人，悉居无母国。

第六十章

治大国，若烹小鲜。以道莅天下，其鬼不神。非其鬼不神，其神不伤人。非其神不伤人，圣人亦不伤人。夫两不相伤，故其德交归焉。

治大国，若烹小鲜。烹鲜者，法宜安静，则水定火俟其自熟，急则溃矣。治身之道，亦复如是。以道莅天下者，其鬼不神。非不神也，神不伤人，谓之不神也亦宜，然亦非神之不伤人也。圣人者，神鬼之主也，圣人以道莅天下，虚己无为，未尝敢于伤人，故神之不伤人也亦宜。夫圣人与神俱不伤人，则天下无事矣。故圣人以德归于神，曰是神之德也；神亦以德归于圣人，曰是圣人之德也。然亦乌知其为谁之德哉？以道治身者，亦复如是。此章大旨，意在两不相伤，与上文“方而不割，廉而不刿”同义。至紫阳真人之诗：“大小无伤两国全”，更明切矣！

神不伤，鲜不溃。两国全，事乃济。

鲜溃釜，神伤人。妄作凶，往往闻。

咦！百丈滩头牢把钓，桃花不赚武陵人。

第六十一章

大国者下流，天下之交，天下之牝。牝常以静胜牡，以静为下。故大国以下小国，则取小国；小国以下大国，则取大国。故或下以取，或下而取。大国不过欲兼畜人，小国不过欲入事人。夫两者各得其所欲，故大者宜为下。

此承上章，决定大小二国宜上宜下之理，盖亦寓言。大国小国者，阳为大，阴为小。既处大国，则宜为雄为长，何以反居下流，为天下之牝耶？曰：此颠倒之术，交泰之道也。[①]且夫大国者，小国之交会也，如水之下流，故曰："大国下流，天下之交"。既为天下之交，则当为天下之牝。故夫有为之道，制人而不制于人，取人而不取于人者也。然而制人者，当以静为本焉。观诸物之牝者，常以静而胜牡，则可见矣。故我为大国，则宜居下而取彼。何者？大国以下小国，则取小国矣；小国以下大国，则取大国矣。夫大者或下以取小，小者或下而取大，此皆宜静居下之利，理势之必然也。故大国以下为利焉！如是则交泰之道成，颠倒之术明矣。且大国不过欲兼蓄乎人，下以取之，则大国之道得矣。小国不过欲入以事人，为人所取，则小国之愿谐矣。两者各得其所欲，故两不相伤。大之宜下也，其利又如此。"或下而取"之上，言阴阳相取之势也。"大国不过"以下，言阴阳相求之情也。既知其情，又明其势，焉有求而不得哉？《经》曰："常有欲以观其徼"，至言妙道于此尽泄，读者以意参焉。

云何大国宜居下，胜牡何如牝术高。

载月不知舟卧稳，痴人犹自说从槁。

---

① 《外经微言·阴阳颠倒篇》："岐伯曰：乾坤之道，不外男女。男女之道，不外阴阳。阴阳之道，不外顺逆。顺则生，逆则死也。阴阳之原，即颠倒之术也。世人皆顺生，不知顺之有死；皆逆死，不知逆之有生，故未老先衰矣。广成子之教，示帝行颠倒之术也。""岐伯曰：颠倒之术，即探阴阳之原乎。窈冥之中有神也，昏默之中有神也，视听之中有神也。探其原而守神，精不摇矣。探其原而保精，神不驰矣。精固神全，形安能敝乎。"《顺逆探原篇》："岐伯叹曰：吾不敢隐矣。夫阴阳之原者，即生克之道也。颠倒之术者，即顺逆之理也。知颠倒之术，即可知阴阳之原矣。"

第六十二章

道者，万物之奥，善人之宝，不善人之所保。美言可以市，尊行可以加人。人之不善，何弃之有？故立天子，置三公，虽有拱璧以先驷马，不如坐进此道。古之所以贵此道者何也？不曰求以得，有罪以免耶？故为天下贵。

“道者，万物之奥。”奥，言尊也。“善人之宝”。宝，言贵也。“不善人之所保”。保，言障也。何以知为不善人之所保耶？美言以互市，则交易易成。尊行以相加，则人皆逊避。美言尊行，非道也，而窃其近似者，尚足以容其身而济其事。是知道之为用也大。人虽不善而窃此尊美，则亦为人所取，何至废弃之有耶？信乎为不善人之所保，万物之奥，而善人之宝也已。故立为天子，置为三公，其尊非不至也；献以驷马，先之拱璧，其宝非不重也。然皆依形而立，待势而有，会有变灭而不能久，不如坐进此道之为愈焉！道曰“坐进”，言取之己身，不待外求也。且古之所以贵此道者，何也？不曰求以得，有罪以免耶？盖道本在己，罪不由天。我能坐进此道，则心虚而腹益实，志弱而骨益强，有作德之休而无作伪之拙，又何求之不得，何罪之不免哉？夫有求而得，则信乎为善人之宝。有罪以免，则信乎为不善人之所保也。道之所以为天下贵者，以此。尊道贵德之说，老圣俯为初机设教，使知道德之可求而诱之进，别有深旨，更当理会。

有免有求仍是幻，可尊可贵未为真。

不知大道原无相，坐进休存比量心。

第六十三章

为无为，事无事，味无味。大小多少，报怨以德。图难于其易，为大于其细。天下难事必作于易，天下大事必作于细。是以圣人终不为大，故能成其大。夫轻诺必寡信，多易必多难。是以圣人犹难之，故终无难。

此言圣人有为之法也。夫有为之道，圣人修之以善其身，顾其化而欲作之时，为能镇之以无名之朴，是以虽不离于事相之中，而超然独出于事相之外，所谓“欲为而为之以不为”者。故曰：“为无为，事无事，味无味。”《经》曰：“有之以为利，无之以为用。”意盖如此。“大小多少，报怨以德”，何以故？常人身处大国，不能下小，自雄自长，凌轹于物，卒之用壮取困，两败俱伤，恩多怨深，业重福败，沉滞于有为事相之中而不能自振者，往往有之。圣人不然，大者小之，不敢自恃其大也；多者少之，不敢自恃其多也；怨者德之，不敢快心于报复也。“图难于其易，为大于其细”，何谓图难于其易？天下有大难事三：为国而至于祈天永命，为学而至于希圣希天，修身而至于长生久视是也。然欲图之，必于其易，欲为之，必于其细。何以故？圣人之所谓道者，非于百姓日用外别有所加也。洞晓阴阳，深达造化，故于阴阳互藏之宅，而窃其所谓真乙之炁者，以为立命之基，岂非至易至简、至幽至微、至神至圣者哉？圣人为之、图之，不出乎此。此千圣传心之要道，上圣登真之梯筏，舍此则为旁门小术而不足以为道矣。且天下难事必作于易，大事必作于细，圣人岂敢以为细而眇之哉？故终不为大，而能成其大焉。轻诺者必寡信，多易者必多难，圣人亦岂敢以为易而忽之哉？故犹难之，而终无所难焉。终不为大，即“大小多少，报怨以德”之意。“犹难”者言虽甚易，而不敢以易心乘之。圣人之谨于有为也如此！且道唤若个作难易，还理会否？

莫问天机远，求之日用间。须弥藏芥子，七宝秘形山。

得诀屠龙易，无虞逐鹿难。只从无事取，莫执有为看。

第六十四章

其安易持，其未兆易谋，其脆易破，其微易散。为之于未有，治之于未乱。合抱之木，生于毫末；九层之台，起于累土；千里之行，始于足下。为者败之，执者失之。圣人无为，故无败；无执，故无失。民之从事，常于几成而败之。慎终如始，则无败事。是以圣人欲不欲，不贵难得之货；学不学，复众人之所过。以辅万物之自然，而不敢为。

此承上章，图难于易，为大于细，泛举事理而论，今会其意而解之。圣人之治身也，窃互藏之精，行逆修之道，保身于未危，故其安易持也。迎机于未兆，故其事易谋也。识其时而诱之，故其脆易破也。得其机而运之，故其微易散也。为之于未有，故气清而无质也。治之于未乱，故顺习而易驯也。所谓“图难于其易”者如此。“合抱之木，生于毫末”，顺德积小以高大也。“九层之台，起于累土。千里之行，始于足下。”辟如行远必自迩，辟如登高必自卑也[①]。所谓“为大于其细”，盖如此。盖修身而至于长生久视，亦大且难矣，然非于百姓日用之外，别有所加也。《易》曰：“一阴一阳之谓道。”圣人洞晓阴阳，深达造化，故于有为事相之中，逆而修之，以仙其身。是知出死入生，转凡成圣，其机不远，在乎虚心弱志，欲为而为之以不为，方为妙合。否则，为之者败之，而执之者失之矣，此百姓所以去道之日远也。圣人无为故无败，无执故无失，且民之从事于道也，亦常于几成而败焉。何哉？凡以其不能慎终如始焉耳。盖曰“几成”，则去为者之败、执者之失，固已远甚。几成而至于败，则与为执之弊等耳。所以然者，得非以持心未熟，炼己无功，见境生情，群魔作障，而致然哉！“是以圣人欲不欲，不贵难得之货；学不学，复众人之所过。”使其胸次洒洒，一尘不挂，然后情境两忘，可以临炉采药而行一时半刻之功[②]。及乎时至气动，则惟恭己听命，顺其自然，而一毫敢决取强之意，不敢与乎其间。正所谓：“大小多少，报怨以德”，欲为而为之以不为，圣人之谨于行事而善于慎终也如此。其无败而无失也，宜哉！

安易持，脆易破。得其机，民安作欲[③]。

为无为，执无执。慎始终，免败失。

欲不欲，学不学。辅自然，履不错。

有欲图难，此其矱。

第六十五章

古之善为道者，非以明民，将以愚之。民之难治，以其多智。故以智治国，国之贼，不以智治国，国之福。知此两者，亦楷式。能知楷式，是谓玄德。玄德深矣，远矣，与物反矣，乃至于大顺。

---

① 《中庸》：“君子之道，辟如行远必自迩，辟如登高必自卑。”

② 〔元〕陈致虚《金丹大要·采取妙用章》：“大根法器既得师指，半个时辰之用，必先炼己持心，方许行此半时之事。若无炼己之功，却下手于一时之中，入恍惚杳冥之内，求此先天一炁之大药，岂不危哉？又岂能得之哉？何以故？盖未行炼己之功，而妄然欲行事于一时，必致白虎猖獗，姹女逃亡；仲夏而有严霜，三冬变为大暑；日月失度于黄道，风雨骤泛于西江。既不收功，反取羞辱。学者到此，不思炼己无功，持心未熟，却怨丹经谩语，归咎师真。岂不知紫阳翁云：‘若要修成九转，先须炼己持心。’又不见纯阳祖师云：‘七返还丹，在人先须炼己待时。’何谓炼己？去色欲，绝恩爱，轻财货，慎德行。四者为炼己之大要。”

③ 郑观应刊印本作“欲”字，疑衍文。

古之善为道者，非以明民，将以愚之。愚之者，绝圣弃智，绝巧弃利之意。夫圣人欲不欲，学不学，以辅万物之自然，则其为治殆将无所用其明者。况民之难治，又以多智之故乎？自其贵难得之货也，而物欲昏之。自其为日益之学也，而闻见牿之。辗转胶固，障蔽益深，民之难治有由然哉！“故以智治国，国之贼”，智慧出而大伪滋也。“不以智治国，国之福”，归于朴而天真完也。知此两者，庸非治身之楷式乎？能知楷式，是谓玄德。玄德，则深矣远矣，与物反矣。盖“俗人昭昭，我独若昏。俗人察察，我独闷闷。”所以微妙玄通，深不可识，乃至于大顺，辅万物之自然，而与道为之合真也欤！

智为贼，愚为福。与物反之谓玄德，无为而治此其式。

第六十六章

江海所以能为百谷王者，以其善下之，故能为百谷王。是以圣人欲上民，必以言下之；欲先民，必以身后之。是以圣人处上而民不重，处前而民不害，是以天下乐推而不厌。以其不争，故天下莫能与之争。

此言能下之利，以明圣人体道之事。夫江海之所以能为百谷王者，以其善下故也。圣人修身体道亦以能下为利焉。欲上民，以言下之，欲先民，以身后之。如是则有以得其乐与之心，而求无不得。是故处上而人不我重也，处前而人不我害也，乐推而人不我厌也，心悦诚服而人不我争也，盖有投之所向无不如意者。所谓“大国以下小国，则取小国”，意正如此，会此意否？

闻有骊龙颔下珍，屠龙须是扰龙人。

知他冷暖调他性，莫更争先犯逆鳞。

第六十七章

天下皆谓我道大，似不肖。夫惟大，故似不肖；若肖，久矣其细夫！我有三宝，宝而持之：曰慈，曰俭，曰不敢为天下先。慈故能勇，俭故能广，不敢为天下先，故能成器长。今舍慈且勇，舍俭且广，舍后且先，死矣。夫慈，以战则胜，以守则固。天将救之，以慈卫之。

“天下皆谓我道大”，云何昏昏闷闷，大似不肖乎？自应之曰：惟大，故似不肖。盖道浑兮其无名相，泛兮其可左右，无可见明，无可称述，所以似不肖者，大故也。若肖则滞于名言，属于指儗[①]，亦物而已，久矣其细也夫！“夫[②]我有三宝，宝而持之：曰慈，曰俭，曰不敢为天下先”，三者濡弱鄙啬，大似不肖者之所为。人将以不勇懦我，不广鄙我，不成之器目我也。孰知慈故能勇，俭故能广，不敢为天下先，故能成器长乎！何谓慈故能勇？爱人如爱己，则得道多助而天下顺之矣，故能勇。何谓俭故能广？啬施如啬财，则早复重积而莫知其极矣，故能广。何谓不敢为天下先，故能成器长？谦冲而不盈，善下而不争，则后其身而身先，外其身而身存矣，故能成器长。今之人厌弃不肖之所为，自尊自贵，自矜自伐，舍慈且勇，舍俭且广，舍后而且先焉，是“生而动之死地”者也，其能久乎？夫慈，以战则胜，以守则固，天所救也，神所卫也。为道者，不得已而有战守攻取之事，舍慈何以哉？知慈之有益于人，则俭与后，又可知矣！

保持三宝，神佑天保。不肖于人，而肖于道。

第六十八章

善为士者不武，善战者不怒，善胜敌者不与，善用人者为之下。是谓不争之德，是谓用人之力，是谓配天，古之极。

承上章，遂言用兵之事，盖亦寓言。善为士者不武，善战者不怒，善胜敌者不与，善用人者为之下。武者，未事而骋其能。怒者，临事而暴其气与交兵也。为之下，以身下之也。盖有为之法，圣人不得已而用之，以善其身者也。既不得已而用之，则当以慈、俭、不先为宝，保而守之，夫然后可以得人之力以济其事而成其功。盖惟慈，故不武不怒；惟俭，故不与；惟不先，故用人而能下。是不争之德也，是用人之力也。然是不争而下人，乃天道也。《经》曰：“天之道，利而不害。圣人之道，为而不争。”《易》曰：“谦，亨，天道下济而光明。”如是，则合德于天矣。古人体道之极致，何以加此！故曰“是谓配天，古之极”云。

天道下济光明，圣道为而不争，乃知不武不怒，不战而屈人兵。

---

① 儗，同“拟”。

② 此个“夫”字，疑衍文。

嗟！干羽两阶苗自格[①]，折冲尊俎[②]在书生。

第六十九章

用兵有言："吾不敢为主而为客，不敢进寸而退尺。"是谓行无行，攘无臂，仍无敌，执无兵。祸莫大于轻敌，轻敌几丧吾宝。故抗兵相加，哀者胜矣。

用兵有言，疑古者兵志之词，引之以明不争之意。不敢为主而为客，"饶他为主我为宾"也；不敢进寸而退尺，"守城野战知吉凶"也。如是，则欲为而为之以不为。"是谓行无行，攘无臂，仍无敌，执无兵。"名之为战，而实无所战。所谓不武、不怒而不与者，意盖如此。然自我而言，虽无欲战之心。自彼而言，彼亦勍[③]敌不可轻也。故祸莫大于轻敌，轻敌则舍慈且勇，舍俭且广，舍后且先，三宝几丧，而动之死地矣。故抗兵相加，哀者胜之。哀者，慈也。然慈则惜身爱物而俭矣，俭则退让不争而后矣，是三者未始不相须也。或以丧宝，指吾身精炁而言，不知精炁已该之俭中，丧宝则岂止丧此而已。

慈若悲哀俭若贫，撝谦常使主为宾。

不教轻敌知无敌，得宝终归惜宝人。

第七十章

吾言甚易知，甚易行。天下莫能知，莫能行。言有宗，事有君。夫惟无知，是以不我知。知我者希，则我者贵矣。是以圣人被褐怀玉。

老圣著书至此，始明立言宗旨。言吾著书八十一章，推原道之意，亦甚易知、易行。而天下卒莫能知、莫能行，何哉？盖以天下之人，徒得其言，而不得其所以言，是以举而行之，卒多灭裂。夫言有宗也，事有君也。天下之听吾言者，曾不究其宗旨之所在，而直欲推行于事相名物之中。如绝仁弃义，乌在其为以正治国乎？进寸退尺，乌在其为以奇用兵乎？蠲[④]法令，忘

---

① 《尚书·大禹谟》："帝乃诞敷文德，舞干羽于两阶，七旬有苗格。"

② 〔西汉〕刘向《战国策·齐策五》："此臣之所谓比之堂上，禽将户内，拔城于尊俎之间，折冲席上者也。"

③ 勍，强。

④ 蠲，除去，减免。《史记·太史公自序》："蠲除肉刑。"

忌讳，而徒以无事，乌在其为取天下乎？吾之言各有攸属而人不知。既不能知吾之所言，又乌能知吾之所行乎？故知我者希，则我贵矣。我之所以独贵于人者，何也？曰：抱一也，食母也，尚玄德也，保三宝也。夫我亦人耳，混迹于凡庸之中，若被褐者然。岂知所怀之玉，有不可以示人者哉？所怀者既不可以示人，而徒托之寓言，宜乎人之不我知也。

言各有宗，知故不易。盐入水中，饮水知味。

第七十一章

知不知，上；不知知，病。夫惟病病，是以不病。圣人不病，以其病病，是以不病。

上乘之学，黜闻见，废知解，默而成之，不以所知眩人也，故曰："知不知，上"。若也于道本无所得，而徒多其见闻，逞其乾慧，显然自副于知道之人，则岂非病狂丧心之徒乎？故曰："不知知，病"。今天下之人，坐是病者，亦多矣。诚能病是人之病也，而求真知于闻见知解之外，则于道几矣，岂复与世人同此病乎！故曰："夫惟病病，是以不病。"圣人之所以不病者，以此。

知弗自知，上乘之学。不知为知，误为妄作。

莫问他人，当思己错。病病弗除，无病而药。

第七十二章

民不畏威，大威至矣。无狭其所居，无厌其所生。夫惟不厌，是以不厌。是以圣人自知不自见，自爱不自贵，故去彼取此。（见，音现。）

威之言，畏也。大威莫甚于死亡，而天下之人，动之死地，故曰："民不畏威，大威至矣。"所以然者，以其生生之厚也。世人不知恬淡寂寞为道之本，狭其所居，厌其所生，宫室之美，声色之奉，凡可以恣心快意者无所不至。而不知福随业败，真以妄迷，乐极哀来，死期至矣，可不惧乎？故圣人戒之曰："无狭其所居，无厌其所生"，常使达生委分，知止知足，则我既不厌饫其所生，而天亦不得以暴殄之故弃绝乎我，大威无从至矣。然非自知自爱者，孰能与于此哉？是以圣人自知不自见，自爱不自贵。何以故？自知者，知其取于造物之多也，故深自闭藏，不敢露才扬己，以取造物之所厌。

若夫自尊自贵，骄淫矜夸，无所不至，则是厚生之徒，而非所以自爱其身者矣，此不畏威者之所为，而谓圣人有是哉？故曰：“圣人去彼取此”。此与他章厚生、益生、贵生之意，互相发明[①]，学者当合而观之。

艳舞娇歌趁少年，离亭别馆斗芳妍。

不知转眼韶华尽，花落满枝啼杜鹃。

第七十三章

勇于敢则杀，勇于不敢则活。此两者，或利或害。天之所恶，孰知其故？是以圣人犹难之。天之道，不争而善胜，不言而善应，不召而自来，繟然而善谋。天网恢恢，疏而不失。

此章戒人用壮，而以天道晓之。勇于敢者，舍慈且勇，以心使气，死之徒也，故曰：“勇于敢则杀”。勇于不敢者，用柔能下，果而勿强，生之徒也，故曰：“勇于不敢则活”。斯两者，或利或害，其理甚明，而其事或可以意必者。然其活也，虽人之自活，而不知为天所佑，故不与生期而生自至也。其杀也，虽人之自杀，而不知为天所恶，故不与杀期而杀自至也。夫道有阴有阳、有柔有刚，不可偏废。人而用刚，亦天道也，而卒为天之所恶，孰知其故哉？圣人非不知天道损益之理，而故以此叩人，欲其深思而自得之。非谓天道幽远，鬼神茫昧，而可以付之不知也。“是以圣人犹难之”，言虽圣人洞晓天道，犹谓难测，而不敢恃刚用壮，以取天道之所恶。故观其不争而善胜，则知天定之胜人也。不言而善应，则知相答之如响也。不召而自来，则知陟降之不远也。宽繟而善谋，则知不可以智脱也。网疏而不失，则知不可以巧避也。天人相与之际，其几甚为可畏也如此。圣人之所以犹难者，其以是夫！

天道远兮，而迩在兹。柔善者生，敢则杀之。

天之所恶，孰敢蹈之。畏天之威，于时保之。

第七十四章

民不畏死，奈何以死惧之？若使民常畏死而为奇者，吾得执而杀之。孰

---

① 明字，底本缺，系校者所补添。

敢？常有司杀者杀。夫代司杀者杀，是谓代大匠斲。夫代大匠斲者，希有不伤手矣。

承上章，言勇于敢则杀，是天杀之也。乃有嗜杀之主，操威福之柄，而动以死惧天下，是吾又以勇敢杀人而重犯天之所恶矣。不知民不畏死，奈何以死惧之哉？民不畏死者，非谓逆天干纪而犯法以死也。凡今之民狭其所居，厌其所生，染指于爱欲之鼎镬，维挚于名利之缰锁，及其年迫日索，乐极哀来，则亦甘心于毙而已。是民不畏死，其痴愚使然也。若使民常畏死，则于道几矣。乃有不道之民，变作奇衺[①]，诪[②]张为幻，吾得执而杀之，则一惩百警，孰敢有为不道之事哉？奈之何，不道者众，而吾法易穷，于此而淫怒以逞，是不知司杀者在天，而吾欲以人代之也。夫代司杀之杀人，是犹代大匠之斲木也。代大匠斲，有不伤手者，无几矣！况代司杀以杀人，欲善其后，其可得乎？或问：司杀之杀人也，未尝不假手于人，我既为司杀者之所假，则我之杀亦司杀者杀之也，而何有于代斲之伤？吾观从古以来，代司杀者，虽有杀人之权，而恒以不杀为主，是以福德之气常在于我，而乃寿乃昌，庆衍苗裔。下此，则杀人愈多而得祸愈速，身弑国亡，为天下僇[③]。所谓："勇于敢则杀，勇于不敢则活。"为道者，诚不可以司杀之权在我，而以死惧天下也。

司杀在天，杀亦不畏。不杀在人，福德之气。

第七十五章

民之饥，以其上食税之多，是以饥。民之难治，以其上之有为，是以难治。民之轻死，以其生生之厚，是以轻死。夫惟无以生为者，是贤于贵生。

食税多而民饥者，损不足奉有余也。上有为而民难治者，以智治国，国之贼也。生生之厚而轻死者，狭其所居，厌其所生，不畏威而大威至也。夫惟无以生为者，自知不自见，自爱不自贵，是贤于贵生者远矣。盖贵生则有为，有为则常扰，贵生则无厌，无厌则常贫，民之饥而难治也宜哉！

何道使民不饥，不饥之民易治。

---

① 衺，"邪"的古字。

② 诪，欺诳。《书·无逸》："民无或胥诪张为幻。"

③ 僇，同戮。

食税不如食母，厚生窃恐非宜。

第七十六章

人之生也柔弱，其死也坚强。万物草木之生也柔脆，其死也枯槁。故坚强者，死之徒。柔弱者，生之徒。是以兵强则不胜，木强则共，强大处下，柔弱处上。

人之生也，负阴而抱阳，冲气以为和，故其生也柔弱，而其死也坚强。万物草木之生死，莫不皆然。故知强梁者死之徒也，柔弱者生之徒也。在人则当用柔能下，濡弱不争，使生生之气常在于我。否则“物壮则老，是谓不道，不道早已”矣。故兵强则不胜，木强则共。共之言，聚也。木聚则强大者处下，而柔弱者处上矣。盖旁证曲喻，以明刚强必死之意。

濡弱不争，生气在己。骋其坚强，不道早已。

第七十七章

天之道，其犹张弓乎？高者抑之，下者举之，有余者损之，不足者补之。天之道，损有余而补不足。人之道则不然，损不足以奉有余。孰能以有余奉天下？惟有道者。是以圣人为而不恃，功成而不居，其不欲见贤。

“天之道，其犹张弓乎？”弓张，则高者抑而下者举矣，岂非“损有余而补不足”之谓乎？天道如此，人之道则不然，故常损不足而奉有余。如贵则凌下，富则兼贫，强则弱寡，才则骄人，殊失天道。孰能以有余奉天下？其惟有道者乎！有道之人，与天合德，故能裒①多益寡，抑高举下，以趋于平。故尝为天下生之育之、长之畜之，然为之而不恃也，功成而弗居也，不欲自见其贤以尚人也，是谓“以有余奉天下”。盖大道本无物，我不生意见，故其平等若此，自非圣人虚心体道孰能与于此哉！

本来平等相，徒自拟张弓。

谁余复谁欠，默运自然中。

① 裒，减少。《周易·谦卦》：“君子以裒多益寡。称物平施。”

第七十八章

天下柔弱莫过于水，而攻坚强者莫之能胜，其无以易之。弱之胜强，柔之胜刚，天下莫不知，莫能行。故圣人云："受国之垢，是谓社稷主。受国之不祥，是谓天下王。"正言若反。

老圣亟称于水，《经》中盖屡见之。不争则喻之上善，兼蓄则取其下流，善下则推之为百谷王。至此则又以其能胜物者言之，言天下之柔弱，莫过于水，而以之攻坚强，则溃隄防、扑燎原，莫之能胜，是信无以易乎水矣。如是则弱之胜强，柔之胜刚，岂不易见？岂为难知？而天下莫不知，莫能行焉，何哉？天下之人，以心使气，恃刚用壮，自谓足以胜人，而不知物壮则老，是谓不道。以此持身处世，殊非可久。是以圣人有见于此，惟虚心弱志，含垢纳污，而不敢自见自是，以矜伐于天下。及乎后其身而身先，外其身而身存，则天下信无有能胜之者。故常为之言曰："受国之垢，是谓社稷主。受国之不祥，是谓天下王。"夫垢与不祥，皆人所避焉而不肯受者，而能受之，岂非以卑而蕴高，用刚而能柔，为天下之大勇者，孰能与于此哉？是知处天下之荣者，受天下之垢者也；享天下之福者，受天下之不祥者也。正言若反，类此。体道者，可不深长思哉！

虚则能受，弱乃不争。虚心弱志，得一而贞。

第七十九章

和大怨，必有余怨，安可以为善？是以圣人执左契，而不责于人。有德司契，无德司彻。天道无亲，常与善人。

天下胡为而有怨哉？人我对待，两相形而两不相下，则相责而怨生。及夫怨之既成，从而和解之，其中宁无芥蒂也？如是则人我之相未忘，安可谓善？谓之善者，其"执左券而不责于人"乎！古者交易之道，立契券而中分之，主人执左以待右者之来合。故左常居静，而无求于右，而右则来合，而有求于左。圣人与人之道，尽其在我，而无计较屈伸胜负之心，是左契常在我也。而天下之有求于圣人者，莫不随其分量之大小而各得其所愿。是圣人之所以无怨，以圣人之不责于人故也。《记》曰："正己而不求于人，则无怨。"《语》曰："躬自厚而薄责于人，则远怨。"意盖如此。"故有德者司契"，司契则常居其静，而不责于人矣。“无德者司彻”，司彻则于人我之际，直求胜负，明白恩怨，分晓如此，窍凿浑沌，决裂和气，谓之德善可乎？惟此司契之人，乃善人也。“天道无亲，常与善人。”无私亲而与善，亦天之左契也。使其有私，亦司彻者等耳！

人我两忘，等为一体。天与善人，常执左契。

第八十章

小国寡民，使有什伯人之器而不用，使民重死而不远徙。虽有舟舆，无所乘之；虽有甲兵，无所陈之。使民复结绳而用之。甘其食，美其服，安其居，乐其俗。邻国相望，鸡犬之声相闻，民至老死不相往来。

此章老圣欲以无为之道治天下，盖亦寓言。言国小民寡，本不难治，吾能使之有什伯人之器而不用，使民重死而不远徙，何以故？民有圣智巧利，鲜不驰骋。绝圣弃智，绝巧弃利，则有什伯人之器而不用矣。民不畏死，是以误为妄作，魂魄远离，神不守舍，大威至矣。“载营魄抱一，能无离乎”，则重死而不远徙矣。如是则往来之道绝，故虽有舟舆而无所用之。人我之争泯，故虽有甲兵而无所陈之。复归于朴，使民复结绳而用之。且甘其食，美其服，而无厌其所生者；安其居，乐其俗，而无狭其所居者；邻国相望，鸡犬相闻，至于老死而不相往来者，则非各安于无为，各顺其自然，孰能与于此哉？圣人欲以无为治天下也，如此。

大道无为，万物自治。顺其自然，亦复如是。

第八十一章

信言不美，美言不信。善者不辩，辩者不善。知者不博，博者不知。圣人不积，既以[①]为人，己愈有；既以与人，己愈多。天之道，利而不害；圣人之道，为而不争。

质实之言，不尚纤美；上善之人，不尚争辩。大智不事博闻，圣人不假积学，何者？圣人之学，不饰言词，不资辩博，方寸之中，廓然洞然，何所积也？然既以为人，而己愈见其有焉；既以与人，而己愈见其多焉。似乎

① 以，底本作“已”，依《老子河上公章句》改。

有积而后能者，不知惟不积，故能大同于物，而其施不穷，所以愈有而愈多者，道本至足故也。今夫一灯之光，千灯共续，彼非相待，而莫成此，则何亏于本体？圣人之道，亦犹是也。观于天之道焉，从可知矣。“天之道，利而不害”，何者？太虚之气，坱圠[①]无垠，何所积也？然而生之育之、长之畜之、成之熟之、养之覆之，常见其兼利万物而未始有所妨害乎其间。万古此天地，则万古此化育，是天道之愈有而愈多也。“圣人之道，为而不争。”不争者，生之而不有也，为之而不恃也，长之而不宰也。道济天下而不居其功，兼善万世而不有其德。圣人之与人为人，其愈有而愈多也。职此，盖亦不过物各付物而已，何假于积而后能哉？尝观“为而不争”四字，实“道德”之肯綮。老圣终篇隐括一语，词约义尽，读者其致思焉！

辩博非道，无争乃真。三家同证，默寂能仁。

《老子道德经玄览》下篇终

① 坱圠，无边无际的样子。贾谊《鵩鸟赋》：“大钧播物兮，坱圠无垠。天不可预虑兮，道不可预谋。”郭璞注方言云：“坱圠者，不测也”。

第三卷 离字集

周易参同契测疏

序

淮海参学弟子潜虚陆西星长庚 撰

丹经难读难解，古今同之。立言固难，知言亦不易也。言有君，事有宗，夫惟无知，是以不我知，有能得其君宗，知其径要，则庖丁之牛，恢恢乎游刃有余地矣！天下非无上智之资也，乃读此书大都掩卷中倦，或有口之成诵而问辄茫然，或有此处稍通而他方龃龉，乃至邪宗边见，迷执终身，黠识强辞，千人自废，风之斯下，当勿论矣。嗟夫！道之不行，由不明也。所以上阳子云："一字不逗，不能成丹"，逗之一字，岂易言哉？吾闻之，精诚不贯，则心花不明；灵扃不开，则义天不朗。思能作睿，畜以成通，事有必至，理固然也。有以粗浮之心临玄奥之旨，守偏着之见悟圆通之机，欲其相入，岂不难矣？《管子》曰："思之思之，又重思之，思之未通，神明通之。"斯了义之要枢，会文之肯綮也。予生幼而尚玄，沉潜是书二十年许矣！晚承师旨，一旦豁然，雾廓云披，获睹天日，间尝参读诸家，真一、抱一、玉吾之书[1]，分注错经，互有挂漏，而求其心领神会，以得夫立言之旨者，则惟上

① 彭晓（？—955），号真一子，五代后蜀永康（今重庆）人，著有《周易参同契分章通真义》。陈显微，字宗道，号抱一子，南宋时淮扬人，著有《周易参同契解》。俞琰（1258—1314），字玉吾，号全阳子、林屋山人、石涧道人，宋末元初吴郡（今江苏苏州）人，著有《周易参同契发挥》。

阳[①]近之。特其学问渊深，议论闳博，初学之士，骤尔读之，未免厌多而废，苦难而止，盖自某昔者病之矣！经者，径也。径有殊条，同归适市。释经之法，则如携儿入市，十步一顾，犹恐失之；若信步纡回，游涉他物，则去之远矣。如某所述作，会文释义，以义从文，剪去枝蔓，直见本根，详略相因，义由一贯。其宗旨则上阳也，其文则己也，名之《测疏》，相与《阴符》《道德》共成一家之书，非敢传之人人，藏诸石室，运移数周，有知子云者出焉，或可免于覆瓿耳！

隆庆三年岁在己巳[②]重九日

周易参同契测疏　上篇

淮海参学弟子潜虚陆西星　测疏

同志遵阳赵栻、太华姚更生　校阅

丹易参同章第一

（准上阳分章，篇目间有更定。）

乾坤者，易之门户，众卦之父母。坎离匡廓，运毂正轴。牝牡四卦，以为橐籥。覆冒阴阳之道，犹御者之执衔辔，有准绳，正规矩，随轨辙，处中以制外，数在律历纪。月节有五六，经纬奉日使，兼并为六十，刚柔有表里。朔旦屯直事，至暮蒙当受，昼夜各一卦，用之依次序。既未至昧爽，终则复更始，日辰为期度，动静有早晚。春夏据内体，从子到辰巳，秋冬当外用，自午讫戌亥。赏罚应春秋，昏明顺寒暑，爻辞有仁义，随时发喜怒，如是应四时，五行得其序。

天地定位，日月运行，二曜交光而万物生焉；阴阳消息，寒暑往来而万物成焉；此天地之丹法也。圣人观天之道，执天之行，则而象之，故亦以乾坤为鼎器，以乌兔为药材，阴阳得类，药物匀平，然后采之炼之，养之伏之，应以四时，顺之寒暑，以为作丹之火候。是以圣人之道，与天地合其

① 陈致虚（1290—？），字观吾，号上阳子，元朝江右卢陵（今江西吉安县）人，著有《周易参同契分章注》《悟真篇注》《金丹大要》等。

② 隆庆三年岁在己巳，公元1569年。

德，与日月合其明，与四时合其序，而其身也，亦能形神俱妙，而与道为之合真。夫圣人之所以能形神俱妙者，丹之力也。丹之为字，取象日月，《契》亦有言："推类结字，日月为易"。是知易道、丹道，通一无二。魏公洞晓阴阳，深达造化，故尝以此参合相同，乃作是书，名曰《周易参同契》。

《参同契》者，言易道、丹道参之而相同如契也。首言易道以准丹道，故曰"乾坤者，易之门户，众卦之父母"。何谓"乾坤者，易之门户，众卦之父母"？《易》曰："有天地，然后万物生焉。"盈天地间，森罗万象，洪纤高下，莫非阴阳变化之所为。圣人仰观俯察，有见乎此，故于画卦之初，只以乾坤两画，相摩相荡，而六十四卦皆由此生，众卦既生，则天地万物之撰尽于此矣。《易》即众卦本其所自出者而言，故谓之曰"门户"，又谓之曰"父母"。然而众卦之中，坎、离二卦，阴中有阳，阳中有阴，乃乾坤相交之后，继体而生。邵子[①]所谓："阴阳之精，互藏其宅"者，此间却有妙理。故夫乾坤定上下之位，坎离列左右之门，是谓天地设位，日月运行，循环昼夜，如匡廓之周遭，交光照曜而万象生焉。丹法亦以乾坤合体、日月交光而生造化，然其中必有机轴，以为主宰。运毂者，先正其轴。邵子云："天向一中分造化，人于心上起经纶。"此天地人之大机轴也，可不正乎！下此一句，便见意有指归，文有转合，古人构思之巧，不得轻易看过。"牝牡四卦，以为橐籥。"四卦者何？乾坤坎离是也。橐者，冶人鼓气之鞴囊；籥，其管也。《老子》曰："天地之间，其犹橐籥乎？虚而不诎，动而愈出。"只此四卦，以为橐籥，往来阖辟，生出不穷，真可覆冒阴阳之道，无余蕴矣。圣人知其如此，故尝奉其绳墨，以准丹法。犹之御者，执衔辔而定准绳，正规矩而随轨辙，优游处中，以制乎外。何谓处中？中者，吾人之正轴也。仙翁于此急下"中外"二字，令人着眼。故夫药自外来，丹由中养，养之之法，自有度数，故曰"数在律历纪"。律历纪者，作丹之规矩，绳墨也。夫丹，采时谓之药，养时谓之火。律者，律此者也；历者，历此者也；纪者，纪此者也。天地之化，虽无终穷，然不过阴阳消息两端而已。作丹之火候则之，故其升降进退，无不与天合度。"月节有五六"者，五日为候，六候为节，而丹法

① 邵雍（1011—1077），北宋著名思想家、理学家，字尧夫，谥号康节。著作有《皇极经世》《击壤集》等。

之经纬奉之。何谓经纬？经者，前后长短之定位；纬者，往来运行之妙用。经纬奉日，此一年之火候也。又以六十卦兼并于一月之中，而用刚用柔，各有表里。朝屯进火，则用刚也；暮蒙退符，则用柔也。刚者为表，则柔者为里，昼夜两卦，一表一里，各依次序而用之。以至既、未昧爽，终而复始，此一月之火候也。若以日辰为期，则火之动静又分早晚，从子到巳，阳以渐长，则为春、为夏，而据内体；自午讫亥，阴以渐消，则为秋、为冬，而当外用。内体外用，亦指卦爻而言，盖内体即朝屯也，外用即暮蒙也。内体主动，外用主静，一动一静而不失其早晚之时，此一日之火候也。然一日即一月也，一月即一年也，奚以异哉？魏公详而论之，欲使学者引伸触长，以尽火候之细微。又总之以"赏罚应春秋，昏明顺寒暑，爻辞有仁义，随时发喜怒"。赏罚喜怒者，文武惨舒之用；春秋寒暑者，升降进退之宜。夫惟顺之四时，准之易象，毫[①]发不差，然后吾身五行之气皆得其序，而还丹可成矣。否则"五纬错顺，四七乖戾"，所谓"隆冬大暑，盛夏霰雪，群异旁出"，过咎岂小小哉？

魏公首章，铺叙作丹之旨，药物火候，大段分明。学者于此，诚能句句精透，字字贯串，则以后诸章，皆如破竹，数节之后，可以迎刃而解矣。

乾坤二用章第二

天地设位，而易行乎其中矣。天地者，乾坤之象也；设位者，列阴阳[②]配合之位也。易谓坎离。坎离者，乾坤二用。二用无爻位，周流行六虚，往来既不定，上下亦无常。幽潜沦匿，变化于中，包囊万物，为道纪纲。以无制有，器用者空，故推消息，坎离没亡。

"天地设位，而易行乎其中矣"，《易传》之言也。魏公引此一句，又自注云："天地者，乾坤之象也。设位者，列阴阳配合之位也。易谓坎离，坎离者，乾坤二用。"何谓二用？坎离者，乾坤之交而成者也。乾交于坤，中乃虚而成离，坤以时行，中或动而成坎，虚实相承，有无相生，千变万化，皆

① 毫，原误作"豪"字。

② 阴阳，底本作"乾坤"，据下文注疏及彭晓《周易参同契分章通真义》改。

从交易而生妙用。观夫天地设位，日月运行，昼夜交光而生万象，居可知矣。故曰："坎离者，乾坤二用。"既谓之用，则何往非爻，何往非位，往来上下，周流六虚，何往而非坎离之匡廓乎！但其精互藏，故幽潜沦匿而不可见。《老子》曰："恍兮惚兮，其中有物；窈兮冥兮，其中有精；其精甚真，其中有信。"故夫阴阳之精，互藏于坎离之中者，窈冥恍惚，视之不可见，听之不可闻，抟之不可得，何潜匿也！然其中却有变化，故能包囊万物，而为道之纪纲。潜匿则无也，变化则有也，是谓以无而制有，以虚而造实，故《老子》曰："有之以为利，无之以为用。"又曰："天地万物生于有，有生于无。"观于"器用者空"，得非以无制有之谓乎？然空非断空也，无非寂灭也，但幽潜沦匿，互藏其宅而不可见耳。不可见，故不可推。所可推者，消息之运而已。推其消息，则朝屯暮蒙，以至既未，朔旦昧爽，终而复始，又何坎离之可见哉！是谓坎离没亡，不用而用之以通，此所以"二用无爻住，周流行六虚，往来既不定"，而"上下亦无常"也。魏公此章所论，坎离二用，本不难解，但学者不得师传，意见揣度，求之身中，恐不识坎离何物，所藏何处，作用何似耳。

中宫土德章第三

言不苟造，论不虚生，引验见效，校度神明，推类结字，原理为征。坎戊月精，离己日光，日月为易，刚柔相当。土王四季，罗络始终，青赤白黑，各居一方，皆禀中宫，戊己之功。

魏公准《周易》而作《参同》，岂敢造言虚论，以误后人？故尝引见乎效验，校度乎神明，而又推类结字，以观象形，乃知丹道至理所寓、其所取证一理而已。且夫坎离水火，二者相当，不相涉入，却能和合中宫，以成造化者，戊己之功也。坎纳戊，戊乃阳土，月之精也；离纳己，己乃阴土，日之光也。戊己二土，分纳于坎离之中，勾引调和，以成交媾。故日月为易，而变化之道行，刚柔相当，而彼此之情恋，戊己之功，于是为大矣。且土之为德也，分王四季，以罗络一岁之始终，故木得之以荣，火得之以藏，金得之以生，水得之以止，青赤白黑各居其方，而皆禀德中宫，以施神化，造化之妙有如此者，故吾所以"引验见效，校度神明"，而信至理之可征者，此而已矣！《悟真篇》云："离坎若还无戊己，虽含四象不成丹。只缘彼此怀真土，遂使金丹有返还。"又云："木金间隔会无因，须仗黄婆勾引。"意盖出此。然真土、黄婆，更是何物？学者须要识得。

日月神化章第四

易者，象也。悬象著明，莫大乎日月，穷神以知化，阳往则阴来，辐辏而轮转，出入更卷舒。

此条魏公借引《易传》，以明坎离二用，无甚深旨。中间"神化"二字，要人识得。张子曰："一故神，两故化。"又曰："气有阴阳，推行有渐为化，合一不测为神。"皆坎离之妙用也。而"悬象著明，莫大乎日月"，能穷其神，则知晦朔合符之妙，而往来转辏，采之可以为药矣。能知其化，则知动静早晚之期，而"出入卷舒"，运之可以为火矣。噫！非洞晓阴阳，深达造化者，不足以语此。

朔受震符章第五

易有三百八十四爻，据爻摘符，符谓六十四卦。晦至朔旦，震来受符。当斯之时，天地构其精，日月相撢持。雄阳播玄施，雌阴统黄化。浑沌相交接，权舆树根基。经营养鄞鄂，凝神以成躯。众夫蹈以出，蠕动莫不由。

此章通论卦爻，以准造化。《易》有三百八十四爻，除牝牡四卦，则三百六十，其常数也。据爻摘符，则以一爻当一时，一月周而三百六十尽之矣。魏公复自注曰："符谓六十四卦"，谓卦中起爻，爻中摘符，凡一爻一时，两爻一日也。且以时日而言，晦至朔旦，则震卦初爻当来受符矣。晦至朔旦，其时则亥子也，其节气则冬至也，其值[①]符则朝屯也。屯下起震，震之初爻，一阳始动于斯时也。鸿濛始判，天地相遇而构精，日月合璧，乌兔相搦而撢持，雄阳播施，雌阴统化，两者混沌交接相连，生天、生地、生人、生物之根权舆于此，此造化之生机，邵子所谓"天根"是也；《阴符》所

① 值，底本作"直"，校者改。

谓“盗机”，盗乎此者也；紫阳所谓“铅遇癸生”，生于此者也。故作丹者，急于此时经之、营之，采此动机以立命基，以养鄞鄂。鄞鄂，即命蒂也。而养之之道何如？不过凝吾之神，以成其躯而已。躯非血肉之躯，乃圣体也。《丹髓歌》云：“昔日遇师亲口诀，只要凝神入气穴。”盖神凝则炁回，炁回则丹结，养之之久，自尔脱胎神化，身外有身，而血肉之躯始为委蜕矣。是道也，百姓日用而不知，故曰“众夫蹈以出，蠕动莫不由。”顺之则人，逆之则丹，无二道也，但有仙凡净秽之不同耳！魏公至此，盖已直泄天机，无所顾忌。读者不得师指，直将轻易看过，其于所谓“震来之符”，不知何指，一切认为自己身中阳生，下手便欲采之以立丹基，岂不误哉！

天心建始章第六

于是仲尼赞鸿濛（此二字，宜在乾坤之下。），乾坤德洞虚，稽古当元皇，关雎建始初，冠婚气相纽，元年乃芽滋。故易统天心，复卦建始初。长子继父体，因母立兆基。圣人不虚生，上观显天符。天符有进退，诎伸以应时。消息应钟律，升降据斗枢。（此章颇有错简，今为顺之。“圣人不虚生”四句，旧本在“故易统天心”之上。）

承上文而言，“晦至朔旦，震来受符”，造化之妙有如此者，于是仲尼首赞乾坤鸿濛洞虚之德，曰：“大哉乾元，万物资始；至哉坤元，万物资生。”乾元、坤元之德，鸿濛洞虚尽之矣！鸿濛者，以炁而言；洞虚者，以量而言也。盖非此鸿濛，无以播玄施；非此洞虚，何以统黄化？《易》首乾坤，而仲尼赞之，良有以也。载稽古之元皇，礼重关雎以立人道之始，亦以冠婚相纽，男女相求，生人生物之原萌蘖于此，故礼始于夫妇[①]。芽滋于元年，元年者，履端之首，受符之初先也，肇万物之始炁，为天下之母炁。然元年即震也，即震即复也。孔子曰：“复，其见天地之心乎”[②]，故“易统天心，复卦建始萌”，是天心之元年也。复之为卦，下体为震，上体为坤，坤为母，震长男也，长子继父，必须因母以立兆基。魏公至此，又别就二体立义，以尽复

① 《中庸》：“君子之道，造端乎夫妇，及其至也，察乎天地。”
② 《老子》：“致虚极，守静笃。万物并作，吾以观其复。”

卦之蕴，以阐造化之秘，仲尼赞《易》，亦不到此。盖丹有子炁，有母炁，母炁者，先天之始炁也；子炁者，人身中所生后天之炁也。子炁在人会有奔蹶，必得履端之始，先天母炁以伏之，然后相亲相恋，自然怀胎结婴，体化纯阳，而子继父体矣。故因母立基，老圣谓之“食母”、“守母”，此圣人作丹之第一义也[①]。圣人于世岂虚生哉？盖其聪明之德，本于天赋，故能洞晓阴阳，深达造化。观天符而知进退之妙，据斗律而知气候之分，诎伸以应之，消息以合之。采取知时，火符应候，是以中和交应而丹道可成也。圣人将以此道而继天心，开万世，岂虚生哉！

日月始终章第七

日含五行精，月受六律纪。五六三十度，度竟复更始。原始要终，存亡之绪。

此条旧本在《御政章》“各典所部”之下，意义不属，鄙意移置于此，以为“三日出庚”之发端。“日含五行精”者，日为太阳元精，中含五彩，万物得之而成五色。《太阳元精论》中所谓“分霞布彩，逐气生灵”，皆五行之精所化也。月为太阴，其体白而无光，每借光于日，以去日远近而为晦朔弦望。月与日会，一月一度，而六律六吕由之以生，故曰“月受六律纪”。五行皆含于日，故日之数五；六律皆起于月，故月之数六。以五乘六，以六含五，共成三十之度，度更而日月合璧。然终而复始，未尝更也。原始要终，以究存亡之绪，则生明于震，丧明于坤，节尽相禅，继体生龙，曷有既乎！

---

① 《老子》：“众人皆有以，我独顽似鄙，我独异于人，而贵食母。”“天下有始，以为天下母。既知其母，复知其子。既知其子，复守其母，没身不殆。”徐颂尧《天乐集》：“此食母、守母之学，乃玄宗所宗，道家所常，返还之要素也。食母，谓求食于母，即心息相依，做到恍惚杳冥，虚无混沌，外感先天一炁，熏蒸灌溉，养我法身与色身，使我元气日旺，真性日复，命基永固，性体圆明。此食母之大要也。得丹之后，抱元守一，静养道胎，谓之守母。守者以文火温养之谓也。守母，养胎之事；食母，采取之功也。食母而又守母，则温养采取之能事毕矣。”

药生象月章第八

三日出为爽，震庚受西方。八日兑受丁，上弦平如绳。十五乾体就，盛满甲东方。蟾蜍与兔魄，日月气双明，蟾蜍视卦节，兔者吐生光。七八道已讫，屈折低下降。（降，平声。）

此章仙翁指示药生之候，而以月夕征之，欲人洞晓阴阳，深达造化也。夫人身中先天真乙之炁，是为大药之宗，还丹之本，名为阳火，亦曰真铅，寄于西南之位，产于偃月之炉，名之“玉蕊”，又曰“金精”。《悟真》之诗有云：“蟾光终日照西川。”如此名号，种种不一，然亦不过白虎初弦之炁而已。是炁也，生之有时，采之有日，当其水源至清，有气无质，得而采之，然后药嫩而可取，否则金有望远之嫌，而不适于用矣。故“三日出为爽，震庚受西方”，象药之始生也。何谓“三日出为爽”？自月而言也。月无光，借日之光以为光，故朔后三日而生明，乃阳之复也。昏见西方，出为爽者，言即此昏见之期，作为昧爽之义，所谓“晦去朔来”，其符若此。八日则象兑受丁，而上弦如绳矣。十五则乾体已就，而甲东盛满矣。夫月之阳光以渐而长，则人身阳火亦当以渐而生，所谓药材老嫩正在此分。《石函记》云：“与君说破我家风，太阳移在月明中。”我师云：“月夕炉中药”[①]，盖言此也。今之称月者，其名不一，有曰蟾蜍者，曰兔魄者，而不知蟾蜍之与兔魄亦当有辨。盖蟾蜍者，月之精；而兔魄者，月之体也。今夫月之光本借于日，故日月之气必待双对，而明始生，乃阴阳含孕，自然之理。然而阳生以渐，故蟾蜍之生也，惟视乎卦节，卦下之阳渐长，则蟾蜍之精渐生，而后兔者吐之以生光明。若七八之道已讫，则屈折[②]下降，必至于渐亏渐灭而后已，亦自然之理也。七八者，少阴、少阳之数，七八合而成十五，则盛满之极也，阳极则其道讫矣。七八九六，无甚深义，故不必解。

① 《三藏真诠》：“月夕炉中药，风花座上灰；性见还缘妄，云开即是空。”

② 折，底本作“拆”，依《参同契》正文改。

阴符转统章第九

十六转受统，巽辛见平明，艮直于丙南，下弦二十三，坤乙三十日，东方丧其明。节尽相禅与，继体复生龙，壬癸配甲乙，乾坤括始终。七八数十五，九六亦相当，四者合三十，易象索灭藏。

十六则转而受统，统者，统制于阴之义，乃阳消之初候也，于象为巽，平明见于辛位。二十三则直于丙南，而下弦成艮矣，阳消之中候也。三十日则阳消已尽，于象为坤，故丧明于东方之乙位。迨夫卦节既周，物极而返，则晦去朔来，复生庚月，所谓“晦至朔旦，震来受符”，故“节尽相禅与，继体复生龙”。龙者，震也。盖尝论之，阳生震兑乾，阴生巽艮坤者，阴阳消长之象也。震纳庚，兑纳丁，乾纳甲，巽纳辛，艮纳丙，坤纳乙者，八卦纳甲之法也。晦朔弦望者，日月亏盈之理也。三者本不相涉，魏公比而同之。若合符节者，盖道本一原，理无二致，苟能洞晓而深达之，则取之左右，皆逢其源，然非欲一一而合之也，特立象以尽意，使人得意而忘象耳。且夫月见之方，苏于庚，亏于辛，盛于甲，丧于乙，而上下弦于丙丁。独不及于壬癸者，其故何哉？盖纳甲之法，壬癸已配甲乙，分纳于乾坤之下矣。乾坤括纳甲之始终，此所以壬癸配甲乙而兼纳之也。如此则盛于甲者，未始不为盛于壬；而丧于乙者，未始不为丧于癸矣。然此特论纳甲云耳，无甚意味，而魏公必补言之者，言无偏枯，理无渗漏，当如是也。又举易数而言，以明丧明之义，“七八数十五,九六亦相当”。《易》之策数，少阳得七，少阴得八,七与八合是十五也；太阳得九，太阴得六,九与六合亦十五也，合四者之数而得三十，则数尽而无有矣。故《易》之四象，索然而灭藏，易象如此，天象亦然，是以月数既周，遂丧明而成晦也。夫月之生明，既有准于卦节，而月之丧明，又有准于策数，有如此者，魏公旁喻曲证，可谓无余蕴矣。

象彼仲冬章第十

象彼仲冬节，草木皆摧伤。佐阳诘商旅，人君深自藏。象时顺节令，闭口不用谈。天道甚浩广，太玄无形容，虚寂不可睹，匡郭以消亡。谬误失事绪，言还自败伤。别序斯四象，以晓后生盲。

此条旧本误于“后序”中，林屋山人[①]移置于此，义亦相协，今依此解之。“象彼仲冬节”者，言前列序四象，合为三十，而易象已灭藏矣。即此灭藏之象，乃一月晦尽之候也。于象为坤，阴极阳生，故晦去而朔当复来。《契》曰：“晦朔之间，合符行中。”丹法所谓冬至正在于此，是宜安静恬养，闭口勿谈，以待其复可也。彼天道浩广，至虚至寂以难言，太玄无形，匡郭消亡而莫睹，故《老子》曰：“恍兮惚兮，其中有物；窈兮冥兮，其中有精。”苟非慎密以侦之，静默以伺之，其不至于谬误而失事者几希！下篇魏公以“关键三宝”为临炉采药之诀，叮咛之意，亦深切矣。

推度符征章第十一

八卦布列曜，运移不失中，元精眇难睹，推度效符征。居则观其象，准拟其形容，立表以为范，占候定吉凶，发号顺时节，勿失爻动时。上察河图文，下序地形流，中稽于人心，参合考三才。动则依卦变，静则循彖辞，乾坤用施行，天下然后治。

“八卦布列曜”，陈万象森罗，八方周匝，而其运移未尝离此辰极。辰极者，天之中极也，人亦有之。《契》云：“辰极处正，优游任下，明堂布政，国无害道。”邵子云：“天向一中分造化，人于心上起经纶。”苟或不能立此中极，则运动之际，乖戾舛错，非轻而失臣，则躁而失君，元神昏佚，而元精愈不可得矣。且元精之为物也，幽潜沦匿，藏于杳冥恍惚之中，非可视之而见、听之而闻、抟之而得者，所可推度，独在内之效验与在外之符征耳。《契》云：“证验自推移，心专不纵横。”是故，观象以拟之，则以月亏盈而知药材之老嫩；立表以候之，则以日早晚而为火候之消息。所以拟之、候之，如是之审密者，欲得乎爻动之时也。爻动则时至而事起，天运而人从，天人合发而万化之基定矣。又尝上察星河，而知天之应星也；下序地流，而知地

① 林屋山人，俞琰。俞琰，宋末元初时著名道教学者。字玉吾，号全阳子、林屋山人、石涧道人。吴郡（今江苏苏州）人。精于易学和理学，潜心研究丹道理论，颇有建树。著作有《周易集说》《易图纂要》《周易参同契发挥》《易外别传》《阴符经注》《吕纯阳真人沁园春丹词注解》，以及《林屋山人集》《书斋夜话》《月下偶谈》《席上腐谈》等。

之应潮也；中稽人心，而知情之归性也。所以察之、序之、稽之，如是之慎密者，欲合乎三才之道也。道合则动可以盗机，静可以观复，依变循辞，而乾坤之用行矣。如是而吾身之天地，焉有不治者哉？乾坤之用，坎离是也。此章仙翁教人推证见效，视履考祥，以成大道。至运移而不失乎中，发号而不失乎时，意益加密矣。

御政之首章第十二

可不慎乎！御政之首，管括微密，开舒布宝，要道魁柄，统化纲纽。爻象内动，吉凶外起，五纬错顺，应时感动。四七乖戾，誃离俯仰。文昌统录，诘责台辅，百官有司，各典所部。或君骄溢，亢满违道；或臣邪佞，行不顺轨。弦望盈缩，乖变凶咎。执法刺讥，诘过贻主。辰极处正，优游任下。明堂布政，国无害道。（誃，改也。音移。）

御政之首，志士炼丹入室之初也。夫既知药生之候，得爻动之时矣，是宜虚心应物，管括微密，而关键乎三宝，开舒布宝，而慈惠以使人。如是则内不失己，外不失人，而有求以得矣。此二句，乃临炉采药之要诀，而要中之要，则又在于魁柄。魁柄者，斗柄也。天以北斗斟酌元气，在人则为统化之纲纽，纲纽安在？吾人之辰极是也。故爻象动乎内，则吉凶见于外，可不慎乎？若使辰极不正，则运移失中，而吾之枢纽脱矣。是以应时感动之余，或水火溢节而金木之不交，牛女乖张而交泰之道失。上不降而下不升，天不氤而地不氲，妙用从何而生哉！故曰："五纬错顺，应时感动。四七乖戾，誃离俯仰"也。且入室炼丹以窃造化，非常人之所为，故圣人谨之以为大事，有文昌以为护持之主，有台辅以为辅弼之臣，其诸百官有司，各典所部，准则刻漏，挨排火候，以尽有相之道，可谓密矣。若也君或骄溢而亢满违道，臣或邪佞而行不顺轨，弦望失盈缩之度，乖变招凶咎之虞，执法诘过，咎将谁归？由主人也。可不慎欤！君臣，即《悟真》所谓"主宾"之意，而诘过贻主，又宾中之主人也。盖不能管括微密，故臣邪佞，不能开舒布宝，故君骄亢。辰极处正，则无邪佞之私矣。优游任下，则无骄亢之失矣。优游者，如如自然之义。《复命篇》云："北斗南辰下，眉毛眼睫边。灰心行水火，定息采真铅。"四句深可玩味。"明堂布政，国无害道。"布政，即御政之意，言能辰极处正，一正君而国定矣。以此布政于明堂，所谓“百辟其刑之”，又何害道之有哉？此章上阳注本，“御政之首”下，有“鼎新革故”一句，深有旨趣[①]。“日含五行精”六句，意义不属，故僭窜之“三日出庚”之上。

内以养己章第十三

内以养己，安静虚无。原本隐明，内照形躯。闭塞其兑，筑固灵株。三光陆沉，温养子珠，视之不见，近而易求。黄中渐通理，润泽达肌肤。初正则终修，干立末可持。一者以掩蔽，世人莫知之。

此章仙翁备论内养之道，以立炼丹入室之根基，上阳子所谓“炼己立基”是也。然养与炼，亦当有辨。炼者，事来识破，境来勘过，洗心涤虑之谓也；养者，优柔厌饫，澡雪柔埏，勿忘勿助之谓也。上阳子曰：“宝精裕炁，养己也；对境忘情，炼己也。”有文武之道焉[②]！“安静虚无”，此四字者，乃养己之要诀，千圣万真，同此一旨。《老子》曰：“致虚极，守静笃，万物并作，吾以观其复。”司马真人《坐忘论》云：“心安而虚，道自来居。”[③]夫人生而静，天之性也；感于物而动，性之欲也。既有欲矣，则耳淫于声，目夺乎色，口爽乎味，真性既迷，而元精、元炁因以耗失，而大命随之。故养己者，以安静虚无为本焉。“安静虚无”云者，“无劳尔形，无摇尔精”，一念不起，万缘皆空，心若太虚，一物不着。虚靖天师云：“要得心中神不出，莫向灵台留一物。物在心中神不清，耗散真精损筋骨。”学者试能穷究本初，回光而内照之，则知清净之中，一物无有，而所谓“安静虚无”者，我得之矣。由是闭塞其兑，而筑固乎灵株，三光陆沉，以温养乎子珠。灵株

---

① 〔元〕陈致虚《周易参同契分章注》：“仙翁以修丹之难借喻御政，则知乱民之难治，凡修丹，则知意马之难拴系。旧染俗污，咸与维新，御政之首也，是谓‘鼎新’也；惩忿窒欲，见善则迁，修身之本也，是谓‘革故’也。若为政，若修身，先从自己。至微至密者，首当管括而究治之，则为政而政成，宝身而身修。”

② 〔清〕李涵虚《圆峤内篇·道窍谈·养己炼己》：“养己与炼己，功夫自是一串。养己者，宝精裕气，即筑基也。炼己者，对境忘情，即了性也。炼己必先养己，养己其炼己先资乎！”

③ 出自司马承祯《坐忘论·收心》。司马承祯（647—735），唐代著名道教学者、养生家、书法家，字子微，号白云子，河内温县（属河南省）人。

者何？灵根是也。《黄庭经》云：“玉池清水灌灵根”[①]。子珠者，性珠也。神为子炁，得阳火以炼之，则子母相抱，而成玄珠。盖兑塞，则炁不上泄，故柢固而根深；光沉则神不外驰，故性定而明湛。然所谓灵株、子珠者，视之虽不可见，近在己身的有可求之理。果能收视返听，闭口勿谈，则心息相依，神炁相守，自然打成一片，而和顺积中，英华外鬯[②]矣，故曰“黄中渐通理，润泽达肌肤”。不言老翁丁壮、耆妪成姹者何？非阳丹故也。夫内炼至此，则始正而终可修，干立而末可持矣。夫然后临炉采药，而行一时半刻之功。且采药者，采取先天真乙之炁，归复而成丹。所谓一者，即真乙也。《老子》曰：“得其一，万事毕。”上阳子曰：“一者，坎之中爻也。一者掩则聚精会神，一者蔽则分灵布炁。人能知一，则宇宙在乎手矣；人能得一，则万化生乎身矣。一之为妙，非师莫传。”世人不知一者掩蔽之妙，执言内炼可以成道，而独修孤阴之一物。至论药自外来，一切认为房中采战之术[③]，岂不误哉！此章上阳注，明切可诵，解内多引其说。

知白守黑章第十四

上德无为，不以察求。下德为之，其用不休。上闭则称有，下闭则称无。无者以奉上，上有神德居。此两孔穴法，金气亦相须。知白守黑，神明自来。白者金精，黑者水基。水者道枢，其数名一。阴阳之始，玄含黄芽。五金之主，北方河车。故铅外黑，内怀金华。被褐怀玉，外为狂夫。金为水母，母隐子胎。水者金子，子藏母胞。真人至妙，若有若无。仿佛大渊，乍沉乍浮。进退分布，各守境隅。采之类白，造之则朱。炼为表卫，白里真居。方圆径寸，混而相扶。先天地生，巍巍尊高。旁有垣阙，状似蓬壶。环匝关闭，四通踟蹰。守御固密，阏绝奸邪。曲阁相连，以戒不虞。可以无思，难以愁劳。神气满室，莫之能留。守之者昌，失之者亡。动静休息，常

① 〔清〕李涵虚《圆峤内篇·黄庭外景经注》：“太上以虚无为本，上下前后之间，其中有一虚无圈子，人能守此，呼吸则能深入丹田，养他家玉池中先天至清之水，以灌我家灵根，灵根固则丹基立矣。”

② 鬯，通“畅”，旺盛。

③ 《张三丰全集·杂说正讹》：“三峰采战之说，多为丹经所鄙。”“又三峰者，乃旁门之名。”《三藏真诠》：“有为三峰术者，可令先除墓地。（问三峰术）”

与人俱。(閑，音遏。下章“勤而行之”五十六字，当移置于此。)

上德者，全体道德之士，混沌未凿，故不以察求，而行无为之道。察求者，辨庚甲而知水源之清浊，象屯蒙而为火候之消息，是察察之事也。下德，则太朴既散，故不得不假有为以行归复之道，故曰“下德为之，其用不休”。《老子》曰：“上德无为，而无以为。下德为之，而有以为。”魏公之意，盖本于此。上闭以下，皆言有为之事。何谓上闭？上者，阳也，坎也，戊也，情也；下者，阴也，离也，己也，性也。闭者，勿发之意。上闭者，坎中先天未扰之铅，朕兆未萌；下闭者，离中后天久积之汞，固塞勿发也。然虽朕兆未彰，而“杳冥有精，其中有信”，故上闭则称有；“内以养己，安静虚无”，故下闭则称无。“无者以奉上，上有神德居。”奉者，小心慎密，恭敬奉持之意。神德者，神明之德，真乙之炁是也。今夫真乙之炁，居于坎戊之宅，来而称有，而无者慎密以伺之，恭己以迎之，如臣之奉君，不敢有一毫之差谬，是始焉能存无而守有，终焉自推情而合性，而有为之能事毕矣。夫此两者孔穴作用之法，非师莫明。《老子》曰：“常有欲以观其窍”。又曰：“玄牝之门，是谓天地根。”钟离有言：“生我之门，死我之户。”此皆一穴两分，所谓异名而同出者。此中金炁相须之殷，而相济之足，知其相须，则可察而求之，奉而守之矣。故“知白守黑，神明自来”。所谓神明，即神德也。“白者金精，黑者水基。”所谓金精，即金炁也。五行之气，金能生水，而还丹造化，先天白金却生于坎水之中，故作丹者，惟虚心恭已，奉坎以求铅。迨夫时至机动，神明自来，则“忽然夜半一声雷，万户千门次第开”，而相须之妙用见矣。且水之所以能生金者，何也？试原本而论之。“水者道枢，其数名一。”盖天一生水，阴阳始交，日月照耀于玄冥之地，而生黑铅，即坎水也。中有乾金，可作大丹，故曰“玄含黄芽”，是五金之主，北方之河车也。何谓河车？盖以坎水能载金而上行，故曰“河车”。“故铅外黑，内怀金华。”外黑，则北方之色也；金华，则乾金之精也。如人被褐怀玉，而外为狂夫者然，被褐则黑也，怀玉则白也。所谓知白，知此而已；所谓守黑，守此而已。且夫金能生水，而黑铅居于坎位，是母隐子胎也。水者金子，而金中至清之水却在西川，是子藏母胞也。天地造化，除此坎中一点先天之炁，余二非真，故号之曰“真铅”，而又谓之“真人”。“真人至妙，若有若无”，何恍惚也。“仿佛大渊，乍沉乍浮”，何窈冥也。大渊者，重阴之下，深昧不测之所，此金重而常沉，激其浮而采之，则水源至清，及其进退分布，合而成丹，则各守境隅，而东家西邻不相涉入矣。是丹也，采之则金也，炼之则火也，故曰“采之类白，造之则朱”。然必先于炼己以为表卫，使之城廓完固，然后可以奉此神德而居之。神德来居，则还丹成矣。且丹居神室，方圆径寸，而混沌相拘，先天地生而巍巍尊高，岂凡物之可比哉？伊欲造之，要当环匝关闭，使管括之微密，守御严固，而阏绝乎奸邪，庶使白里真居，永无虞失。《契》云：“三者既关键，缓体处空房。委志归虚无，无念以为常。”“可以无思，难以愁劳。”盖谓是也。然无思者，非顽空断灭、寂然无思之谓也，有勿忘勿助之义焉。故“神气满室，莫之能留。守之则昌，失之则亡。”而守之之道，则惟“动静休息，常与人俱”。《老子》曰：“载营魄抱一，能无离乎？”盖能如此，则庶乎专炁致柔，神炁相守，而还丹可望其成矣。

道术是非章第十五

是非历藏法，内视有所思；履斗步罡宿，六甲次日辰；阴道厌九一，浊乱弄元胞；食气鸣肠胃，吐正吸外邪；昼夜不卧寐，晦朔未尝休。身体日疲倦，恍惚状若痴，百脉鼎沸驰，不得清澄居。累土立坛宇，朝暮敬祭祀。鬼物见形象，梦寐感慨之。心欢而意悦，自谓必延期，遽以夭命死，腐露其形骸。举措辄有违，悖逆失枢机。诸术甚众多，千条有万余。前却违黄老，曲折戾九都。明者省厥旨，旷然知所由。勤而行之，夙夜不休。服食三载，轻举远游。跨火不焦，入水不濡。能存能亡，长乐无忧。道成德就，潜伏俟时。太乙乃召，移居中洲。功满上升，膺箓受图。（“勤而行之”以下五十六字，愚意欲移置于前章“常与人俱”之下。）

道法三千六百，皆属旁门，穷年皓首，迄以无成。惟此金丹大道，法象天地，准则日月，符合卦爻，逆转生杀，乃上圣登真之梯筏。黄帝之《阴符》，老子之《道德》，皆述此意。明者省厥旨趣，勤而行之，结之以片饷，养之以三载，阳神出壳，身外有身，则轻举远游，水火不能厄，生死不相干，道成德就，济人功满，膺箓受图，而身为帝臣，此大丈夫功成名遂之日也。或疑服食之说，以为神丹，误矣误矣！此章玉吾注可诵。

二八弦炁章第十六

偃月作鼎炉，白虎为熬枢；汞日为流珠，青龙与之俱。举东以合西，魂魄自相拘。上弦兑数八，下弦艮亦八，两弦合其精，乾坤体乃成。二八应一斤，易道正不倾。铢有三百八十四，亦应卦爻之数。（首窜“火记”二句。）

此章仙翁分别二八龙虎两弦之炁，以表药材铢两。无名子[①]曰：“偃月炉，阴炉也，中有玉蕊之阳气，虎之弦炁是也；朱砂鼎，阳鼎也，中有水银之阴气，龙之弦炁是也。”丹法以此初弦之炁，和合而成玄珠，故曰“偃月作鼎炉，白虎为熬枢”。熬枢者，虎铅阳火也。《契》云：“升熬于甑山兮”，以其为真汞之枢纽，故曰“熬枢”。“汞日为流珠”者，离宫之汞，飞走不定，其在东家配为青龙之弦炁，故曰“青龙与之俱”。今夫龙居于东，虎居于西，虽则各守境隅，却有感通之理，故举东方之魂以合西方之魄，则龙虎自然交媾，相钤相制，而大药成矣。“举东以合西”者，驱龙以就虎也。“魂魄自相拘”者，推情而合性也。《复命篇》云：“师指青龙汞，配归白虎铅。两般俱会合，水火炼经年。”知此，则药物在是矣。既知药物，当识斤两。《悟真篇》云：“前弦之后后弦前，药物平平气象全。”盖上弦值兑，兑数得八；下弦值艮，艮数亦八。八者，两弦去朔望各八日也。此时阴阳匀平，火数不燥，水铢不滥，方可合丹，故两弦合精乃成乾坤之体，二八匀平方得阴阳之正，故曰“易道正不倾”也。然非真有斤两也，不过欲其阴阳两齐，配合相当耳。《复命篇》云：“方以类聚物群分，两岸同升共一斤。”一斤之数，为铢者三百八[②]十有四，亦应卦爻之数，丹道、易道吻合之妙，有如此者。

金火含受章第十七

金入于猛火，色不夺精光。自开辟以来，日月不亏明，金不失其重，日月形如常。金本从日生，朔旦受日符。金返归其母，月晦日相包。藏隐其匡

① 无名子，即翁渊明，字葆光，号无名子，南宋时象川（四川雅安）人。师事刘永年（广益子）为张紫阳之再传弟子，著有《悟真篇注释》《悟真直指详说三乘秘要》等。

② 八，底本作“六”，误，校者改。

郭，沉沦于洞虚。金复其故性，威光鼎乃熺。

此章仙翁发明金火含受之妙。世人不识“金火”两字，妄意猜度，不得其旨。盖金即铅也，火即汞也，知金火则知铅汞矣。今人皆谓火能克金，而不知金入猛火，不夺其光，不失其重，所以不相铄而反相受者，则何故哉？盖以金，乾体也。乾乃太阳真火，奔入坤中，实而成坎，位居北方，谓之水金，其性刚健，本藏火德，故得火而融，两相含受，犹之日月焉！日譬则火也，月譬则金也。自开辟以来，日月之明不亏，而形亦如常者，亦以金本从日，故不相射而反相受耳。何谓金本从日生？盖月者，太阴之精也，本体纯白，必借耀于日，而后生明。先儒谓月无光，借日之光以为光，故自合璧之后，晦尽朔来，禀受日符，至三日而生庚，八日而上弦，十五而望满，二十有三而下弦，三十而成晦。晦朔弦望，皆自日生，与日相包，则隐明而不见，去日渐远，乃相耀而生明。月晦则犹金返归其母也，生明则犹金复其故性也。返归其母者，金在坎中，上下两画，皆属于坤，坤为土，土能生金，以坤为母，故曰归母。坎中一画，原属于乾，故曰故性。归母，故沉潜沦匿而不可见。复性，则种入乾家交感之宫，而金来归性矣。《契》云：“金来归性初，乃得称还丹”，意盖如此。丹成则鼎有威光，熺然而炽盛矣。何者？金入于火，精光焕发也。此章上阳注，深可玩味。

二土全功章第十八

子午数合三，戊己数居五。三五既和谐，八石正纲纪。土游于四季，守界定规矩。呼吸相含育，伫息为夫妇。黄土金之父，流珠水之母。水以土为鬼，土填水不起。朱雀为火精，执平调胜负。水盛火消灭，俱死归厚土。三性既合会，本性共宗祖。

此章言真土妙用。承上文金火虽相含受，必得真土调和，乃克有济。真土者，戊己二土也。盖坎水数一，离火数二，各居子午之方，其数合而成三，而坎离中戊己二土自居五数。戊为铅情，己为汞性，金来归性，则三者会合归于元宫，是谓三五和谐，而八石之纲纪正矣。八石者，丹家药品也。五金八石，皆非真正药物。惟此三五和谐，乃为正品。或曰：八石者，以象八方之义，丹居中宫，则四面八方之气皆来归之，其妙用在一“和”字。盖丹者，和气之所成也。《契》云：“和则随从，路平不邪。”圣人致中和，而天地位焉，万物育焉。纲举目张，自然之效也。且土之为德，周游四季，罗络始终，故金得以生，木得以荣，水得以制，火得以藏，各守四方之界限，以定规矩，所以正八石之纲纪者在是。《契》云：“青赤白黑，各居一方，皆禀中宫，戊己之功。”盖谓是也。故夫阴阳升降，一呼一吸，而皆归于中宫，以相含育。迨夫铅汞同炉，则真息自定，而相合相和，如夫妇之和谐，含育于中宫，佇息于中宫，和合于中宫。中宫者，戊己之宫也，和气之所归也。土之为德，其盛矣乎！且夫先天造化，还丹之宗，坎中一画乾金而已，中纳戊土，戊土为先天之金，故曰“黄土金之父”。上阳子曰：“黄土者，戊土也。”此金居于坎位，又名金水，其母则流珠也。流珠者，太阳流珠，日汞是也。日有三照，南照生砂，北照生铅，水之金精皆太阳元精所化，故流珠为水之母。自其相生而言，金以土为父；以其相制而言，水又以土为鬼，盖水得土则止而不流。今也坎宫既纳戊土，则水为土填伏而不起，故须朱雀火精执平衡而调之，则水得火而沸腾，其金自随水而上矣。朱雀者，南方火精，己土是也。执平者，二八相当之意。调，调停也。水火互有胜[①]负，平调则大小无伤，而两国可全。迨夫金水涌沸腾入离宫，则离火又为坎水所灭，火灭之后，汞既不走，铅亦不飞，加以火候温养，汞日以添，铅日以抽，二者俱死，归于厚土，二者相合而成刀圭。《契》云：“泥竭遂成尘兮，火灭化为土”，此之谓也。今夫坎中先天未扰之铅，幽潜沦匿，是土填水不起也。吾以离中己汞，调而致之，得药归鼎，点化己汞而成大丹。以汞求铅，是朱雀平调也。以铅干汞而成大丹，是水胜火灭而俱死归土也。故水土火三性会合，而还丹之道毕矣。夫三性之所以能会合者，何哉？以与本性共宗祖故也。本性，即己性也，皆自元始祖炁而分，一变而为水，即金水也，为先天之铅；二化而为火，即己性也，为后天之汞；五变而成土，即戊己也，为水火两性之性情。是皆同宗共祖一炁而分，故同类相从而其性易合也。学者不得师旨，不知三性何物，妄以意见揣度，郢书而燕说之，岂不惜哉！

---

① 胜，底本作“盛”，校者改。

金丹妙用章第十九

巨胜尚延年，还丹可入口。金性不败朽，故为万物宝。术士服食之，寿命得长久。金砂入五内，雾散若风雨。熏蒸达四肢，颜色悦泽好。发白皆变黑，齿落生旧所。老翁复丁壮，耆妪成姹女。改形免世厄，号之曰真人。（“长久”下窜“土游于四季”二句。）

巨胜、胡麻二种常服可以延年，故服食者尚之，况金液还丹乎！盖金液者，先天乾金，生于坎位，寄体西邻，唤来归舍，故称还丹。且金之为性，万劫不坏，故为世宝，况此先天乾金有气无质者乎！志士炼而服之，其长生也必矣。“金砂入五内”以下，备言服食之效。

同类相从章第二十

胡粉投火中，色坏还为铅。冰雪得温汤，解释成太玄。金以砂为主，禀和于水银。变化由其真，终始自相因。欲作服食仙，宜以同类者，植禾当以黍，覆鸡用其卵。以类辅自然，物成易陶冶。鱼目岂为珠？蓬蒿不成檟。类同者相从，事乖不成宝。是以燕雀不生凤，狐兔不乳马。水流不炎上，火动不润下。

此章言炼丹服食之事，欲求合体，须以同类。胡粉者，铅之所成；冰雪者，水之所结，而其返本还源，则复合为一体。金丹大药以砂为主。陶公埴[①]云：“砂者，铅中之至宝。”炼士先须诱取金砂，以为服食之药祖。“禀和于水银”者，原其所自出也。《悟真篇》云：“本是水银一味，周流遍历诸辰。”陶公又云：“黑者水银，非世间银”，是其证也。以此返还归复，合而成丹，亦犹化胡粉而为铅，释冰雪而成水，其必然也明矣！所以然者，以变化由其真，故终始相因也。真，即真乙之真，人皆禀此真乙之炁而生。混沌既凿，此真奔蹶，逸于坎中，故以真补真，乃可长存。《悟真篇》云：“竹破须

① 陶公埴，即陶植，唐朝人，撰著有《还金术》《还金丹诀》《通真论》《陶真人内丹赋》等。

将竹补宜，覆鸡须用卵为之。万般非类徒劳力，争似真铅合圣机。”学者不知何为真铅，何为同类，不肯虚心参访，妄以意见猜度，纽合非类，以冀其成，岂不难哉！故下文遂言其弊。

背道迷真章第二十一

世间多学士，高妙负良才。邂逅不遭遇，耗火亡资财。据按依文说，妄以意为之。端绪无因缘，度量失操持。捣治羌石胆，云母及礜磁。硫磺烧豫章，泥汞相炼飞。鼓铸五石铜，以之为辅枢。杂性不同类，安肯合体居。千举必万败，欲黠反成痴。侥幸讫不遇，圣人独知之。稚年至白首，中道生狐疑。背道守迷路，出正入邪蹊。管窥不广见，难以揆方来。（豫章无解，疑即樟木脑，与硫同性者。）

玉吾注云：“饶君智慧过颜闵，不遇真师莫强猜。只为丹经无口诀，教君何处结灵胎。”世间高才好学之士不为无人，而求其遇真师得正传者，寡矣！彼有烧炼三黄四神之药，妄意以为道在于是，殊不知五金八石，乃世间有形有质之物，种类不同，性质各异，安肯合体而共居哉！凡为此术者，莫不千举万败，欲黠成痴，何则？“端绪无因缘，度量失操持”故也。《指玄篇》云：“访师求友学烧丹，精选朱砂作大还。将谓外丹化内药，原来金石不相关。”盖神仙金液大丹，乃无中生有之至药，而所谓朱砂、水银者，不过设象比喻而已。奈何世人不识真铅汞，将谓凡砂及水银，往往耗火费财，迄无成功，卒至皓首茫然，反起虚无之叹，甚至得正传而中道生疑，出正入邪者，亦有之矣。之人也，背大道而守迷路，管窥天而不广见，乌足与论方来无穷之玄奥哉！

抱一子注云：金丹之理，妙夺造化，迥出思议之表，不遇至人，徒劳测度。若用外物，尤甚狂妄，守邪背正，又非贤才。往往学道之人不肯坚心，寻师访友，苦志勤求，或有始无终，或狐疑中道，蹉跎白首，衰老无成，是皆以管窥天，自满自高者之过也。然明明日月，荡荡乾坤，寒往暑来，朝昏相代，无非大道，方来之理，不遇至人，难以揆度，学者宜先积行累德，以祈感遇。切勿自欺，到此宝山，空手归去。

愚按：二公之言，明透警切，无可赞一词矣。故备录之，以示同志。

三圣前识章第二十二

若夫至圣，不过伏羲，始画八卦，效法天地。文王帝之宗，循而演爻辞。夫子庶圣雄，十翼以辅之。三君天所挺，迭兴更御时。优劣有步骤，功德不相殊。制作有所踵，推度审分铢。有形易忖量，无兆难虑谋。作事令可法，为世定此书。素无前识资，因师觉悟之。皓若褰帷帐，瞋目登高台。火记不虚作，演易以明之。火记六百篇，所趣等不殊。文字郑重说，世人不熟思。寻度其源流，幽明本共居。窃为贤者谈，曷敢轻为书？若遂结舌瘖，绝道获罪诛。写情著竹帛，又恐泄天符。犹豫增叹息，俛仰辄思虑。陶冶有法度，未忍悉陈敷。略述其纲纪，枝叶见扶疏。（此中补“火记不虚作”二句。）

此章魏公原本作《契》之意，盖欲以上继往圣，下开来学也。玉吾注可玩。

金火铢两章第二十三

以金为堤防，水入乃优游。金计有十五，水数亦如之。临炉定铢两，五分水有余。二者以为真，金重如本初。其三遂不入，火二与之俱。三物相含受，变化状若神。下有太阳气，伏蒸须臾间。先液而后凝，号曰黄舆焉。岁月将欲讫，毁性伤寿年。形体为灰土，状若明窗尘。捣治并合之，驰入赤色门。固闭其际[①]会，务令致完坚。炎火张于下，昼夜声正勤。始文使可修，终竟武乃陈。候视加谨慎，审察调寒温。周旋十二节，节尽更须亲。气索命将绝，休死亡魂魄。色转更为紫，赫然成还丹。粉提以一丸，刀圭最为神。

此章仙翁准则金火铢两，以定临炉采取之妙用。而始之所发端与终之所极致，备载于此，特其文隐奥，莫可寻详，考之诸家，其说不一，惟上阳子注颇得其旨，今复申而论之。以金为堤防者，炼丹之要莫先于金水。金水者，先天未扰之铅也。此金水者，生于二八之门，产于虚无之窟，故炼丹者，先置此金以为内药之堤防。盖己之离汞飞走不定，若得此金以制之，则

① 际，底本作“济”，依〔五代〕彭晓《周易参同契分章通真义》改。

如水之有堤防，不至溃决矣。水入乃优游，水即金水也。金水之生，自有真候，仙家谓之阳火。阳火柔弱，优游入人，法当优游和中，以俟其入。凡言入者，自外来也。《契》有之曰："辰极处正，优游任下"，此之谓也。金计有十五者，金体如月，十五则金精壮盛，故所生之水亦如其数，应潮而至，喻如二七之期，真铅始降，吾侦其期而求之，临炉以定铢两，则五分之水已自有余矣。盖水有五分者三，自晦朔之间，积五分而生庚，又积五分而上弦，又积五分而盛满，盛满固有望远之嫌，生庚亦非冬至之候，故五分有余，而五分之中，二者始为真候，而其三遂不入也[①]。入，即上文水入之意，水必二分者，取水源至清，有炁而无质也。然金之重必如本初者，盖金必十五，然后炁足精全而生真水，若金数不满，则真水不生，而临炉无可采之药矣。方其二分水至之时，吾急以二分之火合之，二分之火，一时半刻之火也。上阳子曰："一时三符，比之求铅，止用一符之速"是也。[②]火迎水入，相含相受于戊己之宫，则三性会合，自然龙吟虎啸，而变化之状，斯若神矣。"下有太阳气，伏蒸须臾间。"须臾，即半刻也。太阳气者，离宫汞火也。伏蒸其下，则金水为火所蒸，自然腾沸于其上矣。尔其贯尾闾而通乎泥丸，下重楼而入乎紫庭，周游上下，至其所止之处而休焉。先则为液而逆流，后则为丹而凝结，故圣人名之曰"还丹"，而号之曰"黄舆"焉。黄舆者，以其随河车而上行于黄道之中，故曰黄舆。若夫炁回丹结，火候既足而攒簇之。岁月将讫，急宜罢火守城，否则丹体有伤，而寿龄反促矣。毁性者何？性乃丹体

① 〔清〕李涵虚《无根树词注解》："《参同》云：'金计十有五，水数亦如之。临炉定铢两，五分水有余。二者以为真，金重如本初。其三遂不入，火二与之俱。'此即应星应潮之正义也。金必十五两重者，金准月数，取金精壮盛之意。五千四十八日，天真之气始全，十五两金能生十五分水，上半月十五日是也。水数与金数相应，即潮数与星数相应。若金水不足，则真水不生，此谓天不应星、地不应潮，何以定铢两乎？若要应星应潮，就以上半月之十五日为定，自朔至望，以一日半为一分，两个一日半，三日出庚矣。这才是二分真水，天也应星，地也应潮。若至初五，则是三分，三分不入用；若至初八，则是五分，五分更有余，均非应星应潮也。必以二分之水，配以二分之火，乃是真应星、真应潮，二者坎水之真信，金初生水，刚到二分时候，水源至清，有气无质，即白虎首经也。虎正吐气，龙即以二分真火迎之，炼为丹本。至于生二分水之金，又必要等至十五，金精始旺，水潮乃生，所谓二七之期，真铅始降，此是应星应潮也。"

② 〔清〕李涵虚《无根树词注解》："火何以必须二分？曰：一时功夫，分三符六候，止用一符二候之火，斯龙虎平匀，相吞相啖。到这时候，必要执剑降龙，拿绦伏虎，运罡斡斗，归于中宫，日月交精，烹之炼之，则正道得矣。"

也。《契》曰："性主处内，立置鄞鄂。"性毁，则命亦从而毁矣！何者？金来归性，性源未彻，少有毁伤，金复何附？所谓"藏锋之火，祸发必克"，年寿之伤，无足异者。所以老圣垂"知止、知足"之戒，紫阳有"一朝殆辱"之忧。《入药镜》亦云："火候足，莫伤丹。天地灵，造化悭。"盖谓是也。且夫神仙丹诀，无过用铅、用火而已。不知用铅，则药物失其铢两；不知用火，则始终乖其节度，仙翁悲悯后生，垂慈特切。"形体"以下，又以申明用铅、用火之诀。"形体为灰土，状若明窗尘"者，言渣滓[①]无用，惟当择其轻清者而用之。明窗尘者，窗外日光浮动，尘影微细之极也。此盖借之以明轻清之义，或者不知，以为明窗尘乃外丹飞结于鼎盖之上者，遂以此章认为炉火，痴儿说梦，殊可嗤笑。今夫明窗尘，即二分轻清之水也。捣合并治，驰入赤色之门，则丹可成矣。曰并、曰合，火二与之俱也。驰入者，驰有道路，入有门户。赤色门，所入之门也。赤色门者，乾门也，乾为大赤，故曰赤色门。《入药镜》云："产在坤，种在乾，贯尾闾，通泥丸。"知此，则门与道两得之矣。"固塞"以下，又言用火之诀，结丹养丹，全在于此。"固塞其际[②]会"者，"守御固密，阏绝奸邪"也。"炎火张于下，昼夜声正勤"者，朝屯暮蒙，周天运火也。火不同，有文有武。始也求铅，则用文火，故曰"始文可使修"；终也结丹，则用武火，故曰"终竟武乃陈"。王道《龙虎经注》云："文火乃发生之火，武火乃结实之火"，深为得旨。盖优游任下，是文火也；固塞坚完，炎火勤张，是武火也。《鼎器歌》有云："首尾武，中间文。"读者至此，不能无疑，今为诀破。歌中所言文武，乃"阴阳"二字之义，盖首之炼己，终之养丹，皆属阴火，惟有中间一符阳火，乃真铅之炁，故首尾属武，中间属文，与此不同。"候视加谨慎"者，寤寐神相抱也。"审察调寒温"者，昏明顺寒暑也。"周旋十二节，节尽更须亲"者，度更终复始，更须亲历也。如此翕聚精神，调停火候，直待铅抽已尽，己汞亦干，魄死魂销，群阴剥尽，化为纯阳，故"色转更为紫，赫然成还丹"。读者至此，又认以为外丹，不知金液还丹，虽称外药，却非自炉火中出者，若天元则称神丹矣。"还"之一字认尚不明，可谓具眼哉！"粉提以一丸，刀圭最为神"

① 渣，底本作"查"字，改。
② 际，底本作"济"，改。

者，喻言丹成药就，其体至微，其用甚妙。仙翁措辞立意，多托寓言，读者不能以意逆志，而求之言语文字之外，徒尔执象泥文，胡自揣度，乌能心领神会，以得夫立言之旨哉！

水火情性章第二十四

推演五行数，较约而不繁。举水以激火，奄然灭光明。日月相薄蚀，常在晦朔间。水盛坎侵阳，火衰离昼昏。阴阳相饮食，交感道自然。名者以定情，字者缘性言。金来归性初，乃得称还丹。

此章论金来归性，乃阴阳交感自然之道。盖金即水也，性即火也。五行之数，水火有相灭之理。水火之义，譬诸日月，其在晦朔之间，每以相交而成薄蚀，故水盛则坎月侵阳，火衰则离日昼昏，如举水激火，而光明奄灭者然，然非相害相悖也。一阴阳饮食，交感自然之道而已。还丹之道，亦犹是也。且夫还丹之道，一物而已，分而为二，则有两者之名，犹人之有名有字者然。吾将以情定为名，性定为字，则情也，金也，水也，名之谓也；性也，火也，字之谓也。今也作丹之法，推情合性，转而相与，则是金来归性矣。水来激火矣，坎来侵阳矣，故不相悖，而反相为用，要亦阴阳饮食交感自然之道而已矣。道则一，而有阴阳水火之分；人则一，而有性情名字之别。不可谓之全别，不可谓之全同，不可全别无全同，不可全同无全别，于此识得，方为洞达。

古今道一章第二十五

吾不敢虚说，仿效古人文。古记题龙虎，黄帝美金华。淮南炼秋石，玉阳嘉黄芽。贤者能持行，不肖毋与俱。古今道由一，对谈吐所谋。学者加勉力，留念深思惟。至要言甚露，昭昭不我欺。

仙翁自谦，言己之著书，不敢虚说，皆效仿[①]古人已垂之典，已试之事，

① 仿，原文作“放”字。

如轩辕之题《龙虎》，黄帝之美《金华》[①]，淮南之炼秋石，玉阳之嘉黄芽，皆是道也。是道也，惟贤者而后乐此，故贤者能持行，而不肖者无与之俱。昔者鬼谷子从子华子游十有二年，业成而辞归，子华子送之曰："今汝之所治，吾无间然矣。然子之志则广取而讯与也，恐汝之后，夫择者也，其将有剥汝之外郛，而自筑之宫庭者矣。登汝之车，而乘之以驰骋于四郊者矣。取汝之所以为璧者，毁裂而五分之者矣。夫道固恶于不传也，不传则妨道；又恶于不得其所传也，不得其所传则病道。今汝则往矣，而思所以慎厥与也，则于吾无间然矣。"读之至此，令人洒淅[②]，且古今无二道，圣人无两心，所以无二道者，一故也。一即真乙之一，得此一，则万事毕矣。佛语有云："除此一乘法，余二则非真。"仙师对谈吐谋，至言甚露，岂欺我哉！学者当留念思惟，勉力策励，以报深恩，否则甘于暴弃，一不肖之子耳，安足与议于道哉！

《周易参同契测疏》上篇终

周易参同契测疏　中篇

淮海参学弟子潜虚陆西星　测疏

同志遵阳赵栻、太华姚更生　校阅

乾坤精炁章第二十六

乾刚坤柔，配合相包。阳禀阴受，雄雌相须，偕以造化，精气乃舒。坎离冠首，光耀垂敷。玄冥难测，不可画图。圣人揆度，参序元基。四者混沌，径入虚无。六十卦用，张布为舆。龙马就驾，明君御时。和则随从，路平不邪。邪道险阻，倾危国家。

此章之旨，备言鼎器、药物、火候大略，与上篇首章相似。"乾刚坤柔，配合相包"者，即"乾坤者，易之门户"；"坎离冠首，光耀垂敷"者，即"坎离匡郭"也。何谓"配合相包"？盖天之形常包乎地之外，而其气尝行

① 《龙虎》《金华》，概指《金碧古文龙虎上经》和《浮黎鼻祖金华秘诀》。

② 洒淅，犹寒栗，寒颤貌，畏惧不安貌。《资治通鉴·唐武宗会昌六年》："适近我者非太尉邪？每顾我，使我毛发洒淅。"

乎地之中，故阳主禀与，阴主翕受，如人物之雄雌相须者然，相须则偕以造化，而精炁乃舒矣。《易》有之曰：“精炁为物”。是精炁也，互藏于阴阳之宅。坎离者，冠阴阳之首者也。坎外阴而内阳，中有真炁；离外阳而内阴，中有至精。坎离之象，配诸日月，日月交光，一禀一受，而万物生焉。丹法亦犹是也。然是道也，“玄冥难测，不可画图”。圣人洞晓阴阳，深达造化，故揆度参序，以立元基。元基者，丹基也。作丹之法，不过以此阴阳精炁交媾于混沌之初，凝结于虚无之室，而以六十卦火养之，故“六十卦用，张布为舆”。为舆者，取“运毂”之义。“龙马就驾”者，乾为龙马，坤为大舆，乾就坤驭，“和则随从”。“和”之一字，最为肯綮。广成子告黄帝曰：“我守其一，以处其和。”然必明君御时，然后能致中和，而天地位，万物育。况此大道，“路平不邪”。《老子》所谓：“大道甚夷，而民好径。”彼“邪道险阻，倾危国家”。金丹大道，至易至简，岂邪道哉！

入室休咎章第二十七

君子居其室，出其言善，则千里之外应之。谓万乘之主，处九重之室，发号施令，顺阴阳节。藏器待时，勿违卦日[①]。屯以子申，蒙用寅戌。六十卦用，各自有日。聊陈两象，未能究悉。在义设刑，当仁施德。按历法令，至诚专密。谨候日辰，审察消息。纤芥不正，悔吝为贼。二至改度，乖错委曲。隆冬大暑，盛夏霰雪。二分纵横，不应刻漏。风雨不节，水旱相伐，蝗虫涌沸，山崩地裂。天见其怪，群异旁出。孝子用心，感动皇极。近出己口，远流殊域。或以招祸，或以致福，或兴太平，或造兵革。四者之来，由乎胸臆。动静有常，奉其绳墨。四时顺宜，与气相得。刚柔断矣，不相涉入。五行守界，不妄盈缩。易行周流，屈伸反覆。

此章备言入室休咎。“君子居其室，出其言善，则千里之外应之。”魏公断章取义，引之以言入室之事。谓居室者，入室也，喻如万乘之主处九重之室。夫主言万乘，重之至也；室言九重，密之至也。古之君子以炼丹为一大事也，故藏器于身，待时而动，侦爻动以盗机，而勿违夫卦日，法屯蒙以运

① 日，〔五代〕彭晓《周易参同契通真义》作“月”。

火，而一顺乎阴阳。“屯以子申”，使水有生而有旺；“蒙用寅戌”，则火有生而有库。以至“六十卦用”，各有其日。“聊陈两象”，则其余可例推矣。故“在义设刑，当仁施德”。文武火候，各适其宜，其要只在“至诚专密”，以候其日辰，察其消息而已矣。“至诚”二字，最为肯綮。《入药镜》云：“但至诚，顺自然。”盖至诚，则心志自专，心专则功行自密。故至诚感物，则人自归心；至诚格天，则神明默佑。炼丹之士，可以不诚乎哉[①]！若乃纤芥之微，念虑不诚，则吾之辰极不得其正，将见“悔吝为贼”，而灾变随之，故“二至改度”，而失其节序之常，或“隆冬而大暑”，或“盛夏而霰雪”，二分不应，有乖于中和之气，或风雨不时，而“水旱相伐”，或“蝗虫涌沸”，而地裂山崩。“天见其怪”，地产其妖。如上咎征，皆喻临炉之时，一差百错，总因炼己无功。夫不重其事，是不重其身者也；不爱其宝，是不爱其身者也。不重其事与不爱其身者，均为不孝。“孝子用心”，则不如此。盖孝子者，重其事而爱其身者也。能继天之志，而述天之事者也。其用心何心哉？“至诚专密”而已矣。至诚而不动者，未之有也。故能感动皇极，而自天佑之，吉无不利。夫言者，心之声也。“近出己口”，尚能远流乎殊域，况天道不远，而吾以至诚之心格之乎！所以曰：“君子居其室，出其言善，则千里之外应之”，盖言速也。且夫“祸福无门，惟人所召”，福至则身乐太平，祸生则横罹兵革，四者之来由乎胸臆而已。可以不诚乎哉！诚能“动静有常”，以奉卦爻之绳墨，则“四时顺宜”，自然与吾二炁相得，而刚柔无凌犯之愆，五行无盈缩之妄，屈伸反覆，莫非易用之周流矣。此章玉吾注，深可玩味，但彼不知药，一切认之自身，殊可惜耳！

晦朔合符章第二十八

晦朔之间，合符行中。浑沌鸿濛，牝牡相从。滋液润泽，施化流通。天地神明，不可度量。利用安身，隐形而藏。始于东北，箕斗之乡。旋而右转，呕轮吐萌。潜潭见象，发散精光。昴毕之上，震出为征。阳气造端，初

① 《中庸》：“唯天下至诚，为能尽其性；能尽其性，则能尽人之性；能尽人之性，则能尽物之性；能尽物之性，则可以赞天地之化育；可以赞天地之化育，则可以与天地参矣。”

九潜龙。阳以三立，阴以八通。故三日震动，八日兑行。九二见龙，和平有明。三五德就，乾体乃成。九三夕惕，亏折神符。盛衰渐革，终还其初。巽继其统，固济操持。九四或跃，进退道危。艮主进止，不得逾时。二十三日，典守弦期。九五飞龙，天位加喜。六五坤承，结括终始。韫养众子，世为类母。上九亢龙，战德于野。用九翩翩，为道规矩。阳数已讫，讫则复起。推情合性，转而相与。循据璇玑，升降上下。周流六爻，难以察睹。故无常位，为易宗祖。

此章魏公以天象卦爻双明药火，与上篇“三日出庚”章大意颇同。夫先天阳火，在人身中炼时则谓之药，养时则谓之火，其理无二，然皆起绪于晦朔之间。盖晦朔之间，乃天地阴阳之交会也。以月而言，则曰“晦朔之间”；以时而言，则曰“亥子之半”；以气运而言，则曰“贞元之会”；以性情而言，则曰“动而未形，有无之间”。天地于此乎开辟，日月于此乎合璧，人身之阴阳于此乎交会，乃天、地、人之至妙至妙者。神仙于此时，盗其机而作丹，则内真外应，若合符节矣。故曰“晦朔之间，合符行中”。“浑沌鸿濛，牝牡相从”者，“天地媾其精，日月相撢持”，而混沌相交接也。“滋液润泽，玄化流通”者，“雄阳播玄施，雌阴统黄化”，而“权舆树根基”也。天地神灵，不见其迹，莫知其然，其不可度量有如此者，是以君子“利用安身，隐形而藏”。安身者，安静虚无，炼己以待时也；隐藏者，管括微密，夷明而养晦也。如是则可以得夫至静之原，而不失乎爻动之时矣。且以药火之符而言之，“悬象著明，莫大乎日月”，观其合璧之时，“始于东北，箕斗之乡，旋而右转”，以至“昴毕之上”，于时“三日出庚，阳气造端，呕轮吐萌”于庚方之位，于卦为震。震者，阳之动也。在人则为一阳来复，在爻则为乾之初九，初九潜龙，未堪用火。《大成集》云：“复卦起潜龙，戊己微调未可攻”是也。“阳以三立，阴以八通”，通者，阳自三日始萌，至八日而与阴和通。三阳数也，八阴数也。八日上弦，于卦为兑，二阳渐长，在人则为身中阳火之半，在爻则为乾之九二。“九二见龙，和平有明”，和平，言火力匀调也。“三五德就，乾体乃成”，在人则为三阳盛满，要当慎以持盈，在爻则为乾之九三。“九三夕惕，亏折神符”，此时三五道讫，屈折下降。至于十六，阴符继统，盛衰渐革，于卦为巽。巽者，一阴下生，在人则为阴符起绪，在爻则为乾之九四。“九四或跃，进退道危”，法当固济操持，常使阴符包裹阳炁。二十三日，则下弦之期，丹至此时，金水又均，在人又为阴符之半，于卦为艮。艮者，二阴一阳，主于进止，在爻为乾之九五，此时火候将足，还丹已成，位乎天位以正中也，故云“加喜”。六五三十，奄然丧明，在人则为神气归根，寂然不动，于卦为坤，“结括始终”，韫养诸卦，以为更始之端。“世为类母”者，阴能生阳，晦能成朔，世为气类之母也。在爻则当乾之上九，上九亢龙，亢极则战，法当振刷精神，以俟起绪，否则火冷而丹又将散矣。如上火符，乃阴阳升降自然之理，象以易卦，准以乾爻，无不吻合。有志之士，当细味精研，庶当机应事，无有差错。然六六时中，工夫缜密，有心则助，失念则忘，当知火候难调，更有要诀，不过曰：“绵绵若存，顺其自然”而已。《入药镜》云：“但至诚，顺自然。”《阴符经》云：“自然之道静，故天地万物生。天地之道浸，故阴阳胜，阴阳相推，而变化顺矣。圣人知自然之道不可违，因而制之。”且夫“真火无候，大药无斤”，如《契》所云，不过欲人知药火之分数而已。苟得其言意于象数之外，则所谓“不刻时中分子午，无爻卦里别乾坤”，而用易之道，莫此为善矣。且夫《易》之为道，阳数用九，其以乾卦六爻，潜、见、惕、跃，翩然下复，足为丹火之规矩。故“阳数已讫，讫则复起，推情合性”，辗转相与，岂有多术，不过以炁合神，以神驭炁，以成其岁功而已。是道也，上据璇玑，同斗枢之升降；中参易数，符卦爻之动静。虽若一定可求，而实则杳冥恍惚之中，造化玄微，难可察睹，初何常位之有？上篇云：“故推消息，坎离没亡”，此所以独超象数之外，而为易道之宗祖也欤！

卦律火符章第二十九

朔旦为复，阳炁始通。出入无疾，立表微刚。黄钟建子，兆乃滋彰。播施柔暖，黎烝得常。临炉施条，开路生光。光耀渐进，日以益长。丑之大吕，结正低昂。仰以成泰，刚柔并隆。阴阳交接，小往大来。辐辏于寅，运而趋时。渐历大壮，侠列卯门。榆荚堕落，还归本根。刑德相负，昼夜始分。夬阴以退，阳升而前。洗濯羽翮，振索宿尘。乾健盛明，广被四邻。阳终于巳，中而相干。姤始纪绪，履霜最先。井底寒泉，午为蕤宾。宾服于阴，阴为主人。遁世去位，收敛其精。怀德俟时，栖迟昧冥。否塞不通，蒙者不生。阴信阳诎，毁伤姓名。观其权量，察仲秋情。任蓄微稚，老枯复荣。荠麦芽蘖，因冒以生。剥烂肢体，消灭其形。化气既竭，亡失至神。道穷则反，归乎坤元。恒顺地理，承天布宣。玄幽远眇，隔阂相连。应度育种，阴阳之原。寥廓恍惚，莫知其端。先迷失轨，后为主君。无平不陂，道之自然。变易更盛，消息相因。终坤始复，如循连环。帝王承御，千秋常存。

“天上分明十二辰，人间分作炼丹程。莫言刻漏无凭信，不合玄机药未成。”魏公此章，复以卦气律吕相配一年，以明药火消息，大旨与前章相同。朔旦为复者，言阳火起绪之初自朔旦始，然非以月之初一为朔旦也。人身中自有朔旦，于卦为复，于十二辰为子，律应黄钟。钟者，踵也，又曰种也，言此中黄之炁踵踵而生以种万物。此时剥尽纯坤，一阳来复，如月之晦去而朔来。以其阳气始通，未堪用火，但当出入无疾，以立表其微刚而已。出入无疾者，乃复之卦辞，魏公断章取义。盖出入者，呼吸之义，乃乾坤阖辟、日月运行之象也。《黄庭经》云：“出日入月呼吸存”。今夫一阳来复之时，含光默默，真息绵绵，出入以踵，则一身之中，一万三千五百气息，三百六十骨节，八万四千毫窍，得此柔暖播施，自然融和顺适而得其常道矣，故曰：“黎烝得常”。黎烝，犹言众庶也。丹法以身为国，以精气为民，故曰黎烝。渐至二阳，于卦为临，于月为丑，律应大吕。吕者，侣也，又曰助也。太阳得侣相助以进。炼丹之士，既得真侣，临驭丹炉，施条接意，开辟道路，以生光耀，此时耀景日长，阳火渐长，故当开路以致之，语有之曰：“吹彻重关藉巽风”，即开路之意也。临炉之诀，“结正低昂”四字，最为肯綮。结者，环匝周遭，守御固密之谓也。正者，正心诚意，念念无邪之谓也。低昂者，颠倒坎离，柔上刚下之谓也。故天地相交，仰以成泰。仰，即昂也。泰则三阴三阳，刚柔并隆。并隆者，即二八相当之义。于时阴阳交接，小往大来，铅至汞迎，阳施阴受，而生造化。于月为寅，律应大簇。簇者，凑也。万象萌此，阳气辐辏而生，是宜运火趋时，不得怠缓。《大成集》云：“交得三阳逢泰卦，便堪进火法神功。”此之谓也。或疑：“采药之诀，铅遇癸生，便当急采，迟则度于后天。今自子至寅，渐历三辰，方言进火，无乃缓乎？”曰：不然。作丹之法，以日易月，以时易日，而一时之中，又分三符六候，此[①]

① 此，底本作“比”，校者改正。

时采取，只用二候，不尽一符之顷，何其速也！魏公此言，盖以发明造化阴阳进退消息之理，而吾身之药火象之，若夫攒簇卦火于一时半刻之中，则天机閟密，丹经往往靳而不言，在人以意会之而已。《悟真篇》云：“日月三旬一遇逢，以时易日法神功。守城野战知凶吉，增得灵砂满鼎红。”又云：“此中得意休求象，若究群爻漫役情。”此之谓也。渐历大壮，四阳盛长，于月为卯，律应夹钟。夹者，侠也。阴阳气平，侠列生物，刑德相负，德中有刑，故万物甲坼[1]而榆荚反堕，此时昼夜始分，阴阳平等，加火则有偏重之虞，丹法于此立为卯酉沐浴之法。《悟真篇》云：“兔鸡之月及其时，刑德临门药象之。到此金丹宜沐浴，若还加火必倾危。”五阳一阴，于卦为夬，于月为辰，律应姑洗。洗者，冼也。阳升而前，冼濯羽翮，一阴宿垢，振索立去，此时丹经沐浴，倍增精彩。至于乾健，则阳火盛明，广被四邻矣。于月为巳，律应仲吕。仲者，中也。日中则昃，中而相干。于时盛极当衰，阴符继统，故姤始纪绪，一阴下生，喻如坚冰之兆于履霜，寒泉之生于井底。于月为午，律应蕤宾。宾者，宾也。阴方萎弱，来而为宾，此时阳方退位，故宾服于阴而以阴为主焉。阴为主人，则阴符用事矣。二阴成遁。遁者，阳遁而去位也。于月为未，律应林钟，此时阴方浸长，阳当去位，故当收敛其精，怀德俟时，而以幽栖乎昧冥。三阴成否。否，闭塞也。于月为申，律应夷则。夷者，伤也。物伤则萌者不生。申者，伸也。阴伸则阳毁名姓，以至四阴成观。观其权量以察仲秋之情，则阴阳之气至此又平。于月为酉，律应南吕。南者，任也。万物至此有妊娠之象焉。任蓄微稚，则麦以芽滋，老枯复荣，则荠以萌孽，此谓刑中有德，丹法至此又当沐浴。沐浴之后，火库归戌，火愈细微，五阴成剥。剥者，烂也。言化气既竭，而至神亡失也。神谓神火。于月为戌，律应无射。无射之义，于《契》不言。或曰“失”当作“佚”。亡佚，即无射也。射者，终也。终而无终，绵绵不绝，道穷则反，归乎坤元。归坤，则纯坤用事矣。此时丹乃归静，静曰复命，复命曰常，故恒顺地理以承天施。于月为亥，律应应钟。亥，隔阂也。亥子之交，又为晦朔之间，冬至之候，故阴阳之气虽相

① 坼，底本作“拆”，依郑观应刊印本改。甲坼，草木发芽时种子外皮裂开。《易·解》：“天地解而雷雨作，雷雨作而百果草木皆甲坼。”孔颖达疏：“雷雨既作，百果草木皆孚甲开坼，莫不解散也。”

隔绝，而实则相连，万物又复应此而种种生育，故律曰应钟。应钟者，言应度而育种也。是为阴阳之元，二气之始，藏于廖廓恍惚之中，其端倪朕兆，微妙若此，自非圣人，孰从而知之哉？载观坤卦之辞，有“先迷后得”之语，魏公复断章取义以为先后二语，乃造化始终存亡之绪。盖返乎坤元，则轨道已终，故为失轨。朔旦为复，则阳气又通，而主人将复兴矣。故后为主君，失轨则先迷也，为主则后得也。归坤之妙有如此者，所以然者，一自然而已。《阴符经》云：“自然之道静，故天地万物生，浸，故阴阳胜。”故无平不陂，无往不复，变易更盛而消息之相因，终坤始复而连环之相循，圣人既大明乎终始，而又能时乘以御天，则丹有不成而身有不仙者哉？故曰“千秋常存”云。

或问：进火、退符之说，曰火为神火，予固已知之矣。阴符何物，抑亦有可言者乎？

曰：吾闻之仙师，七返九还之说，曰七乃火数，九乃金数，以火炼金而成丹，即以神驭炁而成道也。由是观之，作丹之法，始终妙用一火而已。进则谓火，退则谓符。符者，合也。言升降进退，表里符合也。当其运火之时，神炁相守，抱一无离，绵绵若存，一火而已，曷有所谓阴符可用哉！故《契》于姤、于遁、于否、于观、于剥、于坤，曰宾服、曰去位、曰毁伤、曰亡失、曰归元，皆主阳退而言，正如月望之后，阳以渐消，其光自亏，渐消渐减，以至于晦，又乃复苏而为朔，是皆主阳而言，非论阴也。若论阴，则当言进符矣。由是观之，吾身之中，曷有所谓阴符可用者哉！

仙翁此章，语奥旨深，所谓卦律之类，有直指示人者，有借字用意者，有借义用意者，或隐或显，各随其文义之所驱。直指而示者，如朔旦为复、仰以成泰、渐历大壮、姤始纪绪、夬阴以退，与黄钟建子、丑之大吕、午为蕤宾之类也。借字用意者，如临炉施条、乾健盛明、遁世去位、否塞不通、观其权量、剥烂肢体之类也。借义用意者，如辐辏于寅、侠列卯门、洗濯羽翮、中而相干、毁伤姓名、任蓄微稚、亡失至神、应度育种、隔阂相连之类也。此非熟读详味，不能得其意旨，而诸家之注，率多疏略，予故详而论之，读者更宜细玩。

性命根宗章第三十

将欲养性，延命却期。审思后末，当虑其先。人所秉躯，体本一无。元精流布，因炁托初。阴阳为度，魂魄所居。阳神日魂，阴神月魄。魂之与魄，互为宅室。性主处内，立置鄞鄂。情主营外，筑完城廓。城廓完全，人物乃安。于斯之时，情合乾坤。乾动而直，炁布精流；坤静而翕，为道舍庐。刚施而退，柔化以滋。九还七返，八归六居。男白女赤，金火相拘。则水定火，五行之初。上善若水，清而无瑕。道之形象，真乙难图。变而分布，各自独居。类如鸡子，黑白相符，纵广一寸，以为始初。四肢五脏，筋骨乃俱。弥历十月，脱出其胞。骨弱可卷，肉滑若饴。

魏公此章，欲人穷取生身之初以修性命。将者，且然未必之辞。言人将欲养性延命以却死期，当知性命根宗，性何由来，命何由立？《圆觉经》云：“一切众生，皆以情欲而正命本。”人有此身，却是所禀父母之气而生，浊骨凡胎，会有涯尽而不可久。吾生也有涯，而化也无涯。故炼丹者，以无涯之元气，续有限之形躯，而无涯之元气乃先天真乙之炁，所谓“体本一无”者也。[①]然一，即真乙也；无，即无极也。周子曰：“无极之真，二五之精，妙合而凝，而人生焉。”所谓无极，即先天真乙之炁，在人为性者也。所谓二五之精，即后天阴阳，精气为物，在人为命者也。二者妙合，而人始生。《列子》[②]所谓：“有生者，有生生者。生之所生者死矣，而生生者未尝死。”盖生者，形也。所以生生者，炁也。故曰：“元精流布，因炁托初。”知托初之炁，则知性为吾人立命之原，而不可以不养矣。知流布之精，则知命为吾人有涯之生，而非术不延矣。然其所谓性者，乃先天道朴，不落有无，不属指

---

① 《性命圭旨》：“古仙曰：形以道全，命以术延。此术是窃无涯之元炁，续有限之形躯。无涯之元炁，是天地阴阳长生真精灵父圣母之炁也。有限之形躯，是阴阳短促浊乱凡父凡母之气也。故以真父母之炁变化凡父 母之身为纯阳真精之形，则与天地同寿也。”〔清〕汪东亭《体真山人丹诀语录》：“我辈年老，循环生育之机迟，故不得不到虚空中招摄些阳气来用。”又讲：“破体之人，一身上下都是阴，故需招摄虚空中真阳以续命。心息相依到大定时，天地之虚空即我之虚空，空中真阳自然续续而来，如何不长生。”

② 列子，底本作“庄子”，据其引文改。《列子·天瑞》：“故有生者，有生生者；有形者，有形形者；……生之所生者死矣，而生生者未尝终。”

拟。落于形质之中，于是始有阴阳之分，然而阴阳之精，互藏其宅，故阳神日魂乃藏于阴，阴神月魄乃藏于阳，而魂之与魄，互为宅室。互为，即互藏也。《庄子》云："天地有官，阴阳有藏。"非深达造化，不足语此。自其魂为魄之室也，在人则为性而主处乎内；自其魄为魂之宅也，在人则为情而主营乎外。主乎内者，安静虚无，归根而复命也；营乎外者，关键三宝，积精而裕气也。归根复命，则郢鄂立矣；积精裕气，则城廓完矣。夫其城廓全，而人民安也。然后可以配合乾坤，而行采药之功。且乾之为性，其动也直，动则炁布而精流；坤之为性，其静也翕，静则为道之庐舍。动主敷施，静主滋化，迨夫刚施而退，而柔以承之，则自然和合中宫产至真，而五行四象之炁一时辐辏而归之鼎中，故九者还，七者返，八者归，六者居。九八七六者，金木水火之数也。六之言居者，北方坎位，乃真铅之本乡，丹常居此，则如北辰不动而众星拱之。然所谓还者、返者、归者、居者，乃自四方之炁而言，约而言之，则九还七返尽之矣。盖九乃金数，七乃火数，金火相拘，乃成丹道。何者？坎男中白，是曰白金。金，即水也。离女内赤，是为赤汞。汞，即火也。丹法则水定火，常使铢两无差，则金火自是相拘，而返还之道在是矣。然而铅至汞留，水激火灭，其功皆归于水者，盖水为五行之初先，故其用甚大，《老子》所谓"上善若水"，盖谓是也。然水之所以为善者，乃取其清而无瑕，少有渣质，则度于后天而不可用。是水也，何水也，而妙用若是？乃先天真乙之炁，互藏于坎位而寄体于西邻者也。道也。夫道也，恍惚窈冥，何可图象？及其变而分布也，则一水、二火、三木、四金，各居一方而成五行之气。是五行也，顺而行之，百姓日用之道也；逆而修之，丹道也，仙道也。丹之为象，亦有可言者乎？"类如鸡子，黑白相符，纵广一寸，以为始初。"一寸者，丹之神室也。四象和合于此中，五行攒簇于此中，故肢藏筋骨无不完具，如婴儿然。弥历十月，火候数足，脱出其胞，骨弱肉滑，迥异凡体，是乃身外之身，无质之质，体本一无，因炁托初，而成圣体。吕师所谓："九年火候俱经过，忽尔天门顶中破。真人出现大神通，从此天仙可相贺。"至是而宇宙在乎手，万化生乎身，性命之理得矣，圣修之能事毕矣，丈夫之志愿遂矣！

二气感化章第三十一

阳燧以取火，非日不生光。方诸非星月，安能得水浆？二气至悬远，感化尚相通，何况近存身？切在于心胸。阴阳配日月，水火为效征。

此章仙翁指言阴阳二炁感化之理，以明同类之易于相从。《契》所谓："引验见效，校度神明"者也。夫日中有火，而欲得火者，则以阳燧取之；月中有水，而欲得水者，则以方诸取之。阳燧、方诸，何物也？玉吾注云："阳燧，木燧也；方诸，阴燧，大蛤也。"夫以日月丽天，相去悬远，以物致之，尚可以得其水火之精，是知一气感通神化若此，何况近存乎身，切在于心者乎！"身心"二字，最可玩味。紫阳《金丹四百字序》云："以身心分上下两弦"。盖身属坎情，心属汞性，性情相感，自然会合而成还丹。紫阳所谓："阴阳得类归交感，二八相当自合亲"者，故阴阳之义，配诸日月，取水取火以为效征，乃知同类易相亲，事乖不成宝也。仙翁引证见效，可谓深切而著明矣。

关键三宝章第三十二

耳目口三宝，固塞勿发通。真人潜深渊，浮游守规中。旋曲以视听，开阖皆合同，为己之枢辖，动静不竭穷。离炁纳营卫，坎乃不用聪，兑合不以谈，希言顺鸿濛，三者既关键，缓体处空房。委志归虚无，无念以为常。证验自推移，心专不纵横，寝寐神相抱，觉悟候存亡。颜色浸以润，骨节亦坚强。排却众阴邪，然后立正阳。修之不辍休，庶炁云雨行。淫淫若春泽，液液象解冰，从头流达足，究竟复上升，往来洞无极，怫怫被容中。返者道之验，弱者德之柄。耘耡宿污秽，细微得条畅。浊者清之路，昏久则昭明。

此章仙翁备言炼丹入室之密旨，可与上篇"御政之首"参看。"耳目口三宝，固塞勿发通"者，入室之际，大用现前，必须六根大定而后可以采炼，故以耳目口三者，尊为三宝。《阴符经》云："九窍之邪，在乎三要，可以动静。"所谓三宝，即三要也。是用闭塞管括勿令发通，庶外者不入，内者不出，真炁收敛，精神翕聚，而可以行此一时半刻之功，然所谓固塞者，又非蠢然之闭塞也，旋曲伺候，有静而能应之道焉。“真人潜深渊，浮游守规中。”何谓真人？即真乙之炁也。《契》云：“真人至妙，若有若无，髣髴[①]大渊，乍沉乍浮。”所谓大渊，即深渊也。今夫真乙之炁，沉潜沦匿于重阴深昧之地，视之不可见，听之不可闻，抟之不可得，然却有动机，故当守其浮游于规中。浮游者，爻动之时，浮游之炁也。规中者，造化之窟，真炁所产之处也。所谓守者，至诚专密，旋曲而视听之也。旋曲视听，则见气机之动，一开一阖，与吾之真机皆相合同，合同则懽忻交通、感应相与，而相亲相恋之妙，不言可知矣。不惟合同，又且为己之枢辖。所谓己者，己土也。己土猖獗，得此戊土以为枢辖，然后动有可求，静有可养，而吾之动静庶不至于竭穷。凡吾所以关键三宝者，欲得戊土以为枢辖也，故收视于目，则离炁内营矣；返听于耳，则坎不用聪矣；兑合不谈，则鸿濛施化而吾以希言顺之矣。夫惟三者善于关键，然后缓体以处空房。缓体者，优柔和中，将有所俟也。处于空房，言入室也。“委志归虚无，无念以为常”者，得丹之后，当情境俱忘，人法双遣，不可沉着于有为事相之中，所谓“一念不起，万缘皆空”。以此为常，功深力到，则证验推移，立竿见影矣。然所谓无念者，非顽空断灭之谓也，乃无杂念之谓也。心专不纵横，则无杂念矣。以心专不纵横言之，寝寐而神气相抱，觉悟而候其存亡，则心专矣。若夫证验推移，则颜色浸润，骨节坚强，以下云云，是其证也。“排却众阴邪，然后立正阳”者，炼去己私，然后得药归鼎。归鼎之后，朝屯暮蒙，修之不辍，则和气充溢，周匝一身，蒸蒸然如山云之腾太虚，霏霏然似膏雨之遍原野，淫淫然若春水之满四泽，液液然如河冰之将欲释，往来上下，百脉冲融，畅于四肢，被于容中，拍拍满怀都是春，而状如微醉也。《入药镜》云：“先天炁，后天气，得之者，常[②]似醉。”又以其验而言，则反者为道之验。何谓之反？反者，复也。张子曰：“生而后有气质之性，善反之，则天地之性存焉。”夫人有此性，落于形质之中，六尘缘影，依幻而生，诱而忘返。今也，克己功深，尽忘我相，则气质消融，渣[③]滓浑化，所谓无生之生，真性湛然，而道其在是矣。故曰：“反者，道之验。”至于大用现前，则应务之顷，又当以弱

① 髣髴，髣，仿。髣髴，即是仿佛。

② 常，底本作“浑”，改。

③ 渣，底本作“查”。

为柄。《老子》所谓曰“慈”、曰“俭”、曰“不敢为天下先”。又曰：“知其雄，守其雌，为天下谿。知其荣，守其辱，为天下谷。”又曰：“不敢进寸而退尺。”皆濡弱之谓也。其曰：“复归于朴”、“复归于婴儿”、“复归于无极”，即善反之谓也。夫善反，则鼎新革故而宿秽耘耡矣。濡弱不争，则太和充溢而细微调畅矣。宿秽除，细微畅，则宜乎不浊，其又有时而浊者，非真浊也。得炁之后，百脉归源，如上篇所谓“气索命将绝，体死亡魄魂”者，故混混沌沌，莫知其然，久则昭明，而“这回大死今方活”也。《老子》云：“孰能浊以静之徐清”，意盖如此。自“颜色浸润”以下，皆以申明证验推移，自非仙翁真造实诣，乌能形容如此之亲切而有味哉！

旁门无功章第三十三

世人好小术，不审道浅深。弃正从邪径，欲速阏不通。犹盲不任杖，聋者听宫商；没水捕鸡兔，登山索鱼龙；植麦欲获黍，运规以求方。竭力劳精神，终年不见功。欲知服食法，事约而不繁。（阏，音遏。）

仙翁铺叙大道二炁感化之理，引验见效，历如指掌。重悯世人偏好小术，不审浅深，不辨邪正，不求同类，妄意作为，迄无成效。殊不知服食之法，至易至简，一涉烦难，则非大道。学者诚能办深信心，具智慧眼，于此《参同》千周万遍，又何浅深之不明，而邪正之不我辨哉！

珠华倡和章第三十四

太阳流珠，常欲去人。卒得金华，转而相因。化为白液，凝而至坚。金华先倡，有顷之间。解化为水，马齿阑干。阳乃往和，情性自然。迫促时阴，拘蓄禁门。慈母养育，孝子报恩。遂相衔咽，咀嚼相吞。严父施令，教敕子孙。（原本有“遂相衔咽，咀嚼相吞”二句，在“报恩”之下，紫阳窜入别章，今当返此。）

此章仙翁指示真铅伏汞，乃阴阳情性之自然。太阳流珠，离宫之真汞也。此汞在人，飞走不定，故常欲去人。《灵源大道歌》云：“此物何尝有定位，随时变化因心意。在体感热则为汗，在鼻感风则为涕。在肾感合则为精，在眼感悲则为泪。”八门九窍无往而非灵汞游走之处，凡人之所以有老病死苦者，流珠去人之故也。卒得金华，转而相因，则化为白液，而凝为坚固不坏之宝，何者？金华者，金之精华，水金是也。水中之金，号曰真铅。今夫金华先倡于爻动之时，不过一炁而已，有顷之间，则化而为水，既乃凝结，而成丹砂。古歌云："好丹砂，白马牙。”故色如马齿，状若阑干，所谓“化为白液，凝而至坚”者，意盖如此。然非真有此物也，不过设喻以明黄芽初就之象耳。然阳本主倡，而今曰“往和”者，何也？阳者，乾也，男也。他为主，则主倡；以我为宾，故主和。情性自然者，情来归性，一交感自然之道，静故万物生。静者，时之阴也。静极则动，而一阳来复矣。法当促之、迫之于静极之时，然后动机可得。何谓促迫？巽风常向坎中吹，即促迫之意也。及乎得药归鼎，则拘之、蓄之于禁密之门。禁门者，环匝关闭，守御密固，如万乘之主处九重之室也。何谓“慈母育养，孝子报恩，严父施令，教敕子孙”？先天乾金，寄体于坤母之中，实而成坎，赖此慈母养之、育之，唤来归舍，反伏己汞，由是衔咽相吞，有反哺之义焉，是犹慈母养育，而孝子报恩也。及乎得药归鼎，日运神火以温养之，丹得火化，日滋月长，以底于成，是犹严父施令，教敕子孙也。然此子孙者，即报恩之子孙。夫惟母以养之，父以教之，然后人道成，家道正，丹道之妙亦犹是也。仙翁引喻设譬，其旨深哉！

五行逆克章第三十五

五行错王，相据以生。火性销金，金伐木荣。三五与一，天地至精。可以口诀，难以书传。

此章仙翁言丹道五行，皆以逆克而成妙用。“五行错王”者，无极之先，混元一炁而已。分为阴阳，则一变一合而生水火木金土。此五行者，质具于地，气行于天。以其气而语其行之序，则木王于东，火王于南，金王于西，水王于北，各以四时之序而相错以王。然而五行之气，互有生克，故相对则相克，相据则相生。据，依凭也。玉吾本作“据”，有戟据勾连之义焉。今夫水能克火，而水之子反能生火，金能克木，而金之子反能生木，是皆相连相据，藏至恩于至怨之中，使生而不克，则生者有余，克而不生，则克者不足，皆非造化之妙也。丹法以汞求铅，是以火销金也。得药归鼎，是以金伐木也。火销金，则宜金受其克矣，而金反和融。金伐木，则宜木受其伤矣，而木反荣盛。则何故哉？盖以五行之气，本一炁也，以其相对而言似曰相克，以其合一而言则实相成，故一分为五，则相克、相生，乃常道也。五合为一，则相亲相恋，乃丹道也。《悟真篇》云：“三五一都三个字，古今明者实然稀。东三南二同成五，北一西方四共之。戊己自居生数五,三家相见结婴儿。”三家相见，则三五归一，和合中宫产至真，而天地之至精孕于此矣。如斯之秘，以口诀之，恐尚失之于赘，以书传之，则执象泥文者抑又多矣。

龙虎主客章第三十六

子当右转，午乃东旋。卯酉界隔，主客二名。龙呼于虎，虎吸龙精。两相饮食，俱相贪并。遂相衔咽，咀嚼相吞。（此二句在“孝子报恩”之下，朱紫阳定之在此。今以章法而论，则紫阳之定亦未为当，还之本处可也。）荧惑守西，太白经天。杀气所临，何有不倾。狸犬守鼠，鸟雀畏鹯。各得其性，何敢有声。

此章仙翁正方位、定主客，以明丹法，亦承上文“三五与一”之义而言。盖天地之有子午卯酉，即水火金木四正之炁也。子午者，阴阳之首也。卯酉者，阴阳之界也。故子当右转，则金公寄体于西邻，而“虎向水生”矣。午乃东旋，则离火藏锋于卯木，而“龙从火出”矣。故夫子午旋转，卯酉界隔，水火之精，互藏其宅。大要主客二名，丹家之最所当辨者也。故作丹之际，饶他为主，我反为宾，龙呼于虎，则以汞而求铅；虎吸龙精，乃以铅而投汞，二炁交感混合，自然相饮相食、相并相吞而成还丹。所谓火性销金，金伐木荣，是皆转杀机而逆用之，拟之天象，则如荧惑守西，太白经天，杀气所临，何有不倾者乎？拟之物类，则如狸犬守鼠，鸟雀畏鹯，各得其性，何敢有声者乎？“荧惑太白”者，天之金火二星，火入金乡，则为“荧惑守西”，金来伐木，是谓“太白经天”。凡杀气所临之处，则伐无不克，丹法之妙，亦犹是也。“狸犬”二句，又言铅汞相伏之性。

不得其理章第三十七

不得其理，难以妄言。竭殚家产，妻子饥贫。自古及今，好者亿人。讫不谐遇，希能有成。广求名药，与道乖殊。如审遭逢，睹其端绪。以类相况，揆物终始。

此结上文。如上所言阴阳五行之理，在人须当洞晓深达，睹其端绪，揆其终始，以相比况。不得其理而言之，则自取僭妄。不得其理而为之，则立见饥贫。凡从古及今，好之者多，成之者寡，非道之难成也。不明造化，不审遭逢，不知同类之易为功，而以非种施巧耳。仙翁每于章末言之，其悲悯后生之意，亦至矣哉！

父母滋禀章第三十八

五行相克，更为父母。母含滋液，父主禀与。凝精流形，金石不朽。审专不泄，得成正道。

前章以五行逆克而分主客，此又以五行逆克而分父母，皆所以发丹道未尽之蕴。盖阴阳男女之道，施者为父，受者为母，故母含滋液以统化，父主禀与而播施。作丹之法，金受火销，火炎水沸，是木火主施，而金水主受也。得药归鼎，金来伐木，水来灭火，是金水主施而木火主受也。受则为母，施则为父。前则迭为主客，此则更为父母，皆非常道。如此盗机逆用，而成还丹，则“凝神成躯”而万劫不坏矣。故曰“凝精流形，金石不朽”。凝精之道何如？其要在于审专不泄而已。审专者，至诚专一，宁其神也。不泄者，管括微密，固其宝也。正道不过阴阳得类，盗机逆用而已，岂有他术？审能修之，其效可立而见也，故下文遂言其效。

药物至灵章第三十九

立竿见影，呼谷传响，岂不灵哉！天地至象。若以野葛一寸，巴豆一两，入喉辄僵，不得俯仰。当此之时，虽周文揲蓍，孔子占象，扁鹊操针，巫咸扣鼓，安能令苏，复起驰走？

夫立竿见影，呼谷传响，影自何来？响自何出？立竿呼谷，为之自我虚无之中自成影响，丹法无中生有，虚里造实，亦复如是。丹成之易有如此者，得而服之，则长生久视，轻举远游，理之自然，无足怪异。试以野葛一寸，巴豆一两，与人服之，则入喉辄僵，圣哲不能复苏。今人皆知世有死人之药，而于长生大药漫不加信，一何昧哉！

天元配合章第四十

河上姹女，灵而最神。得火则飞，不见埃尘。鬼隐龙匿，莫知所存。将欲制之，黄芽为根。物无阴阳，违天背元。牝鸡自卵，其雏不全。夫何故乎？配合未连。三五不交，刚柔离分。施化之道，天地自然。犹火动而炎上，水流而润下，非有师导，使其然者。资始统政，不可复改。观夫雄雌交媾之时，刚柔相结而不可解，得其节符，非有工巧以制御之。若男生而伏，女偃其躯，禀乎胞胎，受炁元初。非徒生时，著而见之，及其死也，亦复效之。此非父母，教令其然。本在交媾，定制始先。（偃，当作仰。）

此章仙翁极论阴阳配合自然之道，以明铅汞相制之理。“河上姹女”八句，与前“大阳流珠”意同。“河上姹女”者，离宫之灵汞也。午分三河，故曰河上。何谓黄芽？黄者，中黄之炁。芽者，爻动之萌，即真铅也。今夫真铅制汞，乃阴阳自然之道，故物无阴阳，则违天背原矣。牝鸡自卵，则其雏不全矣。何者？阴阳失类而配合未连，三五不交而刚柔离分也。且夫阳施阴化，天地自然，犹之火动而上炎，水流而下润，非有师导使其然者，用是而知天地之道，资始统政，不可复改，故天不变则道不变，道不变则丹亦不变。圣人知自然之不可改也，因而制之。观夫结丹之际，玄黄交媾，二炁纽结，而不可解者，得其节符，非有工巧以制御之，一自然而已矣。是道也，顺之则人也，逆之则丹也，奚以异哉？学者于此苟能洞晓而深达之，则知“一阴一阳之谓道”，而可以破独修一物之愚矣。

日月含吐章第四十一

坎男为月，离女为日。日以施德，月以舒光。月受日化，体不亏伤。阳失其契，阴侵其明，晦朔薄蚀，掩冒相倾，阳消其形，阴凌灾生。男女相须，含吐以滋，雄雌错杂，以类相求。金化为水，水性周章。火化为土，水不得行。男动外施，女静内藏，溢度过节，为女所拘。魄以钤魂，不得淫奢。不寒不暑，进退合时，各得其和，俱吐证符。

此章仙翁法象日月，义取含吐以准丹法。坎为男为月，离为女为日，此易象也。丹术著明，莫大乎日月。即举日月而论，日施阳德，月借日光，月受日化而有晦朔弦望之分，然亏而复盈，绝而复苏，终不至于亏伤，阴含阳精，阴得阳助故也。故丹法移太阳于月明，专以借光为义。盖自晦朔之间，合符行中，此时自有符契可以造丹，苟或不能乘时盗机，致阳失其契合之符，则金嫌望远，药度后天，渐消渐减，屈折下降，以至阴侵其明，而受统于巽，掩冒相倾而薄蚀于朔，阴凌生灾而丧明于坤，如此阴盛阳消，岂丹道耶？故夫人道之所以有生有死者，凡以阳失其契故也；丹体之所以常灵常存者，凡以月受日化故也。丹道不过日月交光，阴阳得类而已。故男女相须而一施一受，即日月之含吐也；雄雌错杂而以类相求，即阴阳之得类也。知相须，则知顺而成人、逆而成丹矣。知以类，则知孤阴不生，独阳不成矣。且以丹法而言，作丹之际，以火销金，金化为水，化则和融而周章，所赖以制之者得无土乎？离宫己土，自火而化，用此意土，克水求丹，水受土制，乃不妄行，而自来归性，此丹法也。故坎水为男，动而外施；离火为女，静而内藏，含而吐之，以滋造化。溢度过节而为女所拘，是水受土制而性不周章也；魄以钤魂而不得淫奢，是为女所拘而俱死归土也。由是运以符火，准以卦爻，不寒不暑，而进退之合时，则各得其和而证符之俱吐矣。药生曰符，药成曰证，皆自和气而生。《契》云："和则随从，路平不邪。"广成子之告黄帝云："吾守其一，以处其和。"今夫仙翁法象日月，平调水火，而以"和"之一字终之，渊乎微哉！

四象归土章第四十二

丹砂木精，得金乃并。金水合处，木火为侣。四者浑沌，列为龙虎。龙阳数奇，虎阴数偶。肝青为父，肺白为母，心为赤女，脾黄为祖，肾黑为子，子五行始。三物一家，都归戊己。

此章言四象不离二体，五行全入中央。“丹砂木精，得金乃并”者，砂中有汞，汞从东转，乃木之精，得金制之，则相吞相并而成还丹。《契》云：“太阳流珠，常欲去人，卒得金华，转而相因”是也。今夫丹家四象，金木水火而已，金能生水，水中产金，是金水合处也；木能生火，砂中含汞，是木火为侣也。谓之“合处”，则一而不分。“为侣”，则有彼此附丽之义焉。丹经下字，义意精密，大率类此。凡此四者，皆自混元一炁而分，故合之则浑浑沌沌，谓之先天无极之真；分之则列为龙虎，谓之二八初弦之炁，其实一而已矣。故龙从火出，位于东方，木数得三，是龙阳数奇也；虎向水生，居于西位，金数得四，是虎阴数偶也。凡此龙虎奇偶象数则然，执而泥之，终成疣赘。其又配之后天，木炁在肝，其色青，其人父；金炁在肺，其色白，其人母；火炁在心，其色赤，其人女；土炁在脾，其色黄，其人祖；水炁在肾，其色黑，其人子。肝肺[①]所以为父母者，以其能生水火也；脾黄所以为祖者，以其能生金母也。其以生出之序言之，天一生水，则子水又为五行之初先，以是四者合处共侣，混而一之，同归戊己之宫，则三物一家矣。一家则和合中宫，产至真而丹体就矣。上篇云：“青白赤黑，各居一方，皆禀中宫，戊己之功”，意盖类此。

阴阳反覆章第四十三

刚柔迭兴，更历分部。龙西虎东，建纬卯酉。刑德并会，相见欢喜。刑主杀伏，德主生起。二月榆死，魁临于卯。八月麦生，天罡据酉。子南午北，互为纲纪。一九之数，终而复始。含元虚危，播精于子。

① 肺，底本作“脉”，依郑观应刊印本改。

此章仙翁备言丹法颠倒互换之妙。盖金丹逆用，自与常道不同。故语成质，则乾刚坤柔，理之常也。取互藏之精，则刚中用柔，柔中用刚，而刚柔迭兴矣。语分部，则龙东虎西，理之常也。论合丹，则龙往于西，虎来居东，而迭更分部矣。语建纬，则卯东酉西，理之常也。论交媾，则以汞求铅，以金伐木，刑德并会而相见欢喜矣。语生杀，则刑主杀伏，德主生起，理之常也。论并会，则生中有杀，杀中有生，二月榆死，而八月麦生矣。语月将，则天罡在辰，河魁在戌，理之常也。论拱合，则八月而天罡据酉，二月而河魁临卯矣。语定位，则子南午北，理之常也。论交泰，则北斗面南观，而子南午北，互为纲纪矣。是皆东入西邻，西归东舍，女居男位，坎在离乡，如此颠倒反覆，更易互换，迥异常道，所谓“掀翻斗柄，逆转璇玑”，非止一端。仙翁备而言之，不过欲人洞晓深达，远求近取，求以得夫先天真乙之炁而已。且夫真乙之炁，一变而为水，二变而为火，三变而为木，四变而为金。一为水数，九为金数，即此金水互相含育，遍历诸辰，循环卦节，莫非此炁之妙用，故一九之数终而复始。其交会之际，则含元于虚危。虚危者，天地亥子之次，日月合璧，龟蛇蟠结之所也。所谓贞元之会、亥子之交、冬至之半，正在于此，少焉时至机动，则“忽然夜半一声雷，万户千门次第开”，而雄阳播施矣，故曰“播精于子”。上章所谓“子五行始”，意盖如此。“一九”以下四句，乃丹经之肯綮，天机閟密，尽泄于此，读者宜深味之。

牝牡相须章第四十四

关关雎鸠，在河之洲，窈窕淑女，君子好逑。雄不独处，雌不孤居。玄武龟蛇，蟠虬相扶。以明牝牡，竟当相须。假使二女共室，颜色甚姝，苏秦通言，张仪合媒，发辨利舌，奋舒美辞，推心调谐，合为夫妻，弊发腐齿，终不相知。若药物非种，名类不同，分剂参差，失其纲纪，虽黄帝临炉，太乙执火，八公捣炼，淮南调合，立宇崇坛，玉为阶陛，麟脯凤腊，把籍长跪，祷祝神祇，请哀诸鬼，沐浴斋戒，妄有所冀，亦犹和胶补釜，以硇涂疮，去冷加冰，除热用汤，飞龟舞蛇，愈见乖张。

此章引《诗》以明同类相从之意。盖金丹之道，不过一阴一阳，盗机逆用而已。孤阴不生，独阳不成，观之人物，莫不皆然。世人不能洞晓阴阳，深达造化，执着清净无为之道，谓彼身中阴阳人人有之，吾不知何者而后谓之孤独也。故仙翁《参同》之作，发明牝牡相求之理，日月交光之义，反复晓譬，言言一旨，至引《关雎》之诗，直指明示，学者须当深味。淑女君子，以圣配圣，若徒狃于日用之凡情，而妄有作为，则失好逑之义，而非金丹之旨矣。

《周易参同契测疏》中篇终

周易参同契测疏　下篇

淮海参学弟子潜虚陆西星　测疏

同志遵阳赵栻、太华姚更生　校阅

继往开来章第四十五

惟昔圣贤，怀玄抱真；伏炼九鼎，化迹隐沦。含精养神，通德三元。精溢腠理，筋骨緻坚。众邪辟除，正气长存；累积长久，变形而仙。忧悯后生，好道之伦，随傍风采，指画古文，著为图籍，开示后昆。露见枝条，隐藏本根，托号诸名，覆谬众文。学者得之，韫椟终身。子继父业，孙踵祖先，传世迷惑，竟无见闻，遂使宦者不仕，农夫失耘，商人弃货，志士家贫。吾甚伤之，定录此文，字约易思，事省不烦。披列其条，核实可观，分两有数，因而相循。故为乱辞，孔窍其门。智者审思，以意参焉。

此章仙翁自叙启后之意。先以古之至人修炼成仙之事而言，夫丹列三元，仙分九品。三元者，天元、地元、人元之谓也。天元者，谓之神丹。神丹者，神室之中，无质生质，伏炼九鼎而成神符，朱子所谓："刀圭一入口，白昼生羽翰"，乃高圣妙真神化莫测之事也。人元者，谓之大丹。大丹者，阴阳得类，盗机逆用，含精养神，铢积寸累，十月胎圆，婴儿显相，乃志士大贤返还归复之道也。地元者，谓之灵丹。灵丹则炉火点化之事，其法可以助道而不可以轻身。三元之道，其理一致，至于化迹变形，则天元、人元之道，此其选也。古之圣贤，既以此道自成其身，又不忍于独善，忧悯后生，好道之伦，不遇真师，无从印可，于是随傍风采，指画古文，如《龙虎》《阴符》之类，著为图籍，开示后昆，续往圣之心灯，作将来之道眼。然又不敢直泄，故露枝藏本，托号变文，以寓其意。奈何传世既久，迷惑转深，以盲引盲，同落坑堑，遂使四民失业，志士家贫，仙翁又重伤之，故作此书以为定录。又恐天机轻泄，模仿古人，托号变文之意，故为乱辞，孔窍其门，智者诚能精思熟究而以意参焉，则可以得其旨趣之攸归，而窥见大道之堂奥矣。

丹法全旨章第四十六

法象莫大乎天地兮，玄沟数万里。河鼓临星纪兮，人民俱惊骇。晷影妄前却兮，九年被凶咎。皇上览视之兮，王者退自后。关键有低昂兮，害炁遂奔走。江河无枯竭兮，水流注于海。天地之雄雌兮，徘徊子与午。寅申阴阳祖兮，出入终复始。循斗而招摇兮，执衡定元纪。升熬于甑山兮，炎火张于下。白虎唱导前兮，苍龙和于后。朱雀翱翔戏兮，飞扬色五彩。遭遇罗网施兮，压止不得举。嗷嗷声甚悲兮，婴儿之慕母。颠倒就汤镬兮，摧折伤毛羽。漏刻未过半兮，龙鳞甲鬣起。五色象炫耀兮，变化无常主。潏潏鼎沸驰兮，暴涌不休止。接连重叠累兮，犬牙相错拒。形如仲冬冰兮，阑干吐钟乳。崔巍以杂厕兮，交积相支拄。阴阳得其配兮，淡泊自相守。青龙处房六兮，春华震东卯。白虎在昴七兮，秋芒兑西酉。朱雀在张二兮，正阳离南午。三者俱来朝兮，家属为亲侣。本之但二物兮，末乃为三五。三五并危一兮，都集归一所。治之如上科兮，日数亦取甫。先白而后黄兮，赤色通表里。名曰第一鼎兮，食如大黍米。自然之所为兮，非有邪伪道。若山泽气蒸兮，兴云而为雨。泥竭遂成尘兮，火灭化为土。若檗染为黄兮，似蓝成绿组。皮革煮为胶兮，麴蘖化为酒。同类易施功兮，非种难为巧。惟斯之妙术兮，审谛不诳语。传于亿世后兮，昭然而可考。焕若星经汉兮，昺如水宗海。思之务令熟兮，反复视上下。千周灿彬彬兮，万遍将可睹。神明或告人兮，心灵忽自悟。探端索其绪兮，必得其门户。天道无适莫兮，常传与贤者。

此章仙翁备言金丹法象，始终条理，错落可观，盖以总括一经之全旨，乃所谓《小参同》一部是也。法象莫大乎天地者，金丹之道，法天象地，其以天象而言，则自尾箕之间，以至柳星之分，有玄沟焉，南北斜横，界断天盘，吾不知其几千万里也，世人谓之天汉，观其低昂以分寒暑。人亦有之，任督二脉是也。人能通此二脉，则真炁升降，上下灌注，百脉流通，而无有乎壅滞之患矣。“河鼓临星纪兮，人民俱惊骇。”河鼓者，河边星名，位在牛斗之间。星纪者，天盘之丑位也。盖河鼓临于星纪，乃丹家采药行火之候，于时造化争驰，虎龙交媾，一身之中，神兵百万，当自惊骇。若夫得药归鼎，养以符火，准以卦爻，不得毫发差殊，妄其进退，否则晷影諺离，群异旁出，而九转之功亏矣。九年，即九转也。前却，即进退也。“皇上览视之兮，王者退自后。”何谓皇上？神火是也。何谓王者？真人是也。览视之者，旋曲周遭之意。今夫作丹之法，宾迎主入，罢功守城，专赖绛宫神火周遭包固，以养鄞鄂，犹皇上日日览视万机，而王者养蒙毓德，优闲退处于邃密之宫。丹道君道，通一无二。“关键有低昂兮，害炁遂奔走”者，运火之法，前短后长，各随关键之低昂以为升降。若乃火候失调，一害其炁，则丹遂奔溃而走。何者？丹者，和炁之所成。害其炁，是失其和也。于此防危虑险，可不慎乎？“江河无枯竭兮，水流注于海”者，江河以气脉而言，海以宗源而言，言江河之所以无枯竭者，以水有宗源流注于海故也。丹法运火之际，绵绵不绝，气归元海，徘徊子午，循关键之低昂，出入寅申，随阴阳之终始，又何火力之不调而害炁奔走之足患哉？“循斗而招摇兮，执衡定元纪。”元纪者，元辰之十二纪也。天以斗柄斟酌元炁，而十二辰次由之以分，故斗有七星：一曰枢，二曰璇，三曰玑，四曰权，五曰衡，六曰开阳，七曰摇光。自一至四为魁，自五至七为杓。执衡招摇者，执其杓而转之也。执其杓而转之，则十二元辰，各随所指，而建此天之大枢纽也。人亦有之，故运火之妙，存乎一心。《悟真篇》云：“潜藏飞跃总由心”，意盖如此。

“升熬于甑山兮，炎火张于下。”何谓甑山？昆仑是也。熬即白虎熬枢之熬，言采药之际，升虎熬于甑山者，以炎火张于下也。炎火者，武火也。今夫铅为火煅逼出金华，滃然而蒸升炁于顶，峰回路转，降入中宫，则白虎导于前，而苍龙和于后矣。一唱一和，虎啸龙吟，铅为汞留，汞因铅伏，汞性飞扬，类朱雀之翔舞。铅能伏汞，喻罗网之施张。始则嗷嗷声悲，既乃羽毛摧折。其以一时半刻之候而言，震来受符，龙鳞奋起，金华炫耀，五色无常，潏潏鼎驰兮，上河车而逆转，接连重叠兮，同错拒之犬牙，渐采渐结，先液后凝，钟乳阑干，交积支拄。丹之成象，尽露斯言，是皆阴阳得类而成。欲养圣胎，无过淡泊。淡泊者，委志归虚无，而无念以为常也。相守者，载营魄抱一而无离也。且金丹之道，不过三五之炁，混合归一而已。以五行而言，房宿六度，青龙居之，于时为春，于卦为震，于位为东，于辰为卯；昴宿七度，白虎居之，于时为秋，于卦为兑，于位为西，于辰为酉；张宿二度，朱雀居之，于时为正阳，于卦为离，于位为南，于辰为午。本之则水火二物，分布则各为三五，故三者来朝并与危一，集归一所，凝结而成还丹。一所者，还丹凝结之处。危一者，真铅所产之乡也。治丹之法，如上所科，无余法矣。若夫进火工夫，则日数亦复取是，要皆起绪于虚危，然后朝屯暮蒙，以足周天之数。且丹在身中，有何色相？以其得五行之炁而言，则先液为白，归土成黄，火包内外，赤通表里，名之第一之鼎，而无等无伦，食如黍米之珠而至微至细。《经》云："元始有一宝珠，悬于虚空，大如黍米"，盖是物也。是物也，何物也，而妙用若是？一"自然所为兮，非有邪伪道"也。以自然之道言之，"若山泽气蒸兮，兴云而为雨"也。若"泥竭遂成尘兮，火灭化为土"也。"若檗染为黄兮，似蓝成绿祖"也。"皮革煮为胶兮，曲蘖化为酒"也。请细论之：夫炎火下张，升熬甑山，即山泽之蒸气也。化为玉浆，降下重楼，滋液润泽，和通表里，即兴云为雨。而洗濯乾坤，皆成明润也。故蒸气则白云朝于顶上，化雨则甘露洒于须弥，及乎铅为火煅，日以渐抽，化为窗尘片片飞浮而去，是泥竭而成尘。汞为铅擒，死归厚土，烟消烬灭，冷于寒灰，是火灭化为土也。仙翁旁引曲证，至为精密。又恐学者不得宗旨，泥于自然之说，兀坐蒲团以为功课，复结之云：凡吾所谓自然者，以同类为功，而不以非种施巧也。非种则为邪伪，而非阴阳自然之道矣。既复叮咛数语，言如斯之妙术兮，审谛不诳语，言吾所谓是实语者，不妄语者，不异语者，故传之亿世，昭然可考，焕若星之经汉而经纬有章，昺如水之宗海而源流共一。学人于此果能千周万遍，熟究精研，精诚所通，或有神明告于梦寐之间，心灵悟于恍惚之顷。又况"天道无亲，常与善人"，安肯靳而不传以绝道脉？顾在我之贤否如何，精诚之翕聚如何！学人更当勉于修德，以为凝道之基，决不可谓遭际之难偶，至道之难闻，而自生懈退也。

鼎器歌第四十七

夫鼎立悬胎，炉安偃月，假名立号，在人得意忘言。执象泥文，徒尔按图索骥，在古仙垂“鼎鼎无鼎”之训，似若可凭；而《阴符》著“爰有奇器”之文，岂终无说？乃至仙翁此歌，剂量尺寸，较定短长，认为炉火则文义不蒙，求之身心则支纽难合，然诸家注疏亦涉朦胧，非以名不可名，象而罔象，今为臆说，大义粗陈，或不悖于圣师，兼以就正于有道云耳。

圆三五，径一分。口四八，两寸唇，长尺二，厚薄匀。腹齐三，坐垂温。阴在上，阳下奔。首尾武，中间文。始七十，终三旬，二百六，善调匀。阴火白，黄芽铅。两七聚，辅翼人。赡理脑，定升玄。子处中，得安存。来去游，不出门。渐成大，性情纯。却归一，还本元。善爱敬，如君臣。至一周，甚辛勤。密防护，莫迷昏。途路远，极幽玄。若达此，会乾坤。刀圭沾，净魄魂。得长生，居仙村。乐道者，寻其根。审五行，定铢分。谛思之，不须论。深藏守，莫传文。御白鹤兮，驾龙鳞，游太虚兮，谒仙君，受图箓兮，号真人。（“径”诸本作“寸”，准玉吾作“径”。）

“圆三五，径一分”，言鼎也，谓以五寸为度而规圆之，径得三分之一，是为阳鼎。“口四八，两寸唇”，言炉也，谓口分四寸八分，而又有两寸之唇以环口外，是谓阴炉。盖鼎在炉中，炉包鼎外，三五与一，阳之数也；四八与两，阴之数也。有围有径，奇之象也；有口有唇，偶之象也。阴阳奇偶，尽露斯言，学人以意参之，可以得之象数之外矣。“长尺二，厚薄匀”，匀者，药物匀平，二八相当，无偏胜也。尺二者，十有二月，卦气循环无差纽也。“腹脐三”者，腹脐之下三分。匀，停，定其居也。“坐垂温”者，默坐垂帘以观阳复，候其气也。“阴在上，阳下奔”者，采药之时，地天交泰而阴中之阳奔于下也。“首尾武，中间文”者，炼己养丹皆属之武，而中间一符属之文也。“始七十，终三旬，二百六，善调匀”者，调停火候托阴阳，而卦气周天功圆数足也。阴火者，白也。黄芽者，铅也。白乃白雪之号，铅乃金华之称。“两七聚，辅翼人”者，龙东虎西，各居七宿，同聚中宫，辅翼人道以成仙道也。“赡理脑，定升玄”者，脑居上田，为诸髓之海，脑实而诸髓皆实也。《黄庭经》云：“子欲不死修昆仑”，意盖如此。“子处中，得安存”者，子者，子丹，婴儿是也。身中有宝，然后安乐而长存，然脱胎之后，又当时时顾諟，不可纵其远游，及乎渐成大而情性纯矣，于是抱元守一，而行三年九载之功。“善爱敬，如君臣”，尊之至也。“至一周，甚辛勤，谨防护，莫迷昏”，慎之至也。是道也，路极遥远，不可一蹴而至，理极幽玄，不可常情而测。若能达此，则宇宙可以在手，万化可以生身，而乾坤之理于我而得之矣。“刀圭沾，净魄魂”者，还丹入口，而阴气为之消铄也。“得长生，居仙村”者，心远地偏，而人境与之俱胜也。夫乐道者，寻大道之根宗，审五行之顺逆，定药物之铢分，则此歌尽之矣。谛而思之，不须阐之以辞，深而藏之，不必传之以文可也。迨夫功成道备，身外有身，则驾鹤骖龙，而神游乎寥廓之表，膺箓受图而天锡以真人之号，是谓圣修之极功，而丈夫之能事毕矣。仙翁篇末而以是终之，其歆动学人之意，亦深切矣哉！

序第四十八

《参同契》者，敷陈梗概，不能纯一，泛滥而说，纤微未备，阔略仿佛。今更撰录，补塞遗脱，润色幽深，钩援相逮，旨意等齐，所趣不悖，故复作此，命《三相类》，则大易之情性尽矣。大易情性，各如其度，黄老用究，较而可御，炉火之事，真有所据。三道由一，俱出径路。枝茎华叶，果实垂布，正在根株，不失其素，诚心所言，审而不误。郐国鄙夫，幽谷朽生，挟怀朴素，不乐权荣，栖迟僻陋，忽略利名，执守恬淡，希时安平，宴然闲居，乃撰斯文。歌序大易，三圣遗言，察其所趣，一统共伦，务在顺理，宣耀精神，神化流通，四海和平，表以为历，万世可循，序以御政，行之不繁，引内养性，黄老自然。含德之厚，归根返元，近在我心，不离己身，抱一无舍，可以长存。配以服食，雄雌设陈，挺除武都，八石弃捐，审用成物，世俗所珍。罗列三条，枝茎相连，同出异名，皆由一门。非徒累句，谐偶斯文，殆有其真，砾硌可观，使予敷伪，却被赘愆。命《参同契》，微览其端，辞寡意大，后嗣宜遵。委时去害，依托丘山，循游寥廓，与鬼为邻，化形为仙，沦寂无声，百世一下，遨游人间。敷陈羽翮，东西南倾，汤遭阨际，水旱隔并，柯叶萎黄，失其华荣，各相乘负，安稳长生。

序者，《鼎器歌》之序也，亦仙翁所自作，下章“赞序”则后人为之。

言已所作《参同契》者，敷陈其概而已，未尝成片诀破，又或泛滥而说，未能悉备纤微。如此阔略仿佛，恐未足以尽大道之精蕴，故复撰此《鼎器》之歌，补塞词旨之遗脱，润色道理之幽深，钩援相连，旨意等齐，所趣不悖，命之《三相类》，则大易之情性尽矣（《三相类》乃依玉吾本，其义颇胜，故从之）。何谓“三相类”？言黄老、炉火、大易之道，三相类也。今夫《契》之所言皆黄老性命之学，未尝一及炉火，而此言及之者，正所以补塞遗脱也。况《歌》中首言尺寸、厚薄、长短之规，皆自吾身中悬胎、偃月之数而裁定之，已为外炉法象之张本矣。古之至人，通德三元，故能得一以贯万，因此而识彼。何者？道由一门，理无二致故也。且夫大易情性，不过一阴一阳而已，故黄老盗之以作丹，炉火遵之以炼药，各如其度，然后丹可成，药可就，而成神化莫测之功。故三道由一，俱出径路，明大易者，黄老炉火一以贯之，无余法矣。其又取譬而言之，则炉火者，木之枝茎华叶也。黄老者，木之果实也。大易情性者，木之根株也。正在根株，则枝叶敷，果实就，而不失其素矣。是盖诚心所言，审谛不误者也。吾乃郐国鄙夫，幽谷朽生，抱朴栖迟而忽略乎名利，甘守恬淡而愿见乎太平，当此闲居，不欲无补于时，自同朽腐，乃撰斯文，以继往圣，以开来学。凡歌序中所言大易者，乃伏羲、文王、孔子三圣之遗言，本圣人作之以开物成务，以冒天下之道，察其所趣，殆与三元丹法一体共伦，务在顺其理而行之，则精神宣耀，神化流通，而四海和平之治可复见矣。四海以吾身而言，且吾所谓大易之道与三乘丹法一体共伦者，何以见之？盖以大易之道，乃阴阳造化之理。表以为历，则卦节周天，万世可循也。序以御政，则至易至简，行之不烦也。引以养性，则归根复命，可以长存也。配以服食，则雄雌设陈而武都之物可捐（雄黄、雌黄，出武都山），八石之类可弃也。是黄老之道，一大易之道也。审而用之，以成药物，则二物相投，文武并用，定其浮沉，知其老嫩，功圆药验，点化金石而成世珍。是炉火之事，一大易之道也。是故罗列三条，则枝茎相连，异名同出，而俱由于一门，所谓“一体共伦”者，意盖如此。且吾之成是书也，岂徒累叠章句，谐偶斯文以为观美哉？殆得其真，故砾硌可观耳。使予敷伪，则赘愆之罪孰得而辞诸？凡吾所以命此书为《参同契》者，盖亦微览大道之端绪，故辞虽寡陋，意实闳大，诚后嗣所宜遵也。曰微曰寡，乃魏公之谦辞。委时去害以下，乃魏公名字之隐语，玉吾注为得之。

赞序第四十九

《参同契》者，辞陋而道大，言微而旨深。列五帝以建业，配三皇而立政。若君臣差殊，上下无准，序以为政，不至太平。服食其法，未能长生，学以养性，又不延年。至于剖析阴阳，合其铢两，日月弦望，八卦成象，男女施化，刚柔动静，米盐分判，以易为证，用意健矣。故为立注，以传后贤。惟晓大象，必得长生，强已益身，为此道者，重加意焉。

此赞序，乃后人立注者之所作。彭注云："魏公密授青州徐从事，令其笺注，徐乃隐名而注之。至桓帝时复授同郡淳于叔通，遂行于世。"疑此序为徐从事所作，注亡而序存耳。今按此书有四言、五言、散文之不同，而上中二篇复多有文义相类者，疑其简帙散乱，经传混淆，理或宜然。近世姑苏有杜一诚者，不知何据，直分四言、五言、散文为魏公与徐、淳三人所作，名为《参同古文》。按彭序不过谓桓帝时传于淳于叔通耳，未尝令其笺注也，淳于叔通安得而有作哉？予尝以《春秋传》疑"郭公夏五"之事而观，则今之不逮于古也。盖已远甚，姑存其旧焉可也。

紫阳真人读《周易参同契》文

大丹妙用法乾坤，乾坤运兮五行分。五行顺兮，常道有生有死。五行逆兮，丹体常灵常存。一自虚无兆质，两仪因一开根。四象不离二体，八卦互为子孙。万象生乎变动，吉凶悔吝兹分。百姓日用不知，圣人能究本源。顾易道妙尽乾坤之理，遂托象于斯文。否泰交，则阴阳或升或降。屯蒙作，则动静在朝在昏。坎离为男女水火，震兑为龙虎魄魂。守中则黄裳元吉，遇亢则无位而尊。既未慎万物之终始，复姤昭二气之归奔。月盈亏应精神之衰旺，日出没合营卫之寒温。本因言以立象，既得象以忘言。犹设象以指意，悟其意则象捐。达者惟简惟易，迷者愈惑愈繁。故知修真上士，读《参同契》不在乎泥象执文。

夫金丹之道，法天象地。天地不外乎阴阳，阴变阳合而生水火木金土，五气顺布四时行焉。而凡在二五陶铸之中，莫不顺之以为生死，此常道也。

丹道则举水以灭火，以金而伐木，每以逆克而成妙用。故曰：“五行顺兮，常道有生有死。五行逆兮，丹体常灵常存。”要之，丹之所以常灵常存者，得一故也。一者何？先天真乙之炁，自虚无来者也。《老子》曰：“道生一，一生二。”故曰：一者虚无所兆之质，而两仪则因一以开其根。两仪立矣，四象生焉。四象者何？阴阳老少也。太阳为火，太阴为水，少阳为木，少阴为金，是皆阴阳变化而成。故曰：“四象不离二体，八卦互为子孙。”何也？八卦者，四象之所因也。乾生三男，震坎艮；坤生三女，巽离兑。丹法震兑归乾，巽艮还坤，则兑属之乾，而艮属之坤矣。离东坎西，则离属之乾，而坎属之坤矣。故曰：“互为子孙”。又乾为金，金生水，则坎为子，而震巽之木为孙；坤为土，土生金，则乾为子，而坎水为孙；离为火，火生土，则艮坤为子而乾为孙；坎为水，水生木，则震巽为子而离为孙。推此，则八卦可知矣。亦曰：“互为子孙”云。“万象生乎变动，吉凶悔吝兹分。”何以故？卦爻之吉凶悔吝皆生乎动，丹法纤芥不正，悔吝为贼，爻动之时可不慎乎？且夫金丹之道，一阴一阳而已。日用而不知者，百姓也；知之而修炼者，圣人也。圣人洞阴阳之本原，夫既修之以善其身矣。于是作为丹经，以开来学，以为尽乾坤之理者，莫过于《周易》，故《参同》拟《易》，莫不以乾坤为鼎器，以坎离为药物，以屯蒙既未为符火，要皆托象于《易》，以明阴阳消息之理。故否泰交，则阴阳之升降也；屯蒙作，则动静之朝昏也；坎离则男女之水火也；震兑则龙虎之魄魂也；至若采药行火之际，其言元吉者，即六五黄裳，中而且顺也；其亢悔者，即上九战德无位而尊也。慎其终始，则屯蒙既未，不爽于毫厘；象其归奔，则复往姤来，一循乎卦节。“月盈亏，应精神之衰旺”，言精神而药物可知也；“日出没，合荣卫之寒温”，言荣卫而火符可准也。此《参同》拟《易》之大旨也。然其要不过识阴阳互藏之精，盗其机而逆用之耳。举其要则惟简惟易，迷其宗则愈烦愈难，学人苟能因其文以会其意，捐其象而不泥其文，则庶乎理与心融，文从义顺，而无开卷嚼蜡之患矣。

《周易参同契测疏》终

第四卷　坎字集

周易参同契口义

淮海参学弟子潜虚陆西星　著

同志遵阳赵栻、太华姚更生　校阅

周易参同契口义初稿引

《参同契》，予旧有测疏，贯串经旨，断络章句，自谓庶几不悖作者之意，然非敢说郢书陈瞽奏也。先师有教，小子述之，范我驰驱，畴敢謬戾，侮圣裂道，罪不容诛，予盖惧焉！黥蚀改窜，将易数稿，又后五载，新帝改历，内子抱瘠，将还造化，予乃僦地北里，俟命晨夕，容膝之下，倚木焚香，展予书而读之，则见曩者，大义虽明，而微言未晰，将使后昆，一字不逗，衷怀贰疑，纵予不咎，宁无歉乎？于是伸纸濡毫，信手成句，纷解义意，补塞遗漏，不复润色辞藻，名之《口义》。方尔尘谈，起草于孟夏之望，阅月余乃就绪，存之草创，相与《测疏》之书互相参订，嗣我后者，好道之伦，苟能精思而玩索焉，庶乎诵言知味，而无开卷嚼蜡之患矣。

万历元年[①] 仲夏十有八日

① 万历元年，公元1573年。

参同契口义 上篇

淮海潜虚子 日录

周易参同章第一

乾坤者，易之门户，众卦之父母。坎离匡廓，运毂正轴。

作《参同契》，最难下手，伯阳仙翁真有肯綮。首言“乾坤者，易之门户”，便是以乾坤为鼎器。“坎离匡廓”，便是以乌兔为药物。“运毂正轴”，便见万事万化皆生于心。而“正”之一字，又肯綮中之最肯綮者，盖不正，则有作有为，悉归邪妄矣。

牝牡四卦，以为橐籥，覆冒阴阳之道。

牝牡四卦，乾坤坎离是也。橐籥者，配合乾坤，运行离坎，其中真气往来消息，如冶人之橐籥，一开一阖，直与天地之气相为流通。然四卦者，即六十卦之纲领，四卦运，则六十卦皆在其中。而是药者，又即是火矣。“覆冒阴阳之道”者，丹道不外乎阴阳，阴阳不离于药火，药火不出乎四卦。

犹御者之执衔辔，有准绳，正规矩，随轨辙，处中以制外。

犹御者，是借上文“运毂”之义而立言。运毂者，在马则有衔辔准绳，在行则有规矩，在途则有轨辙，皆一定不易之成度，要在处中之人，六辔在手，执之有法，则自然可以制外，而动无覆败之虞。丹法亦然，故下文遂言准绳、规矩、轨辙之度。而“中外”二字，分明露出“药自外来，丹由中结”之义，读者所宜深味也。

数在律历纪，

数，成算也。言丹道，虽若玄之又玄，然其运用之法，却有成算。律历纪者，丹法之成算，犹御者之准绳规矩也。天地之化，虽无终穷，然亦不过一阴一阳，往来消息而已。圣人则之十二月以为历，积之十二年以为纪，而又取其声气之元，候之十二管以为律，皆一义也。学者苟能曲畅旁通而各极其趣，则作丹之法亦不外是而得之矣。

月节有五六，经纬奉日使。

“月节有五六”者，每月五日一候，六候一节，而五与六共三十日也。如立春之节，五日而鸡乳，五日而征鸟厉疾，又五日而水泽腹坚，是为雨水之中气。又五日而东风解冻，又五日而蛰虫始振，又五日而鱼陟负冰，然后交二月之节气，是月节五六，一月之定候也。“经纬奉日使”者，经者，南北长短之位，即《悟真》所谓“前行、后行”也。纬者，东西往来之用，即《参同》所谓：“龙西虎东，建纬卯酉”也。一经一纬，皆药火自然之运用。奉日使者，玄化之宰，每日必以使者值符，比之丹法则以屯值朝符，蒙值暮符，而一经一纬，无不奉之日使。奉则五候六节，皆可积日而成矣。自此以下，皆详“经纬奉日”之义。

兼并为六十，刚柔有表里，朔旦屯值事，至暮蒙当受，昼夜各一卦，用之依次序，既未至昧爽，终则复更始。

此举一月之火候，以见“经纬奉日”之义。“兼并为六十”者，运火之法，一日两卦，三十日凡用六十卦也。“刚柔有表里”者，丹法六时进火，六时退符，进火是用刚也，退符是用柔也。刚者为表，则柔者自当为里。“表里”二字，亦取阴阳符合之义。用火之法，朝屯暮蒙，各依次序，卦数既终，自宜更始。既未者，既济、未济，卦数之终也。昧爽者，来月之朔旦也。朔旦，则屯又值事矣。此举一月之火候，以准一年。

日辰为期度，动静有早晚，春夏据内体，从子到辰巳，秋冬当外用，自午讫戌亥。

上言丹法既以卦数受值矣，至其温燠凉寒之度，又以日辰准之。盖火候之有温燠凉寒，乃阴阳进退自然之消息。一日之中，六时进火，自子至巳，即四时之春夏也；六时退符，自午讫亥，即四时之秋冬也。进则为动，退则为静。内体，即卦之朝屯也；外用，即卦之暮蒙也。举一日之火候，则一月一年，居可知矣。

赏罚应春秋，昏明顺寒暑。爻辞有仁义，随时发喜怒，如是应四时，五行得其序。

又总结之，以明丹道之与天道、易道无不相准。盖赏罚喜怒者，火候文武惨舒之用也。天道，春一嘘而万物以生，秋一吸而万物以肃。《易》书爻辞，喜而扶阳，怒而抑阴，莫非消息自然之理。丹法进火、退符，一准是道，故昏则宜寒，为罚为怒；明则宜暑，为赏为喜。一日之中，而四时之气，莫不毕备。要皆顺其自然，而非有所矫揉造作于其间者，如是则吾身之五行，各得其序，而丹道可望其成矣。

乾坤二用章第二

天地设位，而易行乎其中矣。天地者，乾坤之象也。设位者，列乾坤配合之位也。易谓坎离。坎离者，乾坤二用。

首句是《易·大传》之辞，魏公引之，又自注云："天地者，乾坤之象也。设位者，列乾坤配合之位也。易谓坎离。"分明是申上章"乾坤者，易之门户，众卦之父母，坎离匡廓"之义。"坎离者，乾坤二用"，何谓二用？盖坎离者，乾坤之交而成者也。邵子曰："阴阳之精，互藏其宅"，深得坎离二卦之旨。盖乾交于坤，中乃虚而成离；坤以时行，中或动而成坎，乾坤立配合之体，坎离妙运行之用。观之天地设位，日月交光，而森罗万象，皆由此出。无坎离，是无日月也。天地不能无日月，丹法不能外坎离。其在吾人，则"恍恍惚惚，其中有物"者，离之精也。"杳杳冥冥，其中有精。其精甚真，其中有信"者，坎之精也。如此指示，大煞分明，要在吾人盗其机而逆用之耳。

二用无爻位，周流行六虚，往来既不定，上下亦无常，幽潜沦匿，变化于中，包囊万物，为道纪纲。

六十卦，用之则有爻位，如朝屯暮蒙，各有次序。惟此坎离二用，是药是火，往来上下，莫非二者之周流。但幽潜沦匿，隐秘而不可见。虽不可见，而其中却有变化，故顺之则人，包囊万物；逆之则丹，为道纪纲。二用之妙，有如此者。论至于是，则坎也、离也，不在爻，不在位，不在易，而在吾人矣。

以无制有，器用者空。

潜匿则无也，变化则有也，是谓无中生有，虚里造实。故以无制有，乃先天丹法之妙用，观于器用者空，得非以无制有之谓乎？"器用者空"，言器之所以为器者，皆以空中而生妙用。《老子》曰："三十辐，共一毂，当其无，有车之用。埏埴以为器，当其无，有器之用。凿户牖以为室，当其无，有室之用。故有之以为利，无之以为用。”意盖如此。然又须知“空”之与“器”，本不相离，使离器以求空，又非空矣。故法身无相，终不离于色身之中。二用无常，亦岂外于互藏之宅。

故推消息，坎离没亡。

消息者，火候之运也。推其消息，以准火候，则朝屯暮蒙，以至既未，终而复始，莫非六十卦爻之妙用，又何坎离之可见哉！惟不可见，所以既谓之无，而又谓之空也。盖坎离是药，消息是火，药则互藏而难见，火则一定而可推也。

中宫土德章第三

言不苟造，论不虚生，引验见效，校度神明，推类结字，原理为征。

天地设位，日月交光，而生万物，此效验之实体，神明之至德也。魏公作《契》，有见于此，而又引申其类，以考古人结字之原。如叠“日月”而成“易”，合“日月”而成“丹”，皆不外此交光之义，乃知神仙丹道至理所寓，其所取证一理而已。然则，言岂苟造，而论岂虚生者哉？

坎戊月精，离己日光，日月为易，刚柔相当，土王四季，罗络始终，青赤白黑，各居一方，皆禀中宫，戊己之功。

其以日月交光之义而言，坎中纳戊，戊即月精也；离中纳己，己即日光也。载观古人结字之意，每以“日月”为“易”，易则有交光之义焉。坎与离，皆刚柔相当者也。相当而何以成易也？赖此戊己之土焉耳。土，冲气也。物必相和而成交易，坎离之中，各有冲气，是以相亲相恋，而成大丹。且造化五行，土无定位，各分王于四季之中，以罗络一岁之终始，故木得之以荣，火得之以藏，金得之以生，水得之以止。青白赤黑，各居一方，以司岁运，而皆禀德于土，以成岁功。造化如此，丹道可知。《悟真篇》云：“坎离若还无戊己，虽含四象不成丹。只缘彼此怀真土，遂使灵丹有返还。”意盖出此。然真土更是何物？古仙以意当之精矣！

日月神化章第四

易者，象也。悬象著明，莫大乎日月，穷神以知化，阳往则阴来，辐辏而轮转，出入更卷舒。

"易者，象也。"三句皆《易传》之文，魏公错综引之，以见己意。盖谓易之取象，乃日月交光之义，其中神化，未易窥测，要在学者穷而知之。何谓神化？张子曰："气有阴阳，推行有渐，为化合一，不测为神。"又曰："一故神，两故化。"盖观日月往来，出入卷舒，是其化也。晦朔合符，辐辏轮转，是其神也。能穷其神，则可以得采药之符矣。能知其化，则可以知运火之妙矣。噫！非洞晓阴阳，深达造化者，不足以与此。

朔受震符章第五

易有三百八十四爻，据爻摘符，符谓六十四卦。

此章之旨，专论震符，以立采药之准。先言易有三百八十四爻，除牝牡四卦，凡为爻者三百六十，据一爻以当一时之火符，则一月周而三百六十爻象尽之矣。盖一日两卦，一时一爻也。符，爻符也。魏公不曰爻符，而复注云："符谓六十四卦"，何也？盖卦则可名，而爻则不可名，故举卦以该爻，不能因一爻以见卦也。然不言六十卦，而言六十四卦，又何也？牝牡四卦，不用而用之以通也。此盖统论火符，正与首章"兼并为六十，终则复更始"之意互相发明[①]。

晦至朔旦，震来受符。当斯之时，天地构其精，日月相撢持。雄阳播玄施，雌阴统黄化。浑沌相交接，权舆树根基。经营养鄞鄂，凝神以成躯。众夫蹈以出，蠕动莫不由。

此段仙翁密指采药之候，晦至朔旦，乃晦朔之间，亥子之交，冬至之日，中间一符，乃先天药生之候，在人身中，止有一日一时，此天机之最閟[②]者，于此盗其机而逆用之，则仙道毕矣。何谓"震来受符"？震，以一阳动于二阴之下，所谓"爻动之时"，正与天心复卦相为表里。又况此时，朝屯值符，屯下起震，首时正值震之初爻，一阳来复，正好求铅于斯时也。乾坤交泰，合体而构精，乌兔相持，交加而纽结，坎播玄施，离统黄化，混沌

---

① 明，校者补。

② 閟，谨慎。

之气，交接相连，造化之根基，权舆于此，吾人之鄞鄂树立于此。鄞鄂者，花之蒂，喻命蒂也。命蒂既立，所贵经营以养之，而养之之道，不过凝吾之神，以成其躯而已。神，神火也。丹从中结，神火周遭十月，功圆脱胎神化，自然身外有身，而吾之圣体就矣。是道也，逆之则仙，顺之则人，非有二也。故曰："众夫蹈以出，蠕动莫不由。"但百姓日用而不知耳。知之修炼，谓之圣人。

天心建始章第六

于是仲尼赞鸿濛（此二字，当在乾坤之下），乾坤德洞虚，稽古当元皇，关雎建始初，冠婚气相纽，元年乃芽滋。故易统天心，复卦建始初，长子继父体，因母立兆基。

此章之意，归重元年建始，亦承上章"朔旦震符"之意。盖朔旦之符，吾人之始炁也，其在造化，则为乾元、坤元，是以仲尼赞《易》[①]，首以大哉、至哉[②]称之。盖以鸿濛洞虚之德，可以生始万物，丹之祖炁，亦犹是也。载稽古之元皇礼重关雎[③]，亦以人道之始，起于冠婚，生育之原，萌蘖于此，故曰"元年芽滋"。然元年，即震也，即震即复也。孔子曰："复其见天地之心乎。"知复，则知元年矣。"故易统天心，复卦建始初。"是知复卦者，天心之始初，滋芽之元年也。以复卦言之，上坤下震，地势重阴之下，忽有一阳

---

① 仲尼，孔子。《史记·孔子世家》载，孔子晚年精研《易经》，称"读《易》，韦编三绝。"又曰："假我数年，若是，我于《易》则彬彬矣。"据说《周易》由伏羲画卦象，文王撰爻辞，孔子作十翼，合而成书。十翼，即《彖》上下篇、《象》上下篇、《文言》、《系辞》上下篇、《说卦》、《序卦》、《杂卦》。

② 《周易》乾卦《彖》曰："大哉乾元，万物资始，乃统天。云行雨施，品物流形。大明始终，六位时成，时乘六龙，以御天。乾道变化，各正性命，保合大和，乃利贞。首出庶物，万国咸宁。"坤卦《彖》曰："至哉坤元，万物资生，乃顺承天。坤厚载物，德合无疆。含弘光大，品物咸亨。牝马地类，行地无疆，柔顺利贞。君子攸行，先迷失道，后顺得常。西南得朋，乃与类行；东北丧朋，乃终有庆。安贞之吉，应地无疆。

③ 《诗经·国风·周南·关雎》："关关雎鸠，在河之洲。窈窕淑女，君子好逑。参差荇菜，左右流之。窈窕淑女，寤寐求之。求之不得，寤寐思服。悠哉悠哉，辗转反侧。参差荇菜，左右采之。窈窕淑女，琴瑟友之。参差荇菜，左右芼之。窈窕淑女，钟鼓乐之。"《论语·八佾》："子曰：《关雎》，乐而不淫，哀而不伤。"朱熹《四书集注》："淫者，乐之过而失其正者也。"

来复，乃“复”之正义。魏公别取一义，以尽丹道之蕴。盖复，上坤下震，坤为母，震为长男。丹道长子继父，必须因母以立兆基。子者，子炁。母者，母炁。父，纯乾也。人身中所有者，皆后天子炁。子炁会有奔蹶而不能久，必得先天母炁以伏之，然后怀胎结婴，体化纯阳，而子继父体。而先天母炁，乃履端之初，元年之始炁也。故因母立基。《老子》谓之“食母”“守母”，其义甚精[①]。而上阳仙翁，往往有“西南得朋”之说，学者更当以意参之，则得之矣！

圣人不虚生，上观显天符。天符有进退，诎伸以应时。消息应钟律，升降据斗枢。（此章颇有错简，“圣人”四句，旧本在“易统天心”之上，今为正之。）

《阴符经》云：“观天之道，执天之行，尽矣。”今夫天地之阴阳升降，日月之晦朔盈亏，岁序之寒暑往来，日辰之昏明早晚，莫非天符之显然者。圣人上观天符，则交泰天地，进退符火。月盈亏，象药材之老嫩。日早晚，为火候之寒温。一消一息，又复与钟律相应，而一升一降，据斗枢以运之。盖天以北斗斟酌元气，而惟视其斗枢之所指以为月建，其在吾人，用火亦当据而运之，则内外符合，而真气之升降、盈亏，与天合度矣。《悟真篇》云：“晨昏火候合天枢”，意盖如此。此章分为二段，前段指药符，后段言火候。

---

① 徐颂尧在《天乐集》中讲解：“此食母、守母之学，乃玄宗所宗，道家所常，返还之要素也。食母，谓求食于母，即心息相依，做到恍惚杳冥，虚无混沌，外感先天一炁，薰蒸灌溉，养我法身与色身，使我元气日旺，真性日复，命基永固，性体圆明，此食母之大要也。《参同契》曰：‘慈母养育，孝子报恩。遂相衔咽，咀嚼相吞。’正此道也。得丹之后，抱元守一，静养道胎，谓之守母。守者，以文火温养之谓也。守母，养胎之事。食母，采取之功也。食母而又守母，则温养、采取之能事毕矣。涵虚祖曰：‘夫有阳铅为母，即阴汞为子。阴汞，是后天子气。阳铅，是先天母炁。以外边阳铅，伏内边阴汞，母与子见，故曰知其子焉。但此阳铅之来，须得火功妙用。盖铅生坎宫，沉而不起，欲其钤制离宫之真汞，当用武火猛烹，然后飞腾而上。及与真汞相见后，则宜守城沐浴，不可加以武火也。始则母恋子而来，继则子恋母而住。故曰既知其子，复守其母。子母相恋，终生不殆，则大丹成矣。’潜虚真人曰：‘守母之学，又曰食母，其义最深。三教圣人，同此命脉。吾儒得之而衍精一之传；释氏得之，而开不二之门；老圣得之，而修抱一之学。盖是道也。’何谓守母？塞其兑，闭其门，是守母也。见小曰柔，是守母也。用其光，复归于明，是守母也。守母之学，复命之玄机也。能复其命，则可以继袭道，而与道合真矣。”

日月始终章第七

日含五行精，月受六律纪。五六三十度，度竟复更始。原始要终，存亡之绪。（此条在《御政章》“各典所部”之下，文义不属，今移置于此，以为下章发端。）

此数句是言日月往来、辐辏轮转之义。“日含五行精”，日者，太阳元精，中含五行，照耀万物，而成五色。许旌阳公所谓：“分霞逐彩，布气生灵”，皆五行之精之所化也。月本无光，其体全白，必借光于日，每以去日远近而成晦朔弦望。晦则合璧，朔则复苏。一年之中，周天三百六十五度，凡月与日会者，十有二度，分为十有二月，而圣人以十二律吕纪之。不言十有二律，而言六律者，举阳以该阴也。然日含五行，则日之数五。月纪六律，则月之数六，以五乘六，以六乘五，恰得三十之数，故三十之日，日月乃合璧焉。此但言其数之适相准者，非真有所谓五六相乘也。若以正义而言，则月与日会之度，良由日行速而月行迟。每日周天，日则过天一度，月不及日者十三度有奇，积之三十日，则月之退数，适与日之进数相值，乃合璧而成晦，此《契》中所不言者，漫为及之。“度竟复更始”者，言合璧之后，乃复苏而成朔也。合璧，则终也。复苏，则始也。终则丧明而似亡，苏则生明而复存。绪者，如丝之有绪，相续不绝也。天日月运行，辐辏轮转，无有停机，然后气序推迁，寒暑往来，而岁功可成。吾人苟能“观天之道，执天之行”，以神驭炁，而无一息之间断，则丹之道，其尽之矣！

药生象月章第八

三日出为爽，震庚受西方。

此章指示药生之候，而以月夕征之，三日出者，自月而言之也。爽，谓昧爽言。即此三日昏见之期，作为朔旦昧爽之气，正是晦尽朔来，阳炁始复，阴下起阳，于卦为震。此月乃现一符阳光于西方之庚位，是谓“铅遇癸生”，药材正嫩，而可采者。过此则度于后天，而不可用。或者不知“为爽”二字，中有深味，直以三日为期，不知“晦朔之间，合符行中”，去之三日，则非“晦朔之间”矣。此中别有真诀，敢谓世人所未喻者。

八日兑受丁，上弦平如绳。

八日，则阳以渐长，一阴二阳，于卦为兑，此月乃现半轮之光于南方之丙位，平如张弓之弦，曰“如绳”者。绳，即弦也。是谓金水平分，各得半斤之数，乃虎之弦炁也。《悟真》所谓“药味平平气象全”者，意盖指此。

十五乾体就，盛满甲东方。

十五，则三阳盛满而成乾体，此月现于东方甲位。《悟真》所谓“十五蟾辉”“金精壮盛”，正谓此也。

问：三者皆指药材，既以庚月为嫩，余皆度于后天，将焉用之？

曰：庚者，象其嫩。丁者，象其平。甲者，象其盛。盖不盛则药不生，而不平则二八不能相当，而有偏胜之患矣。合而论之，自不相悖也。

蟾蜍与兔魄，日月气双明。蟾蜍视卦节，兔者吐生光。

予作《测疏》云：“今之称月者，有曰蟾蜍者，有曰兔魄者，其名不一。不知蟾蜍之与兔魄，亦当有辨。盖蟾蜍者，月之精；兔魄者，月之体也。今夫月之光，本借于日，故日月之气必双对，而明始生，乃阴阳含孕自然之理。然而阳生以渐，故蟾蜍之生也，惟视乎卦节。卦下之阳渐长，则蟾蜍之精渐生，然后兔者吐之以生光明。”卦节，即震、兑、乾也。蟾蜍月精，即卦下之阳画。

七八道已讫，屈折低下降（平声）。

七八，十五数也。十五则盛满，而阳道讫矣。讫，犹终也。阳道终，则阴将继绪，故升者降，伸者诎，必至于渐亏渐灭而后已也。

阴符转统章第九[①]

十六转受统，巽辛见平明。

十六，则阳道屈折下降，转受阴统。统者，统制之义。一阴生于二阳之下，于象为巽，平明见于西方之辛位。

艮直于丙南，下弦二十三，坤乙三十日，东方丧其明。节尽相禅与，继

① 底本将该章目漏印，依据《周易参同契测疏》补正。

体复生龙。

二十三，则平明，值于丙南，于象为艮。艮者，二阴渐长，金水又平，是为下弦，乃龙之弦炁。后天久积之汞，如此方足，而与药平。三十日，则阴乃盛长，于象为坤，与日合璧而丧明于东方之乙位。丧明者，合璧之后，不受阳光，若丧之也。然丧而不丧，故“节尽相禅，继体生龙”，所谓“晦至朔旦，震来受符”。龙，即震也。前云“度竟更始”，此云“节尽继体”，其义相似。

壬癸配甲乙，乾坤括始终。

月现之方，震下纳庚，巽下纳辛，兑下纳丁，艮下纳丙，乾下纳甲，坤下纳乙。卦节既周，而十干尚余壬癸，则以壬癸而配甲乙，复分纳于乾坤之下，是乾坤括纳甲之始终也。夫乾纳甲，而复纳壬，则盛于甲者，未始不为盛于壬；坤纳乙，而复纳癸，则丧于乙者，未始不为丧于癸矣。然而不言离纳己、坎纳戊者，何也？土居中央，流行则无定位，故不言耳！

七八数十五，九六亦相当，四者合三十，易象索灭藏。（此条当作“象彼仲冬”之首。）

此于丧明之义，而以易数准之。盖《易》之策数，少阳得七，少阴得八，太阳得九，太阴得六。七与八，是十五也。九与六，亦十五也。合四者之数而得三十，则数尽而无有矣。数尽，故易象灭藏。易象如此，天象亦然。是以月数既周，遂丧明而成晦也。此魏公旁喻曲证，以尽丹道之蕴有如此者。

象彼仲冬章第十

（旧本在《后序》中，林屋山人移置于此。）

象彼仲冬节，草木皆摧伤。佐阳诘商旅，人君深自藏。象时顺节令，闭口不用谈。天道甚浩广，太玄无形容，虚寂不可睹，匡廓以消亡。谬误失事绪，言还自败伤。别序斯四象，以晓后生盲。（四象，即七八九六。予故谓当联属成章者以此。）

仲冬之节，晦尽朔来之时，于卦为复，先王以至日闭关，商旅不行，后不省方，盖示人以安静养阳之义。作丹之士，乘此爻动之时，是宜关键三宝，闭塞其兑，不得多言谬误，以取伤败[①]。盖临炉采药之诀，莫要于此，读者详之。

推度符征章第十一

八卦布列曜，运移不失中。

八卦布于方位，列曜陈于周天，然其运移未尝离此辰极，人亦有之。《契》云："辰极处正，优游任下"是也。至邵子之诗有云："天向一中分造化，人于心上起经纶"，更明切矣。

元精眇难睹，推度效符征。

元精者，元阳也。《石函记》云："元阳即元精，发生于玄玄之际。"《老子》所谓："窈窈冥冥，其中有精。其精甚真，其中有信"者。又"视之而不可见，听之而不可闻，抟之而不可得。"故云："眇难睹"。然却有效验可知，符征可据。如云："金砂入五内，雾散若风雨。""先天炁，后天气，得之者，浑似醉。"是其效也。符征者，如"三日出庚"之类，是其符也。皆指先天药祖而言。

居则观其象，准拟其形容，立表以为范，占候定吉凶。

象以拟形，则知药材之老嫩；表以测日，则知火候之消息。吉凶者，火候中之休咎也，如隆冬大暑、盛夏霰[②]雪之类。

发号顺时节，勿失爻动时。

爻动，指震符而言。

上察河图文，下序地形流，中稽于人心，参合考三才。

仰观天文，如玄沟之低昂，星宿之经纬，斗枢之旋转。俯察地理，如山泽之通气，潮汐之盈缩；中稽人心，如牝牡之相求，性情之相归，皆一阴一阳，往来消息，以成三才之道者也。作丹者，皆当参而合之。

动则依爻[③]变，静则循彖辞，乾坤用施行，天下然后治。

---

① 《韩非子·说难》："事以密成，语以泄败。"

② 霰，雪珠、雪花。《楚辞·九章·涉江》："霰雪纷其无垠兮，云霏霏而承宇。"唐·白居易《秦中吟·重赋》："夜深烟火尽，霰雪白纷纷。"

③ 爻，《周易参同契测疏》作"卦"。

不过是言动静皆准于易之意。作丹之要，盗机逆用，法其自然而已，何变可依，何象可循也？乾坤用施行。坎离者，乾坤二用。天下，亦指一身而言。此章“中”字、“时”字，最为肯綮。

御政之首章第十二

可不慎乎！御政之首，管括微密，开舒布宝，要道魁柄，统化纲纽。

御政之首，志士炼丹入室之初也。一本有“鼎新革故”四字在“御政之首”之下，义更精微。“管括微密”者，关键三宝，固塞勿发也。盖炼丹之要，其神贵凝，其气贵专。“管括微密”者，凝其神以固其气也。《契》云：“固塞其济会，务令致完坚”，意盖如此。开舒者，推心置腹，舒气改颜而畜之以慈也。布宝者，不自悭吝，从其所好而使之以惠也。如是则内外交诱，可以得其归性之情，而有求以获矣。此二句者，乃临炉采药之要诀，而要中之要，则又在于魁柄。魁柄，即斗柄也①。盖魁柄者，乃造化统摄元化之纲纽，其在吾人，辰极是也。若使辰极不正，则运移失中，而举动之际，过咎随之矣。

爻象内动，吉凶外起，五纬错顺，应时感动。四七乖戾，誃离仰俯。

爻象内动，爻动之时也。或致太平，或兴兵革，只在毫发之间，可不慎乎？且炼丹之士，当此爻动之时，盗机逆用，能使五纬错顺，感动于应时之顷，四七乖戾，誃离于仰俯之度，所谓“人发杀机，阴阳反覆”，岂细故哉？所以当慎，职在于此。五纬，纬星也。四七二十八宿，经星也。五纬错顺者，丹法举水以灭火，以金而伐木，皆行逆道，故曰“错顺”。“四七乖戾”者，子南午北，龙西虎东，一时璇玑皆为逆转，故曰“乖戾”。誃，改

---

① 斗柄，指北斗七星的柄，即第五、六、七星，又称天罡。〔宋〕张紫阳《金丹四百字》：“震兑非东西，坎离不南北。斗柄运周天，要人会攒簇。”〔清〕刘一明《金丹四百字解》：“攒簇之功，乃扭转斗柄之天机。斗柄，乃北斗第五、第六、第七三星，一名天罡。此星所坐者凶，所指者吉，所以运周天列宿，行二十四气，以成岁运。在吾身即一点真知之真情。真情，一名金公，刚强不屈，有生有杀，亦如天上之斗柄也。有生以来，为客气所染，外物所诱，斗柄指外不指内，生气在外，杀气在内。顺其造化，幼而壮，壮而老，老而死，万劫轮回，无有出头之期。若知生杀之机，扭回斗柄，转身之间，即到故乡，可以夺周天造化，可以合四象五行，一时辰内管丹成，绝不费力。但人多认不得真情之斗柄，仅在一身东西南北有形有象处，错认为震兑坎离，强作乱为，妄想结丹。无怪乎碌碌一生，到老无成，可不叹诸！”

移也。“誃离仰俯”者，阴阳易位，柔上而刚下也。所谓丹法逆用，意盖如此。予前《测疏》以为咎征，近觉非是。

文昌统录，诘责台辅，百官有司，各典所部。

统录者，护持之主。台辅者，辅弼之官。其诸百官有司，则皆准则刻漏、挨排火候之人。盖所以尽有相之道，以共成圣事者也。炼丹入室，其事悉备，有如此者。

或君骄溢，亢满违道；或臣邪佞，行不顺轨。弦望盈缩，乖变凶咎。执法刺讥，诘过贻主。

君谓虎铅，臣谓龙汞，即《悟真》所谓“主宾”之意。“君骄溢”而“亢满违道”者，情不归性也。“臣邪佞”而“行不顺轨”者，动不以正也。弦望盈缩，谓二八之不当。“乖变凶咎”，则铅飞而汞走，如上过差，总因持心不定，炼己无功，故“执法刺讥”，诘过于主。执法者，谏诤之官，亦自君臣之喻而立言，正与“统录台辅”之意相同，非真有是官也。

辰极处正，优游任下。明堂布政，国无害道。

辰极者，吾之主人也。处正，则无邪佞之私。优游者，水入优游，自来归性，无骄亢也。以此布政于明堂，又何害道之有哉？国，指一身而言。害道，即凶咎灾变。

内以养己章第十三

内以养己，安静虚无。

此章备言养己之事，以立临炉采药之基址。盖己者，离宫己土也。己之为性，飞走不定，故必炼之、养之，使之入于大定，然后临炉之际，大用现前，保无虞失。而养之与炼，亦当有辨。上阳子曰：“宝精裕炁，养己也。对境忘情，炼己也。”养己，则主于静；炼己，则兼乎动矣。《老子》曰：“致虚极，守静笃。万物并作，吾以观其复。”司马真人《坐忘论》云：“心安而虚，道自来居。”虚靖天师《大道歌》云：“要得心中神不出，莫向灵台留一物。”广成子告黄帝云：“无劳尔形，无摇尔精。”皆安静虚无之意义也。“养己之诀”四字，最为肯綮。[①]

原本隐明，内照形躯。

原本者，穷取生身受炁之处，隐明而内照之。隐明者，即沉光也。隐明内照，则神入气穴[②]矣。

闭塞其兑，筑固灵株。

“闭塞其兑”者，闭口勿谈也。灵株，即灵根，即上所谓气穴，乃真气所归之处。盖兑塞，则气不上泄，故柢固而根深。

三光陆沉，温养子珠。

沉光，即隐明也。子珠者，性珠也。神为子炁，故曰“子珠”。光沉，则神不外驰，故性定而明湛。

视之不见，近而易求。黄中渐通理，润泽达肌肤。初正则终修，干立末可持。一者以掩蔽，世人莫知之。

然所谓灵株、子珠者，视之虽不可见，近在己身却有可求之理。苟能修之，则和顺积中，而英华外鬯[③]矣。初正、干立者，尽养己之事也。终修、末持者，行采药之功也。世之人，只知内养可以成丹，而不知一者掩蔽之妙，未免独修孤阴之一物，故仙翁急为点破。盖一者，先天真一之炁，坎中

① 〔清〕李涵虚《道窍谈·第六章养己炼己》：“养己与炼己，功夫自是一串。养己者，宝精裕气，即筑基也。炼己者，对境忘情，即了性也。炼己必先养己，养己其炼己先资乎？夫以精气为培养，己土益增其坚厚，基字所以从其土也，故筑基即是养己。夫以情境为磨炼，己心益明而不死，性字所以从心也，故了性必先炼己。第养己虽要精气，而精从内守，气自外来。坚其守者必用己，候其来者必用己。养己之道，又须安静为功也。吾为养己者分出两条：自养一条，相养一条。相养者，精气也。自养者，安静也。炼己者虽在情境，而情从内淡，境从外空。淡然自得者，己必有所乐。空然无累者，己必有所持。炼己之道，又须动静兼修也。吾为炼己者分出两件：内炼一件，外炼一件。外炼者，和光混俗也。内炼者，烹汞成砂也。”徐颂尧《天乐集·养己与炼己》：“己者，心也。养己，即存心养性。炼己，即修心炼性。工夫虽同，然养己似栽花培木，日益增长；炼己如用火煅金，愈炼愈净，其义不无差别。”“片尘不染，万虑皆空，常静而常应，处动而恒寂者，炼己之功也。气满神全，早复早积，养己之效也。若会而通之，工夫总不外心息相依。依到大定，养己在此，炼己亦在此矣。”

② 〔宋〕薛道光《还丹复命篇·丹髓歌》“昔日遇师亲口诀，只要凝神入气穴。以精化气气化神，炼作黄芽并白雪。”张三丰《道言浅近说》：“凝神者，收已清之心而入其内也，心未清时，眼勿乱闭，先要自劝自勉，劝得回来，清凉恬淡，始收入气穴，乃曰凝神。”张三丰《道言浅近说》：“气穴者，神（心）入气（息）中，如在深穴之中也，神气相恋（心息相依），则玄关之体已立。”

③ 鬯，同“畅”。

一画，先天乾金，所谓元始祖炁是也。《老子》曰：“得其一，万事毕。”自夫窍凿混沌之后，此之真一溃决而不存。修丹之士，洞晓阴阳，深达造化，故于互藏之宅而求其所谓真乙者，以为我之掩蔽，是谓取坎填离，以炁补炁，长生久视之道，端在于此。世人不知“一者掩蔽”之妙，至论“药自外来”，一切认为房中九一之术，则又误矣。

知白守黑章第十四

上德无为，不以察求。下德为之，其用不休。

上德者，全真体道之士，混沌未凿，故不以察求，而行无为之道。察求者，辨庚甲而知水源之清浊，象屯蒙为火候之消息，是皆察察之政，不得已而用之者也。上德，则无用为此矣。若夫下德之人，道德既失，故不得不假有为以行归复之道，故曰“下德为之，其用不休”。不休者，绵绵若存，不敢有一息之间断也。今天下之称上德者，能几人哉？此圣人所以有教也。

上闭则称有，下闭则称无。

此二句颇难解。盖“上下”二字，与“上德、下德”之意不同，各有所指。盖“上”指在上者而言，颠倒用之，虎铅是也；“下”指在下者而言，颠倒用之，龙汞是也。上闭者，先天未扰之铅，朕兆未萌。下闭者，后天久积之汞，固塞勿发也。然虽朕兆未彰，而恍惚有物，窈冥有精，故可称之曰“有”。虽固塞勿发，而太虚之中，一物无有，故可称之曰“无”。称“无”则无欲而可以观其妙矣，称“有”则有欲而可以观其徼矣。

无者以奉上，上有神德居。

求铅之法，“存无守有”而已。奉者，恭敬捧持之意。盖坎中之铅来而称有，而无者慎密以伺之，恭己以迎之，非过劳也。盖以神明之德，居于上有之中，少有差谬，则情不归性，而吾之大事去矣。故修丹之士，奉坎以求铅者，谓其有神德也。神德，即下文所谓“神明”，乃先天真乙之炁。

此两孔穴法，金气亦相须。

凡此药物所藏之处，一穴两分，《老子》所谓“玄牝之门”，钟离公所谓“生我之门，死我之户”，皆异名而同出者。正如一穴两孔，其中金气相须之殷而相济之足，知其相须，则可察而求之，奉而迎之矣。

知白守黑，神明自来。白者金精，黑者水基。

承上文，遂言金炁。盖坎水之内，中有乾金。坎水，黑体也；乾金，白金也。奉坎者，但守其黑。盖晦尽之期，朔当自来，守之之久，自尔“震来受符”，而神明之德见矣。（老氏所谓“知白守黑”，意盖如此。）

水者道枢，其数名一。阴阳之始，玄含黄芽。五金之主，北方河车。故铅外黑，内怀金华，被褐怀玉，外为狂夫。

又承上文，遂言水金。天地既判，阴阳始交，一变生水，居于北方，其数一，其色玄，于卦为坎，中间一画，乃乾金也。故玄含黄芽，为五金之主，然此金必得此水，然后能载而上行，故又为北方之河车，象之以铅，则外黑而内怀金华，是其征也。象之以人，又若被褐怀玉，而外为狂夫者。然被褐则黑也，怀玉则白也，水之为德，有如此者。

金为水母，母隐子胎。水者金子，子藏母胞。

金水之妙，母子互藏。金为水母，而先天乾金居于坎位，是母隐子胎也。水者金子，而后天兑金能生真水，是子藏母胞也。盖此金水配位于北，而寄体于西，其妙有如此者。学者苟能会而通之，则产药之川源，不外是而得之矣。

或问：乾金、兑金?

曰：乾金，水金也；兑金，鼎金也。宜细思之。

真人至妙，若有若无。仿佛大渊，乍沉乍浮。进退分布，各守境隅。

真人者，坎中水金也，谓之真铅，以其藏于重阴不测之所，恍惚窈冥，不可为象，故曰“若有若无”，而仿佛大渊也。乍沉乍浮者，动机也。此金重而常沉，激其浮而取之，则水源至清。及其进退分布，合而成丹，则东家西邻各守境隅，不相涉入矣。

采之类白，造之则朱。炼为表卫，白里真居。

是丹也，采之则金也，炼之则火也。故曰：“采之类白，造之则朱。”然必先于炼己以为表卫，使之城郭完固，然后可以奉此真人而居之。近观“炼为表卫”一句，是足“造之则朱”之意。炼为表卫者，神火周遭于外，所以护卫真气，而使“白里真居”，保无虞失也。下文见意。

方圆径寸，混而相扶。先天地生，巍巍尊高。旁有垣阙，状似蓬壶。环匝关闭，四通踟躇[①]。守御固密，阏绝奸邪。曲阁相通[②]，以戒不虞。可以无思，难以愁劳。

此明“炼为表卫”之意，亦借天元神室以见义。盖垣阙四通、曲阖相连，喻如人之八门九窍，是必管括微密，使外邪不入，然后“白里真居”，保无虞失。然所谓警戒不虞者，又非过于畏慎，而以勤劳自苦也。故急以“可以无思”一句足之。《契》云：“三者既关键，缓体处空房，委志归虚无，无念以为常。”意盖如此。

神气满室，莫之能留。守之者昌，失之者亡。动静休息，常与人俱。

此又申明上义。守者，守御固密也。丹居神室，不得神火周遭，则母子不能相抱，故守之则昌，失之则亡。而守之之道要，惟“动静休息”，常与之俱而已。《老子》曰：“载营魄抱一，能无离乎？”意盖如此。

勤而行之，夙夜不休。服食三载，轻举远游，跨火不焦，入水不濡，能存能亡，长乐无忧。道成德就，潜伏俟时。太乙乃召，移居中洲，功满上升，膺籙受图。（此段在后章，愚意当移置于此。）

勤而行之，即上文“动静休息，常与人俱”之意。夫丹结之以片饷，养之以三年，功圆之日，身外生身，自能轻举远游，入水火而无患，长生久视，超生死而独存。道成德就，济人功满，膺箓受图，而身为帝臣，此大丈夫得志之日也。或疑服食以为天元神丹，误矣！误矣！

道术是非章第十五

是非历藏法，内视有所思（此言存想）；履斗步罡宿，六甲次日辰（此法无考）；阴道厌九一[③]，浊乱弄元胞（此言采战。九一，即九浅一深）；食气鸣肠胃，吐正吸外邪（此言吐纳）；昼夜不卧寐，晦朔未尝休。身体日疲

---

① 踟躇，《测疏》作“踟蹰”。踟蹰，相连接的样子。王延寿《鲁灵光殿赋》：“西厢踟蹰以闲宴，东序重深而奥秘。”

② 曲阁相通，《测疏》作“曲合相连”。《四库全书》本陈致虚《周易参同契分章注》作“曲合相通”。彭晓《周易参同契通真义》作“曲阁相通”。

③ 阴道厌九一，《玉房秘诀》：“夫阴阳之道，精液为珍。即能爱之，性命可保。凡施泻之后，当取女气以自补。复建九者，内息九也；厌一者，以左手杀阴下，还精复液也。取气者，九浅一深也。”

倦，恍惚状若痴，百脉鼎沸驰，不得清澄居（此即今之炼魔法）。累土立坛宇，朝暮敬祭祀。鬼物见形象，梦寐感慨之。心欢而意悦，自谓必延期，遽以天命死，腐露其形骸（此即汉武祷祀之法）。举措辄有违，悖逆失枢机。诸术甚众多，千条有万余，前却违黄老，曲折戾九都[①]。明者省厥旨，旷然知所由。（前却，即进退之义。九都者，九幽之府。戾九都者，言取罪戾于九都，言幽有鬼责也。）

二八弦炁章第十六

偃月作炉鼎，白虎为熬枢。

此章仙翁分别二八龙虎弦炁，以定药材铢两。偃月炉，阴炉也。中有玉蕊之阳炁，虎之弦炁是也。丹法以偃月为炉，而其中虎之弦炁实为熬枢。熬枢者，阳火也。《契》云："升熬于甑山兮"，是其证也。以其为真汞之枢纽，故曰"熬枢"。

汞日为流珠，青龙与之俱。

汞日者，离宫汞火也。离宫之汞，飞走不定，故曰"流珠"。《契》云："太阳流珠，常欲去人"，是其证也。"青龙与之俱"者，其在东家，配为青龙之弦炁，而"龙从火里出"也。

举东以合西，魂魄自相拘。

东，东家也。西，西邻也。"举东以合西"者，驱龙以就虎也。魂，日魂也。魄，月魄也。"魂魄自相拘"者，推情以合性也。今夫龙居于东，虎居于西，虽则各守境隅，而作丹之际，举以合之，自然龙虎交媾，而东方之魂与西方之魄相钤相制，而大药成矣。尝思"魂魄"二字之义，予意以为日魂属西，取太阳元精奔入坎中之义，月魄属东，取借日为光之义。而诸书皆不然者，姑存之以备参考。

上弦兑数八，下弦艮亦[②]八，两弦合其精，乾坤体乃成。二八应一斤，易道正不倾。铢有三百八十四，亦应卦爻之数。

---

① "前却违黄老，曲折戾九都"，《素女经》："今陈八事，其法备悉，伸缩俯仰，前却屈折。帝审行之，慎莫违失。"

② 亦，底本作"六"，依郑观应刊本改。

上既明指药物，此又准则铢两。独取二八两弦者，贵匀平也。盖上弦值兑，自朔计之，其数得八。下弦值艮，以望计之，其数亦八。此时火数不燥，水铢不滥，药物平平，可以合丹，故两弦合精，乃成乾坤交媾之体，二八一斤，乃应阴阳气类之正，而一斤之铢，又合爻数，丹道、易道相为吻合，其妙有如此者。（铢，廿四铢为一两。）

金火含受章第十七

金入于猛火，色不夺精光。自开辟以来，日月不亏明，金不失其重，日月形如常。金本从日[①]生，朔旦受日符。

此章即月借日光之义，以明金火含受之妙。盖金，即铅也。火，即汞也。知金火，则知铅汞矣。今人皆谓火能克金，而不知金入猛火，不夺其光，不失其重者，以其气相含受故也。犹之日月焉，所以并行而不相悖者，月借日光也。故自开辟以来，日月之象，不亏其明，而形亦如常。金譬则月也，火譬则日也。月中之光，本借于日。盖自朔旦之后，禀受日符，故三日而生庚，八日而上弦，十五而望满，二十有三而下弦，三十日而成晦。晦朔弦望，皆自日生，故曰"金本从日"。然不曰"月本从日"，而曰"金本从日"者，何也？月不从日，而月下之金则从日也。知日月，则知金火含受之妙矣。

金返归其母，月晦日相包。藏隐其匡郭，沉沦于洞虚。金复其故性，威光鼎乃熺。

金在坎中，上下两画，原属于坤，坤为母，故曰"返归其母"。归母，则幽潜沦匿而不可见，犹之月晦而与日相包也。迨夫金来归性，则大药圆成，而鼎有威光，熺然而炽盛矣。犹之月借光，盛满而成望也。故性者，坎中一画，原属于乾，种入乾家交感之宫，则为复性，又爻动之时，亦复性也。复性，则为金入猛火，而精光焕发矣。

① 日，彭晓《周易参同契通真义》本作"月"。

二土全功章第十八

（题仍上阳之旧）

子午数合三，戊己数居五。三五既和谐，八石正纲纪。

承上言，金火虽相含受，必得真土调和，乃克有济，故此归功戊己。夫丹有五金八石之类，皆非纲纪之正，惟此水火土三者和谐合会，乃为正道。盖水数得一，居于子位；火数得二，居于午位；戊己自居五数，纳于水火之中。戊为铅情，己为汞性，金来归性，则三五自然和谐，而八石之药材方为真正。

土游于四季，守界定规矩。呼吸相含育，伫息为夫妇。

三五和谐，土之力也。以土言之，天干，则居于中宫；地支，则游于四季，各守四隅，以定木火金水之规矩。至于和谐之际，则一呼一吸，皆入戊己之宫而自相含育。迨夫真气既回，则真息自定，宛如夫妇之交畅，而丹药成矣。土[1]德之妙，有如此者。（上二句原本十九章"寿命得长久"之下，今窜入此。）

黄土金之父，流珠水之母。水以土为鬼，土填水不起。朱雀为火精，执平调胜负。

此正言二土妙用。盖坎纳戊土，乃黄土也，以其为先天乾金，故曰"金之父"。离纳己土，乃流珠也，以其北照生铅，故曰"水之母"。五行之炁，土能克水，而坎纳戊土，则土填水不起矣，必须朱雀火精执平衡而调之，则水得火而沸腾，其金自随水而上矣。朱雀火精，乃己土也。此处分明点出以汞求铅，而"平调"二字，亦见"二八相当"之义。

水盛火消灭，俱死归厚土。

水为火沸，腾入离宫，则离火又为坎水所灭，二者俱化为土而成刀圭。到此方为三五和谐，三性会合也。

三性既合会，本性共宗祖。

水火土三性之所以能合会者，何也？以其与本性共宗祖也。本性，即

---

① 土，底本作"上"，依郑观应刊本改。

己性，皆自元始祖炁而分。一变而为水，即金水也，为先天之铅。二化而为火，即己性也，为后天之汞。五变而成土，即戊己也，为水火两性之性情。是皆同宗共祖，一炁而分，故同类相从，而其性易合也如此。

金丹妙用章第十九

巨胜尚延年，还丹可入口。金性不败朽，故为万物宝。术士服食之，寿命得长久。金砂入五内，雾散若风雨。熏蒸达四肢，颜色悦泽好。发白皆变黑，齿落生旧所。老翁复丁壮，耆妪成姹女。改形免世厄，号之曰真人。（巨胜，胡麻二物。）

此章无甚深解。

同类相从章第二十

胡粉投火中，色坏还为铅。冰雪得温汤，解释成太玄。

言物之同类者，则能返还，以况丹道？胡人以粉饰面，故曰“胡粉”。太玄，水也。

金以砂为主，禀和于水银。变化由其真，始终自相因。（和，去声。）

砂，指离宫砂汞。水银，即水金也。《悟真篇》云：“玉池先下水中银。”金丹之道，以砂为主者，先积离宫砂汞，炼己待时。迨夫金华先倡，吾乃和之，然后两者返还归复而成大丹。所以然者，变化由其真也。紫阳云：“真土擒真铅，真铅制真汞。”如此始终相因，皆本一炁，亦犹胡粉之与铅，冰雪之于水，未有不可返还者。使或一有不真，乌能以成变化耶？

欲作服食仙，宜以同类者，植禾当以黍，覆鸡用其卵。以类辅自然，物成易陶冶。鱼目岂为珠？蓬蒿不成槚。类同者相从，事乖不成宝。是以燕雀不生凤，狐兔不乳马。水流不炎上，火动不润下。

（此亦无甚深解。）

背道迷真章第二十一

世间多学士，高妙负良才。邂逅不遭遇，耗火亡资财。据按依文说，妄以意为之。端绪无因缘，度量失操持。捣治羌石胆，云母及礜磁。硫黄烧豫章，泥汞相炼飞。鼓铸五石铜，以之为辅枢。杂性不同类，安肯合体居。千举必万败，欲黠反成痴。侥幸讫不遇，圣人独知之。稚年至白首，中道生狐疑。背道守迷路，出正入邪蹊。管窥不广见，难以揆方来。（豫章，疑樟木脑。五石铜，疑二物。羌，石胆所产之处。）

此章无甚深解。

三圣前识章第二十二

（题仍上阳之旧。）

若夫至圣，不过伏羲，始画八卦，效法天地。文王帝之宗，循而演爻辞。夫子庶圣雄，十翼以辅之。三君天所挺，迭兴更御时。优劣有步骤，功德不相殊。制作有所踵，推度审分铢。有形易忖量，无兆难虑谋。作事令可法，为世定此书。素无前识资，因师觉悟之。皓若褰帷帐，瞋目登高台。火记不虚作，演易以明之。火记六百篇，所趣等不殊。文字郑重说，世人不熟思。寻度其源流，幽明本共居。窃为贤者谈，曷敢轻为书？若遂结舌瘖，绝道获罪诛。写情著玉[①]帛，又恐泄天符。犹豫增叹息，俛仰辄思虑。陶冶有法度，未忍悉陈敷。略述其纲纪，枝叶见扶疏。

此章无甚深解。

金火铢两章第二十三

以金为堤防，水入乃优游。

此章予《测疏》注之甚详。金，鼎金也。修丹之士，先置此鼎金以为内药之堤防，而鼎中所生之水，当优游以俟其自入。《契》云："辰极处正，优游任下"是也。

金计有十五，水数亦如之。

十五，是准月数而言，所谓"八月十五玩蟾辉，正是金精壮盛时"。盖

① 玉，《测疏》作"竹"。

必有十有五分之金，然后能生十五分之水。若金数不足，则真水不生，而临炉无可采之药矣。此在鼎金，则为二七之期，天真之炁始降。

临炉定铢两，五分水有余。二者以为真，金重如本初。其三遂不入，火二与之俱。

水有五分，亦自十五分而三分之。盖自朔旦之后，积五分而生庚，又五分而上弦，又五分而盛满。“五分水有余”者，言生庚之水已非晦朔之符矣，故言“有余”。而五分之中，只用二分，乃为真水，而其三者遂不入也。“金重如本初”者，金必十五也。“火二与之俱”者，二分之水，须以二分之火合之也。盖二分之火，乃一时半刻之火。上阳子曰：“一时三符，比之求铅，止用一符之速”是也。如此指示，大煞分明，而迷者犹求真水于三十时辰之后，又乌知有炁无质之妙，非度于后天者所可伦哉。

三物相含受，变化状若神。

三物，即前章所谓“三性”，乃水火土也。此盖得药归鼎，会于元宫，故此三者，相含相受而生变化。

下有太阳气，伏蒸须臾间。先液而后凝，号曰黄舆焉。

此明“以汞求铅”之义。大阳气，离宫汞火也。须臾间，一时半刻也。作丹之法，乘其爻动之期，运一点真汞以迎之，则火蒸水沸，其金自随水而上矣。而其贯尾闾，通泥丸，下重楼，入紫庭，先则气化为液，而有醍醐甘露之名，后则液凝为丹，乃有黄舆之号。黄舆者，以其循河车而逆上，行于黄道之中，如车舆然，故以名之。到此则金公归舍，还丹始成。

岁月将欲讫，毁性伤寿年。

岁月者，攒簇之岁月也。丹法攒年成月，攒月成日，攒日成时，而一时之中，分为三符，求铅之候，只用一符，所以如此之速者，知止知足也。故岁月欲讫之时，不能持盈守满，忽尔姹女逃亡，是谓“毁性”。金来归性，性既毁矣，金复何附？所谓藏锋之火，祸发必克，年寿之伤，无足异者。

形体为灰土，状若明窗尘。

此明用铅之诀。形体为灰土者，言查质无用。状若明窗尘者，言当择其轻清者而用之。明窗尘者，窗外日光浮动，尘影微细之极也。以药论之，二分之水则是。

捣治并合之，驰入赤色门。

以此二分之水，合以二分之火，然后种入乾家交感之宫。盖乾为大赤，故曰“赤色门”。或曰赤色门，即离宫也，亦通。驰入赤色门，则丹结矣。

固塞其际[①]会，务令致完坚。

此下言用火之诀。“固塞其际会”者，关键三宝也。必固塞完坚，然后精神翕聚而炎火可张。采药养丹，首尾皆当如此。

炎火张于下，昼夜声正勤。始文使可修，终竟武乃陈。

炎火勤张者，朝屯暮蒙，周天运火也。始文，乃求铅之火；终武，乃结丹之火。文者，优游任下，濡弱不争之意。武者，守御固密，闲绝奸邪之意。始文只有一时半刻，终竟则连十月之功，皆在其中。

候视加谨慎，审察调寒温。周旋十二节，节尽更须亲。

“候视加谨慎”者，“寤寐神相抱，觉悟候存亡”也。“审察调寒温”者，“赏罚应春秋，昏明顺寒暑”也。“周旋十二节，节尽更须亲”者，度竟终复始也。皆言火候。

气索命将绝，休死亡魄魂。色转更为紫，赫然成还丹。粉提以一丸，刀圭最为神。

结丹之候，二气纽结，于时璇玑、玉衡一时停轮，如人之气索而命将绝者，将绝欲绝而未绝也。功圆之候，铅抽已尽，己汞亦干，魄死魂销，群阴剥尽，如人休死而亡魄魂者，于是色转为紫，赫然而成还丹。惟此还丹，有气无质，其体至微，其用甚大，故曰“粉提以一丸，刀圭最为神”也。以甲撮物曰提。

水火情性章第二十四

（题仍上阳之旧）

推演五行数，较约而不繁。举水以激火，奄然灭光明。日月相薄蚀，常在晦朔间。水盛坎侵阳，火衰离昼昏。阴阳相饮食，交感道自然。

此言铅之伏汞，而以水火日月明之。盖铅，即水月也；汞，即日火也。丹法以铅求汞，则汞因铅伏，自然不飞不走，而死归厚土。正如火因水决而光灭，离为坎侵而昼昏，其相薄相蚀，理之自然，无足异者。然而日月

① 际，底本作“济”，据注文改。

薄蚀，常于晦朔之间，盖不合璧、不交光也。造化之符，其一定不易有如此者。作丹之士，不求所谓“晦朔之间”，以为药生之符，又安能僭夺造化耶?!“常在晦朔间”一句，最为肯綮。

名者以定情，字者缘性言。金来归性初，乃得称还丹。

金丹一物而已，乃有铅汞两者之名。铅者，同类有情之物也，故铅为情。汞者，所禀以生之灵光也，故汞为性。情之与性，正如名之与字，虽则号称各别，其实一人也。吾将以情定为名，性定为字，而作丹之际，推情合性，转而相与，则金来归性矣。归性则丹道乃成，而谓之曰“还”者，正“归”之义也。然既名之曰丹，则不可谓之铅情，不可谓之汞性。所谓以两而化者，以一而神矣。“金来归性”，一句道出丹髓，非魏公不能也。[①]

古今道一章第二十五

吾不敢虚说，仿效古人文。古记题龙虎，黄帝美金华。淮南炼秋石，玉阳嘉黄芽。贤者能持行，不肖无与俱。古今道由一，对谈吐所谋。学者加勉力，留念深思惟。至要言甚露，昭昭不我欺。

此段无甚深旨。

参同契口义　中篇

淮海潜虚子　日录

乾坤精炁章第二十六

（题仍上阳之旧）

乾刚坤柔，配合相包。阳禀阴受，雄雌相须。偕以造化，精气乃舒。

① 徐颂尧《天乐集·小还与大还》：“学者由心息相依，直到凡息断绝，身心大定，内外虚寂，感彼先天一炁，自虚无中来，而行采取之功。是以我之纯阴，感彼之纯阳，由后天返到先天。工夫做一次，先天真阳来一次，由外面而还到我身。故《契》云：‘金来归性初，乃得称还丹。’工夫愈进，真阳愈集，直至炁足止火，结成还丹，是谓小还。小还者，初还也，以阴而感阳也，《易经·泰卦》所谓‘小往与大来’是也。此部工夫，丹书谓之取坎填离。”

此篇大略与首章相似，疑即首章之疏义也。“乾刚坤柔，配合相包。”乾坤者，鼎器之法象也。以其形而言之，常包乎地之外；以其气而言之，复包于地之中，故曰“相包”。相包则阳主禀与，阴主翕受，如人物之雄雌相须者然，一禀一受，偕以造化，则无中生有，虚里造实，精气舒布而品物流形矣。《易》有之曰：“精气为物”。造化如此，丹道亦然。

坎离冠首，光耀垂敷。

其以精炁之互藏者而言，则莫外于坎离，坎象为月，离象为日，日月冠万物之首，而光耀垂敷于其下，形形色色，何莫而非日月照耀之所生。故观日月交光，一禀一受而万物生，此造化之丹法也。作丹之士，洞晓阴阳，故于互藏之宅，而求其所谓坎离精炁者，以为药物，则其偕以造化，亦与造物者无以异矣。

玄冥难测，不可画图。圣人揆度，参序元基。

玄冥，指丹道而言。言是道也，杳冥恍惚，不可图象，圣人洞晓阴阳，深达造化，故揆度其配合交光之理，参序其往来消息之次，以立丹基，此《参同契》之所以作也。

四者混沌，径入虚无，六十卦用。张布为舆，龙马就驾，明君御时。和则随从，路平不邪。邪道险阻，倾危国家。

四者，即乾坤坎离。言丹法以此阴阳精炁交媾于混沌之初，凝结于虚无之室，而以六十卦火养之。“张布为舆”者，亦取首章“运毂”之义。又乾为龙马，坤为大舆。乾就坤驭，和则随从。“和”之一字，最为肯綮。《契》云：“不寒不暑，进退合时，各得其和，俱吐证符。”意盖如此。“路平不邪”者，言此阴阳正道，非有邪秽。若涉邪秽之私，则是自临险阻，而国家几于倾覆矣。国家，指吾一身而言。

入室休咎章第二十七

君子居其室，出其言善，则千里之外应之。谓万乘之主，处九重之室，发号施令，顺阴阳节。藏器待时，勿违卦日[①]。

---

① 日，彭晓《周易参同契通真义》本作“月”。

此举《易传》之辞，而借之以明入室之事。古之圣人，以炼丹为一大事，故尊主以万乘，喻室为九重，比火符为号令，无非欲其慎重谨密，不敢轻忽之意。“藏器待时”四字，亦是借《易》之辞。器谓鼎器，时谓爻动之时。“勿违卦日”者，朝屯暮蒙，进退合度也。

屯以子申，蒙用寅戌。六十卦用，各自有日。聊陈两象，未能究悉。（若以子申寅戌，作水火生旺、归库之意为解，则于第二日需、讼上又如何说？予故不取。）

此言卦日，子申寅戌，乃妆卦[①]浑天甲子之法，无甚取义。两象，即屯蒙两卦，聊举一日值事之卦，余三十日可依次第而推也。

在义设刑，当仁施德。按历法令，至诚专密。谨候日辰，审察消息。

丹法六时退火，此在义也。六时进火，此当仁也。设刑者，其气肃。施德者，其气舒。《契》云：“刑主杀伏，德主生起”，魏公言此，不过以象火候消息之用而已。究而言之，则绵绵若存，顺其自然而已。何刑可设，何德可施也。“至诚专密”四字，最为肯綮。《入药镜》云：“但至诚，法自然。”《契》云：“心专不纵横。”又云：“守御固密，阏绝奸邪”，此足以相发明矣。

纤芥不正，悔吝为贼。二至改度，乖错委曲，隆冬大暑，盛夏霰雪。二分纵横，不应刻漏，风雨不节，水旱相伐，蝗虫涌沸，山崩地裂。天见其怪，群异旁出。

此下咎征，盖言入室之顷，持心未熟，炼己无功，不能至诚专密而致之然。二至改度，火候不调也。不调，故隆冬而大暑，盛夏而霰雪。二分纵横，君骄臣佞也。不应刻漏者，水溢火燥，多寡不匀也。不应，故风雨不时而水旱之相伐，虫蝗沸涌而蟊贼之互起。高者崩，下者裂，天见其怪，地产其妖，失其阴阳之和而乖变出矣。纤芥不正，其咎如此。

孝子用心，感动皇极。近出己口，远流殊域。

孝子者，能继天之志，述天之事者也。其用心何心哉？一正而已矣，一诚而已矣。皇极者，天有中黄八极。感动皇极，言感动天心也。夫君子居其室，出其言善，则千里之外应之。近出己口，尚能远流于殊域，况孝子用心，既诚且正，而有不能感动皇极者哉！

---

① 妆卦，似指“装卦”。装卦，易占术语，就是将五行、地支等装入卦象之中。

或以招祸，或以致福，或兴太平，或造兵革。四者之来，由乎胸臆。

丧宝为祸，得宝为福。为而不为，曰兴太平。轻敌强战，曰造兵革。四者皆由于心之诚与不诚、正与不正而已。

动静有常，奉其绳墨。四时顺宜，与气相得。刚柔断矣，不相涉入。五行守界，不妄盈缩。易行周流，屈伸反覆。

动静，谓火候之早晚。绳墨，谓卦爻也。四时，谓寒热温凉。气，谓阴阳二气。盖指吾身中而言。“刚柔断矣，不相涉入”者，无凌犯也。“五行守界，不妄盈缩”者，无乖错也。如是则屈伸反覆，无往而非易用之周流矣。屈伸反覆，上下河车也，真气于此而周流，乃日月运行之黄道。火候既调，则法轮自转。

晦朔合符章第二十八

（题仍上阳之旧）

晦朔之间，合符行中。

此章之旨，是以月夕乾爻双明药火，亦与首篇“三日出庚”之义相为表里。晦朔之间，即亥子之交，冬至之候也。人身之药生于此时，作丹者盗其机而用之，则天人合发而万化之基定矣。“合符行中”者，谓当合此晦朔之符而行于其间也。①

混沌鸿濛，牝牡相从。滋液润泽，玄化流通。

混沌鸿濛，元始初判之炁也。盖此晦朔之间，天机已动，阴阳有相求之情，故牝牡相从而雄阳播施，雌阴统化，滋液润泽，自相流通。如上篇所谓“混沌相交接，权舆树根基”者，意盖如此。

天地神明，不可度量。利用安身，隐形而藏。

神明，即上篇“神明”“神德”之义。不可度量，言活也。人身中之子时，既活而不可测，不静密以俟之，其不至于谬误而失事者几希。安身，即《养己章》“安静”之义。

始于东北，箕斗之乡。旋而右转，呕轮吐萌。潜潭见象，发散精光。昴

① 丹诀曰：“晦朔之间窥生机，月中探取真消息。欲得骊龙颔下珠，须借人间上天梯。”

毕之上，震出为征。阳气造端，初九潜龙。

箕者，东方七宿之尾。斗者，北方七宿之首。箕斗之乡，正谓亥子之交，晦朔之间。此时阳气造端，见而不见，征以月夕，则旋而右转于昴毕之上，西方庚位，此月呕轮吐萌，乃现一符之阳光，于卦象震，于爻则为乾之初九，深渊之下，有龙潜焉，药则可用而火宜微调者也。“呕轮吐萌”四字要分晓。呕者，尽出；吐者，微出；轮，月之全轮也；萌者，轮下之微光，如草之萌蘖然者。

阳以三立，阴以八通。故三日震动，八日兑行。九二见龙，和平有明。

阳以三立者，三日出庚也。阴以八通者，八日出丁，上弦如绳也。通，谓和通。三日象震，八日象兑，乾卦则当九二见龙之爻，龙德中正，正象身中药物均平，始当利见，采则已老，而火宜沐浴者也。

三五德就，乾体乃成。九三夕惕，亏折神符。

三五，十五月廓盛满，乃成乾体。此时阳升已极，屈折当降。乾爻则当九三夕惕之爻，是宜持盈守满，不得怠纵。

盛衰渐革，终还其初。巽继其统，固济操持。九四或跃，进退道危。

十六，则盛极当衰，渐亏渐减，终当成晦，故曰“还初”。于时阳亏阴长，于象为巽。然而阳退一符，则阴进一符，当此进退改革之际，正应乾爻之九四或跃在渊，可以进而不遽于进，是宜固济操持，常使阴符包裹阳气。

或问：火为神火，予固已知之矣。阴符何物，亦有可言者乎？

曰：凡人一身之中，皆后天阴气也。阳退一分，则阴自进一分，正如月廓之亏，阳自亏耳。白者，岂别有物？即本体也，可类推矣。

艮主进止，不得逾时。二十三日，典守弦期。九五飞龙，天位加喜。

二十三日，又当下弦之期，二阴一阳，于象成艮。艮者，进而止之之义。于时，阴阳各半，金水又平，法当止火而为沐浴。曰“不得逾时”者，火不可过也。其在乾爻，则当飞龙之九五，位乎天位，以正中也，丹药至此可庆圆成矣，故云“加喜”。

六五坤承，结括终始。韫养众子，世为类母。上九亢龙，战德于野。

六五，三十日也。阳尽阴纯，于象成坤，故云“六五坤承”。此时火功已罢，归静之极，少焉，则晦去朔来，复生庚月，又为药火更始之端，故云“结括终始”。韫养众子者，众子，谓震兑诸卦，阳不生于阳而生于阴，故积阴之坤为能韫养诸阳，待时而动。古人谓十月为阳月，正以其韫养诸阳故也。“世为类母”者，类即众子也，坤为母，故云“类母”。其在乾爻，则应上九之亢龙，亢则有害，承乃制之，患必有与之战者，故战德于野而奄然丧明也。战德，谓阴盛而与之战。予《测疏》中言，振刷精神，以俟起绪，否则火冷而丹散，却是余意，非为正解。

用九翩翩，为道规矩。阳数已讫，讫则复起。推情合性，转而相与。循据璇玑，升降上下。周流六爻，难以察睹。故无常位，为易宗祖。

丹道法象，皆取乾九之爻者，以其翩翩而升，翩翩而降，足为丹道之规矩。故观阳数已讫，讫而复起，则丹道之推情合性，转而相与，亦若是焉而已。是道也，上据璇玑，中据卦爻，升降上下，周流六虚，初无常位，不可察也，不可睹也。《易》之所以为易者，其宗祖源流，如是而已，徒以象数测之，常位求之，岂知《易》者哉？

卦律火符章第二十九

朔旦为复，阳炁始通。出入无疾，立表微刚。黄钟建子，兆乃滋彰。播施柔暖，黎烝得常。

上以卦爻而准一日，此以卦律而准一年。要之，一年即一日也。魏公推配以尽其蕴耳。“朔旦为复”者，言晦去朔来，于卦为复，此时积阴之下，阳炁始通，如人身中静极而动。阳炁甚微，未堪进火，但当出入无疾，以立表其微刚而已。“出入无疾”者，《复卦》之辞，魏公借之以明火候。盖人之有呼吸出入，乃用火之橐籥也。疾则火燥，散则火冷，暖则火调，自然之理也。当此阳炁始通之时，正当出入无疾以表之，使之不冷不燥，然后生机不息，绵绵迤迤而渐长可期。是月也，斗杓建子，律调黄钟。钟者，踵也，又曰种也。言此中黄之炁，踵踵而生，以种万物，天地生物之朕兆，至此乃复可见，故曰“兆乃滋彰”。故丹法用火，但当播施柔暖，使一身之中荣卫和适，得其常度而已。黎烝，犹言众庶。丹法以身为国，以精炁为民，故曰“黎烝”。

临炉施条，开路生光。光耀渐进，日以益长。丑之大吕，结正低昂。

《参同契》，文字高古，义理幽深，非得师指，未易讲解。如此条者，是何义味？如曰“临炉施条”，便如此卦为临，借此卦名，作为临炉之意，如

《易》卦名《履》而遂言“履虎尾”也。“临炉施条”者，上阳子云：“临驭丹炉，施条接意”。盖施条者，所以接意，意者，己土也。“施条”二字，意在言表。“开路生光”，光乃阳炁也。开路，则阳炁通矣。阳炁既通，则光耀自当渐进，正如冬至之后，日以益长。是月也，斗杓建丑，律调大吕。吕者，侣也。大者，阳也。言阳得阴助，是谓真侣。得此真侣，临炉施条。施条之诀，结正低昂，尽露玄指。盖结者，“关键三宝，管括微密”之谓也。正者，“辰极处正，至诚专密”之谓也。低昂者，“子南午北，柔上刚下”之谓也。于此之时，则已进火炼药矣。

仰以成泰，刚柔并隆。阴阳交接，小往大来。辐辏于寅，运而趋时。

仰以成泰，承上“低昂”之义而言。如此，颠倒坎离，乾下坤上，则成泰卦。泰者，交泰之义，言阴阳相交接也。于时二八相当，正如此卦之刚柔并隆，汞迎铅入，正如此卦之小往大来。大既来矣，则吾一身之神气自尔翕然归之，如辐之辏毂然者。是月也，斗杓指寅，律调太簇。簇者，凑也。言万物当此之时，辐辏而生也。丹法于此辐辏之际，是宜进火，与时偕行。运而趋时者，“河车不敢暂留停，运入昆仑峰顶”也。此时已得药归鼎矣。

渐历大壮，侠列卯门。榆荚堕落，还归本根。刑德相负，昼夜始分。

渐历四阳，于卦为壮，于月建卯，律应夹钟。夹者，侠也。侠列卯门，则生门之中已含杀气，故二月榆落，叶归本根。夫春主生物而榆荚反落者，德中有刑故也。于时阴阳气平，故刑德之气互相胜负。昼夜始分者，阴阳气平之验也。气平加火，则有偏重之虞，故作丹者立为卯酉沐浴之法。榆荚堕落，还归本根，上阳以为“丹落黄庭”之象良是。德中有刑，德不可过也，故宜止火。榆落，又是刑德之征验。

夬阴以退，阳升而前。洗濯羽翮，振索宿尘。

五阳一阴，于卦成夬，此时阳升而前，律应姑洗。洗者，洗也。有洗涤羽翮之义焉。斗杓建辰。辰者，振也。有振索宿尘之义焉。洗濯，谓沐浴。振索，则前升。盖丹经沐浴，更宜加火。宿尘，指一阴而言。振索尽，则为纯阳矣。

乾健盛明，广被四邻。阳终于巳，中而相干。

六阳成乾，阳火盛明，一身之中，圆满周匝，故曰“广被四邻”。于月建巳，律调仲吕。仲者，中也。日中则昃，故中而相干。干谓阴进干阳，阳当退避也。自此以下，皆言退火之候。

姤始纪绪，履霜最先。井底寒泉，午为蕤宾。宾服于阴，阴为主人。

盛阳之下，一阴始生，于卦为姤。“姤始纪绪”者，阳极而阴生也。生则渐长，正如坚冰之兆于履霜，寒泉之生于井底。于月建午，律应蕤宾。宾，宾服也。阳本为主，今退而宾服于阴，则阴为主人矣。此阴符用事之候也。

遁世去位，收敛其精。怀德俟时，栖迟昧冥。

二阴成遁。遁者，阳之遁也。敛精怀德，栖迟昧冥，皆取退火之意。于月建未，律应林钟，《契》乃不言。或云：昧，即“未”也；栖，有“林”意。射覆之语，汉人多用之。

否塞不通，萌者不生。阴信阳诎，毁伤姓名。

三阴成否。否者，气塞不通之谓也。万物至此，不生萌蘖。于月建申。申者，阴之伸也。阴伸则阳诎，律应夷则。夷者，伤也。阳诎，故毁伤姓名，此时阳火降下半矣。

观其权量，察仲秋情。任蓄微稚，老枯复荣。荠麦芽蘖，因冒以生。

四阴成观。观者，观也。观其权量，以察仲秋之情，则阴阳之气，至此又平。于月建酉，律应南吕。南者，任也。万物至此，有妊娠之义焉。任蓄微稚，则老枯者，当得复荣。观之荠麦，斯可见矣。何也？刑中有德也。此时丹法又宜沐浴。

剥烂肢体，消灭其形。化气既竭，亡失至神。

五阴成剥。剥者，阴剥阳也。阳受剥，则体烂形消。于月为戌，律应无射，此时造化之气既竭。又火库归戌之时，便宜止火。故曰：“亡失至神”。神为神火。或曰：失，当作佚。亡佚，即无射也。

道穷则反，归乎坤元。恒顺地理，承天布宣。玄幽远眇，隔阂相连。应度育种，阴阳之原。寥廓恍惚，莫知其端。先迷失轨，后为主君。

道穷，阳道穷也。归坤，则纯阴用事矣。此时丹乃归静。静者，坤道之常也。《老子》曰：“归根曰静，静曰复命，复命曰常。”意盖如此。恒顺地理，承天布宣者，言作丹者当此归静之时，恒顺地理，凝然寂然，迨夫一阳来复，然后承天而布宣之。布宣，言用火也。此盖复表明岁起绪之端。是月也，斗杓建亥，亥有隔阂相连之义焉。律调应钟，又有应度育种之义焉。相连则隔而不隔，育种则绝而复生，造化之妙如此，以况丹法，阴阳之原，虽若寥廓恍惚，莫知端倪，然其先后始终存亡之绪，可推而知也。载观《坤》

之辞曰:“先迷后得”。是知先迷者,道穷而失轨也。失轨则终,终则复始,少焉朔旦为复,则阳炁又通,而主君将复兴矣。主君,谓阳火也。此亦魏公借其辞以明丹道,非正义也。

无平不陂,道之自然。变易更盛,消息相因。终坤始复,如循连环。帝王乘御,千秋常存。

总结上意,急提“自然”二字,以见造化消息相因之妙,乃无心而成化者。作丹者,果能法其自然之运,则如帝王之乘龙御天,而千秋万祀统纪不绝矣。此章,予《测疏》发挥甚明。

性命根宗章第三十

将欲养性,延命却期。审思后末,当虑其先。人所秉躯,体本一无。元精流布,因炁托初。

此章欲人穷取生身受炁之初以修性命,言人将欲养性延命以却死期,当思性从何来,命因何立。凡吾人所秉之躯,皆后天渣质,浊骨凡胎会有涯尽,当知体本一无。一者,先天真乙之炁。无,即所谓无极之真是也。“元精流布”二句,即“体本一无”之意。元精者,太阳元精也。流布,谓遍历诸辰。盖自鸿濛一判,此之元精周历四方,至于兑方而生金水,阴阳既交,此元精者,化为元炁,而人物之生胚胎于此,故曰“因炁托初”也。知托初之炁,则知性为吾人立命之原,而不可以不养矣;知所秉之躯,则知命为吾人有涯之生,而非术不延矣。

阴阳为度,魂魄所居。阳神日魂,阴神月魄。魂之与魄,互为宅室。

然所谓一无之炁者,乃先天道朴,不落有无,不属指拟,初不可以分阴阳。自其落于形质之中,以阴阳为度而分属之,则所谓托初之炁者,乃先天之物,有气无质,魂之谓也;所秉之躯者,乃后天之物,有气有质,魄之谓也。魂,即人之阳神也;魄,即人之阴神也。阳神则为日魂,阴神则为月魄。此日魂者,常居于月魄之中,故月借日则明,魄附魂则灵,而魂之与魄,互为宅室也。

性主处内,立置鄞鄂。情主营外,筑完城廓。城廓完全,人物乃安。于斯之时,情合乾坤。

自其魂为魄之室也，则为在人之性而主处乎内；自其魄为魂之宅也，则为在人之情而主营乎外。主乎内者，安静虚无，以正命本，立先天也，故曰“立置鄞鄂”。营乎外者，关键三宝，以裕精气，修后天也，故曰“筑完城廓”。夫其城廓完全而人物安矣，然后可以配合乾坤而行采药之功。此章所论性情，皆自一人而言，与上篇“推情合性”之旨不同，当细心研究。

乾动而直，炁布精流；坤静而翕，为道舍庐。[1]

承上文“情合乾坤”，故此遂言乾坤之德。盖乾主敷施，坤主翕受，阴阳男女，莫不皆然。然阴曰精，阳曰炁. 而精亦属之乾者，要知此精亦先天元精也。精炁之在先天者，不可分属，炁布则精流矣。为道舍庐者，魄为魂宅也。

刚施而退，柔化以滋。九还七返，八归六居。

“刚施而退”者，“雄阳播玄施”也。“柔化以滋”者，“雌阴统黄化”也。九八七六者，金木火水之数。得药归鼎，则九者还、七者返、八者归，而总居于水北之位，故曰“六居”。六独言居者，北方水位，乃真铅之本乡。还者、返者、归者，皆聚于此，而丹始凝结。然而九曰还，七曰返、八曰归者，盖有深旨。还者，外来之物也。返与归者，本有之物也。还者还于何处，返者返于何处，归者归于何处？此三者共居于六，非六独居也。

男白女赤，金火相拘。则水定火，五行之初。上善若水，清而无瑕。道之形象，真乙难图。变而分布，各自独居。

丹道虽称七八九六，实则“九还七返”尽之矣。九，金数也。七，火数也。坎男中白，是曰水金；离女内赤，是曰汞火。惟此二物，相钤相制，乃成丹道。故丹法则水定火，常使水铢不滥，火铢不燥，则金火自是相拘，而返还之道在是矣。然而铅至汞留，汞因铅结，其功皆归于水者，盖水为五行之初先，故《老子》曰：“上善若水”。然必清而无瑕，乃可用之，使有滓质，则度于后天而不可用矣。是水也，何水也？而上善若是？乃先天真乙之炁，所谓道也。道之形象，本真乙而难图，及其变而分布也，则一变生水，位居于北；二化生火，位居于南；三变生木，位居于东；四化生金，位居于西。

---

① 《易经·系辞上》：“夫乾，其静也专，其动也直，是以大生焉。夫坤，其静也翕，其动也辟，是以广生焉。”

各自独居，不相涉入。圣人攒簇而和合之，使之返还归复，乃成丹道。是以不谓之五行，不谓四象，而谓之曰“丹”也。

类如鸡子，黑白相扶，纵广一寸，以为始初。四肢五脏，筋骨乃俱。弥历十月，脱出其胞。骨弱可卷，肉滑若饴。

此言丹之为象，类如鸡子。黑白相扶者，阴阳混合也。纵广一寸，一寸者，丹之神室也。四象和合于此中，五行攒簇于此中，故肢脏筋骨，无不完具，如婴儿然。弥历十月，火候数足，脱出其胞，骨弱肉滑，迥异凡体，是乃身外之身，无质之质，体本一无，因炁托物而成圣体者。盖金丹之道，逆而成仙，与顺而成人者理本无二，魏公比而言之，其旨深矣。

二气感化章第三十一

（题仍上阳之旧）

阳燧以取火，非日不生光。方诸非星月，安能得水浆？二气至悬远，感化尚相通，何况近存身，切在于心胸。阴阳配日月，水火为效征。

此章言二气感化，有求必得之理，取以为铅汞相投、金来归性之征。阳燧，木燧也；方诸，大蛤也。或有以阳燧为火珠，方诸为阴鉴者，二物乃引致水火之具。夫日中有火，月中有水，乃阴阳自然之精，以此二物致之，可立而得。亦以二物之中元含水火，故以精摄精，以炁感炁，隔阂潜通，有莫知其然而然者。舍此二物，则必无可得之理。以况金丹大药原是我家固有之物，奔蹶之后，乞诸其邻，厥有至理，舍此他求，则为非类，欲其合体而居也，斯亦难矣。仙翁引证见效，类皆若此，中间“身心”二字最宜着眼。紫阳真人《四百字》序云：“以身心分上下两弦。”意更明切。

关键三宝章第三十二

（题仍上阳之旧）

耳目口三宝，固塞勿发通。真人潜深渊，浮游守规中。旋曲以视听，开阖皆合同。为己之枢辖，动静不竭穷。

此言炼丹入室之密旨，正与首篇“御政之首”互相发明。耳目口三宝者，道家以精气神三者为三宝，而耳目口迺[①]三者发窍之处，故仙翁亦拟之以为三宝。固塞勿发通者，言管括微密也。盖当入室之际，大用现前，必须六根大定，然后可以临炉施条，而行一时半刻之功。然所谓“固塞勿发”者，又非蠢然之固塞也，静而能应，有旋曲视听之道焉。旋曲视听，则见真人之潜于深渊者，一浮一游，皆不出此规中之一窍；而一开一阖，无不与己之真气相为合同。己之真气，既与之合，则所以为己之枢辖者在是矣。己谓己土，戊土能制己土，故曰“枢辖”。而戊土者，即深渊之真人也。动静不竭穷者，动静以火之消息而言。不竭穷者，绵绵若存也。此数句，采药行火，其诀悉备，读者详之。

离炁纳营卫，坎乃不用聪，兑合不以谈，希言顺鸿濛，三者既关键，缓体处空房。委志归虚无，无念以为常。

瞩视倾听，则摇其精，多言则丧其气，故当关键三者。顺鸿濛者，专一翕聚，以俟鸿濛之施化也。鸿濛，谓真乙之炁。盖此时得药归鼎，鸿濛施化，便当优游和缓，无劳尔形，委志虚无，无杂其念，庶乎火力匀调，而九转之功可冀也。“无念”二字，更当分晓，予《测疏》谓得丹之后，当情境两忘，人法双遣，不可沉着于有为事相之中，所谓“一念不起，万缘皆空”。以此为常，功深力到，则证验推移，立竿见影，其说良是。盖有念者，一时半刻之事；无念者，三年九载之功也。故云:“以为常”。

证验自推移，心专不纵横，寝寐神相抱，觉悟候存亡。

证验者，丹之证验。推移者，由浅而深也。证验，非心专则不能觉。纵横，言心驰于外也。驰于外，则心不专矣。寝寐而神与之相抱，觉悟而候其存亡，非心专而何？然上文既云“无念”，而此复言“心专”者，盖无念者，乃无杂念之谓，非顽空也；心专，则无杂念矣。

颜色浸以润，骨节亦坚强。排却众阴邪，然后立正阳。

此精充气足之外符。所谓证验，此其最著者也。排却众阴邪，然后立正阳者，炼去己私，然后得药归鼎。盖正阳者，乃真乙之炁，其来也甚微，兹欲立之，必须排却身中阴邪之气，庶邪不干正，阴不剥阳，而正炁可留。使邪者方盛，而我无排却之功，则阴之分数多而欲正阳之立也难矣。

---

① 迺，通“乃”字。

修之不辍休，庶气云雨行。淫淫若春泽，液液象解冰。从头流达足，究竟复上升。往来洞无极，怫怫被容中。

此证验之见于内者。盖得药之后，丹降中宫，于时众气自归，河车自转，蒸蒸然如山云之腾于太空，霏霏然如春雨之遍于原野，淫淫然如春水之满四泽，液液然如河冰之将欲解，往来上下，洞达无穷，百脉冲融，和气充足，畅于四肢，被于容色，拍拍满怀都是春而状如微醉也。此非亲造实诣，难以语此。

反者道之验，弱者德之柄。

《道德经》云："反者道之动，弱者道之用。"魏公亦借其语，而其意微有不同。盖《道德》所言"反"者，乃反复之复，言一阳来复，乃道之动也。此云"道之验"者，主意似言体道者之验，而反者，乃与物相反之谓，如《老子》所谓："众人昭昭，我独若昏；众人察察，我独若闷。"如此道情、世情，一一相反，方为体道之验，如前所谓炼己，正是炼此世情。一切与物相反，则道在是矣，故云"反者道之验也"。何谓"弱者德之柄"？《老子》云："知其荣，守其辱，为天下谷。知其雄，守其雌，为天下谿。"又云："专气致柔，如婴儿乎？"凡此濡弱不争，乃修德者之所当执持而不可失者，故云"德之柄"也。"道德"二字，要当有别，无为者曰道，有为者曰德；自然曰道，反还者曰德，不可不知也。

芸[①]锄宿污秽，细微得调畅。浊者清之路，昏久则昭明。

芸锄宿秽者，剥尽群阴也。阴消则阳长，故一身之中细微调畅。宿秽除，细微畅，宜乎不昏不浊。其有时而昏且浊者何？盖得炁之后，百脉归源，如所谓"气索命将绝，休死亡魄魂"者，故昏昏默默莫知其然，久之则自昭明，无更虑其昏浊也。《老子》云："孰能浊以静之徐清。"意亦若此。

旁门无功章第三十三

（题仍上阳之旧）

世人好小术，不审道浅深。弃正从邪径，欲速阏不通。犹盲不任杖，瞽

① 芸，通"耘"。

者听宫商，没水捕鸡兔，登山索鱼龙，植麦欲获黍，运规以求方。竭力劳精神，终年不见功。欲知服食法，事约而不繁。

此章无甚深旨。

珠华倡和章第三十四

太阳流珠，常欲去人。卒得金华，转而相因，化为白液，凝而至坚。

太阳流珠，离宫真汞也。真汞之性，飞走不定，故常欲去人。去人则幻质非坚，故必得此金华，然后足以伏之留之。金华者，金之精华，先天水金是也。得而采之，则转而相因，化为白液，而成坚固不坏之宝。《契》曰："先液而后凝，号曰黄舆焉。"以其为金炁所化，故曰"白液"。凝而坚，则不去人矣。

金华先倡，有顷之间，解化为水，马齿阑干，阳乃往和，情性自然。

今夫先天水金，先倡于爻动之时，一炁而已。有顷之间，一时半刻，渡于鹊桥，转于昆山，解化为水，乃有醍醐甘露之名。下于重楼，降于黄宫，结而成丹，则有马齿阑干之象。马齿阑干者，盖借外丹法象而言，非真有是物也。然而金华倡矣，阳乃和之。何谓之阳？乾也，男也。阳不主倡而乃往和者何？"饶他为主我为宾"也。一倡一和，则木性爱金，金情恋木，欢忻交通，自然感应，而丹道成矣。

迫促时阴，拘畜禁门。

时阴者，阴极之时也。阴极则阳将复生，故当此之时，迫之、促之，以感其炁。及夫一阳来复，得药归鼎，则又拘之、畜之于禁密之门。所谓"环匝关闭，守御密固"，即此意也。此八字，丹法尽矣。

慈母养育，孝子报恩，遂相衔咽，咀嚼相吞。严父施令，教敕子孙。

先天乾金入于坤宫，实而成坎。坤为母，赖此慈母育之、养之，唤来归舍，却入乾家，是慈母育养而孝子报恩也。报恩，谓报乾父之恩，非报慈母也。"遂相衔咽，咀嚼相吞"者，两相饮食，和合而成丹也。丹结黄庭，复以离宫真火环匝周遭，丹得火化，日滋月长，以底于成，是谓"严父施令，教敕子孙"。子孙即报恩之孝子，严父乃乾父也。离宫之火，乃太阳真火，故曰"乾父"。此皆作者广引曲譬之词，以明丹道之准于家道，如此要而言之，何父母子孙之有哉！

五行逆克章第三十五

五行错王，相据以生，火性销金，金伐木荣。三五与一，天地至精，可以口诀，难以书传。

太极判，两仪分，阴变阳合，而生水火木金土，此五行生出之序也。错王者，木王于东，火王于南，土王于中，金王于西，水王于北，各依四时之序而专其气以成岁功。然而错王之中，又各相据以生。据者，依据之意，如木则依水以生，火则依木以生，土则依火以生，金则依土以生，水则依金以生，此常道之顺五行也。其以丹道而言，则以逆克而成妙用，何者？丹法以汞求铅，是以火销金也。得药归鼎，以铅伏汞，是金来伐木也。火性销金，而金反和融；金来伐木，而木反荣盛，则何故哉？盖以五行一炁而已。分而为五，则错王以相生；合而归一，则相亲而相恋，故三五归一，而丹之道尽之矣。何谓三五？东三南二,一五也；北一西四,二五也；戊己自居五数，三五也。合此三五而总归于北一，则丹结矣。然三五如何会归？当有口诀，书不可得而传也。故曰："可以口诀，难以书传"云。

龙虎主客章第三十六

子当右转，午乃东旋，卯酉界隔，主客二名。

如上所言，水火性情，俱已敷陈悉备，但未及于龙虎，此复论之。盖丹有震龙兑虎，各守境隅于卯酉之位，而不知水火之精互藏于彼，故子当右转，则金公寄体于西邻；午乃东旋，乃离火藏锋于卯木。丹家所谓"黑铅水虎，赤汞火龙"，良有旨也。《契》云："青龙处房六兮，春华震东卯。白虎在昴七兮，秋芒兑西酉。"如此龙东虎西，界隔卯酉，分为主客，则西者为主，东者为客，盖主客二名，丹家之最所宜辨者也。《老子》云："吾不敢为主而为客。"《悟真篇》云："饶他为主我为宾。"此足以相发明矣。

龙呼于虎，虎吸龙精。两相饮食，俱相贪并。荧惑守西，太白经天。杀气所临，何有不倾。狸犬守鼠，鸟雀畏鹯。各得其性，何敢有声。

龙呼于虎，以汞求铅也。虎吸龙精，则铅来伏汞矣。两者混合中宫，相饮相食，相吞相并而成还丹。拟之天象，则如荧惑守西，太白经天，杀气所临，何有不倾者乎？拟之物类，则如狸犬守鼠，鸟雀畏鹯，各得其性，何敢有声者乎？荧惑、太白，天之金火二星。火入金乡，则为荧惑守西；金来伐木，则为太白经天。凡杀气所临之处，则战无不克，故以象之。又狸犬守鼠，象汞之求铅；鸟雀畏鹯，象铅之伏汞。

不得其理章第三十七

不得其理，难以妄言。竭殚家产，妻子饥贫，自古及今，好者亿人，讫不谐遇，希能有成。广求名药，与道乖殊。如审遭逢，睹其端绪。以类相况，揆物终始。

此章无甚深旨。

父母滋禀章第三十八

五行相克，更为父母。母含滋液，父主禀与，凝精流形，金石不朽。审专不泄，得成正道。

上言五行逆克而分主客，此言五行逆克而分父母，皆旁通曲畅，以尽丹道之蕴。五行相克者，丹法以火销金，以金伐木，皆逆克也。何以“更为父母”？更者，迭更之意。盖阴阳之道，施者为父，受者为母。《契》云：“雄阳播玄施，雌阴统黄化。”丹法以汞求铅，是以火销金也，如是则木火主施，而金水主受，是木火为父而金水为母也。及乎得药归鼎，以铅伏汞，是金来伐木也，是又金水主施，木火主受，金水为父而木火为母矣。如此二炁五行，交盗互入，乃成丹法，得而修之，则长生久视，万劫不坏，理亦宜然。观之于物，则凡凝精流形如金石者，皆能不朽。何谓凝精？精者，阴阳施受之精。盖自日月交光，照耀下土，凝结不散，则为金为石。人亦有精也，审专不泄，则精凝而宝结矣。审专，即“至诚专密”之意。不泄，即“关键三宝”之意。或以此精为交感之精者，非是。

药物至灵章第三十九

立竿见影，呼谷传响。岂不灵哉！天地至象。

太空之中，原无影响，以形声召之，则影响立至，此天地之至灵也。以况先天一炁来自虚无，召之自我，则无中生有，虚里造实，亦如立竿呼谷而影响随之。丹法之灵，有如此者。

若以野葛一寸，巴豆一两，入喉辄僵，不得俯仰。当此之时，虽周文揲蓍，孔子占象，扁鹊操针，巫咸扣鼓，安能令苏，复起驰走？

此与上条立设譬语，皆言药物至灵之义。盖上是言召摄之至灵，此言服食之至灵也。反言野葛、巴豆服之皆能杀人，世有死人之药，独无生人之药乎？故毒药入喉，圣哲不能复苏；刀圭入口，羽翰生于白日，理有固然，无足异者。今人于死人之药，则不敢复试，乃至长生大药，漫不加信，一何昧哉！

天元配合章第四十

河上姹女，灵而最神，得火则飞，不见埃尘，鬼隐龙匿，莫知所存。将欲制之，黄芽为根。

姹女，身中灵汞也。此汞属于离宫，午分三河，故云“河上”。得火则飞者，离宫真火一动，则汞自逃走，如感悲则泪，感合则精，感愧则汗，感惧则溺，皆由心君，故云“得火则飞”也。灵汞飞走，逃匿莫知其乡，其神若此。然既谓之曰灵矣，而又谓之曰神者何？盖灵则感而遂通，神则无方无体，正言此汞之在人身，无处不有，无感不通，常欲去人，不可控制，自非黄芽大药别无他能。黄芽者，真铅之别名也。何谓黄芽？黄者，中黄之炁；芽者，爻动之萌。为根者，言以之为丹基也。前云：“太阳流珠，常欲去人，卒得金华，转而相因。”意亦若此。

物无阴阳，违天背元。牝鸡自卵，其雏不全。夫何故乎？配合未连。三五不交，刚柔离分。

夫铅之所以能伏汞者，阳能制阴也。天下无一物无阴阳，无阴阳则违天背元矣。元者，无极之初，始生一炁，便含阴阳，故邵子云：“无极之先，阴含阳也；有象之后，阳分阴也。”天地万物岂有无阴阳而成造化者乎？故雌鸡自卵伏之，则其雏不全。何者？无配合也。无配合，则三五不交而刚柔离分矣。三五，即“三五与一”之三五。三五交，则刚柔合，而万化从此生矣。

施化之道，天地自然。犹火动而炎上，水流而润下。非有师导，使其然者。资始统政，不可复改。观夫雄雌交媾之时，刚柔相结而不可解，得其节符，非有工巧以制御之。若男生而伏，女偃其躯，禀乎胞胎，受炁元初，非徒生时，著而见之，及其死也，亦复效之。此非父母教令其然。本在交媾定制始先。

“雄阳播玄施，雌阴统黄化”，此阴阳施化之道也。是乃天地自然而然，故施者必化，禀者必受，犹之火动必上炎，水流必下润，非有师导而使之然，一自然而已矣。以是知乾元资始，坤元资生，资始统政之道，万古此天地，则万古此施化也。所谓天不变则道不变，道不变则丹亦不变，圣人知自然之不可变也，因而制之，尔其配合阴阳，运行日月，使刚柔之炁，互相纽结而不可解。不可解，则凝而至坚，而还丹成矣。此岂别有工巧以制御之，不过得其符节而已矣。节谓水火之节，符谓药生之符，得其节符，此还丹之第一义也。还丹而得其节符，则一时半刻之间可以立就，直至婴儿现相，脱胎神化，皆出自然，所谓一得永得，定制于先，不可改易。若男生而伏，女仰其躯，生时如此，死复效之，此岂父母使之然哉？亦由受胎之初，所秉之气有阴阳施化先后之不同，故男伏女仰，一定而不可易耳。以是知顺而成人，亦皆自然而然，不可复改，知人道则知丹道矣。此章意重在定制始先不可复改，以明丹法万古不变之意。

日月含吐章第四十一

坎男为月，离女为日。日以施德，月以舒光。月受日化，体不亏伤。阳失其契，阴侵其明。晦朔薄蚀，掩冒相倾。阳消其形，阴凌灾生。

此章意重阴阳含吐。含吐者，含其精而吐之也。夫坎男为月，离女为日，此《易》象也。丹术著明莫大乎日月，即举日月而论，日主施德，月主舒光，月之光吐于日者也。月受日化而有晦朔弦望之分，然亏而复盈，绝而复苏，其体终不至于亏伤者，以阴含阳，阴得阳助故也。故神仙造丹，专取借光为义。盖指庚方月现，药吐一符，乃阳之契也。得此契而造丹，则丹可立就，苟或后时失事，失此符契，则金嫌望远，药度后天，必至于渐消渐灭，屈折下降，阴侵其明而受统于巽，奄冒相倾而薄蚀于朔，消形生灾而丧明于坤矣。是可以见阳之契不可失也，失其契非盗机矣。

男女相须，含吐以滋。雄雌错杂，以类相求。

丹法之男女相须，偕以造化，即日月之含精吐光滋生万物也。是盖月受日化，坤承天施，乃阴阳自然之理，夫道不过一阴一阳而已。观夫雄雌错杂，其类不一，然其以类相求，含吐之情无不同也。以是知孤阴不生，独阳不成，顺而成人，逆而成丹，非有二道，贵在夫人能识其含吐之妙，盗其机而用之耳。

金化为水，水性周章。火化为土，水不得行。男动外施，女静内藏，溢度过节，为女所拘。魄以钤魂，不得淫奢。不寒不暑，进退合时。各得其和，俱吐证符。

此下发明“男女相须，含吐以滋”之义。金化为水者，爻动之时，金初生水也。水之为性，和融周章，必得离宫已土钤而制之，然后水为土揜，不得滥行，自来归性而成还丹。盖今人皆谓真铅能制真汞，而不知真土能擒真铅，故仙翁此章归重于此。故男动外施，女静内藏，何谓之男？男者，阳也。动而外施者，“雄阳播玄施”也。女者，阴也。静而内藏者，“雌阴统黄化”也。是可以见“男女相须，含吐以滋”之义矣。当夫金化为水之时，未免周章过溢，而此则“则水定火”，制以己土，使不得行，是阳为阴揜，男为女拘，魄以钤魂，而不得淫奢也。《契》云：“阳神日魂，阴神月魄。”凡人四大一身皆属于阴，而先天真乙之炁自爻动中来者，是曰日魂。魂来归魄，魂为魄钤，彼此相拘，含而吐之，以成造化。由是则以卦爻运以符火，不寒不暑，而进退之以时，则各得其和而证符之俱吐矣。药生曰符，药成曰证，皆自和气中来。“和”之一字最为肯綮，而“含吐”二字又是一章之大旨，学者更宜细玩。

四象归土章第四十二

丹砂木精，得金乃并。金水合处，木火为侣。四者浑沌，列为龙虎。龙阳数奇，虎阴数偶。

此章言四象五行，各有归并。丹砂者，离宫真汞也。午乃东旋，藏于木中，则为木精，必得西方之金以制之，则木性爱金，金情恋木，和合交并而成还丹。然西方之金中有真水，是金水合处也。丹砂木精，砂中含汞，是木火为侣也。此四象者，分布则各守境隅，浑沌则列为龙虎。浑沌者，用先天也。列为龙虎，则龙居东方，木数得三，而龙阳数奇矣；虎居西方，金数得四，而虎阴数偶矣。然阴阳之宅，其精互藏，龙岂真阳，虎岂真阴也哉，会而通之可也。

肝青为父，肺白为母，心赤为女，脾黄为祖，肾黑为子，子五行始。三物一家，都归戊己。

其以后天而论，木炁在肝，其色青，其人父；金炁在肺，其色白，其人母；火炁在心，其色赤，其人女；水炁在肾，其色黑，其人子；土炁在脾，其色黄，其人祖。肝肺之所以为父母者，以其生水火也；脾之所以为祖者，以其生金母也。丹家只论龙虎初弦之炁而已，与此全无干涉，而魏公必指此者，以见后天五行，欲人洞晓深达尔。然既曰“肾黑为子”而下即云“子五行始”者，盖又以先天生出之序而言，天一生水，位居于北，独为五行之初先。子当右转，则金水合处也；午乃东旋，则木火为侣也。并而合之，则同归戊己之宫，而还丹始就。故云：“三物一家，都归戊己。”戊己不独只言中宫，亦有“俱死归后土”之意，一家是本原一炁而生，故曰“一家”。

阴阳反覆章第四十三

刚柔迭兴，更历分部。（分，去声）

此章备言丹法逆转互换之妙。刚柔迭兴者，取互藏之精而阴中用阳、阳中用阴也。更历分部者，谓阴阳各有分部，如龙东虎西，子南午北，三月天罡，九月河魁，皆一定不移之位。丹法逆转互换，则皆更而历之，其义见下。

龙西虎东，建纬卯酉。刑德并会，相见欢喜。刑主杀伏，德主生起。二月榆死，魁临于卯。八月麦生，天罡据酉。

且如震龙居东，兑虎居西，乃阴阳分部之常。丹法更而历之，则东往西邻，西归东舍，而龙西虎东，小往大来矣。天地南北曰经，东西曰纬，卯建于东而主德，酉建于西而主刑，乃阴阳分部之常。丹法更而历之，则德中有刑，刑中有德，而“刑德并会，相见欢喜”矣。何谓“刑德并会”？盖“刑主杀伏，德主生起”，即观造化，二月榆死，此德中之刑也。德中何以有刑？盖以卯与戌合，而月将之河魁，此时临于卯位，戌中辛金，杀气尤存，故榆死于卯，其一征尔；八月麦生，此刑中之德也。刑中何以有德？盖以酉与辰合，而月将之天罡，此时临于酉位，辰中乙木，生气尚存，故麦生于酉，其一征尔。丹法此时立为沐浴，盖亦有见于此。然人身中安得更有榆死麦生，不过欲知刑德相负，此时不宜加火，使有偏重之虞尔。

子南午北，互为纲纪。

其以颠倒坎离而论，则子南午北，皆为更历分部。盖子者，坎水也，坎水居北而翻在南。午者，离火也，离火居南而翻在北。盖柔上而刚下，小往而大来。互为纲纪者，阳为纲，则阴为纪，今皆反之，故曰“互为”也。

一九之数，终而复始。含元虚危，播精于子。

上论丹法，此重丹母。盖一者水数，九者金数，此金水者，乃先天真一之炁，遍历诸辰，终而复始，其交会之际，则含元于虚危。虚危者，亥子之交，晦朔之间也。至子之半，则“忽然夜半一声雷，万户千门次第开”矣。故曰“播精于子”云。

牝牡相须章第四十四

关关雎鸠，在河之洲，窈窕淑女，君子好逑。雄不独处，雌不孤居。玄武龟蛇，蟠虬相扶，以明牝牡，更当相须。假使二女共室，颜色甚姝，苏秦通言，张仪合媒，发辨利舌，奋舒美辞，推心调谐，合为夫妻，弊发腐齿，终不相知。若药物非种，名类不同，分剂参差，失其纲纪，虽黄帝临炉，太乙执火，八公捣炼，淮南调合，立宇崇坛，玉为阶陛，麟脯凤腊，把籍长跪，祷祝神祇，请哀诸鬼，沐浴斋戒，妄有所冀，亦犹和胶补釜，以硇涂疮，去冷加冰，除热用汤，飞龟舞蛇，愈见乖张。

此章无甚深旨，只是明同类相从之意。“若药物非种”以下，又是言炉火中事，亦要配对阴阳，准则铢两。若与人元大丹一有不合，希能有成。此章予《测疏》中发明“好逑”之义甚切，观者详之。

参同契口义 下篇

淮海潜虚子 日录

自叙启后章第四十五

惟昔圣贤，怀玄抱真，伏炼九鼎，化迹隐沦。

夫金丹之道，古之高真上圣，莫不由之。顾药按三元，仙分九品。伏炼九鼎者，药之上品也，其法则轩辕之《龙虎》，旌阳之《石函》，备矣。其药即服即仙，故能化迹轻举。紫阳所谓“刀圭一入口，白昼生羽翰”者，比之人元大丹积累长久者不同。今《参同》所言，皆人元也。以其为人所易知而易行，且宇宙在手，非若九鼎神丹系于天地鬼神而不可必得者，故特详以示人尔。然神丹化迹，不曰“冲举”，而曰“隐沦”者，服丹之后更当潜伏人间，以修功行，俟其圆满，然后“膺箓受图”也。

含精养神，通德三元，精溢腠理，筋骨緻坚，众邪辟除，正气常存，累积长久，变形而仙。

含精者，含太阳之元精，先天药祖是也。神谓自己之元神。养神者，绵绵若存，优游厌饫，以俟药之自化也，此则人元之事。而曰“通德三元”者，三元之道，殊途而同归者也。冲养之盛，则精溢腠理，而筋骨坚緻，以至群阴剥尽，体化纯阳，火足胎圆，真人出现，变形而仙，无足异者。然非积累长久，何以能此？然前云“化迹”，而此曰“变形”，更当着眼。盖变者，化之有渐，而化则变之既成者也。如次而易血，次而易筋，次而易骨，皆谓之变，化则无俟于此。

忧悯后生，好道之伦，随傍风采，指画古文，著为图籍，开示后昆，露见枝条，隐藏本根，托号诸名，覆谬众文，学者得之，韫椟终身。

如上圣贤道成之后，不欲独善其身，随傍往哲之风采，指画上古之文字，著为图籍，以开来学。然又不敢成片诀破，露枝藏本，托号龙虎铅汞、流珠金华、黄芽白雪等名，以覆其文，意在使人得意忘象。学者得之，韫椟终身，守而勿替可也。

子继父业，孙踵祖先，传世迷惑，竟无见闻。遂使宦者不仕，农夫失耘，商人弃货，志士家贫。吾甚伤之，定录此文，字约易思，事省不烦，披列其条，核实可观，分两有数，因而相循。故为乱辞，孔窍其门，智者审思，以意参焉。

传世既久，寖以失真，未免以盲引盲，同落坑堑，遂使四民失业，穷乏终身，匪道误人，人自误之也。仙翁重伤此辈，乃复定录此文，发明金丹至易至简之道，指示药物，准则铢两。然亦不敢直陈显说，模仿古人托号覆谬之意，故为乱辞，孔窍其门，以藏真诀。智者审思，以意参之，则可以得之象数之外矣。此章“审思”二字，最为读《参同契》之肯綮。《管子》曰：“思之思之，又重思之，思之不通，神明通之。”《契》云：“千周灿彬彬兮，万遍将可睹。神明或告人兮，心灵忽自悟。”今人不能熟思详味，便谓此书难读，岂不有负仙翁开示后昆之圣心哉！

丹法全旨章第四十六

法象莫大乎天地兮，玄沟数万里。

此章与后《鼎器歌》，已见《测疏》，兹不复赘。

《参同》字义分属

外：坤女，坎戊，铅情，牝，偃月炉，元精，真人，真乙，金华，黄芽，有，金水，兑，虎，西，雄阳，震符，爻动，君主，黄土，白，熬枢，上弦，水银，明窗尘，文火，阳禀，刚施，命，阳神日魂，动直，孝子，九还，男白，王者，太白经天，神德，神明，男动外施。

内：乾男，离己，汞性，牡，河上姹女，太阳流珠，子珠，朱雀火精，无，木火，震，龙，东，雌阴，臣，客，赤色门，下弦，丹砂，太阳气，武火，阴受，柔化，性，阴神月魄，静翕，严父，七返，八归，六居，女赤，皇上，荧惑守西，女静内藏。

中宫：戊己，厚土。

上：甑山。

下：大渊，深渊，规中。

月节气候卦斗律火总纪

冬至十一月中

斗指子，卦为复䷗，律黄钟。五日鹖鴠不鸣，又五日虎始交，又五日荔挺出。

小寒十二月节

斗指癸，五日蚯蚓结，又五日麋角解，又五日水泉动。于时进一符阳火（戊己微调）。

大寒十二月中

斗指丑，卦为临䷒，律大吕。五日雁北乡，又五日雀始巢，又五日雉雊。

立春正月节

斗指艮，五日鸡乳，又五日征鸟厉疾，又五日水泽腹坚。于时进二符阳火（和平有明）。

雨水正月中

斗指寅，卦为泰䷊，律太簇。五日东风解冻，又五日蛰虫始振，又五日鱼陟负冰。

惊蛰二月节

斗指甲，五日獭祭鱼，又五日候雁北，又五日草木萌动。于时进三符阳火。

春分二月中

斗指卯，卦为大壮䷡，律夹钟。五日桃始华，又五日鸧鹒鸣，又五日鹰化为鸠。

清明三月节

斗指乙，五日玄鸟至，又五日雷乃发声，又五日始电。于时沐浴停火。

谷雨三月中

斗指辰，卦为夬䷪，律姑洗。五日桐始华，又五日田鼠化为駕，又五日虹始见。

立夏四月节

斗指巽，五日萍始生，又五日鸣鸠拂其羽，又五日戴胜降于桑。于时进五符阳火（乾健盛明）。

小满四月中

斗指已，卦为乾☰，律仲吕。五日蝼蝈鸣，又五日蚯蚓出，又五日王瓜生。

芒种五月节

斗指丙，五日苦菜秀，又五日蘼草死，又五日麦秋至。于时进火数足。

夏至五月中

斗指午，卦为姤☰，律蕤宾。五日螳螂生，又五日鵙始鸣，又五日反舌无声。

小暑六月节

斗指丁，五日鹿角解，又五日蜩始鸣，又五日半夏生。于时退一符阳火。

大暑六月中

斗指未，卦为遁☰，律林钟。五日温风至，又五日蟋蟀居壁，又五日鹰始挚。

立秋七月节

斗指坤，五日腐草为萤，又五日土润溽暑，又五日大雨时行。于时退二符阳火。

处暑七月中

斗指申，卦为否☰，律夷则。五日凉风至，又五日白露降，又五日寒蝉鸣。

白露八月节

斗指庚，五日鹰乃祭鸟，又五日天地始肃，又五日禾乃登。于时退三符阳火。

秋分八月中

斗指酉，卦为观☰，律南吕。五日鸿雁来，又五日玄鸟归，又五日群鸟养羞。

寒露九月节

斗指辛，五日雷始收声，又五日蛰虫坏户，又五日水始涸。于时沐浴停火。

霜降九月中

斗指戌，卦为剥䷖，律无射。五日鸿雁来宾，又五日雀入水为蛤，又五日菊有黄花。

立冬十月节

斗指乾，五日豺乃祭兽，又五日草木黄落，又五日蛰虫咸俯。于时火库归戌。

小雪十月中

斗指亥，卦为坤䷁，律应钟。五日水始冰，又五日地始冻，又五日雉入水为蜃。

大雪十一月节

斗指壬，五日虹藏不见，又五日天气上升、地气下降，又五日闭塞而成冬，于时归根复命（不复用火矣）。

按：天地之气候，即人身之火候也。阳长则阴消，阴盛则阳剥，皆自然而然。作丹者，苟能法其自然之运，则所谓进火退符者，其妙用不外是而得之矣。所谓自然，盖亦有说，师语我云："顺自然非听自然也"，渊乎微哉！

斗建子午将指天罡图

外一死局，乃天地子午之正位。

中一活局，乃斗建逐月之子午。

内一小活局，乃月将加所值正时，以视天罡之所在。

按：所在与指不同，如身在未则指丑，背身向指则吉，反则凶。

《悟真篇》云：“晨昏火候合天枢。”天枢者，斗杓所建之极也。天枢一昼夜，凡一周天，而一月一移，如十一月则初昏之夜，斗杓建子。初昏之夜，乃戌时也，便以子加于戌。十二月则以丑加于戌，正月以寅、二月以卯，皆加于戌。故曰：“月月常加戌。”然必视太阳已未过宫，未过宫者，则加于亥上。以此顺而推之，则知斗建之子午。

天罡亦视太阳过宫，如未过宫，只算前月或以交节气加亥，交中气加戌者，亦是此意。交节气，未必过宫；交中气，或有过宫者矣。然亦有已交中气，而犹未过宫者，亦加亥上。只以太阳过宫为主。

斗建法，且如正月建寅，太阳未过宫，则以寅加亥，至酉建子。正月斗建之子时，乃天地之酉时也。酉为子，则卯为午矣。

已过宫，则以寅加戌，至申建子，至寅建午。推之他月，亦是此例。进火退符，必用午建之子午者，盖以斗之所指则气动，故依斗建运也。《夷门歌》云：“十二门中月建移，刻漏依时逐旋布。”此其旨也。（斗之所指则气动，罡之所指则神聚。）

日之子午，因日所历；斗之子午，因戌所建。

日有昼夜，数分子昼午夜。月应时加减，分子生午亏。《悟真篇》云：“晨昏火候合天枢。”盖仙道之晨昏，乃取斗建之子午，非世间日出没之晨昏也。求天罡所在之辰，诀云：“月月常加戌，时时见破军。天罡前一位，只此最为真。太阳宫未过，仍于亥上寻。”加戌与前不同，今为立例。

假以五月某日午时，太阳已过宫，其月建午，即以戌加午上，顺数亥子丑寅卯辰巳，至午为止，得艮八，便于艮八，飞入九宫。以离九为左辅，坎一为右弼，坤二为贪狼，震三为巨门，巽四为禄存，中五为文曲，乾六为廉贞，兑七为武曲，艮八为破军。而天罡却在破军之前一位，故曰“时时见破军”也。

九宫八卦图

九宫八卦圖

巳 巽 四	午未 離 九	申 坤 二
辰卯 震 三	中 五	酉戌 兌 七
艮 八 寅	坎 一 丑子	乾 六 亥

药火象月之图

昏见图

一月三象，庚象其嫩，弦象其平，满象其盛。

《契》云：“金计有十五，五分水有余，二者以为真。”于此可见。

其以象火，则又参以乾之六爻，震则阳气始通，初九潜龙；兑则九二见龙，和平有明；乾则九三夕惕，亏折神符。

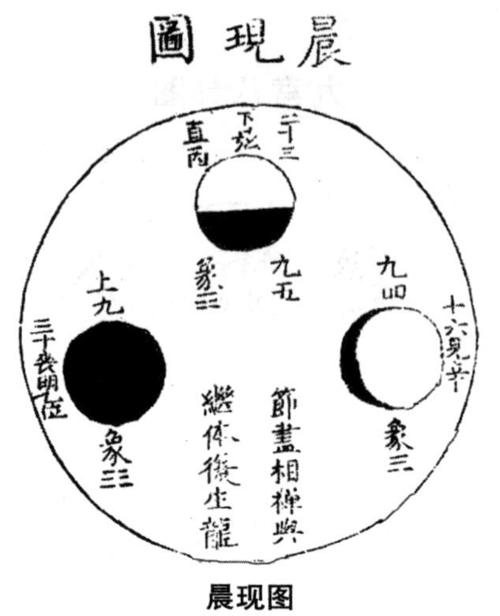

晨现图

阳道至此，渐消渐灭，故不以象药，而以象火。然非有二，但有内外之分耳。巽则九四或跃，进退道危；艮主进止，典守弦期，正应九五飞龙，丹道已就；坤应上九亢龙，罢功韫养。

此图亦可象药，亦可象火，要吾人会而通之耳。

八卦纳甲之图

纳甲法，是于月生处看出，此在《参同》无甚深旨。

乾纳甲　壬

坤纳乙　癸

艮纳丙

兑纳丁

坎纳戊

离纳己

震纳庚

巽纳辛

含元播精三五归一图

含元播精三五歸一圖

水者五行之初先也，十二辰为子含元，归集皆于此处，播精则在此时。

《参同契口义》终

第五卷　屯字集

悟真篇诗小序

淮海参学弟子陆西星　述

悟真篇序

嗟夫！人身难得，光阴易迁，罔测短修，安逃业报？不自及早省悟，惟只甘分待终，若临期一念有差，立堕三途恶趣，则动经尘劫，无有出期。当此之时，虽悔何及？故老、释以性命学开方便门，教人修种，以逃生死。释氏以空寂为宗，若顿悟圆通，则直超彼岸，如有习漏未尽，则尚徇于有生。老氏以炼养为真，若得其枢要，则立跻圣位，如其未明本性，则犹滞于幻形。其次，《周易》有“穷理尽性至命”之辞，《鲁论》有“毋意必固我”之说，此又仲尼极臻乎性命之奥也。然其言之常略，而不至于详者，何也？盖欲序正人伦，施仁义礼乐有为之教，故于无为之道，未尝显言。但以命术寓诸《易》象，以性法混诸微言故耳。至于《庄子》推穷物累逍遥之性，《孟子》善养“浩然之气”，皆切几之矣。

迨夫汉魏伯阳，引《易》道阴阳交姤之体，作《参同契》，以明大丹之作用。唐忠国师于《语录》首叙老庄言[①]，以显至道之本末，如此岂非教虽分三，道乃归一。奈何后世黄缁之流，各自专门，互相非是，致使三家宗要迷没邪歧，不能混一而同归矣！且今人以道门尚于修命，而不知修命之法，理出两端：有易遇而难成者，有难遇而易成者。如炼五芽之气，服七耀之光，

① 唐忠国师，参看宋赞宁《宋高僧传》卷九“唐均州武当山慧忠传”。

注想按摩，纳清吐浊，念经持咒，噀水叱符，叩齿集神，休妻绝粒，存神闭息，运眉间之思，补脑还精，习房中之术，以至服炼金石草木之类，皆易遇难成者。已上诸法，于修身之道，率皆灭裂，故施功虽多，而求效莫验。若勤心苦志，日夕修持，止可辟病，免其非横。一旦不行，则前功渐弃。此乃迁延岁月，必难成功。欲一得永得，还婴返老，变化飞升，不亦难乎？深可痛伤！盖近世修行之徒，妄有执著，不悟妙法之真，却怨神仙谩语。殊不知成道者，皆因炼金丹而得，恐泄天机，遂托数事为名。其中惟闭息一法，如能忘机息虑，即与二乘坐禅颇同，若勤而行之，可以入定出神。奈何精神属阴，宅舍难固，不免常用迁徙之法。既未得金汞还返之道，又岂能回阳换骨、白日而升天哉！

夫炼金液还丹者，则难遇而易成，须要洞晓阴阳，深达造化，方能追二气于黄道，会三性于元宫，攒簇五行，和合四象，龙吟虎啸，夫唱妇随，玉鼎汤煎，金炉火炽，始得玄珠成象，太乙归真，都来片饷工夫，永保无穷逸乐。至若防危虑险，慎于运用抽添，养正持盈，要在守雌抱一，自然返阳生之气，剥阴杀之形。节气既周，脱胎神化，名题仙籍，位号真人，此乃大丈夫功成名遂之时也。今之学者，有取铅汞为二气，指藏腑为五行，分心肾为坎离，以肝肺为龙虎，用神气为子母，执津液为铅汞，不识浮沉，宁分主客，何异认他财为己物，呼别姓为亲儿，又岂知金木相克之幽微，阴阳互用之奥妙？是皆日月失道，铅汞异炉，欲结还丹，不亦难乎？

仆幼亲善道，涉猎三教经书，以至刑法书算、医卜战阵、天文地理、吉凶死生之术，靡不留心详究。惟金丹一法，阅尽群经及诸家歌诗论契，皆云日魂月魄，庚虎甲龙，水银丹砂，白金黑锡，坎男离女，能成金液还丹，终不言真铅、真汞是何物色。又不说火候法度，温养指归。加以后世迷徒恣其臆说，将先圣典教妄行笺注，乖讹万状，不惟紊乱仙经，抑亦惑误后学。

仆以至人未遇，口诀难逢，遂至寝食不安，精神疲顇。虽询求遍于海岳，请益尽于贤愚，皆莫能通晓真宗，开照心腑。后至熙宁己酉岁[①]，因随龙图陆公入成都，以夙志不回，初诚愈恪，遂感真人，授金丹药物火候之诀。其言甚简，其要不繁，可谓指流知源，语一悟百，雾开日莹，尘尽鉴明，校

---

① 熙宁己酉岁，公元1069年。

之仙经，若合符契。

因为世之学仙者，十有八九，而达其真要者，未闻一二。仆既遇真诠，安敢隐默，罄所得，成律诗九九八十一首，号曰《悟真篇》。内七言四韵一十六首，以表二八之数；绝句六十四首，按《周易》诸卦；五言一首，以象太一之奇；续添《西江月》一十二首，以周岁律。其如鼎器尊卑、药物斤两、火候进退、主客后先、存亡有无、吉凶悔吝，悉备其中矣。及乎编集既成之后，又觉其中惟谈养命固形之术，而于本源真觉之性有所未究，遂玩佛书及《传灯录》，至于祖师有击竹而悟者，乃形于歌颂、诗曲、杂言三十二首，今附之卷末，庶几达本明性之道，尽于此矣！所期同志览之，则见末而悟本，舍妄以从真。

时皇宋熙宁乙卯岁[①]旦天台张伯端平叔序

悟真篇诗小序[②]

淮海参学弟子陆西星　述

《悟真篇》者，紫阳真人所作也，三贤注[③]之详矣。但篇章浩瀚，读者病焉，予会其意，作为小序，冠诸篇首，比之毛公[④]《诗》云。

七言律诗一十六首

（以准二八一斤之数）

圣师难遇，大道希闻，幻化非坚，徒竞华荣，悲悯后生，警悟第一

不求大道出迷途，纵负贤才岂丈夫。
百岁光阴石火烁，一生身世水泡浮。

---

① 熙宁乙卯岁，公元1075年。

② 小序，毛诗有大序、小序，合称毛诗序。大序为全书之序，小序在每篇诗的开头，解释主题。陆氏的小序，也是仿照毛诗的体例的。

③ 三贤注，指《悟真篇三注》，题名“紫贤薛道光、子野陆墅、上阳子陈致虚注”。此书中所收薛道光注，据考证应为翁葆光注。

④ 毛公，《汉书》“儒林传”言毛公是赵人，治诗，为河间献王博士。郑玄《诗谱》云鲁人大毛公为《训诂传》，河间献王得而献之，以小毛公为博士。

只贪利禄求荣显，不顾形容暗悴枯。

试问堆金等山岳，无常买得不来无。

石中烁火，以喻流光之倏忽；水上浮泡，以比幻身之脆薄。“只贪”二句虽开说，意却相属，盖形容之所以枯悴者，由于贪利禄也。贪则心火炎炽，火燃水干，故精枯而形自槁。广成子云：“毋劳尔形，毋摇尔精，毋使尔思虑营营”，实长生之要诀也。“无常”二字，最宜警省，识得无常，必有真常者在，非道而何？纵负贤才而不知道，非丈夫也。噫！“茫茫宇宙人无数，几个男儿是丈夫！”可胜愧哉！

蜉蝣之朝，而拟百年，大药不修，悯之愚痴，速炼第二

人生虽有百年期，寿夭穷通莫预知。

昨日街头犹走马，今朝棺内已眠尸。

妻财抛下非君有，罪业将行难自欺。

大药不求争得遇，遇而不炼是愚痴。

或问：佛言性体本空，罪福何有？仙翁此诗，独以罪业为言，无乃诬乎？

曰：凡人罪业不出身口心意，皆吾平日气质所为，与本性无与，但熏习渐染，反遭遮障，颠倒迷惑，以致临行未能解脱，罥挂轮网，各随其业之所造以为果报。故天堂地狱，一切皆吾心之所为，除非了心之人，脚根廓尔，无有罣碍，乃能空诸罪性。佛经所谓：“无罣碍故，无有恐怖，远离颠倒梦想，究竟涅盘。”永嘉禅师亦云：“了则业障本来空，未了应须偿夙债。”世有不信轮回罪业之说，以为死则魂归于天，魄降于地，纵有镬汤碓磨，复有何身可受，不知尔自梦中忽遇魔境，及诸笞挞痛楚苦恼，伊谁受之？如幻梦未醒，只见苦耳，莫更执迷，早求解脱。

天仙炼药，金丹为宗，推情合性，驾虎从龙，五行四象，各禀中宫，功成道就，飞步玉京，天仙作用第三

学仙须是学天仙，唯有金丹最的端。

二物会时情性合，五行全处龙虎蟠。

本因戊己为媒娉，遂使夫妻镇合欢。

只候功成朝玉阙，九霞光里驾翔鸾。

此诗三贤所注，明白详备，无可赞一词矣！但紫贤多“以法追摄”四字，遂起后来邪僻之宗。然则何谓“以法”？曰：“颠倒坎离，盗机逆用，是谓以法。”何谓“追摄”？曰：“磁石吸铁，隔碍潜通，是谓追摄。”世人但知二物有相合之情，而不知药物不匀，不敢会也；言语不通，不可会也；消息不真，会无益也。噫！“会”之一字，可易言哉！

玄玄更妙，颠倒坎离，决定浮沉，迭更宾主，铅至汞留，深潭耀日，丹法第四

此法真中妙更真，都缘我独异于人。
自知颠倒由离坎，谁识浮沉定主宾。
金鼎欲留朱里汞，玉池先下水中银。
神功运火非终旦，现出深潭日一轮。

紫贤“以法追摄”，正应此章，法字、妙字，深有意味。《石函记》云：“妙者少女，少女象兑。”颠倒者，交泰之义。“浮沉主宾”四字，最为肯綮。盖铅体本重，须激其浮而取之。《参同》所谓：“二者以为真，其三遂不入”，是识浮沉也。“饶他为主我为宾”，是定主宾也。“欲留”“先下”，子野得之。深潭，大渊也。日一轮，太阳也。非终旦，一时半刻也。

丹饵归腹，玄珠呈象，卦火符合，果熟胎圆，伏养第五

虎跃龙腾风浪粗，中央正位产玄珠。
果生枝上终期熟，子在胞中岂有殊。
南北宗源翻卦象，晨昏火候合天枢。
须知大隐居廛市，何必深山守静孤。

紫贤注内，“进水”二字，不若改言“退火”。盖火退一分，则水进一分，然身中之水如何进得？

长生大药，人人本具，咄矣迷徒，管窥弗广，破迷第六

人人本有长生药，自是迷徒枉摆抛。
甘露降时天地合，黄芽生处坎离交。
井蛙应谓无龙窟，篱鷃争知有凤巢？

丹熟自然金满屋，何须寻草学烧茅。

此篇甘露、黄芽，紫贤只言丹之异名，但未详解其义。《老子》云：“天地相合，以降甘露。”纯阳翁云：“白云朝顶上，甘露洒须弥。”皆阴阳会合，和气而成。要知甘露，乃玉浆也，雪山醍醐也，自上而下曰降，降则入于中宫而丹结矣。黄芽者，真铅之别名。《参同》云：“将欲制之，黄芽为根。”黄者，中黄之炁；芽者，生机之萌。言黄芽生处，便当交媾坎离，非谓必待坎离交媾然后黄芽生也。若交媾已罢，则此黄芽又种于戊己之宫，而以渐滋长矣。纯阳翁云：“白雪黄芽渐长成”是也。丹熟，则点化凡质而成圣体。寻草烧茅，纵能点化金石，与己何干，况万无可成者乎？“烧茅”二字，不知何义。愚意若茅柴之火，不能久耳。

药自胡生，西南得朋。金本从月，三日受符。采归土釜，配我流珠。两弦之炁，二八相当。产药川源第七

要知产药川源处，只在西南是本乡。

铅遇癸生须急采，金逢望远不堪尝。

送归土釜牢封固，次入流珠厮配当。

药重一斤须二八，调停火候托阴阳。

药者，真铅之炁，先天乾金也。西南坤位，坤土能生兑金，故曰“本乡”。金能生水，水一动，则金炁将泄，故当乘癸生之候，而急采此金为大药。生者，生机也。上阳子云：“癸动后而生铅，若望远，则药老而就亏矣，故不堪尝也。”

或问：药嫩何以可用？

曰：造化之气，成功者退，将来者进，喻如酿酒，三日之醇，浮而致之，可变千瓮。此时气味虽薄，而生机浡然，若已熟为酒，则不复可用矣。采药取嫩，意正如此。

此篇三贤多有口诀，盲师皆莫之知，妄意揣度，殊可嗤笑。“须二八”三字，最宜深味，盖不均，则不和，而当不过矣。

二八相当，交感自然。阴阳得类，真汞真铅。同类为真第八

休炼三黄及四神，若寻众草更非真。

阴阳得类方交感，二八相当自合亲。
潭底日红阴怪灭，山头月白药苗新。
时人要识真铅汞，不是凡砂及水银。

此篇所论，铅汞下一“真”字，以别于凡。盖真则无质，而凡则有相也。三黄四神，金石之类，与夫众草，皆人间有形渣滓之物，非我气类，安肯合体而居？惟有阴阳得类，二八相当，乃为合妙。《参同契》云：“欲作服食仙，须求同类者。”又云：“同类易施功，非种难为巧。”“潭底”二句，三贤皆失本旨，只缘泥着“铅汞”二字。盖“潭底日红阴怪灭”，喻阳能烁阴也。日为太阳之精，先天真铅是也。月无光，借日以为光。山头月白，乃出庚之月，借光尚微，其体纯白，此时药苗正新，乘此时而采之，则现出深潭日一轮，而群阴将尽剥矣，皆指真铅而言。山头月白者，艮为山，坎为月，先天坎艮之方，月出之所也，以为昆仑峰顶，凿矣。

或问：如诗所论，皆指真铅，何为真汞？

曰：仙翁直为真铅难识，故反覆歌咏以明产药之川源。交感之情性，配合之斤两，盖虽在外，而实与金石草木、有形有质者迥不相同。若真汞，则凡四大一身，阳里阴精皆是也。识得真铅，则道其在是，若三家相见，俱死归土，则又皆号为真铅矣！

生我之门，中有阳精。不求同类，独修无成。穷取生身第九

阳里阴精质不刚，独修一物转羸尫。
劳形按引皆非道，服气餐霞总是狂。
举世漫求铅汞伏，何时得见虎龙降？
劝君穷取生身处，返本还元是药王。

此篇《三注》甚详。但紫贤所言，龙虎铅汞，过于分晰，反觉有可商议。盖真铅真汞者，坎离互藏之精，所谓乌兔药物也。以其狞恶而啮人，故谓之曰虎；以其猖狂而难制，故谓之曰龙，其实喻言耳，非二物也。今以真龙真虎为二八，以真铅真汞为二弦之炁，不知“二八弦炁”四字本不可分。盖上下二弦，各去朔望八日，此时阴阳均平，故言二八，以取“相当”之义。所以相当者，炁也。二八弦炁，果可分乎？此非晰理之精者，不足以语此。

药王阳精，是曰真铅。名之地魄，能制天魂。伏汞则彼，造丹则我。道德高厚，天地齐永，寻铅第十

好把真铅着意寻，莫教容易度光阴。
但将地魄擒朱汞，自有天魂制水金。
可谓道高龙虎伏，堪言德重鬼神钦。
已知寿永齐天地，烦恼无由更上心。

此篇紫贤注，过于分晰，且有语病，今为更改。真铅者，先天真乙之炁，水中之金也。此物最难寻觅，非寻师则不知，非寻财则不得，非寻地则不安，非寻侣则无辅，而其中最难寻者，符来之信也。大修行人，历山川，饱风雪，穷年矻矻，寻此而已。“但将地魄擒朱汞”，兼内药外药而言之也。“自有天魂制水金”，则专言内药矣。盖真铅在外，则为真乙之炁，以其可聚可散，而藏于至阴之中，故名之曰地魄；归于鼎内，结而为丹，则曰水金。真汞在内，则为神火，以其飞扬飘荡，而居于先天乾宫，故曰天魂；散于四大一身，皆阳里阴精，皆名朱汞。地魄擒朱汞者，以黑投红，而汞为铅伏也。天魂制水金者，养以神火而抽铅添汞也。“但将”，则别无他物；“自有”，则不待安排。以铅伏汞，故曰擒；铅为汞留，故曰制。制，牵制之意，言丹结不散，皆由神火温养，使火冷则丹散矣。《契》云：“经营养鄞鄂，凝神以成躯。”此天魂制水金也。

鼎攒四象，药按三元。和合大药，不离水土，水土妙用第十一

黄芽白雪不难寻，达者须凭德行深。
四象五行全藉土，三元八卦岂离壬。
炼成灵质人难识，消尽阴魔鬼莫侵。
欲向人间留秘诀，未逢一个是知音。

此篇紫贤谓三元为三性，非是。三元者，天元、地元、人元之谓，丹之品也。黄芽白雪，铅汞之异名。《鼎器歌》云：“阴火白，黄芽铅”。全藉土，所以俱死归后土[①]。岂离壬，皆不外此先天真乙之炁而成。

① 后土，疑为“厚土”之误。《参同契》云：“俱死归厚土。”

相彼草木，糵芽于春。敷华吐英，阳倡于阴。真源反此，我以为宾。阴阳倡和第十二

草木阴阳亦两齐，若还缺一不芳菲。
初开绿叶阳先倡，次发红花阴后随。
常道积斯为日用，真源反此有谁知？
报言学道诸君子，不识阴阳莫乱为。

此篇“倡、随”二字，《三注》皆略言。阳倡阴和，譬诸草木，百姓日用，常道皆然。“真源反此”者，逆而成丹也。然亦不能外此阴阳倡随之理，但阴阳互藏，坎离颠倒，而人有不易识耳。

阴阳颠倒，坎上离下。白虎归家，明珠无价。神息绵绵，周天数卦。群阴剥尽，脱胎神化。颠倒成丹第十三

不识玄中颠倒颠，争知火里好栽莲。
牵将白虎归家养，产个明珠似月圆。
谩守药炉看火候，但安神息任天然。
群阴剥尽丹成熟，跳出樊笼寿万年。

此篇陆、陈二注得之，紫贤“内外法象”，取喻月圆之义。一言弦炁二八，二言卦火、爻铢合应一斤，反觉支纽，况章下已有“谩守”等句，月圆之义，未必指此。家者，己之宅舍。言归家，则药自外至，可知“谩守”二句，正言养之之法。

三五与一，天地至精。龙从火出，虎向水生。二物欢会，俱归中宫。三家相见，怀胎结婴。弥历十月，脱出其胞。三家相见第十四

三五一都三个字，古今明者实然稀。
东三南二同成五，北一西方四共之。
戊己自居生数五，三家相见结婴儿。
婴儿是一含真炁，十月胎圆入圣机。

三五归一，即是三家相见。

问：见于何处？

曰：见于“一”处。

如何得相见？

曰：既知倡随，又明颠倒，要见不难矣。

此篇《（三）注》颇支。

真铅之要，二八为宗。旁门作用，皓首无成。破邪显正第十五

不识真铅正祖宗，万般作用枉施功。
休妻谩遣阴阳隔，绝粒徒教肠胃空。
草木金银皆滓质，云霞日月属朦胧。
更饶吐纳并存想，总与金丹事不同。

真铅，即是人之正祖宗。盖先天祖炁，为生天、生地、生人、生物之根，非谓真铅又有祖宗也。上阳子谓：“有此灵圣，方知真铅之祖宗”，似有语病。

金丹根宗，圣圣相传。产药于坤，播种于乾。阴阳得类，道合自然。达者则信，众人疑焉。金丹根宗第十六

万卷仙经语总同，金丹只此是根宗。
依他坤位生成体，种向乾家交感宫。
莫怪天机俱漏泄，都缘学者自迷蒙。
若人了得诗中意，立见三清太上翁。

《入药镜》云：“产在坤，种在乾。”诗之意，盖本于此。上阳谓：“依世间男女生成之法，而逆种于乾宫”，其说似支。

七言绝句六十四首

（以象八八六十四卦之数）

阴阳精气，金丹之根，作原丹第一

先把乾坤为鼎器，次抟乌兔药来烹。
既驱二物归黄道，争得金丹不解生。

“鼎器”二字可分，《阴符经》云：“爰有奇器”。“药物”二字亦可分，

《道德经》云："恍恍惚惚，其中有物"。"驱二物"三字，本《入药镜》。

安炉立鼎，制魄钤魂。变化氤氲，成功妙矣，作药化第二

安炉立鼎法乾坤，煅炼精华制魄魂。
聚散氤氲为变化，敢将玄妙等闲论。

诗意重"氤氲"二字，乃交泰之妙也。《石函记》云："天不降而地不升，天不氤而地不氲"，妙用何从生哉！

炼药之炉，其名偃月。中有玉蕊，初弦之炁。火力调停，黄芽渐长。明窍第三，弦炁第四

休泥丹灶费工夫，炼药须寻偃月炉。
自有天然真火候，不须柴炭及吹嘘。

偃月炉中玉蕊生，朱砂鼎内水银平。
只因火力调和后，种得黄芽渐长成。

"生""平"二字有味。生者，阳动也；平者，匀平也。玉蕊不生，符信不真；二八不当，情性不亲。

长生大药，黄芽为根。咽津纳气，徒劳无成。真种第五

咽津纳气是人行，有药方能造化生。
鼎内若无真种子，犹将水火煮空铛。

真种子就是药，此药乃先天真乙之炁，故曰真种。

真种何物，窍中弦炁。西川蟾光，金水混融。水中之金，不在深山。真铅第六，莫入山第七

调合铅汞要成丹，大小无伤两国全。
若问真铅是何物，蟾光终日照西川。

"大小两国"，出《老子》。"西川"，亦云"西江水"。

未炼还丹莫入山，山中内外尽非铅。
此般至宝家家有，自是愚人识不全。

《黄庭经》云：“入山何难故踌躇。”只为真铅难得，真侣难求，故和光混俗，以须大事耳。若更入山，只独修而已。

真铅真汞，气类相求。西南得朋，乃与类行。作同类第八

竹破须将竹补宜，抱鸡须用卵为之。
万般非类徒劳力，争似真铅合圣机？

诗意，本《参同》。

先天真铅，能伏己汞。后天汞老，功成身退。用铅不用第九

用铅不得用凡铅，用了真铅也弃捐。
此是用铅真妙诀，用铅不用是诚言。

或问：紫贤注内“添汞减铅”之说？

曰：“予闻之立阳先生[①]，得药归鼎之后，养以神火，昼夜功勤，是添汞也。久之神气混融，铅入汞内，日觉其减。故汞气渐多，铅气渐散，喻如炊饭，米渐大，则水渐干，抽添之妙，意盖如此。”然却非仙翁“弃捐”之本意，陆、陈得之。

命以术延，性以道全。性命双修，知所先后。先实腹第十

虚心实腹义俱深，只为虚心要识心。
不若炼铅先实腹，任教收取满堂金。

虚心，乃丹成之后，“抱元守一”之功。上阳以“炼己”当之，殊失“先”字之义。

真人指玄第十一

梦谒西华到九天，真人授我指玄篇。
中间易简无多语，只是教人炼汞铅。

① 立阳先生，按《三藏真诠》云：“立阳周先生，钱黄谷仙师高弟也，以人元成道于云南”云云。又见《玄肤论》“抽添论”。

虚无兆一，分判阴阳。再合重生，万化滋张。道生第十二

道自虚无生一炁，便从一炁产阴阳。

阴阳再合生三体，三体重生万物张。

诗意，本《老子》，泛言造化。《三注》差远。

或问：虚无兆一，是太极之上复有无极否？

曰：一即太极，一亦有象，安得谓无？故知一者，无之所生，但浑沦而未破耳。孔子曰："易有太极，是生两仪。"《老子》曰："天地万物生于有，有生于无。"故知太极之上，有无极也。

铅至汞迎，和合成丹。合丹第十三

坎电烹轰金水方，火发昆仑阴与阳。

二物若还和合了，自然丹熟遍身香。

金水方，紫贤解非是，陆、陈得之。阴与阳，即二气感应以相与之与。

水火交姤，功归戊己。真土第十四

离坎若还无戊己，虽含四象不成丹。

只缘彼此怀真土，遂使金丹有返还。

真土无形，上阳以玄牝之门当之，恐未尽善。

水取润下，女居日位。子南午北，迭为宾主。取坎填离，是曰还丹。颠倒第十五，取坎填离第十六

离居日位翻为女，坎配蟾宫却是男。

不会个中颠倒意，休将管见事高谈。

日位太阳，离女居之；月位太阴，坎男居之。如此颠倒互换，必有深意，《三注》皆欠明白[①]。

取将坎位心中实，点化离宫腹内阴。

① 按：〔清〕仇兆鳌《悟真篇集注》卷中所引补录："长庚注：或问我之为离，乃是奔蹶所致，彼为坤卦，纯阴无阳，何以成坎？曰：混沌之初，彼固坤体，二七之期，有阳动焉，纯坤之中，忽逢一阳动荡之机，岂非坎体乎？"

从此变成乾健体，潜藏飞跃总由心。

此“坎离”二字，又与上章“坎离”不同。上章“坎离”，乃男女一定之名；此章“坎离”，乃阴阳互藏之精也。《三注》欠明。至紫贤谓此为“抽铅添汞”之法，异乎吾所闻也。

龙从火出，虎向水生。母隐子胎第十七

震龙汞出自离乡，兑虎铅生在坎方。
二物总因儿产母，五行全要入中央。

此言铅、汞、土，三性会合于中宫而成丹。上阳注“震兑”较远。

金本从月，癸生急采。药候第十八

月才天际半轮明，早有龙吟虎啸声。
便好用工修二八，一时辰内管丹成。

天际月明，以象庚生之候；龙吟虎啸，以明交动之机。妙在“才”“早”二字，泥“半轮”为上弦金半斤者，于义差缓。诗意贵在知时采取，陆、陈注互可商议，精义者得之。

铅汞相交，调以意土。黄婆媒合第十九

华岳山头雄虎啸，扶桑海底牝龙吟。
黄婆自解相媒合，遣作夫妻共一心。

吟啸者，阴阳相求，生机之动也。黄婆，子野得之。

虎既猖狂，龙复狞恶。云何死斗，云何降伏？成丹降龙伏虎第二十

西山白虎正猖狂，东海青龙不可当。
两手捉来令死斗，化成一块紫金霜。

读此诗者，不可执象泥文，只为两手死斗，反启纷纷邪僻之门。肯綮，上阳得之。

交媾坎离，运行复姤。得药行火第二十一

赤龙黑虎各西东，四象交加戊己中。

复姤自兹能运用，金丹谁道不成功。

戊己只作中宫，意味自长。陆、陈皆泥象而解。

或问：戊己合成刀圭，圭者二土，刀者何义？

有一士人，会意而解。𠃌者，己字；丿者，戊字。前无所本，似为得之[①]。高象先云："不若先敲戊己门。"以为龙头虎门者，古有之矣。

大药之求，先资炼己。炼己求药第二十二

先且观天明五贼，次须察地以安民。

民安国富方求战，战罢方能见圣人。

察地，欲得地也。察地所以安民，《三注》可诵。

或问：三峰采战之说，诸家非之[②]，而《悟真》每言求战、死斗，抑又何欤？

曰：三峰之言采战，乃空国兴师之战；其言采，乃采取后天渣质淫浊之气，有战之名、有战之事者也。《悟真》之言战、斗，乃阴阳均敌，举水灭火，以金伐木，有战之理，无战之事者也。《易》曰："阴疑于阳必战"。解曰：疑者，均敌而无大小之称。今夫两弦之炁，二八相当，非均敌乎？两相饮食，遂相并吞，非战乎？《老子》曰："抗兵相加，哀者胜之。"又曰："行无行，攘无臂，仍无兵"，是名之为战，而实无所战也。彼三峰之说，可以同日而语乎？

炼己纯熟，可以临炉，临炉机要第二十三

用将须分左右军，饶他为主我为宾。

劝君临阵休轻敌，恐丧吾家无价珍。

---

① 《张三丰先生全集·道言浅近》"三丰先生辑说"云："丹家以戊己为刀，二土为圭者，结字肖形，正示人以打合之意。但二土为圭，人所共知，戊己为刀，人所鲜知者。潜虚云："有一士人会意而解，𠃌己字、丿戊字，前无所本，似为得之。"涵虚云：非无本也。琴谱以数字攒一字，一字取一画，合左右投弹之法，备见于一字之中，此即以琴谱为本者也。𠃌者，己之头；丿者，戊之旁。戊己二土，以刀圭两字合之，盖望人将离己坎戊之二土合为一处也。仙家隐语，往往如是。"

② 陆西星《金丹就正篇·序》："既以上乘之道，勉进我人，首言阴阳合而成道。时则谬举三峰之说，以质于师，师乃斥之。"陆西星《三藏真诠》："有为三峰术者，可令先除墓地。（问三峰术）"

《老子》云："吾不敢为主而为客。"又云："轻敌几丧吾宝。"诗意本此。

火生于木，祸发必克。孰能制之，金公之力，水火制伏第二十四

火生于木本藏锋，不会钻研莫强攻。
祸发总因斯害己，要须制伏觅金公。

《三注》可玩。

先天阳精，逃入坎宫。隐于兑位，寄养西邻。震用伐之，光复旧物。之子于归，配我姹女。金公归舍第二十五

金公本是东家子，送在西邻寄体生。
认得唤来归舍养，配将姹女结亲情。

此章与下一诗言铅汞。真汞配合之妙，篇内皆有。"归舍"字，乃诗眼也。

姹女出游，顺往逆归。既见君子，速驾河车[①]。峰回路转，憩我中宫。伉俪永谐，十月怀胎。姹女嫁金公第二十六

姹女游行自有方，前行须短后行长。
归来却入黄婆舍，嫁个金公作老郎。

《（三）注》中，紫贤言火候长短，子野、上阳却言真汞游行之方，二公得之。

药物既真，火候须知。口诀通玄，圣师希遇。第二十七、二十八

纵识朱砂与黑铅，不知火候也如闲。
大都全藉修持力，毫发差殊不作丹。

丹者，和气之所成，毫发差殊，则水火偏胜，失其太和，故丹不可成。

契论经歌讲至真，不将火候著于文。
要知口诀通玄处，须共神仙仔细论。

此篇所论内、外火候，无出上阳，实神仙之要诀也，学者更当熟玩。

---

① 速，原作"夙"字，据文义改。《吕祖全集》云："夜深龙吟虎啸时，速驾河车无暂歇。"

天上中秋，金精壮盛。阳生急采，后时无及。人间活子时第二十九

八月十五玩蟾辉，正是金精壮盛时。
若到一阳来起复，便宜进火莫延迟。

或问：既言八月十五，又言三日出庚，其义安在？

曰：十五象金水之炁足，三日象金水之药新。炁不足则水不生，合而言之，其意自见。

问：活子时？

曰：凡可算数计、色相求者，皆非活也。圣圣传心，惟此而已，微哉！微哉！

受炁吉，防成凶。受炁防危第三十

一阳才动作丹时，铅鼎温温照幌帏[①]。
受炁之初容易得，抽添运用切防危。

卦气周天，脱胎神化。丹熟第三十一

玄珠有象逐阳生，阳极阴消渐剥形。
十月霜飞丹始熟，此时神鬼也须惊。

金水匀平，二八相当。采药归炉，烹煎温养。两弦药味第三十二

前弦之后后弦前，药味平平气象全。
采得归来炉里煅，煅成温养自烹煎。

诗意既重“平平”，则言上下两弦者，亦未为非。盖十五以象药全，出庚以象药嫩，两弦以象药平。“全”与“嫩”专言外药，“平”则兼内外而言之。此注当主紫贤，陆、陈于“平平”字不贴。

得药归鼎，封锁中宫。得药第三十三

长男乍饮西方酒，少女初开北地花。
若使青娥相见后，一时关锁住黄家。

---

① 幌帏，原作“晃帷”。据《道藏》本、傅金铨本改。

长男、少女，震、兑二象。西方酒，雪山醍醐也。注准紫贤，陆牵强。

刑德之月，阴阳气平。宜罢火功，专炁致柔。卯酉沐浴第三十四

兔鸡之月及其时，刑德临门药象之。
到此金砂宜沐浴，若还加火必倾危。

沐浴者，即今告休沐之意，言罢政事退休也。紫贤注好。

日月之会，三旬一逢。观天之道，执天之行。以时易日第三十五

日月三旬一遇逢，以时易日法神功。
守城野战知凶吉，增得灵砂满鼎红。

陆、陈注好。

否泰才交，屯蒙用事。聊陈两象，休泥其文。得意忘象第三十六

否泰才交万物盈，屯蒙二卦禀生成。
此中得意休求象，若究群爻谩役情。

否泰才交，采药也；屯蒙二卦，行火也。朝屯暮蒙，是取卦爻反对，为火符升降之象。故自屯、蒙，以至既、未，六十卦分配于一月之中，终则复始。禀生成者，阳起于子，极于巳，禀主生物；阴生于午，终于亥，生主成物也。然不过取象其意而已，非实有屯蒙、既未等卦可用也。故曰："此中得意休求象，若究群爻谩役情。"

或问:《（三）注》中紫贤之说？

曰：紫贤以坎离当子午，逐时变爻成卦。自坎变者，子时为坎，丑时变初爻为节，寅时变二爻为屯，卯时变三爻为既济，辰时变四爻为革，巳时变五爻为丰，午时变六爻为纯离；自离而变者，未时变初爻为旅，申时变二爻为鼎，酉时变三爻为未济，戌时变四爻为蒙，亥时变五爻为涣，至子时复变六爻为纯坎。万物生于寅，终于戌，故屯蒙二卦禀造化之生成也。于义亦精，但以坎离作逐时变爻，则屯蒙禀造化之生成，诚是也。至论一日两卦值事，则来日当用需讼矣，又以何卦作主？何卦禀生成耶？此便非通说也。

得象忘言第三十七

卦中设象本仪形，得象忘言意自明。
后世迷徒唯泥象，却行卦气望飞升。

天地盈虚，自有消息。能盗其机，造化在手。知机第三十八

天地盈虚自有时，审能消息始知机。
由来庚甲申明令，杀尽三尸道可期。

《三注》可玩。

或问：三尸？

曰：三尸者，皆气质之性之所化分，居三田，或好车马，或好饮食，或好声色，谓之三彭。炼己者，只能沉之伏之，欲杀尽非得药不可也。

造化之妙，玄牝为基。真精返室，谷神不死。玄牝第三十九

要得谷神常不死，须凭玄牝立根基。
真精既返黄金室，一颗灵丹永不离。

仙翁此篇，本于《老子》。《老子》云："谷神不死，是谓玄牝。玄牝之门，是谓天地根。"意谓人身之中有至虚至灵、常存而不死者，其玄牝之谓乎？盖玄牝者，乃人身中体具未分之太极也，中有阴阳，故曰玄牝。神炁于此而归根，日月于此而合璧，人能凭此以立根基，然后谷神可以不死。然是玄牝也，分而言之，则有门户，故曰"玄牝之门"，其在造化是为生人生物之根。盖玄牝自是玄牝，而玄牝之门则钟离公所谓"生我之门，死我之户"，又世人所罕知者，故下二诗及之。

或问：紫贤注："神因气立，气因精生，精能生气，气能生神。形不得神，而气不生；神不得气而精不生；神气不得形而不能立，三者相须"，其义安在？

曰：夫人气弱则神少，精亡则气馁，是神因气立，而气因精生也。积精之人，则气盛而耐寒暑；气盛之人，则神全无寝寐，是精生气而气生神也。然神不得形则无主，故气不能运动而不生，神不得气则如子之失母，自是放佚无拘，火焚水干而精竭矣，故精不生。精气神不得此躯壳，则无所依附，

故不得形而不能立，故曰“三者相须，始有成也”。

玄牝天根，非口非鼻。互藏真精，异名同出。玄牝之门第四十

玄牝之门世罕知，休将口鼻妄施为。
饶君吐纳经千载，争得金乌搦兔儿。

乌者，日之精；兔者，月之魄。是言魂魄相拘之意。紫贤注恐差。

异名同出第四十一

异名同出少人知，两者玄玄是要机。
保命全形明损益，紫金丹药最灵奇。

承上章言，此玄牝之门虽若异名，而实太极之所分，故阴阳既判，非此无以别其类，精炁互藏，非此无以通其感，实修命之要机也。明损益者，顺则常道而有生有死，逆则丹道而常灵常存也。陆注谓无损有益，或言外之意。

无为上德，有作为基。立地清虚，空中楼阁。有为第四十二

始于有作人难见，及至无为众始知。
但见无为为要妙，岂知有作是根基。

阴阳之精，互藏其宅。丹母圣胎第四十三

黑中有白为丹母，雄里怀雌是圣胎。
太乙在炉宜慎守，三田聚宝应三台。

太乙者，东方木精，不能慎守，常有逃失之虞，欲结圣胎，须当慎守。

恍惚有物，杳冥有精。不见而见，见而不见。成就圣胎，有无相入。有无相入第四十四

恍惚之中寻有象，杳冥之内觅真精。
有无从此自相入，未见如何想得成。

《三注》明白。

圣胎既就，卦火数周。脱胎神化第四十五

四象会时玄体就，五行全处紫金明。
脱胎入口身通圣，无限龙神尽失惊。

“入口”二字不必泥，此有邪宗妄引以为口实者。

圣胎既脱，天仙庆会。功成名遂第四十六

华池宴罢月澄辉，跨个金龙访紫微。
从此众仙相见后，海潮陵谷任迁移。

金液之丹，种自家园。真种奚自？乞诸西邻。家园下种第四十七

要知金液还丹法，须向家园下种栽。
不假吹嘘并着力，自然丹熟脱真胎。

西邻之种，不死之方。雪山醍醐，返魂之浆。转之辘轳，濯我昆仑。阴阳相见，交媾自然。休施巧伪第四十八、雪山醍醐第四十九

休施巧伪为功力，认取他家不死方。
壶内旋添延命酒，鼎中收取返魂浆。

酒、浆，薛、陈言是。

雪山一味好醍醐，倾入东阳造化炉。
若过昆仑西北去，张骞始得见麻姑。

倾入东阳，则过昆仑矣。更自昆仑西北而去，循河车而行上泥丸，下重楼，始与阴汞相见，如张骞之乘槎而见麻姑也。昆仑顶，准紫贤作为玄门。或人有作泥丸者，河车搬运上昆仑是也。主言不同，殆不必泥也。

恩哉圣师，诀破阳精。开张大道，阏绝邪门。阴道九一，闭气房中。不识亲疏，妄作招凶。圣人知常，复命归根。委时去害，千秋长存。正误第五十、知常返本第五十一

不识阳精及主宾，知他哪个是疏亲。
房中空闭尾闾穴，误杀闫浮多少人。

宾主、亲疏，皆自“内外”二字分来。识得阳精，则知外者非疏；能知邪正，则房中之术又非亲矣。

万物芸芸各返根，返根复命即常存。

知常返本人难会，妄作招凶往往闻。

“穷取生身受炁初”，是返根也。《三注》可玩。

宝剑从心，煅炼纯熟。掬西江水，磨昆仑石。凯旋献馘，袭言藏之。佳兵不祥，不得已而用之。铸剑第五十二

欧冶亲传铸剑方，镆铘金水配柔刚。

炼成偏会知人意，万里诛妖一电光。

剑有干将、镆邪。镆邪金水，乃喻雌剑，故云“配柔刚”。“一电光”，以显掣电之机。此诗当于象外得之，《三注》皆支。

虚则应物，和乃物从。招凤唤龟，妙存感应。此规此规，中心藏之。此规第五十三

敲竹唤龟吞玉芝，鼓琴招凤饮刀圭。

近来透体金光现，不与凡人话此规。

龟乃北方之物，以喻坎；凤乃南方鸟，以喻离。紫贤以玉芝为龙之弦炁，刀圭为虎之弦炁。子野谓：“竹则心虚，应而无欲；琴则音正，和而不乱。”皆可从。

药逢同类，道合自然。我命由我，不由乎天。丹药通灵第五十四

药逢气类方成象，道在希夷合自然。

一粒灵丹吞入腹，始知我命不由天。

子野注是。

或问：何以道自是道、药自是药？

曰：药者，如人有病而求药，制之有方，采之有时，以有为为用者也。道者，如人病已而调摄，优柔和中，恬澹寂寞，以无为为宗者也。形以道全，命以术延，知此则知性命分宗，而双修之理得矣。

圣胎凝结，片饷之功。三年九载，徒劳汗漫。金丹一日成第五十五

赫赫金丹一日成，古仙垂语实堪听。
若言九载三年者，尽是推延款日程。

“片饷功夫修便见，老成须用过三年。九年火候都经过，忽尔天门顶中破。”古仙亦有三年九载之说，不必以迁延致疑。

魔障在彼，修持在我。阴德既宏，灵丹可冀。德行第五十六

大药修之有易难，也知由我亦由天。
若非积行修阴德，动有群魔作障缘。

阴德是人所不知者，上阳论是，录之：“施予不求报，阴德也；积善无人知，阴德也；不迫人于险，阴德也；暗中作方便，阴德也。经云：‘彼以祸来，我以福往；彼以怨来，我以德往’。”郝太古仙师云：“阳德伏人，阴德伏鬼。”

及时盗机，万化既安。息虑灰心，以证无为。盗机第五十七

三才相盗及其时，道德神仙隐此机。
万化既安诸虑息，百骸俱理证无为。

诗意本《阴符》，“三盗既宜，三才既安，食其时，百骸理；动其机，万化安。”机谓生机，时即生机将动之时。天地以此盗物，物以此盗人，人以此盗丹，及夫息虑无为，则大事到手矣。

真诠口诀，隐之灵文。不遇真师，徒饶聪慧。真诠第五十八、莫强猜第五十九

《阴符》宝字逾三百，《道德》灵文满五千。
今古上仙无限数，尽于此处达真诠。

《阴符》《道德》所言，皆盗机逆用之事。至于“治国用兵，与取天下”，“爰有奇器，是生万物，八卦甲子，神机鬼藏”，皆有深旨，世人不知，妄为笺解，至指《阴符》为兵机，用《老子》以治国，失之远矣。独有仙翁贯彻其旨，以为古今上仙入圣之真诠。诗中歌咏，多祖其语，学者果能熟读而详味之，则二书之妙义自明，而所谓金丹口诀，亦不外是矣。

饶君聪慧过颜闵，不遇真师莫强猜。

只为金丹无口诀，教君何处结灵胎。

金丹之道，万劫一传，特以天机閟密，圣师往往不敢成段诀破。其有述作，大率隐之微言，混之乱辞，孔窍多门，名号不一，直是不可以意见猜度。猜之身中，则顽空枯坐，乃有磨砖作镜之讥；猜之身外，则闭气房中，适犯抱玉赴火之戒。用兵用将，则疑于采战，而言三峰之术者，已斥其非；入口入腹，则疑于服食，而用金石之剂者，已罹其祸。至于用闺丹，则秽质可疑；指炉火，则耗财可悯。兼之盲师诱引，堕坑落堑而不知。邪见执迷，扑风捉影，而何用？诚哉慧如颜闵，未有无真师而自悟者也。所以云："性由自悟，命假师传"。然真师难遇，必须具大智慧眼者，方能别之。所以得遇，其故有三：一曰因缘将至，二曰精诚感通，三曰智慧具足。智慧足于精诚，因缘生于智慧。《管子》曰："思之思之，又重思之，思之未通，神明通之，非神明之通也，精诚之极也。"《契》曰："千周灿彬彬兮，万遍将可睹，神明或告人兮，心灵忽自悟。"有此征验，始信因缘遭际之不偶也。至若纯阳识师于长安，杏林拜师于缧锁，此皆具大慧眼者方能得之。否则，如退之遇韩湘于蓝关，元晦遇玉蟾于武夷，彼二贤者岂无智慧？特以自是自见，不肯虚心，所以遇而不遇，终于皓首无闻而已。学者诚不可以真师之难遇而自生懈退，又不可自谓吾见之已到，而遂忘虚受也。

了心得药，得药忘心。息机第六十、知止第六十一

了了心猿方寸机，三千功行与天齐。

自然有鼎烹龙虎，何必担家恋子妻。

未炼还丹须速炼，炼了还须知止足。

若也持盈未已心，不免一朝遭殆辱。

生门死户，祸福倚伏。逆转杀机，大地七宝。害里生恩第六十二、灾能变福第六十三

须将死户为生户，莫执生门号死门。

若会杀机明反覆，始知害里却生恩。

恩害，意本《阴符》。

祸福由来互倚伏，还如影响相随逐。

若还转此生杀机，反掌之间灾变福。

祸福倚伏，意本《老子》。

大修行人，和光同尘。韬锋挫锐，远害全身。大隐市廛，被褐怀玉。即方即圆，行藏罔测。和光第六十四

修行混俗且和光，圆即圆兮方即方。

显晦逆从人莫测，教人争得见行藏？

五言一首

（以象太乙含真之妙）

先天一炁，来自虚无。其中有信，得之一符。谨用隄防，闭诸玉壶。真人抚运，佐我寰区。太乙含真，五言律诗一首

女子着青衣，郎君披素练。

见之不可用，用之不可见。

恍惚里相逢，窈冥中有变。

一霎火焰飞，真人自出现。

末二句，是言“一时得药”之意。陆注以为丹成九转，行满三千，差远。

西江月一十二首

（以象十二月）

仙师曰：“西者，金之方；江者，水之体；月者，丹之用。”

内外药火第一

内药还同外药，内通外亦须通。

丹头和合类相同，温养两般作用。

内有天然真火，炉中赫赫长红。

外炉增减要勤功，绝妙无过真种。

此注惟子野得之，薛、陈二家虽是，终与此词意不贴。盖人元外药，得之一符，不待增减火候，末句方明白指出，炉火造化，终不若人元真种也。

大药非遥第二

此道至神至圣，忧君分薄难消。
调和铅汞不终朝，早有玄珠形兆。
志士若能修炼，何妨在市居朝。
工夫容易药非遥，说破人须失笑。

白虎首经第三

白虎首经至宝，华池神水真金。
故知上善利源深，不比寻常药品。
若要修成九转，先须炼己持心。
依时采取定浮沉，进火须防危甚。

《三注》明切。

二物相亲第四

若要真铅留汞，亲中不离家臣。
木金间隔会无因，须仗媒人勾引。
木性爱金顺义，金情恋木慈仁。
相吞相啖却相亲，始觉男儿怀孕。

三姓会合第五

二八谁家姹女，九三何处郎君？
自称木液与金精，遇土便成三姓。
更假丁公煅炼，夫妻始结欢情。
河车不敢暂留停，运入昆仑峰顶。

昆仑峰，准玄门说。观一“峰”字，自与昆山不同。若泥丸，则言运上矣！

七返九还第六

七返朱砂返本，九还金液还真。
休将寅子数坤申，但要五行成准。
本是水银一味，周游遍历诸辰。
阴阳数足自通神，出入岂离玄牝。

水银，乃太阳元精，照耀于北方坎水之中而生者，谓之天一生水，又谓之水中金，即先天真铅也。遍历诸辰，莫非此精所化，东则为汞，南则为砂，至于西方化为兑金，而质始成。神仙于此兑金之中寻觅造化，当其金精壮盛，二七爻动之时，以火煅之，以感其炁，取归土釜，配以己汞，日夜温养而成金液还丹。七返者，七乃火数，己汞是也，此物最善周流；返者，穷而返本，化为元精也。还者，自外而来，金来归性也。七九之义，不在寅子数至坤申，但要识得木火金水同一太阳元精所化，故其返、其还同归混沌，化为元精而成大丹。阴阳数足者，卦火周天也。玄牝，准玄牝之门说，《三注》可玩。

药化功灵第七

雄里内怀雌质，真阴却抱阳精。
两般和合药方成，点化魄纤魂胜。
信道金丹一粒，蛇吞立变龙形。
鸡餐亦乃化鸾鹏，飞入青阳真境。

化龙成凤，天元神丹有之，此则以为转凡成圣之喻。

屯蒙运火第八

天地才经否泰，朝昏好识屯蒙。
辐来辏毂水朝宗，妙在抽添运用。
得一万般皆毕，休分南北西东。
损之又损慎前功，命宝不宜轻弄。

《三注》可玩。

药火消息第九

冬至一阳来复，三旬增一阳爻。
月中复卦朔晨朝，望罢乾终姤兆。
日又别为寒暑，阳生复起中宵。
午时姤象一阴超，炼药须知昏晓。

紫贤注明，陆、陈似支。

错路第十

不辨五行四象，那分朱汞铅银。
修丹火候未曾闻，早便称呼居隐。
不肯自思己错，更将错路教人。
误他永劫在迷津，似恁欺心安忍？

功德圆满第十一

德行修逾八百，阴功积满三千。
均齐物我与亲冤，始合神仙本愿。
虎兕刀兵不害，无常火宅难牵。
宝符降后去朝天，稳驾龙车凤辇。

冤亲、物我，一切平等，则无爱憎取舍，可与忘物，可与忘我，可以忘忘，忘无可忘，即是至道。功行孰逾于此？

二气相资第十二

牛女情缘道合，龟蛇类禀天然。
蟾乌遇朔合婵娟，二气相资运转。
本是乾坤妙用，谁能达此深渊？
阴阳否隔却成愆，怎得天长地远。

《三注》明切。

仙佛同证第十三

（以象闰月）

丹是色身至宝，炼成变化无穷。
更能性上究真宗，决了无生妙用。
不待他身后世，见前获佛神通。
自从龙女著斯功，尔后谁能继踵？

或问：佛言无相，仙贵有生，二说背驰，何从印可？

曰：吾闻之至人，无始以来，一点灵光，是谓本来面目，吾人之实相也，仙佛圣凡同具同证。一自落于形质之中，此段灵光埋没沉沦，罥挂轮网，入诸异趣，永劫无期，所以至人导之以修养，于是始有二氏之学。仙者主修，佛者主养。养者，涵育熏陶，俟其自化，其功密，其程远而实难。修者，省察克治，冀其速化，其功勤，其效速而较易。其程远，故抛身入身，经累劫而始成；其效速，则身外有身，即见前而便获。所以仙佛异修。方诸有水，入于泥滓之中，佛则番番澄碇，去浊留清，经几岁时，然后有以复其澄湛之体；仙则假以药石，立地取清，其效虽速，而不知细微之中，终有夹杂，所以必加面壁之功，谓之抱元守一，以空其心。昔人有言："身外有身未为奇特，虚空粉碎方露全身"，至哉言也。然而阴神、阳神，其号不同，并述所闻，用开来学。盖神原属阴，动则属阳，世谓阳神出有入无，阴神终为灵爽之鬼，非格论也。阳神者，乘其爻动之机，盗而用之，迨其得药归鼎，复以元神昼夜温养，搬运符火，抽添进退。始自有中寻无，复自无中生有，十月功圆，元神出窍，脱胎神化，身外有身，以其自有中来，无中取，动中求，静里变，谓之阳神。阴神则一以虚静、湛寂为主，脚根廓然，无有少法可得，对尽垢除，本觉圆满，遍恒河沙，无不周匝，所谓"处一方而十方俱现，演一音而沙界齐闻"，神之妙用，其不可思议，有如此者。故阳神容有不到之处，阴则无所不通，譬彼日光，蔀[①]屋之中，阴崖之下，容有不照。阴则朗耀之衢，幽暗之地，遍满周匝，无有罅漏，是其证也。古之至人，真

① 蔀，bù，覆盖于棚架上以遮蔽阳光的草席。《易·丰》："丰其蔀"。魏·王弼注："蔀，覆暖，障光明之物也。"

造实诣，未始不以佛境为难，而纯阳老师乃有："只修性，不修命，万劫阴灵难入圣"之语，学者读此不能不起仙佛轩轾之疑。曾不知老师妙旨，若谓佛之阴神，必待万劫修之而后可证，正如佛于阿耨多罗无有少法可得，直饶遇燃灯印证而不疑，尚隔来世乃能成佛。欲其转凡成圣，见获神通，如我金丹之学，身外有身，立跻圣域，不亦难乎！歌中之意，盖谓此也。至于上阳仙公[①]，每言释氏雪山修行，达磨少林面壁，六祖隐于四会猎人之中[②]，谓皆密修金丹，乃能成佛，而以金丹为最上一乘，考之《仙佛同源》，不为无本。至于《法华》秘藏，微露此机，释门之中，未尝显演，不敢取以为证，姑录于此，俟有正法眼者，当为辨之。

绝句五首

（以象铅汞砂银土之五行）

兼修大药第一

饶君了悟真如性，未免抛身却入身。

何似更兼修大药，顿超无漏作真人。

此下数诗，劝人双修性命。所谓抛身入身，投胎夺舍，鉴形闭息等法，皆小乘之学，非佛之极地，等之仙阶，直是辽远，故仙翁贬而下之。首《序》亦云："闭息一法，与二乘坐禅颇同，勤而行之，可以入定出神，奈何精神属阴，宅舍难固，不免常用迁徙之法。既未得金汞返还之道，又岂能回阳换骨，白日而升天哉！"意盖如此。

四果非真第二

投胎夺舍及移居，旧住名为四果徒。

若会降龙并伏虎，真金起屋几时枯。

投胎、夺舍、移居、旧住四等之人，皆能出死入生，名为佛家四果之徒。夺舍、移居，少有分别。夺者，主人方行而即夺；移者，主人已去而后

① 公，〔清〕陶素耜《悟真篇约注》作"翁"，似更洽。

② "六祖隐于四会猎人之中"，按：《坛经》"自序品"云："惠能后至曹溪，又被恶人寻逐，乃于四会，避难猎人队中，凡经一十五载，时与猎人随宜说法。"四会，即广东四会县。

来，较之投胎少为便捷。旧住者，爱恋人缘，不能遽舍，复生其家。佛家四果，皆有死生，故此辈似之。

阴神非固第三

鉴形闭气思神法，初学艰难后坦途。
倏忽纵能游万国，奈何屋旧却移居。

西方极乐第四

释氏教人修极乐，只缘极乐是西方。
大都色相唯兹实，余二非真谩度量。

日用颠倒第五

俗语常言合圣道，宜向其中细寻讨。
若将日用颠倒求，大地尘砂尽成宝。

悟真法语

无罪福颂

终日行，不曾行。终日坐，何曾坐。
修善不成功德，造恶原无罪过。时人若未明心，莫执此言乱做。
死后须见阎王，难免镬汤碓磨。

三界惟心颂

三界惟心妙理，万物非彼非此。无一物非我心，无一物是我己。

见物便见心颂

见物便见心，无物心不现。十方通塞中，真心无不遍。

若生知识解，却成颠倒见。睹境能无心，始见菩提面。

《心经》颂

蕴谛根尘空色，都无一法堪言。颠倒之见已尽，寂静之体翛然。

齐物颂

我不异人，人心自异。人有亲疏，我无彼此。
水陆飞行，等观一体。贵贱尊卑，首足同己。
我尚非我，何尝有你。彼此俱无，众泡归水。

读雪窦禅师《祖英集》

曹溪一水分千派，照古澄今无滞碍。
近来学者不穷源，妄指蹄涔为大海。
雪窦老师达真趣，大震雷音椎法鼓。
狮王哮吼出窟来，百兽千邪皆恐惧。
或歌诗，或语句，叮咛指引迷人路。
言辞磊落义尚深，击玉敲金响千古。
争奈迷人逐境留，却将言相寻名数。
真如实相本无言，无下无高无有边。
非色非空非二体，十方尘刹一轮圆。
正定何曾分语默，取不得兮舍不得。
但於诸相不留心，即是如来真轨则。
为除妄相将真对，妄若不生真亦晦。
能知真妄两俱非，方得真心无罣碍。
无罣碍兮能自在，一悟顿消穷劫罪。
不施功力证菩提，从此永离生死海。
吾师近而言语畅，留在世间为榜样。

昨宵被我唤将来，把鼻孔穿放杖上。
问他第一义何如，却道有言皆是谤。

即心是佛颂

佛即心兮心即佛，心佛从来皆妄物。
若知无物复无心，始是真如法身佛。
法身佛，没模样，一颗圆光含万象。
无体之体即真体，无相之相即实相。
非色非空非不空，不动不静不来往。
无异无同无有无，难取难舍难听望。
内外圆通到处通，一佛国在一沙中。
一粒沙含大千界，一个身心万个同。
知之须会无心法，不染不滞为净业。
善恶千端无所为，即是南无及迦叶。

采珠歌

贫子衣中珠，本自圆明好。
不会自寻求，却数他人宝。
数他宝，终无益，只是教君空费力。
争如认得自家珍，价值黄金千万亿。
此宝珠，光最大，遍照三千大千界。
从来不解少分毫，刚被浮云为障碍。
自从认得此摩尼，泡体空华谁更爱。
佛珠还与我珠同，我性即归佛性海。
珠非珠，海非海，坦然心量包法界。
任你尘嚣满眼前，定慧圆明常自在。
不是空，不是色，内外皎然无壅塞。
六通神明妙无穷，自利利他宁解极。

见即了，万事毕，绝学无为度终日。
洎兮如未兆婴儿，动止随缘无固必。
不断妄，不修真，真妄之心总属尘。
从来万法皆无相，无相之中有法身。
法身即是天真佛，亦非人兮亦非物。
浩然充塞天地间，只是希夷并恍惚。
垢不染，光自明，无法不从心里生。
心若不生法自灭，即知罪福本无形。
无佛修，无法说，丈夫智见自然别。
出言便作狮子鸣，不似野狐论生灭。

禅定指迷歌

如来禅性如水，体净风波自止。兴居湛然常清，不独坐时方是。
今人静坐取证，不道全在见性。性于见里若明，见向性中自定。
定成慧用无穷，是名诸佛神通。几欲究其体用，但见十方虚空。
空中了无一物，亦无希夷恍惚。希恍既不可寻，寻之却成乖失。
只此乖失两字，不可执为凭据。本心尚乃虚空，岂有得失能所。
但将万法遣除，遣令净尽无余。豁然圆明自现，便与诸佛无殊。
色身为我桎梏，且恁和光混俗。举动一切无心，争甚是非荣辱。
生身只是寄居，逆旅主号毗卢。毗卢不来不往，乃知生灭无余。
或问毗卢何似，只为有相不是。眼前业业尘尘，尘业非同非异。
见此尘尘业业，个个释迦迦叶。异则万籁皆鸣，同则一风都摄。
若要认得摩尼，莫道得法方知。有病用他药疗，病差药更何施。
心迷须假法照，心悟法更不要。又如昏镜得磨，痕垢自然灭了。
本为心法皆妄，故令离尽诸相。诸相离了何如，是名至真无上。
若欲庄严佛土，平等行慈救苦。菩提本愿虽深，切莫相中有取。
此为福慧双圆，当来授记居先。断常纤尘有染，却于诸佛无缘。
翻念凡夫迷执，尽被尘爱染习。只为贪着情多，常生胎卵化湿。
学道须教猛烈，无情心刚似铁。直饶父母妻儿，又与他人何别。

常守一颗圆光，不见可欲思量。万法一时无着，说甚地狱天堂。
然后我命在我，空中无升无堕。出没诸佛土中，不离菩提本坐。
观音三十二应，我亦当从中证。化现不可思议，尽出逍遥之性。
我是无心禅客，凡事不会拣择。昔时一个黑牛，今日浑身是白。
有时自歌自笑，旁人道我神少。争知披褐之形，内怀无价之宝。
更若见我谈空，恰似囫囵吞枣。此法惟佛能知，凡愚岂解相表。
兼有修禅上人，只学斗口合唇。夸我问答敏急，却原不识主人。
盖为寻枝摘叶，不解穷究本根。得根枝叶自茂，无根枝叶难存。
便逞已握灵株，转于人我难除。与我灵源妙觉，远隔千里之殊。
此辈可伤可笑，空说积年学道。心高不肯问人，枉使一生虚老。
乃是愚迷钝根，邪见业重为因。若向此生不悟，后世争免沉沦。

无心颂

堪笑我心，如顽如鄙。兀兀腾腾，任物安委。
不解修行，亦不造罪。不曾利人，亦不私己。
不持戒律，不徇忌讳。不知礼乐，不行仁义。
人间所能，百无一会。饥来吃饭，渴来饮水。
困则打睡，觉则行履。热则单衣，寒则盖被。
无思无虑，何忧何喜。不悔不谋，无念无意。
死生荣辱，逆旅而已。林木栖鸟，亦可为比。
来且不禁，去亦不止。不避不求，无赞无毁。
不厌丑恶，不羡善美。不趣静室，不远闹市。
不说人非，不夸己是。不厚尊崇，不薄贱稚。
亲爱冤仇，大小外内。哀乐得丧，钦侮险易。
心无两睹，坦然一揆。不为福先，不为祸始。
感则后应，迫而后起。不畏锋刃，焉怕虎兕。
随物称呼，岂拘名字。眼不就色，声不来耳。
凡所有验，皆属妄伪。男女形声，悉非定体。
体相无心，不染不滞。自在逍遥，物莫能累。

妙觉圆光，映彻表里。包裹六极，无有遐迩。
光兮非光，如月在水。取舍既难，复何比拟。
了兹妙用，迥然超彼。或问所宗，此而已矣。

西江月一十二首

一

妄想不复强灭，真如何必希求？本源自性佛齐修，迷悟岂拘前后。
悟即刹那成道，迷兮万劫沦流。若能一念契真修，灭尽恒沙罪垢。

二

本自无生无灭，强作生灭区分。只如罪福亦无根，妙体何曾增损。
我有一轮明镜，从来只为蒙昏。今朝磨莹照乾坤，万象昭然难隐。

三

我性入诸佛性，诸方佛性皆然。亭亭寒影照寒泉，一月千潭普现。
小即毫毛莫识，大时遍满三千。高低不约信方圆，说甚短长深浅。

四

法法法元无法，空空空亦非空。静喧语默本来同，梦里何劳说梦。
有用用中无用，无功功里施功。还如果熟自然红，莫问如何修种。

五

善恶一时忘念，荣枯都不关心。晦明隐显任浮沉，随分饥餐渴饮。
神静湛然常寂，不妨坐卧歌吟。一池秋水碧仍深，风动莫惊尽恁。

六

对境不须强灭，假名权立菩提。色空明暗本来齐，真妄休分两体。
悟即便名净土，更无天竺曹溪。谁言极乐在天西，了即弥陀出世。

七

人我众生寿者，宁分彼此高低。法身通照没吾伊，念念不须寻觅。
见是何曾见是，闻非未必闻非。从来诸用不相知，生死谁能碍你。

八

住相修行布施，果报不离天人。恰如仰箭射浮云，坠落只缘力尽。
争似无为实相，还源返朴还淳。境忘情尽任天真，以证无生法忍。

九

鱼兔若还入手，自然忘却筌蹄。渡河筏子上天梯，到彼悉皆遗弃。
未悟须凭言说，悟来言说成非。虽然四句属无为，此等仍须脱离。

十

悟了莫求寂灭，随缘且接群迷。断常知见及提携，方便指归实际。
五眼三身四智，六度万行修齐。圆光一颗好摩尼，利物兼能自济。

十一

我见时人说性，只夸口急酬机。及逢境界转痴迷，又与愚人何异。
说得便须行得，方名言行无亏。能将慧剑斩摩尼，此号如来正智。

十二

欲了无生妙道，莫非自见真心。真身无相亦无音，清净法身只恁。
此道非无非有，非中亦莫求寻。二边俱遣弃中心，见了名为上品。

绝句四首①

一

如来妙体遍河沙，万象森罗无碍遮。

① “绝句四首”以下，《悟真小序》底本所无，兹据傅金铨《悟真篇三注顶批》本补入。

会的圆通真法眼，始知三界是吾家。

二

视之不可见其形，及至呼之又却应。
莫道此声如谷响，若还无谷有何声？

三

一物含闻见觉知，盖诸尘境显其机。
灵常一物尚非有，四者凭何作所依。

四

不移一步到西天，端坐诸方在眼前。
项后有光犹是幻，云生足下未为仙。

性地颂

佛性非同异，千灯共一光。增之宁解益，减着且无伤。
取舍俱无过，焚漂总不妨。见闻知觉法，无一可猜量。

生灭颂

求生本自无生，畏灭何曾暂灭。眼见不如耳见，口说争如鼻说。

圆通颂

见了真空空不空，圆明何处不圆通。
根尘心法都无物，妙用方知与物同。

随他颂

万物纵横在目前，随他动静任他权。
圆明定慧终无染，似水出莲莲自莲。

宝月颂

一轮明月当虚空，万国清光无障碍。
收之不聚拨不开，前之不进后不退。
彼非远兮此非进，表非外兮里非内。
同中有异异中同，问你傀儡会不会。

戒定慧解

夫戒定慧者，乃法中之妙用也。佛祖虽尝有言，而未达者有所执。今略而言之，庶资开悟。然其心境两忘，一念不动曰戒；觉性圆明，内外莹彻曰定；随缘应物，妙用无穷曰慧。此三者相须而成，互为体用。三者未尝斯须相离也。犹如日假光而能照，光假照以能明。非光则不能照，非照则不能明。原其戒定慧者，本乎一性；光照明者，本乎一日；一尚非一，三复何三？三一俱忘，湛然清净。

悟真篇后序

切以人之生也，皆缘妄情而有其身。有其身则有患，若其无身，患从何有？夫欲免夫患者，莫若体夫至道；欲体夫至道，莫若明夫本心。故心者，道之体也；道者，心之用也。人能察心观性，则圆明之体自现，无为之用自成，不假施功，顿超彼岸。此非心镜朗然，神珠廓尔，则何以使诸相顿离，纤尘不染，心源自在，决定无生者哉！然其明心体道之士，身不能累其性，境不能乱其真，则刀兵乌能伤，虎兕乌能害，巨焚大浸乌足为虞？达人心若明镜，鉴而不纳，随机应物，和而不倡，故能胜物而无伤也。此所谓无上至真之妙道也。

原其道本无名，圣人强名；道本无言，圣人强言耳。然则名言若寂，则时流无以识其体而归其真。是以圣人设教立言，以显其道，故道因言而后显，言因道而返忘。奈何此道至妙至微，世人根性迷钝，执其有身而恶死悦生，故卒难了悟。黄老悲其贪著，乃以修生之术，顺其所欲，渐次导之。以修生之要在金丹，金丹之要在乎神水华池，故《道德》《阴符》之教，得以盛行于世矣。盖人悦其生也。然其言隐而理奥，学者虽讽诵其文，皆莫晓其义。若不遇至人授之口诀，纵揣量百种，终莫能著其功而成其事，岂非学者纷如牛毛，而达者乃如麟角也！

伯端向己酉岁，于成都遇师授丹法。当年且主公倾背，自后三传与人，三遭祸患，皆不逾两旬。近方忆师之所戒云："异日有与汝解缰脱锁者，当宜授之，余不许。"尔后欲解名籍，而患此道人不知信，遂撰此《悟真篇》，叙丹药本末。既成，而求学者凑然而来，观其意勤，心不忍悋，乃择而授之。然而所授者，皆非有巨势强力、能持危拯溺、慷慨特达、能仁明道之士。初再罹祸患，心犹未知，竟至于三，乃省前过。故知大丹之法，至简至易，虽愚昧小人得而行之，则立超圣地，是以天意秘惜，不许轻传于非其人也。而伯端不遵师语，屡泄天机，以其有身，故每膺谴患，此天之深戒，如此之神且速，敢不恐惧克责！自今以往，当钳口结舌，虽鼎镬居前，刀剑加项，亦无复敢言矣。

此《悟真篇》中所歌咏，大丹、药物、火候细微之旨，无不备悉。好事者，夙有仙骨，观之则智虑自明，可以寻文解义，岂须伯端区区之口授之矣！如此，乃天之所赐，非伯端之辄传也。其如篇末歌颂，谈见性之法，即上之所谓无为妙觉之道也。然无为之道，齐物为心，虽显秘要，终无过咎。奈何凡夫，缘业有厚薄，性根有利钝，纵闻一音，纷成异见，故释迦、文殊所演法宝，无非一乘，而听学者随量会解，自然成三乘之差。此后若有根性猛利之士，见闻此篇，则知伯端得达摩、六祖最上一乘之妙旨，可因一言而悟万法也。如其习气尚余，则归中小之见，亦非伯端之咎矣。

时元丰改元戊午岁[①] 张伯端平叔再叙

① 元丰改元戊午岁，公元 1078 年。

第六卷　蒙字集

崔公入药镜测疏

淮海参学弟子陆西星　谨测

先天炁，后天气，得之者，常似醉。

夫学道之人，大要先识药祖。所谓药祖，乃鸿濛始判之炁，丹家谓之先天真乙之气者是也。其产也，有川源；其生也，有时节；其采之也，有铢两，有法度，得而用之，以合己汞，然后还丹可成，而神仙之能事毕矣！盖先天药祖，原吾故物，自夫窍凿之后，日改月化，而度于后天，故阳里含阴，其质不刚，势必不能以久存。圣人知其如此，故于同类互藏之中，求其所谓先天真乙者，盗其机而逆用之。丹经所谓“取坎填离”“流戊就己”“推情合性”，旨意皆不出此。既合我身，则吾身之所谓后天气者，亦复与之混合和融，如君臣之庆会、夫妇之谐偶，欢忻交通，畅美和悦，不言可知，故云“似醉”。《参同契》云：“淫淫若春泽，液液象解冰。”《翠虚篇》云：“精神冥合气归时，骨肉融和都不知。”非真造而实诣者，不足以语此。

日有合，月有合，穷戊己，定庚甲。

夫丹有药物，有火候。丹法观天之道，执天之行，县[①]象著明，莫大乎日月，故药火之消息，于日月各有所合。日有合者，以日之早晚为火候之进退也。《参同契》云：“日晨为期度，动静有早晚”是也。月有合者，以月之弦炁定药材之铢两也。《参同契》云：“上弦兑数八，下弦艮亦八”是也。然

① 县，通假于“悬”。

而丹象日月，其义最精，不可一端而取。《参同契》云："坎戊月精，离己日光。"要知坎纳戊土，即真铅也，是谓兔髓；离纳己土，即真汞也，是谓乌精。丹法以乌兔为药材，非有他物，不过取坎离互藏之精，盗其机而逆用之，使之流戊就己云耳！且坎离之中，各藏真土，是以其光互借而不相铄，以至生庚生甲，递为消长。生庚，则坎戊生铅也；生甲，则离己生汞也。生庚，则震兑还乾也；生甲，则巽艮归坤也。以此观之，则所谓上弦半斤之金，下弦半斤之水，其铢两可定，而屯蒙火候之消息，亦不外是而得之矣！

上鹊桥，下鹊桥，天应星，地应潮。

既知药火，当明采取，而采取之诀，关系天机，微妙閟密，神仙直以口口相传，不立文字。吾今隐而注之，知者自悟。鹊桥者，天河所驾，以通牛女之往来。二七之期，应时而度，取义甚微，人身上下亦复有此。金公归舍，从此桥而上之；醍醐灌顶，由此桥而下之，是皆百姓日用之中，媟亵而不可致诘者，讵知神仙关键、济渡津梁？舍此而独修一物，则非所以语道矣。何谓"天应星，地应潮"？曰：此药符也。少阳之精，流而为星；大气之动，嘘而为潮。人身之中，亦自应之。故金精发祥，景星呈彩；汛潮将至，白气先驱。以是为符，思过半矣！然而，单符单诀，非师莫传，意见揣摩，终难下手。

起巽风，运坤火，入黄房，成至宝。

此亦催火入鼎之诀。坤火者，先天药祖也。坤位西南，为产药之川源，故曰"坤火"。巽风者，息也。《易》广八卦，于巽为鼻。鼓巽风者，所以运坤火也。盖冶人之陶铸也，火未炽，急以橐籥鼓之。巽风者，吾人之橐籥也。迨夫真炁既动，运剑追来，疾驾河车，上昆山，下鹊桥，降重楼，过绛宫，入黄房而休焉，则大丹凝而至宝结矣。黄房，即黄庭，乃大丹凝结之处。《度人经》云："地藏发泄，金玉露形"，岂人间凡宝之谓哉！

水怕干，火怕寒，差毫发，不成丹。

金丹大药，不出水火。水火，即铅汞也。学人临驭丹炉，匀调水火，自有铢两。《参同契》云："临炉定铢两，五分水有余，二者以为真。金重如本初，其三遂不入，火二与之俱。"盖以药苗方茁，取其至嫩，无过二分之水，急以二分之火合之，甚为轻清，稍有毫发差殊，非太过而燥滥，则不及而干寒。学人知有度于后天之患，未免迎机而取，此时危桥倏度，虎穴方探，疑惧一生，翻成索缩，故火之所怕者寒也。若乃调鼎无功，或君骄亢，天人合发之际，否塞不通，水亦有时而干。要知金液还丹，乃戊己和气纽结而成。若始上不降而下不升，天不氤而地不氲，既失自然之和，或生意外之变，金丹胡自而成哉？

铅龙升，汞虎降，驱二物，勿纵放。

铅龙者，红铅火龙也；汞虎者，黑铅也。铅汞，乃药物之别名，分属两家，各以东西而称龙虎，故曰“铅龙汞虎”，与“震龙兑虎”其义相通。又有称“虎铅龙汞”者，则以互藏之精言之。铅龙升者，升而就虎也；汞虎降者，降而降龙也。二物，即“铅龙汞虎”。作丹之法，采取知时，铢两既定，驱此二物，交战于戊己之宫，更当慎密持盈，不可纵放，以取虞失。《参同契》云：“固塞其际会，务令致完坚。”《悟真篇》云：“送归土釜牢封固。”《四百字序》云：“铅汞归真土，身心寂不动”，意盖如此。若使天君纵佚，则姹女逃亡，而黄房之宝，终不可就矣！“驱二物，勿纵放”六字，最为肯綮，金丹之道，彻首彻尾，无过此诀。大要识得是谁驱之，全仗黄婆作主。

产在坤，种在乾，但至诚，合自然。

《悟真篇》云：“依他坤位生成体，种在乾家交感宫。”盖乾坤鼎器，药物所产之乡也。乾坤各有所产，而此但云“产在坤”者，盖以先天药祖，西南乃其本乡。而纯阴至静之中，忽有一阳来复，所谓“静极而动，动而生阳”。天心建始，萌于坤下，采而得之，入我中宫，是谓“家园下种”，从此温养栽培，则有十月火功。而火候之法，则“至诚自然”，实为要诀。《参同契》云：“按历法令，至诚专密。”《悟真篇》云：“谩守药炉看火候，但安神息任天然。”纯阳老师云：“丹灶河车休矻矻，鹤胎龟息自绵绵。”盖观天地之道，诚故不息，不息正所以为自然也。金丹之道，法此而已。若乃朝行而暮辍，或助而或忘，非火燥而丹伤，则火冷而丹散，又岂“至诚自然”之谓哉？然所谓自然，更有深旨，师示我云：“顺自然，非听自然也”，妙哉！妙哉！

盗天地，夺造化，攒五行，会八卦。

天地定位，日月交光，而万物之生也，终古不易，此天地之丹法也。圣人观天之道，执天之行，故以乾坤为鼎器，以乌兔为药物，而盗其机于互藏之宅，逆而修之，以仙其身。至于火功精密，则回七十二候之要津；攒归鼎内，夺三千六百之正炁，逆纳胎中，无非盗天地之机，夺造化之巧。若乃金水合处，木火为侣，浑沌一家，都归戊己，则五行攒矣。坤生震兑乾，乾生巽艮坤，则八卦会矣。丹法之妙，有如此者，故予尝谓：丹法与天地合其德，与日月合其明，与四时合其序，与鬼神合其屈伸往来①，非知道之君子，其孰能识之？

水真水，火真火，水火交，永不老。

金丹大药，不出水火。水即坎宫之真铅也，火即离宫之真汞也，此乃造化二五之正炁，外是而言药物，则为非类非种，自不可以合体而居，故称之曰“真”，以别于凡。然而水性润下，火性炎上，逆而修之，则水可使升，火可使降，所谓“甘露降时天地合，黄芽生处坎离交”。自尔滋液润泽，施化流通，而长生久视之道，端在是矣！

水能流，火能焰，在身中，自可验。

夫水之能流，火之能焰，皆本性之自然。即观人之身中，感合而精，感悲而泪，感愧而汗，感风而涕，周流四大，莫非神水之洋溢。至于五脏之邪，郁而为火，薰灸燔灼，为毒滋深，盖即身中后天以取证验，其理明矣。若乃先天水火，则其流者可以逆转辘轳，焰者可以烹煎金液，虽其药物迥异凡品，而能流能焰之性，则固未始有异也。

是性命，非神气，水乡铅，只一味。

然是先天水火，是乃性命之根，神仙了性、了命之学，盖取诸此。必非独修之士，心息相依，神气相守者，所可同语。苟于先天水火，知其宗祖，识其妙窍，动中采之，静中炼之，以故修定于离宫，则寂照现前，常静常应，而性源为之益清矣；求玄于水府，则“混沌相交接，权舆树根基”，而命蒂为之益固矣，是谓性命双修，圣功之极致也。而求其作用之本，不过一味水乡之铅，更无余物。盖水乡铅者，坎中一画之阳，先天乾金也，是谓“真铅”，亦曰“真水”。得而用之，以合己汞，然后命由此立，性由此灵，宇宙在手而万化生身矣。奈何世人不识真铅何物，直于身中阳生下手，妄意采取，以冀成就，岂不误哉？

---

①《周易·乾·文言》：“夫大人者，与天地合其德，与日月合其明，与四时合其序，与鬼神合其吉凶，先天而天弗违，后天而奉天时。天且弗违，而况于人乎？况于鬼神乎？”

归根窍，复命关，贯尾闾，通泥丸。

如上敷陈药火，大段分明，到此方指“玄牝”，令人有所归复。盖以人身虚无之中，自有一窍，名曰玄牝，《老子》所谓“谷神”。《金丹四百字序》云：“人能知此一窍，则药物在此，火候在此，沐浴在此，结胎、脱胎无不在此，乃神气之根，虚无之谷。”故崔公谓之“归根窍”“复命关”[①]。然归根，即复命也。关即窍也，非有二处。《老子》云：“归根曰静，静曰复命。”即此一窍，与任督二脉相为联络，下贯尾闾，上通泥丸，真炁往来，流衍休息。若使铅汞同炉，黄房宝结，加以火功煆炼，自尔熏蒸融液，冲关透顶。《参同》所谓：“修之不辍休，庶气云雨行，从头流达足，究竟复上升。”自在河车几百遭，而玑衡无停轮矣。

真橐籥，真鼎炉，无中有，有中无。

冶人鼓铸，安炉立鼎，必用橐籥，以约火之消息。人身之中，亦复有之。无名子云：“偃月炉，阴炉也，中有玉蕊之阳炁，虎之弦炁是也；朱砂鼎，阳鼎也，中有水银之阴炁，龙之弦炁是也。”神仙合丹，惟此二物，又须橐籥，以调火功，故文武刚柔，准诸真息。《庄子》云：“真人之息以踵”，盖橐籥之妙用也。然而炉鼎之中，药物互藏，恍惚窈冥，若至无也，而其中有物，其中有精，其精甚真，其中有信。丹法率以无中生有，虚里造实。《经》不云乎：“有之以为利，无之以为用。”至于九年三载，抱元守一，炼神还虚，归于无极，而后始为究竟，故曰“无中有，有中无”。盖无而能有，是谓真空不空；有而能无，然后不落色相，命归极于性，道之妙也如此。

托黄婆，媒姹女，轻轻运，默默举。

姹女者，离宫之真汞，即龙之弦炁也。媒姹女者，谓与姹女为媒，迎金公而嫁之也。黄婆者，己之真意。上阳子云：“求丹取铅，以意迎之，收火入鼎，以意送之。迨夫金公归舍，疾驾河车，轻轻而运，默默而举，自然上昆山，下重楼，游绛官，入黄房，而配将姹女结亲情矣。

一日内，十二时，意所到，皆可为。

夫药之生也，自有时日，但窈冥难测，贵在识其先符。故一日之内，

① 〔宋〕白玉蟾《玄关显秘论》：“归根自有归根窍，复命还寻复命关。且如这个关窍，若人知得真实处，则归根复命何难也。故曰：虚无生自然，自然生大道，大道生一气，一气分阴阳，阴阳为天地，天地生万物，则是造化之根也。”

十二辰中，莫非生药之时。苟能得其符信，则意之所到，皆可合丹。然而不由师指，此事难知，不可自信，吾意已到，即为阳生，而遂可以下手为也。

饮刀圭，窥天巧，辨朔望，知昏晓。

刀圭者，丹药之异名，字义二土成圭，盖以金丹乃戊己二土和合而成。又刀者，金也。金液还丹化为玉浆，流而入口，故曰“饮”焉。饮刀圭者，窥天之巧者也。天巧谓生杀有互藏之机，天人有合发之信，于此窥测其机，盗而用之，能使无中生有，虚里造实，与造化同巧。至于朔望昏晓，亦当辨而知之，以准药火之消息。《阴符经》云：“观天之道，执天之行，尽矣。”噫！非天下之至巧，其孰能与于此哉！

识沉浮，明主客，要聚会，莫间隔。

《悟真篇》云：“自知颠倒由离坎，谁识浮沉定主宾。”盖浮沉者，主药物而言。铅，坎体也，其性主沉；汞，离体也，其性易浮。今也采药之时，铅使在上，汞使在下，则上行下济，而既济之功成矣。主客者，以两家而言，我乃东家，自宜为主，彼居西舍，决定为宾。今也采药之际，饶他为主，我反为宾，是不为物先，而不争之道得矣。浮沉既定，主客既明，大要使之聚会而不间隔，庶丹道有成。若也东邻西舍，媒妁不通，对面千山，终难聚会。

采药时，调火功，受气吉，防成凶。

采药之时，休咎得失，全仗于火，而调燮火功，莫先于橐籥。粗则火炽，缓则火调，散则火冷。至于文武刚柔，自有节度，一或失宜，则隆冬大暑，盛夏霰雪，而凶咎随之。《悟真篇》云：“受炁之初容易得，抽添运火却防危”，意盖如此。“防成”二字，最为丹学之肯綮，始之结胎，终之脱胎，率用是道。然使着意于防，恐成防病，更有为而不为之妙旨，“但安神息任天然，谩守药炉看火候”。

火候足，莫伤丹，天地灵，造化悭。

养火之法，要知止足，故兔鸡之月，定为沐浴，以防木金偏胜之伤。若乃三百功圆，疾宜止火。《悟真篇》云：“未炼还丹须急炼，炼了还须知止足。若也持盈未已心，未免一朝遭祸辱。”所以然者，盖以天地之气至灵，毫发差殊，便生休咎，而造化不肯假人，不可骄其倖成，而忘儆戒也。

初结胎，看本命，终脱胎，看四正。密密行，句句应。

丹法始终，无过结胎、脱胎，但以受炁之辰定为本命，从此运火起符，便应元年冬至，直待二至二分，四正之气既周，火候数足，疾宜止火脱胎。今夫一年之中，爱养婴儿，功夫最宜缜密。“密”之一字，于义最精，又为慎密之密。盖缜密则阴阳不能逃其算，慎密则鬼神不能测其机，丹学之旨可谓一言以蔽之矣！然使学者之于道也，不求所以知，乌能密密而躬行？不知所以行，又乌知句句之皆应哉！

《崔公入药镜》终

纯阳吕公百字碑测疏

淮海参学弟子陆西星　谨测

养气忘言守，降心为不为。

夫学道修真之子，进步入门，先须理会“性命”二字。性有性源，命有命蒂。性源要清净，命蒂要坚固。命蒂固则元气充，气充而精自盈矣。性源清则元神定，神定而气自灵矣。何谓命蒂？真息是也[①]。何谓性源？心地是也。我师教人有法，开口便说养气降心，而养气降心，自有真诀，故曰“养气忘言守”。“忘言守”，养气之真诀也[②]。五字之中，“忘”字、“守”字，要有下落。盖忘言者，非缄闭其口而使之不言也。涵固精神，沉潜内守，情境两忘，无心于言，而言自不出也。若存心缄默，固闭深藏，反成心病。守之云者，守此气也。守之者谁？神守之也。守于何处？《道德经》云：“多言数穷，不如守中。”中者，神气归复之处，人之大中极也。《参同契》云：“闭塞其兑，筑固灵株。”闭兑者，即忘言之义。灵株者，即神气之根。盖能常守于此，则心息相依，子母相见，神气混融，打成一片，绵绵迤迤，久之而成大定。少焉静极生动，真火熏蒸，金精吐华，冲关透顶，灌注上下，气得

① 〔宋〕曹文逸《灵源大道歌》：“我与诸君说端的，命蒂从来在真息。”李涵虚《道窍谈·气息妙用》：“以真息为命蒂，何也？盖吾人以后天之呼吸配先天之呼吸，而先天之呼吸乃是身中真气，被息引动，悠悠来往。斯时也，是息动耶？是气动耶？息动气亦动，两不分明。息中有气也，故曰真息氤氲；气中有息也，故曰真息橐龠。真息动而真气生，真气来而命蒂生。复命之根，养命之源，护命之宝，诚在乎真息而已。”

② 〔宋〕白玉蟾《玄关显秘论》“如能味此理，就于‘忘’之一字上做工夫，可以入大道之渊微，夺自然之妙用，立丹基于顷刻，运造化于一身也。”

其养，其妙用有如此者。《道德经》云：人之生也，“负阴而抱阳，冲气以为和”。要知人身中之气，即天地之冲气也。尔其升降阖辟，常与天地之气相为流通。医书谓此气周流人身，随呼吸以往来，昼夜八百一十丈。一呼一吸为一息，昼夜一万三千五百息，而息息各归于其根。《庄子》云：“真人之息以踵，众人之息以喉。”以踵者，心息相依，归乎其根也。[①]古仙有云：“昔日逢师传口诀，只要凝神入气穴。”忘言守中，非凝神入气穴而何？此之谓归根，此之谓复命，深根固柢，长生久视之道端在于此。夫养气之诀，既已直露于前，故此下复说降心之诀。盖降心者，降伏妄心，非真心也。夫人之一心，本来无二，但以迷觉而分真妄。《金刚经》云：“云何降伏其心？”人生而静，天之性也；感于物而动，性之欲也。既有欲矣，则情随境转，真以妄迷，纷然而起欲作之心。故《道德经》云：“化而欲作，吾将镇之以无名之朴。”今夫众人皆欲为，而我独镇之以不为，则妄念息而此心将自降矣。妄本无体，皆因真心迷惑而然，今而不为则必有以真见。夫一切有为之法，皆如梦幻泡影，虚妄不常，是以忘机绝虑，将此希求贪着之心，裂教粉碎。是谓“以真销妄”，妄尽真存，正觉现前，方名见性。如此则言不期忘而自忘，守不期固而自固，是知了命之宗关于性地。我师十字之中，千古内炼之丹诀，无出于此。直至采药行火、抱元守一，彻始彻终，无过此诀，妙哉！妙哉！

动静知宗祖，无事更寻谁？

上言养气降心，静守内炼，乃无为之道。复恐世人不知此外复有有作之基，乃高真上仙以术延命之事，故吃紧提出“动静”二字，要人知宗认祖。盖金丹之道，无为为体，有为为用，动中采，静中炼，二者不可偏废。故知动而不知静，则基址不立，而无积精累气之功；知静而不知动，则天机不合，而失临炉采药之旨。要之，动其宗也，静其祖也。祖者性祖，静则得

---

① 徐颂尧《天乐集·心息相依》：“玄宗修证之法，即将我之心息，放到外面虚空中去归并。虚空，乃大天地，先天乾坤之象也。心息，乃小天地，后天坎离之象也。将心息安放在虚空之中，而使相依，乃合‘二重天地，四个阴阳’，所谓‘天人合发’是也。吕祖云：‘两重天地谁能配，四个阴阳我会排。’……由相依而渐销渐化，卒乎返空。老氏谓之‘归根复命，致虚守静’。《庄子》谓之‘学混沌’，又曰‘心斋’。圣圣相承，莫不以此为要着也。此‘心息相依’之法，古称‘日月交并法’。……予昔以因缘，得遇汪师（汪东亭），指示此心息相依法门，方知玄宗确有真传。今此玄谈，直揭相传口诀，公开四千年来不传之秘，盖不忍斯道之湮没无闻，愿与好道之士，同修同证，得身心安乐之益，延年益寿之效焉！”

之；宗者命宗，非动不立也。知性祖，故修定于离宫；知命宗，故求玄于水府。如是双修，方为究竟。然方其无事之时，忘言默守，屏事息机，无思也，无为也，寂然不动，泰然大定，斯已矣。更俟寻谁？何以学道之人，寻铅觅地，结侣求财，种种外求，席不暇暖，此中正好参详，方见良工心苦。我师说到此地，已将肝胆照人，分明指出修行门径。奈何世人不能领悟，直将容易读过，良可惜哉！

真常要应物，应物要不迷。

何谓真常？性祖是也。何以明之？“凡所有相，皆是虚妄”，会有变灭而不能久。故佛经云：万法无性。惟此一真法界，方为实相，故曰真常。然所谓真常者，非与物即，非与物离，要在能静能应、常应常静，而常不迷。能不迷则应物无迹，而真性见矣。是谓炼己纯熟，而有为之道，始可行也。二“要”字，上不要断灭，下不要着相，皆吃紧醒人之辞。

不迷性自住，性住气自回。

对境忘情，方云大定，故曰“不迷性自住”。性住，则己汞住矣。己汞既住，方可求铅，故曰“性住气自回”。回者，来归之义。《契》云：“金来归性初，乃得称还丹。”曰“归”、曰“还”，“回”之义备矣。

气回丹自结，壶中配坎离。

气自外回，丹从中结。壶中者，大丹凝结之处也。坎离者，阴阳互藏之卦象，铅汞、水火之异名。丹法以乌兔为药材，必须取坎填离，以铅投汞。二者匀平配合，混入中宫，然后龙吟虎啸，而产玄珠于正位。其言自住、自回、自结者，要皆自然之妙用，所谓有为中之无为。一有安排布置，则涉于邪伪之私，而去道远矣。

阴阳生反覆，普化一声雷。

此十字者，妙不可言。盖阴阳反覆，乃作丹之大旨；普化雷声，乃作丹之秘诀。所谓天机閟密，正在于此。夫神仙丹法，皆以阴阳反覆而成。故以药材而言，则阴中用阳，阳中用阴，此阴阳之反覆一也；以交媾而言，则女居日位，男配蟾宫，此阴阳之反覆二也；以合丹而言，则举水以灭火，以金而伐木，此阴阳之反覆三也。如此颠倒异常，大类可见。至其天机玄妙，则在“普化”句中。邵子之诗有云：“忽然夜半一声雷，万户千门次第开。识得无中含有意，许君亲见伏羲来。”盖地中有雷，于卦为复。一阳来复，所谓爻动之时，身中冬至，正好寻铅，得诀修之，则大地山河皆成七宝，故云“普化”。言一声者，重始炁也。此中别有单符单诀，贵在师传，学人更当洁己虚心，以期际遇可也。

白云朝顶上，甘露洒须弥。

此十字，言气回之征验。盖先天之炁，生于爻动之期，此时运剑追来，度鹊桥，贯尾闾，循督脉而上，通于泥丸。但觉油然滃然，如白云之朝于顶上者，顷之化为玉浆，味如甘露，洒于须弥，降于重楼，入于中宫，所谓“气回丹结”，其象如此。须弥，山名。佛语须弥，此云妙高，即顶上之义。《紫庭经》云：“采之服之未片饷，一道白脉冲泥丸。化为玉浆流入口，香甜清爽遍舌端。”意盖本此。

自饮长生酒，逍遥谁得知。

气化为水，甘美莫加，故玉液琼浆，随宜立号。《悟真篇》云：“长男乍饮西方酒”，此长生酒也；“雪山一味好醍醐”，此长生酒也；“壶内旋斟延命酒，鼎中收取返魂浆”，此长生酒也。是皆己所独得，无人与共，故曰“自饮”。逍遥，快乐自得之义。夫此酒既不能与人共，此乐又能与人知耶？

静听无弦曲，潜通造化机。

《太上日用经》云：“无弦之曲，不言而自声，不鼓而自鸣。”盖丹在身中，太和充溢，是以目有神光，耳有灵响，口有甘津，鼻有异香，理所必至，无足异者。吾师意在简文，聊举其一，即其余可推也。

都来二十句，端的上天梯。

吾师百字灵文，乃千圣登真之梯筏，学人谁不知诵？求其融会贯通，以得夫立言之意者，盖亦鲜矣。星谫劣不文，蒙师提挈有年，金丹大道，尝窃与闻。考之此篇，若合符节，乃敢僭为测疏，作济度之津梁，开时人之眼目。极知狂诞，无所逃罪，然使好道之伦，玩索而有得焉，庶几不负吾师之教乎！

时隆庆辛未[①]五月十有一日

《纯阳吕公百字碑》终

① 隆庆辛未，公元1571年。

第七卷　既字集

紫阳真人金丹四百字测疏

淮海参学弟子陆西星　谨测

序略

七返九还金液大丹者，七乃火数，九乃金数，以金炼火，返本还源，是之谓金丹也。以身心分上下两弦，以神气别冬夏二至，以形神契坎离二卦。以东魂之木、西魄之金、南神之火、北精之水、中意之土，是谓攒簇五行。以含眼光，凝耳韵，调鼻息，缄舌气，是谓和合四象。以眼不视而魂在肝，耳不闻而精在肾，舌不声而神在心，鼻不香而魄在肺，四肢不动意在脾，故名曰五气朝元。以精化为气，以气化为神，以神化为虚，故曰三花聚顶。以魂在肝而不从眼漏，魄在肺而不从鼻漏，神在心而不从口漏，精在肾而不从耳漏，意在脾而不从四肢孔窍漏，故曰无漏。精、神、魂、魄、意相与混融，化为一气，不可见闻，亦无名状，故曰虚无。

炼精者，炼元精，非淫泆所感之精。炼气者，炼元气，非口鼻呼吸之气。炼神者，炼元神，非心意思虑之神。故此神、气、精者，与天地同其根，与万物同其体，得之则生，失之则死。以阳火炼之，则化成阳气，以阴符养之，则化成阴精。故曰："见之不可用，用之不可见。"

身者，心之宅；心者，身之主。身之猖狂如龙，心之狞恶如虎。身中有一点真阳之气，心中有一点真阴之精，故曰二物（所论身心不是一个，所谓分上下两弦，契坎离二卦者也）。心属乾，身属坤，故曰乾坤鼎器。阳气属离，阴精属坎，故曰乌兔药物。抱一守中，炼元养素，故曰采先天混元之气。朝屯暮蒙，昼午夜子，故曰行周天之火候。木液旺在卯，金精旺在酉，故当沐浴。震男饮西酒，兑女攀北花，巽风吹起六阳，坤土藏蓄之，故当抽添。

夫采药之功也，动乾坤之橐籥，取离坎之刀圭。初时如云满千山，次则如月涵万水，自然如龟蛇之交合，马牛之步骤。殊不知龙争魂，虎争魄，乌战精，兔战神，恍惚之中见真铅，杳冥之内有真汞。以黄婆媒合，守在中宫。铅见火则飞，汞见火则走，遂以无为油和之，复以无名璞镇之（无为油、无名璞，只是一个自然，非他物也）。铅归坤宫，汞归乾位，真土混合，含光默默。火数盛则燥，水铢多则滥。火之燥，水之滥，不可以不调匀，故有斤两法度。

修炼至此，泥丸风生，绛宫月明，丹田火炽，谷海波澄，夹脊如车轮，四肢如山石，毛窍如浴之方起，骨脉如睡之正酣，精神如夫妇之欢会，魂魄如子母之留恋，此乃真境界也，非譬喻也。以法度炼之，则聚而不散；以斤两炼之，则结而愈坚。魂藏魄灭，精结神凝，一意冲和，肌肤爽透。随时随日，渐凝渐聚，无质生质，结成圣胎。

夫一年十有二月也，一月三十日也，一日百刻也。一月总三千刻，十月总计三万刻。行住坐卧，绵绵若存，胎气既凝，婴儿显相，玄珠成象，太乙含真。故此三万刻之中，可夺天上三万年之数。何也？一刻之工夫，自有一年之节候。是宜刻刻用事，用之不劳，真气凝结，元神广大。内则一年炼三万刻之丹，外则一身夺三万年之数。大则一日结一万三千五百息之胎，小则一时行八万四千里之气，故曰夺天地一点之阳，采日月二轮之气。行真水于铅炉，运真火于汞鼎。以铅见汞，名曰华池；以汞入铅，名曰神水。不可执于无为，不可形于有作，不可泥于存想，不可着于持守，不可枯坐灰心，不可盲修瞎炼。

金丹四百字

真土擒真铅，真铅制真汞。铅汞归真土，身心寂不动。

夫金丹之道，无过铅、汞、土三者而已。铅即金水也，汞即木火也。丹法五行皆以逆克而成妙用，故以土擒铅，以铅制汞，相吞相啖，死归厚土，而后金丹始成。真土者，己土也。上阳子曰："用己土克水以求铅"是也。盖真铅之气，隐于二八之门，吾乘其交动而采之。若无己土，则感应相与之意乖，而药终不可得矣。大修行人，必须办取真心，于此真心出一真意，旋曲而侦之，审密以求之，濡弱以下之，乃其肯綮，则《参同契》所谓“管括微密，闿舒布宝”，实求铅之要诀也。然谓之真者，取无二无杂之意。盖铅既真铅，而土非真土，则不能以真摄真，而邪秽非道矣。及乎得药归鼎，则吾一身之阴汞，自然制伏拘钤而不飞不走。何者？火为水灭，木受金伐，自然之道，无足异者。《参同契》云：“水盛火消灭，俱死归厚土。”盖五行之妙，水得土则掩，火得土则藏，万物非土不生，故丹法以归土为究竟。长养圣胎，圆就丹药，无出乎此。然归土，则身与心皆寂然不动矣。身与心，上下两弦炁也。《序》云：“以身心分上下两弦。”金丹之道，以动为用，以静为体，寂然不动则静矣，故此以下遂言归静之妙。

虚无生白雪，寂静发黄芽。玉炉火温温，鼎上飞紫霞。

虚无寂静，不动之极也。白雪黄芽，皆丹药之异名。盖白雪者，阴之精；黄芽，则铅之萌蘖也。《参同契》云：“阴火白，黄芽铅。”盖当身心不动之际，丹在中宫，但见和气春融，生机活泼，穰穰焉如白雪之飞于虚空，茁茁焉如黄芽之萌于土壤。此时用火工夫，不宜太燥，但当养之以温温，存之以绵绵。如我圣师所言：“丹灶河车休矻矻，鹤胎龟息自绵绵”者。至于鼎上霞飞，则阳光冲顶，喻以外丹炉火，取其易晓耳。

华池莲花开，神水金波净。夜深月正明，天地一轮镜。

华池神水，说者非一。古歌云：“命基只在金华池”。今以《悟真》之语参之，“华池莲花开”，即“少女初开北地花”也。神水者，己之真汞也。波净水澄，静定之极也。“夜深月正明”者，“夜半蟾光北海明”也。夜深者，亥子之交，冬至之候也。天地一轮镜，明莹之极也。盖药必气足而后生，静定而后采。当其金精壮盛，月华莹净之时，金莲半绽，药苗正新。于此采之，要惟守之以恬淡，先之以不争，是谓水澄波净，然后可以鉴映万象，而骊龙之珠可得。不然则有动于中，必摇其精，凶害悔吝，由之以生，而药终不可得矣。

朱砂炼阳气，水银烹金精。金精与阳气，朱砂而水银。

朱砂、水银，皆丹之别名。言朱砂者，乃所炼之阳气也。水银者，乃所烹之金精也。盖丹凭火化，故二六时中，以阳火炼之，则成阳气。而朱砂者，即阳气之所结也。以阴符养之，则成阴精。而水银者，即阴精之所成也。然金精阳气一而已矣。故总括之云："金精与阳气，朱砂而水银。"是知一物两体，必非判然可分为二者，但随火符而变耳。《序》云："以阳火炼之，则成阳气；以阴符养之，则成阴精。"意盖如此。

日魂玉兔脂，月魄金乌髓。掇来归鼎内，化作一泓水。

阴阳之精，互藏其宅，故日之魂，太阳之精也，为玉兔之脂，即坎之中爻，真铅是也。月之魄，太阴之质也，为金乌之髓，即离之中爻，真汞是也。是曰乌兔药物，二者掇归鼎内，则解化为水，而成金液。《参同契》云："解化为水，马齿阑干"是也。盖药之始生，无过一气，升于甑山，则化而为水，先液后凝，还丹乃就。诸书所谓玉浆甘露、灌顶醍醐，皆不出此。

药物生玄窍，火候发阳炉。龙虎交会时，宝鼎产玄珠。

此窍非凡物，乾坤共合成。名为神气穴，内有坎离精。

如上指陈药物火候，既已详明。仙翁恐人不知交结之处，故复示此一窍。其意旨则见《序》中。《序》云："身中一窍，名曰玄牝，非心非肾，非口鼻也，非脾胃也，非谷道也，非膀胱也，非丹田也，非泥丸也。能知此之一窍，则冬至在此矣，药物在此矣，火候亦在此矣，沐浴亦在此矣，结胎亦在此矣，脱体亦在此矣。夫此一窍，亦无边傍，亦无内外，乃神气之根，虚无之谷，则在身中求之，不可求于他也。"如此指示，可谓言约而意尽矣。

或问：何谓药物？

曰：药者，坎中真乙之炁，真铅是也；物者，离中久积之精，真汞是也。《道德经》云："恍恍惚惚，其中有物。"是物之谓也。"窈窈冥冥，其中有精。其精甚真，其中有信。"是药之谓也。夫药物生于窈冥恍惚之中，而曰生于玄窍何也？曰：阴阳之宅，真精互藏。此时龙虎未交，玄牝未立，故尚属之两家。既归一处，则神气自然归乎其根，而虚无之中，成此一窍，名曰玄牝。于中药物，日滋月长，直至三百功圆，脱胎神化，皆不外此，故曰"结胎在此，脱体在此"。

问：火候冬至何以在此？

曰：火候者，周天卦数也，周遭环匝，皆在此处。冬至在此者，晦至朔旦，震来受符，阳炉发火，皆在于此。然非他家之冬至也，故曰"则在身中求之，不可求之于他"。仙翁立言，深有意味，言"则在"教人始认取身中，言"不可求之于他"，见他处亦有求之之时。

木汞一点红，金铅三斤黑。铅汞结丹砂，耿耿紫金色。

木汞者，己之灵汞也，无有铢两，故言一点。上阳子云："就近便处，运一点真汞以迎之"是也。金铅者，坎中真乙之水，水中产金，故曰金铅。言三斤者，四十八两，每两真铅三铢，共计一百四十四铢，乃坤之策数也。盖金铅全体未破，铢两完足，乃有此数。丹砂者，金液还丹之别名。紫者，红黑相合之色。《参同契》云："色转更为紫，赫然成还丹。"耿耿者，即赫然之意。夫金丹乃无质之质，非可以色相求者。仙翁因方辨色，假象示人，要在得之言意之表。若必求所谓"耿耿紫金"者，而后谓之丹，则痴人说梦，失之远矣。

家园景物丽，风雨正春深。犁锄不费力，大地皆黄金。

家园者，以自己身中而言。景物丽，言药物全也。风雨春深，火候足也。夫得药归鼎，抱一守中，要皆和以无为之油，镇以无名之璞，故虽有犁锄，无劳费力。至于功成药化，则大地变为黄金。大地者，亦指吾身而言。如血化白膏，骨如琼玉，阴尽阳纯，改形易质，丈六金身，万劫不坏，岂虚语哉！

一本作"不废力"，言不怠其功也。然以"用之不勤"，与"难以愁劳"之义参之，则作"不费"者为优。

真铅生于坎，其用在离宫。以黑而变红，一鼎云气浓。

真汞生于离，用之却在坎。姹女过南园，手持玉橄榄。

此指药物所产之乡，与夫所用之处。真铅生于坎者，水中产金，用在离宫，用以伏汞也。丹法以黑投红，此时真气薰蒸，上下融液，若山泽之蒸云者然。《序》中所谓"初时云满千山"，意盖指此。真汞生于离者，火生南方，用之在坎，用以求铅也。姹女者，汞也，南园乃其本乡。过南园者，过自南园也。过自南园，往彼西邻，则相撢相持，而玄珠呈象矣。玉橄榄者，玄珠之别名。橄榄回味而甘，取而喻之，甚明切矣。

震兑非东西，坎离不南北。斗柄运周天，要人会攒簇。

震兑坎离者，四象之卦也；东西南北者，四象之位也。作丹之时，攒簇五行，和合四象，而归于中宫，则东西南北混合为一矣。故金不在西，木不在东，火不居南，水不居北，既无卦爻，亦无方位，忘形罔象，不可致诘，而名之曰丹。然其要在于以斗柄而运周天，火候数足，然后混合之功可成。盖天以北斗斟酌元气，周天运转，夫是以五气顺布而成岁功，人亦有之。苟或不能“观天之道，执天之行”，求吾人之所谓辰极者，执而运之，焉能攒簇混合而成真乙之丹乎！

火候不用时，冬至不在子。及其沐浴法，卯酉亦虚比。

金丹火候，自子以后六时为阳，自午以后六时为阴。至于亥子之交，一阳来复，名为冬至。卯酉之月，木金气旺，法当沐浴。此盖阴阳之定理，造化之成数，有不可以毫发差殊者。然法虽死定，理实圆活，运移之妙，存乎一心。故入药起火自有进退，不用子午也。震来受符，自有真信，不在子月也。沐浴金丹，自有时节，不在卯酉也。《入药镜》云：“一日内，十二时，意所到，皆可为。”又云：“初结胎，看本命，终脱胎，看四正。”此足以相发明矣。

乌肝与兔髓，擒来归一处。一粒复一粒，从微而至著。

乌肝兔髓，坎离之精也，是必擒归一处，而后金丹始成。及乎火运周天，功圆三百，是谓日复一粒，从微至著，婴儿显相，而脱胎神化矣。

混沌包虚空，虚空括三界。及寻其根源，一粒如黍大。

三界者，欲界、色界、无色界也。三者皆括于虚空之中，而混沌包之。混沌者，先天无极也。丹法神气归根，虚无生窍，能以无质之中而生灵质，是“虚空括三界”也。脱胎之后，莫不以返于虚无，归于混沌，而后谓之了当，是“混沌包虚空”也。然而求其立命之根源，则亦不过一黍玄珠，从微至著者耳。盖黍米之珠，乃无中之有，脱胎神化，复归于无，则圣不可知，而与道为之合真矣。

天地交真液，日月合真精。会得坎离基，三界归一身。

天地者，阴阳配合之体也；日月者，阴阳互藏之精也。天地交则日月之精合矣，真精合则天地之液行矣。坎离，即日月也。人能会此以立丹基，则宇宙在乎手，万化生乎身，而三界归于一身矣。三界即上意，皆人身所自有者。以精用者，则成欲界；以气用者，则成色界；以神用者，则成无色界。

龙从东海来，虎向西山起。两兽战一场，化作天地髓。

药物既属坎离，龙虎复为何物？丹书异名殊字，融通实出一原。盖坎铅难得，而易于咥人[①]，故象之以虎；离汞好飞，而难于控御，故象之以龙。龙

① 《易经》履卦：“履虎尾，不咥人，亨。《彖》曰：履，柔履刚也。说而应乎乾，是以履虎尾，不咥人，亨。”

从东海来，来而就虎也；虎向西山起，起而从龙也。丹法驱龙就虎，驾虎从龙，故此两兽相吞相啖，交战于戊己之宫，则混合和融，化为天地之髓，而还丹可成矣。其实天地之髓，即坎离之精也，岂有二哉！

金华开汞叶，玉蒂长铅枝。坎离不曾闲，乾坤今几时。

草木花含叶中，蒂生枝上，是皆阴阳互根，相纽相结之妙。比之丹法，则金华开于汞叶，阴中含阳，坎铅之象也。玉蒂者，己之命蒂，鄞鄂是也。命基不能自立，必得真铅合以己汞，然后神气交结而生圣胎，故玉蒂长于铅枝。惟此阴阳构精，相纽相结，要皆造化之自然。圣人名之坎离，以泄其互藏之精，象之日月，以取其交光之妙。然后丹法大明，即观天地设位，日月运行，昼夜循环，无有一息之闲暇，而乾坤不毁，万古一日者，实由于此。故万古此乾坤，则万古此日月；万古此日月，则万古此丹法。使日月有时而停机，则万物不生，而乾坤或几乎熄矣，丹体何由而常灵常存哉？“今几时”，言万古一日也。或以《序》中“一刻之工夫，可夺天地一年之数”为解者，于义差远。

沐浴防危险，抽添自谨持。都来三万刻，差失恐毫厘。

夫月当卯酉，刑德临门，法宜沐浴。沐浴者，正所以防危险也。盖沐浴之说，兼有二义：一者卯酉之月，木金气旺，加之以火，则有飞走之虞；二者卯酉之月，阴阳气平，加之以火，则有偏重之患。故沐浴停火，以防危险。抽者抽铅，添者添汞。自谨持者，进退升降，务合天度。一念少差，则悔吝为贼，而三万刻之功亏矣。三万刻，乃十月也。“抽添”二字，学者多不能晓，予已著之《玄肤论》中。

夫妇交会时，洞房云雨作。一载生个儿，个个会骑鹤。

金丹之道，顺则成人，逆则成丹。故仙翁篇末，以洞房夫妇之事明之，要在使人易晓，然非世法之所谓洞房夫妇也。圣人洞晓阴阳，故于互藏之宅，盗其机而逆用之。故怀胎则十月无殊，脱胎则万变莫测。要之乘龙控鹤，皆阳精之所显化。神无不为，神无不通，又乌可以寻常识见思议之哉！

《金丹四百字》终

龙眉子金丹印证诗测疏

淮海参学弟子陆西星　谨测

龙眉子叙[1]

窃以削死注生，名既简于玉札。寻师访道，心方契于丹书。善恶在人，升沉由己。伏观众仙之传，始知自古以来，冲举者十万余人，拔宅者八千余处。岂皆禀受之异？盖因力学而然。若轩辕生而神灵，固由天授，如旌阳修而道备，岂非人为？须待恶业消，而后善缘就。或因守关而遇，或欲渡海而逢，或经魔而心愈坚，或经历试而志不退。得既艰苦，修必精专。采炼于洪都会府之中，栖遁于太华嵩山之下。或红尘闲散，寿若李脱之八百，安期之三千。或白日飞腾，奇若子晋之骖鸾，琴高之控鲤。或厌世而尸解，或住世而留形，或师徒之皆升，或祖孙之咸达，或得之难而成之易，或得之易而成之难。方册具传，厚诬不可。余自童稚，笃志清虚，门户遍求，是非莫辨，留心三纪，倒指百师，所学皆非遇而方悟，是知难逢之事，岂可轻易而成。欲为跨鹤之游，必假腰钱之助。下士闻而大笑，上圣所以不言。谬以毫厘，失之千里。若天机之轻泄，祖则罪延；而至道不传，己则谴大。将言复辍，欲罢不能。谓其隐秘于玄微，孰若铺陈其梗概？因述师旨绘作图章，著外法象九章，所以尽造丹之精微；著内法象九章，所以条养丹之详细。夫炼金丹者，必有所自，故有原本焉。有本然后生，故有乾坤焉。用乾坤烹炼，故有鼎器焉。鼎器有药物，故有铅汞焉。铅汞明分两，故有和合焉。和合成黄芽，故有真土焉。丹成贵能取，故有采取焉。作用有规模，故有制度焉。制度有同志，故有辅佐焉。此在外法象造丹之九章也。采得然后服，故有服丹焉。服毕务温养，故有九鼎焉。温养全藉火，故有进火焉。火候有进退，故有退火焉。进退有爻象，故有抽添焉。抽添有休息，故有沐浴焉。沐浴罢丹成，故有金液焉。丹虽已成，虑性未明，故有抱元焉。守一抱元，命因性

[1] 《龙眉子叙》，底本所无，校者据《道藏》补入。

彻，形飞天阙，位证真人，故有朝元焉，此在内法象养丹之九章也。服丹才罢，养火一年。攒簇阴阳，缩敛节候，夺二千七十三万六千之正气，归于九一三七二四六八之宝身，寿则无穷。数尽有坏，故莫若均齐物我，混一色空，悟无上之菩提，圆真源之正觉，动为游戏，静入太虚，造无拘碍之乘，永返元来之本。通前警悟及后还元，共二十章，接四五侣，外有炼丹行，所以贯串首尾，错综篇章。指迷箴，所以明辨正邪，分别真伪，列之于后，览者详焉。非敢为达者之规模，姑留为后学之印证耳。

时宋嘉定戊寅[①] 仲冬元日龙眉子叙

龙眉子金丹印证诗

警悟

委骸回视积如山，别泪翻为四海澜。

世界到头犹会坏，人生捻指有何欢？

成男作女应千变，戴角披毛历万端。

不向此生生里悟，此生尽处作么看？

夫自无始以来，至于今日，人物之生之死不可算数，虽使积委蜕如山岳，翻别泪为波澜，未足为喻。愚者直谓此身可以不朽，爱恋世缘，作为千年万年之计，不知浮世光阴捻指易过，不可常恃为欢。而有形有质之躯，既从幻生，终归幻灭，即如阎浮世界，劫数既终，亦有毁坏。所以然者，以其落于有形之中，故虽天地亦不能以自固。虽然，形之形者毁矣，而形形者未尝毁，惟道炁可以长存。故曰："天地之大，大于道。"而有形有质，千变万化，莫不由于斯道之中，而任其自生自灭，灭后再苏，轮回六道[②]，各随业力

---

① 嘉定戊寅，公元 1218 年。

② 六道，佛教术语。六道，又名六趣、六凡或六道轮回，是众生轮回之道途。《法华经》："六道众生生死所趣。"十界中由下而上的六道分别是指：地狱道、畜生道、饿鬼道、阿修罗道、人道、天道。佛经《观佛三昧经》："轮回六趣，如旋火轮。"一切众生从无始以来，即已在六道中轮回不息。若造善业终得乐报，如天、人二道；若造恶业终得苦报，如地狱、饿鬼、畜生。六道可分为三恶道和三善道。三恶道为地狱、饿鬼、畜生；三善道为天、人、阿修罗。但阿修罗虽为善道，因德不及天，故曰非天；以其苦道，尚甚于人，故有时被列入三恶道中，合称为四恶道。

之所驱，反覆相仍，无有穷已，故成男成女犹人类也，戴角披毛则异类矣。要知六道，乃人间善恶之果报，如影响形声，必非幻妄。阳明胜者，日进于高明，则天道、人道也；阴浊胜者，日流于污下，则修罗、畜生、地狱、饿鬼也。乃有拘儒局士，拗执不信，不知既有天人畜生此三道矣，彼三道者何独无之？既无高明之见，又灭修证之途，深可悼痛。且人身难得，中土难逢，正法难闻，盛年难再，不于此生省悟，下手速修，直待此生尽后，沦落鬼趣，更欲修行，作么理会？唐相裴休[①]云：生灵之所以往来者，六道也。鬼神沉幽愁之苦，鸟兽怀獝（熏去。鸟惊飞貌）狘（萱入。兽惊走貌）之悲，修罗方嗔（魔道好战），诸天正乐，可以整心虑，趣菩提者，惟人道为能耳。人而不为，吾末如之何也。已矣，至哉言乎！

原本

溟涬无光太极先，风轮激动产真铅。
都因静极还生动，便自无涯作有边。
一炁本从虚里兆，两仪须信定中旋。
生生化化无穷尽，幻作壶中一洞天。

前诗警悟后人，此则教以原始返本，使知身从何来，命从何立。盖神仙金液大丹，乃高真上圣以术延命之事，大要识取真铅。真铅者，乃先天真乙之炁，太极动而所生之阳，隐于先天，则溟涬无光，为天地之始炁，寓于后天，则生化无穷，为万物之母炁，得而修之，则造化在我，而长生久视之道，不外是矣！盖观太极之先，溟溟涬涬，当体全静，静极而动，阳乃生焉。阳动则天心建始，兆乃滋张，万有之初先实开于此，故从无入有，乃造化之妙机也。神仙盗机逆用，盗此而已。然是机也，生天生地、生人生物，靡不由此。吾人得之，则“乾道成男，坤道成女”，各具太极之全体。自夫窍凿浑沌之后，而失之于动者多矣。圣人知其如此，故于互藏之宅而取其始判之炁以补之。而始判之炁，即先天真铅也。尔其动而未形，有无之间，造

① 裴休，唐朝一代名相。裴休，字公美，河内（河南济源）人。进士出身，官至宰相。笃信佛教，与禅宗有深厚因缘。

化閟密之机，正在于此。邵子之诗有云："忽然夜半一声雷，万户千门次第开。识得无中含有象，许君亲见伏羲来。"缘督子云："先天一炁，自虚无中来。"故曰："一炁本从虚里兆。"神仙盗此真机，动中采之，静中炼之，故旋转坤乾，运行日月，皆自定中。"定"之一字，最为肯綮，丹学成始成终，皆不外是。故始焉不定，则情境不忘，而无以善夫临炉采药之用；终焉不定，则火候不调，而无以收夫脱胎神化之功，故云"两仪须信定中旋"也[①]。从此药就丹成，则生生化化，无有穷尽，而宇宙可以在手，万化可以生身，故曰"幻出壶中一洞天"。壶者，海外方壶，以喻己身。洞天，乃真人之灵境，喻身中灵境洞焕，神通自在也。

乾坤

混元未判是先天，清浊分来二象全。
坤女乾男偏一气，木龙金虎间千年。
都将孤寡为修道，岂信刚柔可造玄。
日用不明颠倒理，若能达此是真仙。

太极既判，两仪遂分，天尊地卑，乾坤定矣。乾坤，一阴阳也；阴阳，一男女也。《易·系辞》云："乾道成男，坤道成女。"各各分气赋形，随仪化质，然非判然二物也。阴中有阳，阳中有阴，故邵子云："阴阳之精，互藏其宅"。神仙识此互藏之精，逆而用之，故偏者可以使之全，间者可以使之会。何谓"木龙金虎间千年"？木龙金虎，乃阴阳互藏二八之弦炁，分属两偏，故云"间隔"。得法修之，混合归一，则虎吸龙精，木受金伐，相吞相啖，而成大丹。愚者执言身内阴阳，往往但以清净独修为道，而不知破体之后，先天不存，欲炼还丹，须求同类。《参同契》云："欲作服食仙，须求同类者。"岂知配合刚柔，颠倒交泰，乃上圣登真之梯筏，所谓"顺则成人，逆则成丹"，无足异者。但百姓日用而不知，故达者则信，而众人则疑耳。

① 〔宋〕张紫阳《青华秘文·交会图论》："盖恍惚杳冥，乃定之象也。惟定可以炼丹，不定而阳不生。阳生之后，不定而丹不结。"清·汪东亭《体真山人丹诀语录》："学仙之法，不过一定字耳。能定得一分，即去一分呼吸；去一分呼吸，即去一分阴；去一分阴，即添一分阳；添一分阳，即元神得一分明，是明性，愈定神愈旺，神全自然脱胎矣。"

鼎器

炼丹全藉鼎和炉，炉鼎乾坤要正模。
圆[①]绕五三围径一，唇周四八腹脐敷。
鼎铅欲审须中定，阳火将奔在下铺。
不遇至人亲指授，教君何处决玄枢。

夫神仙炼药，必资炉鼎，乃天元法象。人元之学，借而言之，则以乾为鼎，以坤为炉，故有偃月、朱砂之号。《悟真篇》云："偃月炉中玉蕊生，朱砂鼎内水银平。"且鼎身通直，炉有口唇，鼎在炉中，炉包鼎外，以此取譬，可以得之言意之表矣！又错而言之，亦可谓之坤鼎。故择鼎之法，须要正模。《鼎器歌》云："圆三五，径一分，口四八，两寸唇。"此天元外鼎之正模也。观此则人元鼎器，必须端正匀停，方为美好。仙翁举以见例，欲使择鼎之人，知有正模，不可造次苟且。又鼎中药物，其气甚微，伊欲审之，必须一尔心志，澄尔思虑，六根大定，情境两忘，而后采取之余，保无虞失。及其阳火来奔，吾则下铺以迎之。此必真师真诀，方可临炉，若徒意见揣摩，则动有乖舛，而灵胎终不可结矣。

铅汞

铅出白金汞产砂，丹家便把此来夸。
若将金石为真药，犹种禾粦望长麻。
坎内黄男名汞祖，离中玄女是铅家。
分明辨取真和伪，产出真铅似马牙。

既知鼎器，当辨药物。铅汞者，鼎器所产之药物也。至阳之炁，名曰真铅；至阴之精，名曰真汞。谓之真者，所以别于凡也，且凡物之有铅银、砂汞，乃太阳元精所化，流配四象，而皆产于土中。以一气而言，则本是水银一味，周流遍历诸辰。以二气言，则银产于铅，阴中阳也；汞产于砂，阳中

① 圆，底本作"围"，据《道藏》本龙眉子《金液还丹印证图》校正。

阴也。是盖五行灵秀之气，相含相孕，相生相死，故地元丹品亦或用之。若夫天元神室之药材，则所谓银铅、砂汞者，又皆无质生质，不可与此同论，故惟天元神丹，乃宜服食。若徒以此金石渣质之物，配为真药，吾知非我种类，必不肯合体而居，是犹植禾粪而望其长麻，其不然也明矣。何以“坎内黄男名汞祖，离中玄女是铅家”？盖推本铅汞之所自出，亦以见其互藏之意。夫太阳元精，北照生铅，故先天乾金寄生于坎中，纳戊土，故云“黄男”，乃所谓先天真乙之炁。一变而为水者，紫阳仙翁云“本是水银一味”。盖是物也，遍历诸辰，转而东南，化为砂汞。是铅乃祖炁，砂汞则子炁也。水能生木，木能生火，坎内黄男不为汞之祖乎！离中玄女，其名曰汞，离南本先天乾金之位，乾之一画流入于坎，其中则虚，虚乃为离，化为阴汞，原其宅舍，非铅之本家乎？夫惟离为铅家，所以金公必归于舍，然后谓之还丹。而铅为汞祖，所以相亲相恋，而孝子不能已于报恩也。以此真铅、真汞合为大药，然后怀胎结婴，产出真铅，如白马牙。马牙乃外丹“马齿如霜”之法象，引此以明身中阴汞，化为白液，凝而至坚之义。然又须知汞死则为真铅，故所产之婴儿亦曰真铅，非前和合丹头之物也。

和合

二八清源正一斤，休言等分是均平。
不知和合阴阳处，更要参详子午辰。
申上建元当用巳，亥支出处必寻寅。
遇相合处成三五，和作中黄产至真。

金丹大药，定用一斤之数，盖取二八两弦之炁。《参同契》云：“上弦兑数八，下弦艮亦八”是也。何以谓之清源？盖清源者，有炁无质之谓，乃临炉所定之铢两。《参同契》云：“三日月出庚。”又云：“五分水有余，二者以为真”是也。夫药不二八，则神炁不全，不清源则药材不嫩。既知铢两，当明和合，不徒取其等分匀平而已。且夫二八之炁，上弦金精，下弦木液，金能克木，木性畏金，不知其中自有和合之妙。试以十二时辰参详而论，则居然可知，然不曰十二辰而曰子午辰者，子为阳辰之首，午为阴辰之首，举其二，其余可该也。彼，申金也，长生在巳，故申上建元而当用巳，是申与巳合也，合则金不畏火矣。寅木也，长生在亥，故亥支出处必寻于寅，是寅与亥合也，合则水来生木矣。金丹之道，金水合处，木火为侣，火性销金，而金之长生却在于巳；金伐木荣，而金之子炁反来生木，是以不相悖而反相为用焉，和合之道在焉故也。相合则三五归一，和入中黄而真炁内融，灵宝中结矣。中黄，即黄庭也。三五，见《悟真》诗。

真土

先天一炁号真铅，莫信迷徒妄指传。
万化滋张缘朕兆，一灵飞走赖拘钤。
有形生质皆非正，无质生形始是玄。
寄语道流勤学取，用铅莫错用凡铅。

夫先天之炁生于坎者，名曰真铅。和合中宫，产为黄芽，则称真土。真土，即真铅也。故此诗以“真土”为题，序云“和合而成黄芽，故有真土焉”。《鼎器歌》云：“黄芽铅”，是知黄芽乃真铅之所茁[①]，喻如土中黄芽，滋张万化，此其朕兆。又《参同契》云：“河上姹女，灵而最神。将欲制之，黄芽为根。”故云：“万化滋张缘朕兆，一灵飞走赖拘钤”也。然是物也，乃先天灵炁之所结，所谓无质生质者，始为玄妙，必非有形渣质之所可仝。故紫阳真人云：“用铅不得用凡铅”，奈何世人福缘浅薄，不得真师指示而用之，徒望洋耳。

采取

夜半霞光北海明，金丹一粒庆圆成。
不因采取知玄妙，枉使飞腾入太清。
鹤翅每随霜色劲，蟾酥多逐月华生。
凭他气类潜通感，运剑追来掌上擎。

此篇密示采取符候。夜半者，亥子之交，冬至之候，一阳来复之时。霞

① 茁，疑当作“出”字，“茁”字当为误刻。

光者，太阳初出之先符。北海者，产药之处也。此时先天之炁来自虚无，采而用之，片饷之间，金丹一粒，可以立庆圆成。若也不知采取玄妙，此炁虽至，不免飞腾而入于太清，安能为我用乎？前诗有云：“鼎铅欲审须中定，阳火将奔在下铺。”采取玄妙，无出乎此。《悟真篇》云：“药逢气类方呈象，道在希夷合自然。”金丹之道，乃真阴、真阳气类相感，潜孚潜应，莫知其然，正如霜肃冽则鹤翅愈劲，月华明则蟾酥自生，气类感通之妙有如此者。所以采取合妙，则二气相纽，不致飞腾，而金丹圆就也。运剑追来，乃自己之慧剑，非必泥于《悟真》欧冶铸剑之解。“掌上擎”，亦当活看，盖见之已不可用矣，又可擎耶？

制度

坛筑三层天地人，九宫八卦布令匀。
镜悬上下祛精怪，剑列方隅镇鬼神。
禹步登时三界肃，罡星指处百魔宾。
叮咛刻漏无差失，片饷工夫万劫春。

坛壝规制，本于《石函》。《石函记》云：“坛有三级兮方八尺[①]，上下不等兮各有绳墨，上有一层高二六，上据九宫兮九曜九位，上方阔丈六兮二八之数。中有一层高二五，中分八卦兮坛中之心腹，中方阔二丈四兮按二十四气。下有一层高二六，下列八门兮开闭有度，下方阔二丈八兮按二十八宿，四面卓剑兮镇压四方，八面悬镜[②]兮照灭邪殃。”盖古仙修炼天元大丹之制度，仙翁仿而为之，重其事也。夫先天之炁，在天则曰天宝，在人则曰命宝，不重其事，是不爱其宝者也。若使命宝轻弄，邪魔得而侮之矣。若乃规制既立，防御亦周，天人合发之际，主者禹步登坛，指魁罡以从事，能使天人敬仰，魔鬼宾伏，片饷之间，转凡成圣，奇哉妙哉！圣修之功起矣，性命之枢得矣，大丈夫之志愿遂矣！

① 方八尺，《道藏辑要》本《石函记》作“分丈尺”。
② 镜，底本作“剑”，据《道藏辑要》本《石函记》校正。

辅佐

辅弼同声不可无，三人一志互相扶。
魁罡坐镇当先主，筹鼎铺模责次徒。
审定鼎弦龙虎跃，精调火候武文俱。
中间首尾须明取，全仗筹徒仔细呼。

辅佐者，同志也。修炼金丹，入室之时，准测刻漏，挨排火候，全仗同志左辅右弼，以匡不逮。《悟真篇》云：“若无同志相规觉，时恐炉中火候非。”此篇无甚深旨，首尾文武之说，予已见之《参同测疏》中，兹不复赘。

服丹

夺得黄芽在掌中，急吞切莫咽匆匆。
满身阴汞烟飞汉，一得阳铅禽入笼。
眷恋岂殊儿见母，和谐无异牝逢雄。
精勤火候无令失，十月胎完寿不穷。

还丹入口，己汞自干，在掌急吞，不可以文害意。此诗无甚深旨，不复赘辞。

九鼎

金丹秘术绝凡人，六百篇将九道名。
帝禹范来奸始怖，轩皇铸就道方成。
选时须合丹家法，用后无令厌物腥。
节候换时周复始，炼成龙虎自来迎。

火记六百，乃十月之卦数。盖以进火之卦，朝屯暮蒙，以至既未，终而复始，每月计卦六十，十月六百，而卦火之数终矣。“六百篇将九道名”者，九道乃日月运行之躔道。历家云：“日行中道，月行八道。”丹法象日象月，故十月之火，如日月运行于九道之中，南而复北，北而复南，循环无端，以成岁事。然而上古仙人服炼九鼎，九鼎之说，即九道也。丹有十月之功，而曰九鼎何也？曰：自子至戌，而火库归矣，又除卯酉沐浴而言之，凡有九转，故曰九鼎。帝禹以下，乃诗家点古寓言，非圣人不能制，非圣人不能用，正与首句“绝凡”相应，无甚深旨，故不必解。

进火

子时进火癸时潜，此是晨朝进火篇。
呼应阴阳宜默默，息调出入务绵绵。
阳爻二百一十六，卦合复临泰夬乾。
刻漏不差时候应，炎炎火里长红莲。

夫进退火符之说，予于《参同测疏》论之详矣。学人须要识得火为何物，盖火乃神火也。丹结中宫，日以神火环匝周遭，谓之温养。而火候之消息，则必约之以橐籥，而后有准。橐籥者，吾人之真息也。尔其默默绵绵，精调出入，出则呼而应阳，入则吸而应阴。自子至巳六时进火，是曰朝屯；自午至亥六时退火，是曰暮蒙。其曰：“子时进火癸时潜”，则举首尾而言之。癸时，即亥辰也。夫进火者，所以养阳；退火者，所以养阴。《四百字序》云：“以阳火炼之则成阳炁，以阴符养之则成阴精。”天地之道，阳以生之，阴以成之，故温热凉寒各有定序，而万物因之以生长收藏，金丹之道亦犹是也。《参同契》云：“赏罚应春秋，昏明顺寒暑，如是应四时，五行得其理。”所谓一日之中，自有一年之节候者，意盖如此。又以《易》道而论，阳爻二百一十六，阴爻一百四十四，合之共得三百六十，以当期之日，乃乾坤老阳老阴六爻之策数也。而此之进火，则一阳为复，二阳为临，三阳为泰，四阳为大壮，五阳为夬，以至六阳为乾，进满老阳之策数，而阳极于巳矣。极则必返，故至午则一阴始生，以至二阴为遁，三阴为否，四阴为观，五阴为剥，六阴为坤，进满老阴之策数，而阴极于亥矣。大抵阳进则阴退，阴进则阳退，其中间不容发。若使刻漏无差，则时节自应，而丹药圆成，如红莲之生于火内也。

退符

午时十八八个星，此是阴符退火程。
驯至坚冰从姤始，敛藏品物至坤盈。
一般作用惟增减，二气分张见瘁荣。
减火息符天地静，屯蒙二卦禀生成。

大意已见前解。“十八八个星”者，坤之策百四十有四也。盖以八星而十八之，正合此数。驯至坚冰，即《参同》所谓“姤始纪绪，履霜最先”者。履霜，即姤也。驯至坚冰，即坤也。至坤则万物敛藏矣，故减火息符至于归静，又为来日震符起绪之端。大抵阳火阴符，一般作用，但有增减进退之不同，要皆主阳火而言。阳退一分，则阴自进一分，非谓吾身之中别有阴符可用也。

抽添

一回进火一回阳，龙虎盘旋射绛房。
阴魄和铅随日减，阳魂与汞逐时昌。
灰心运用常令谨，烦恼倾危免致殃。
添汞抽铅全藉火，除于此外别无方。

予昔著《玄肤》中有《抽添论》云：“或问：抽铅添汞之旨，可得闻欤？曰：予闻之仙师立阳先生，得药归鼎之后，养以天然真火，绵绵若存，其中抽添变化，皆出自然，有不容以丝毫智力与乎其间。盖道则无为，而神炁自然有所为，乃造化之妙也。所谓如米炊饭，仙翁厥有深旨，非止特喻其易易而已。夫铅之投汞，譬则水之投于米中也。水不可以过多，米不可以过少，犹之二八相当也。火力调匀，其水渐干，而米渐长，斯成饭矣。水渐干，则抽铅也；米渐长，则添汞也。”如斯而喻，可谓明且切矣。然又须知铅汞二物，合而成丹，则似盐入水中，胶和色里，更指何者为铅，何者为汞，何者可抽、可添？咦！还丹亦是虚无，到此漫劳饶舌。

沐浴

炼丹本是一年功，两月都缘要住工。
兔遇上元时便止，鸡逢七月半为终。
旱蝗水涝因差过，雨顺风调为适中。
刑德既知加沐浴，倾危端不到临穷。

夫丹家之有沐浴，诸经盖屡言之。盖谓兔鸡之月，刑德临门，加火恐有偏重之虞。然兔鸡，则二八也。此云“兔遇上元时便止，鸡逢七月半为终”者何？盖以六阳、六阴，取中气而论之，犹冬至于子之半也，其义甚精，诸家皆莫之及。

或问：丹火冷则散，此云罢工止火，不殆于冷而散乎？

曰：予问之师，师言：人身之中，橐籥之火，最为利害，方其用火之时，专以此而约，消息至此，则惟温温自如，勿行长短，则沐浴在是，正如人臣之告休沐，未必便忘政事如林下者然也。或又以为沐浴乃奋迅精神，驱除杂念者，不知大类武火。且十二时中，如鸡抱卵，如龙养珠。《参同契》云：“委志归虚无，无念以为常。”待有杂念而往除之，则末矣。

金液

朝朝金鼎起飞烟，气足河车运上天。
甘露遍空滋万汇，灵泉一派泛长川。
犹如雀卵团团大，间似骊珠颗颗圆。
龙子脱胎吞入口，此身已证陆行仙。

《参同契》云：“修之不辍休，庶气云雨行。”金鼎飞烟，乃庶气也。转河车而上之，则白云朝于顶上，甘露洒于须弥，滋液润泽，灌注三宫。又如灵泉长泛，不舍昼夜。盖得丹之后，景象若此。若乃火圆气足，龙子脱胎，则有雀卵团团、骊珠颗颗，降下重楼，所谓“一粒金丹吞入腹，始知我命不由天”，而名证仙班矣。

抱元

功足丹成子脱胎，且逃换面逐轮回。
色身虽已坚难坏，慧照当于定里开。
念念觉圆无一物，头头显露绝尘埃。
九年面壁成何事，只履芦根归去来。

夫金丹之道，自有为以证无为，于是脱胎之后，有抱元守一之学焉。《悟真篇序》云："老氏以炼养为真，若得其枢要，则立跻圣位，如或未明本性，则犹滞于幻形。"纯阳真人云："达命宗，迷祖性，一似整容无宝镜。"抱元守一，所以悟真乘明本性也。然而抱也者，抱无所抱也，守无所守也，归于无极而已。六祖云："本来无一物，何处惹尘埃。"《清静经》云："观空亦空，空无所空；所空既无，无无亦无；无无既无，湛然常寂，寂无所寂。"如此则慧照自开，念念无非圆觉，头头显露真宗，而可以趣入无上菩提矣。九年面壁，只履芦根，乃达摩故事。欲问西来大意，请看《仙佛同源》①，不读此书，未可轻论佛乘也。

朝元

形神俱妙道为徒，性命双圆合太虚。
宝诏降时腾鹤驭，玉书拜后驾龙车。
仙官烜赫谁论贵，浊世熬煎且免居。
积德勤求终有遇，问君何事独踌躇。

面壁功圆，性源清彻，形神俱妙，与道合真。彼时性命混融，直与太虚同体，但济世之功未溥，上升之日无期，于是潜伏俟时，修彼功行，三千圆

① 《仙佛同源》，赵友钦著。〔元〕陈致虚《金丹大要序》："缘督子词气聪明，博物精通，揭尽群书，或注或释，总三教为一家，作《仙佛同源》《金丹难问》等书，而金丹大备。"赵友钦，元代著名丹士。字缘督，饶郡人。本宋宗室，宋朝灭亡后，为避免受到新王朝的迫害，浪迹江湖，隐逸道家。精于天文经讳地理术数。从元道士张紫琼（名模，字君范）得金丹大道。又搜群书经传力扬三教一家之旨。著有《仙佛同源》《金丹问难》等丹书行世。后寓居衡阳，以金丹之道传授上阳子陈致虚。为道教内丹北宗重要传人之一。其时名士如宋濂、刘基、王炜等皆曾从其而学。事迹见《金仙大要列仙志》《江西通志》《续文献通考》等。

满，膺箓受图，玉书宝诏，册为天官，御白鹤兮驾龙鳞，游太虚兮谒仙君，乐且湑哉，大丈夫功成名遂之日也。且夫神仙之事，烜赫尊显，世所希覯，天下绝望，一也；不知积德勤求，亦可希遇。盖惟德可以动天，勤苦方能了道。若也踌躇顾望，影响有无，则亦罥挂尘网，沉沦五浊而已，何仙之可觊？何道之可成哉？

还元

南非南兮东非东，一灵妙有素圆通。
贤愚本是无分别，凡圣何曾有异同。
认赤作朱成性习，呼娘为母自机锋。
有为一切皆非实，悟取真源空不空。

还元，谈本性也。夫本来之性，真净明妙，虚彻灵通，迥出思议之表。凡有分别名相，一切有为，皆非实际。又且在圣不增，在凡不减，悟之则菩提岸，迷之则生死海。所以古德云："学道之人不识真，只为从前认识神。无量劫来生死本，痴人认作本来身。"夫以识神而认本性，则迷也久矣。所谓识神，即分别南北，呼唤娘母者是也，将使名相互起，机锋并出，窍凿混沌，不见本体，而轮回生死，莫不由之。故惟真如本性，非东非西，无南无北，无有异同，亦无分别，然后谓之"溟涬无光太极先"，然后谓之"父母未生以前本来面目"也。所以六祖谓明上座云："只不思善、不思恶，是汝本来面目。"如此指点，太煞分明。然又当知此之一物，与彼先天真乙，是异是同。总之，无极之真，静则为灵而通彻万感，动则为炁而滋张万化，所谓真空不空，不空而空，是性是命，互融交摄，返还归复，乃见祖宗。仙翁终篇归结于此，欲使了命之人，归于了性，而后始为究竟，其旨深哉！

炼丹行

坎男与离女（是言互藏之精），此是黄芽主。天地之根苗，五行之宗祖。等分共一斤（取二八弦炁），八月从头数。

数至月圆朝（取金精壮盛，然后生水），一阳当夜午（亥子之交，冬至之候）。

太极气氤氲，诱之凭圣母（母者，意土）。坐镇魁罡雄，坛登三尺土。

腾倒虎并龙，法象周天数[①]。丹鼎忽融光，玄珠悬一黍。

急急采将来，平吞不用咀。灵丹才入腹，雾散若风雨。

四海波浪腾，乾坤精魄住。阳火与阴符，斡运无差误。

沐浴谨防危，抽添宜审护。九鼎炼将周，河车无碍阻。

金液降琼浆，婴儿脱胎去。十月足辛勤，形神生翅羽。

道人不是求，惟向旁门取。旁门法误伊，要当详审取。

详取《破迷歌》，与予之言语。

旨意分明，无劳笺解。

星按：龙眉子乃白紫清仙师之嫡传[②]，紫清得之陈泥丸，陈泥丸得之石杏林，为紫阳真人之正传。其诗原始要终，工夫次第，简明直截，使人豁目洞心。《悟真》之后，鲜有如其作者。旧本有图有解[③]，皆不得其旨趣，予故厘而正之，别为测疏，智者合而观之，则得失见矣。

《龙眉子金丹印证诗》终

丘长春真人青天歌测疏

淮海参学弟子陆西星　谨测

青天莫起浮云障，云起青天遮万象。

万象森罗镇百邪，光明不显邪魔旺。

---

① 〔清〕李涵虚《道窍谈·后天次序》“先把真阴、真阳同类有情之物各重八两立为炉鼎。假此炉鼎之真气，设为法象，运动周星，诱彼先天出来，即刻擒之。不越半刻时辰，结成一粒，附在鼎中，是为铅母，号曰外丹。”

② 龙眉子，南宋嘉定年间人。翁葆光之再传弟子。著《金液还丹印证图》一卷，收入《道藏》洞真部。此处称龙眉子系白紫清（白玉蟾）之嫡传，不确。其师承为张紫阳→广益子刘永年→无名子翁葆光→若一子→龙眉子。

③ 《金液还丹印证图》，《道藏》洞真部灵图类，上海书店出版社影印本《道藏》第三册。《诸真玄奥集》本《金液还丹印证图》（《四库存目丛书》），《道书全集》本《金液还丹印证图》。以上诸本皆有图像，可资参考。

我初开廓天地清，万户千门歌太平。

有时一片黑云起，九窍百骸俱不宁。

是以长教慧风烈，三界十方飘荡彻。

云散虚空体自真，自然现出家家月。

夫青天湛湛，万象森罗，忽起浮云，重重遮障，阳衰阴盛，魔鬼逼人，喻彼性体真空，岂容私意？瞥然念起，翳彼太虚，则五官失职而光明不显，六贼来侵而邪魔转盛。是以学道初关，先须炼己。炼己者，克己也[①]。克去己私，私欲净尽，本体湛然，乃见真性。“我初开廓”，用功之始，能使天君泰然，清宁自若，百体从令，共乐太平。功夫少间，私意复萌，九窍之邪投间煽乱，是以常秉慧剑，扫荡诸邪，务使一念不生，万缘顿息，孤轮独拥，朗照千门，则如风卷残云，云消月出，家家户户普照圆光也。然家家有月，皆一月之所摄，正如人身窍窍光明，总归真性，念起则壅蔽聪明，欲净则神光透露。

月下方堪把笛吹，一声响亮振华夷。

惊起东方玉童子，倒骑白鹿如星驰。

如上炼性纯熟，方许临炉，故有“月下吹笛”之说。笛，无孔笛也。华夷者，以喻内外。一声响亮，循文似指笛声，寓意实言雷动。当此雷动之时，内宾外主，一时交会，故振动华夷。《参同》所谓：“人民惊骇”是也。东方玉童，以喻己汞。倒骑白鹿，以喻虎铅。白鹿，即白虎之义，又鹿五百岁始变白，亦精炁之全者。倒骑者，逆转而上之称。如星驰，言速也。玉童骑鹿，厥义安指？盖虎铅既至，必须己汞迎之，然后宾迎主人，西过东家，一时半刻之间，星驰电走，径上昆山，降入中宫，而还丹始就[②]。故此以下，遂言温养自然之功。

逡巡别转一般乐，也非笙兮也非角。

三尺云璈十二徽，历劫年中混元斲。

---

① 〔元〕张三丰《大道论》：“还丹容易，炼己最难。”李涵虚《道窍谈·养己炼己》：“己者，己汞真火。必先炼此真火，降此真龙，从我驱用，使无奔蹶，然后可以制伏白虎，而得至宝之真金。是炼己原有功夫也。”“炼己者虽在情境，而情从内淡，境从外空。淡然自得者，己必有所乐。空然无累者，己必有所持。炼己之道，又须动静兼修也。吾为炼己者分出两件：内炼一件，外炼一件。外炼者，和光混俗也；内炼者，烹汞成砂也。”

② 〔元〕陈致虚《金丹大要·采取妙用》：“合丹之妙，急以己汞合铅。于斯时也，调和真息，周流六虚，自太玄关逆流至天谷穴，而吞入黄金室也。”

玉韵琅琅绝郑音，轻清遍贯达人心。

我从一得鬼神辅，入地上天超古今。

夫采药归来，虎龙战罢，乾坤宁谧，罢功守城，偃武修文，搬运符火，一味养以中和。故别转所用之乐，非笙非角，而取云璈。云璈者，古琴名，圣人用之以养中和之德者也①。盖笛音嗷嗓，武炼者象之；琴韵中和，文修者尚之，用各不同，故云“别转”。三尺，以象三田。十二徽，以准年月。历以年劫，贵久道也；斲以混元，无窍凿也；音绝郑卫，无淫邪也。且“玉韵琅琅”，使人奏之而神气爽清，闻之而心耳俱畅。是乐也，岂实有哉？不过以喻吾身中和之妙而已。从此以后，则鬼神钦仰，辅翼成功，入地升天，超今绝古矣。

纵横自在无拘束，心不贪荣身不辱。

闲唱壶中白雪歌，静调世外阳春曲。

大丹圆就，药化神升，自在纵横，从心所欲。歌白雪，鼓阳春，乐且湑哉，仙家之日月也。阳春白雪，乃师旷所拟钧天之乐，今世亦有传者。但此言壶中白雪，世外阳春，似亦身中造化，以为歌曲，殆寓言耳！

我家此曲皆自然，管无孔兮琴无弦。

得来惊觉浮生梦，昼夜清音满洞天。

歌中所言琴笛歌曲，皆是寓言。仙翁恐人取相而求，故复终篇道破，言我家此曲，乃罔象之象，希声之声。谓“管无孔”，谓“琴无弦”，所谓无情作用，无情听受者，迥与世俗之乐，仙凡不同。且阎浮之世，浊梦昏沉，洞天之中，清音遍满，故尘梦非此乐而不醒，此乐非梦醒而不得，岂不寤寐遐思，令人忻恋哉？

星按：《群仙要语》清和尹真人云：“长春师父言，觑那几个师家，福慧相貌，皆胜自己，遂发心，下三年志，要炼心如寒灰。下了十年志，心上越整理不下。自知福小，再加志，着一对麻鞋，系了却解，解了却系，每夜走至十七八遭，不教昏了性子，后习至五十日不动心，真性常明，便似个水晶塔子。或一日却倒了，更起念。师父啼哭，自知福浅，不能了道，经天魔及

① 〔金〕王重阳《重阳立教十五论·第九论炼性》：“理性如调琴，弦紧便有断，慢则不应，紧慢得中，琴可调矣。则又如铸剑，钢多则折，锡多则卷，钢锡得中，则剑可矣。调炼性者，体此二法，则自妙也。”

五帝大魔，飞石打折三根肋肢，亦不动心。后至圣贤提挈，闻空中言：‘你二月十五日得道’，则至十一日早，别通天彻地，观见天地山河，如同手掌。”真人此歌，要亦自家履历公案。篇首数句，模写殆尽，其言“一得鬼神辅”，乃圣贤提挈也。真人云：“修行全在志，若无志，圣贤如何提挈？只勿令念起，乃志也”[①]。至哉言乎！敬录于后，以自策励云！

隆庆辛未[②]五月十有二日

《丘长春真人青天歌》终

---

① 〔元〕陈冲夷《规中指南·止念》：“念起即觉，觉之即无，修行妙门，惟在此已。此法无多子，教子炼念头，一毫如未尽，何处觅踪由。夫无念者，非同土石草木，块然无情也。盖无念之念，谓之正念，正念现前，回光返照，使神御气，使气归神，神凝气结，乃成汞铅。牢擒意马锁心猿，慢著工夫炼汞铅。大道教人先止念，念头不住亦徒然。”

② 隆庆辛未，公元1571年。

第八卷　末字集

玄肤论

新梓《方壶外史玄肤论》序

陆君潜虚，早岁事举子业，艺称业举子者之最。瑰玮士林，去天尺五，于心非不当也。俄而，若或启之，厌举子业，弃去弗绩。日孳孳惟金火寻求，竟究玄理。噫！异哉君，异哉君！彼所谓鼓舞风霆绝伦恒度者耶？夫大道有传，始自黄帝《阴符》，继老子五千《道德》，继伯阳《参同》、平叔《悟真》。是四书者，陆君业已疏之，顾谓学求简约则趋适易从，言有君宗则标准可立，乃复融会群书，证之师说，著《玄肤论》，盖二十篇，首三元，统言三才丹法之全，次内外药，以下论十九则，专以人元言之。凡夫性命根原，阴阳窍妙，凝神依息之方，炼己待时之要，出庚生癸之符，归铅制汞之术，皆推关启键，直露真诠，俾古仙得一毕万之旨，昭昭乎若揭日月而行之中天，为有目者之所共睹不蔽也。呜呼！批窾全牛，代斲大匠，陆君盖慄慄乎临词者，其苦心真可谅矣。或曰：先天道朴，溟涬无光，不落名相，何可指拟？而叨叨而哓哓，是谓道支非道哉！独不见北走恒山，南走赤水，迷途不指则蹊径不开，诘曲不谙则前期安所措足。故曰：太上忘言，其次立言。立言非得已，势也。慨自圣师辽邈，真诀日湮，为服食冲举之说者，道扮子类先口之。然学人殊言，言人异见。知求外药者，既溷同类于闺丹；近取身中者，又认独修为交媾。聩听盲引，妄信坚持，其所谓道，若霄壤青黄，畔不相及。此而不言以厘之，则惑滋似是，道裂多歧，天下将贸贸焉鞫为右袒也已。昔平叔闻道，作《悟真》以结丹友，《玄肤》之著，意固平叔之遗。

盖望夫世有知言，同声相应，一跃迷津，共还正觉。斯则陆君畴昔愿也。君注疏甚富，窭于学道不能自梓。梓其书者，上大夫方宇赵公。余续就事，遍观海内大法眼先生来就正云。

时万历丙子[①]六月望日雉皋亶怀逸史王部书于水月庵

玄肤论目[②]

（凡二十篇）

三元论（统论三才药品）
内外药论（论人元外药必资同类）
阴阳互藏论（论坎中先天真一之炁）
先天后天论
铅汞论（论阴精阳炁）
元精元气元神论（分别先天后天）
神统论
金液玉液论（分别了性了命之学）
性命论（论了命关于性地）
质性论（分别先天后天）
神室论（论人身三谷）
河车论（论任督二脉）
澄神论（以下诸论功夫次第，节节紧凑而剖析益精，乃丹家閟密藏也。）
养神论
凝神论
真息论
火符论
药火论
抽添论

① 万历丙子，即神宗万历四年，亦即公元1576年。
② 玄肤论目，底本无，据郑观应刊本补录。

遗言论

夫《玄肤论》，丹髓也。曰肤，长庚自道耳。其文也，约而赅，精而畅，深入肤理，动中肯綮，剪去诸家枝叶之繁，发明圣师诲谕之旨，语意联络，功夫凑泊，自非长庚深造实诣不能作也。

予尝谓：丹经万帙，尽约《玄肤》数语，所谓反而说到至约之地者。上大夫方宇赵公爰而梓之，以广其传，其心盛矣。斯人何幸哉，斯人何幸哉。

同志关中太华山人姚更生谨跋

玄肤论序

淮海潜虚陆西星长庚　撰

《玄肤论》者，陆生所述也。陆生既闻性命之学于圣师，豁然有契于其衷，乃述所传，为论二十篇，总七千余言，名曰《玄肤》。玄肤者，言玄理肤浅，非精诣也。

去圣愈远，大道失传，狂瞽之师，各售所见，类皆窃近似以文神奸。故有口禅之衲，竞[①]斗机锋；垄断之夫，纵谈黄白。人元则以闺丹首乱[②]，服食则以金石戕生，学术不明，流祸无极，仁者悯焉！始生以文儒究心二氏，垂二十年，错足无虞之林，置身不理之口，屡踬屡奋，独以初诚不退，获兹遭遇也。夫性由自悟，命假师传。兹二语者，尚有遗论。何则？自性自度者，虽上根利器，亦须领悟于言下，藉非密旨亲承，徒师心以自用，犹之瞽不任杖，伥伥何之乎？道之不得闻者，其故有三，朵颐世味，以妄为常，虞有耽空害有之悔者，名曰不信之心；少知向慕，罥挂俗网，不即解脱，姑置而少待者，名曰不了之心；具曰予圣，不售善言，高谈雄论，千人自废者，名曰不虚之心。三者有一焉，圣师不顾也，良友不亲也。因循积习，没齿无闻，毙而后已，殊可哀也。

---

① 竞，底本作“竸”，当属“競”之误刻。

② 〔清〕柳华阳《金仙证论·小周天鼎器直论第五》：“女鼎闺丹之邪术，尽是用女人为炉鼎，信者必丧性命，堕于异类，万劫而不可复者矣。”刘一明《道书十二种·通关文·闺丹关》：“老祖曰：万恶淫为首。《悟真》云：‘房中空闭尾闾穴，误杀阎浮多少人。’古经云：‘若说三峰采战，直教九祖沉沦。’此皆言御女闺丹，不但无益于性命，而且大损于阴德也。”

生为此惧，蚤夜遑遑，不敢自弃。是以摒去妄心，沉潜至道也。静养之暇，仰思圣师诲谕之旨，聊复述之篇章，冒犯忌讳，所不敢辞。要在开示真宗，流通正脉，使人知乡道而已。或谓古人著书，多道成之后，子急于有言，无乃躁乎？吾闻太上立德，其次立言，言之不可以已也。吾为其次者。夫道则进于德矣，进于德，不言可也。夫德，窃有志焉，而未之逮也。

隆庆元年[①]岁在丁卯重九日

玄肤论

淮海潜虚陆西星长庚　著

三元论

愚闻之师曰："丹有三元，皆可了命。"三元者，天元、地元、人元之谓也。天元谓之神丹。神丹者，上水下火，炼于神室之中，无质生质，九转数足，而成白雪。三年加炼，化为神符，得而饵之，飘然轻举，乃药化功灵，圣神之奇事也。其道则轩辕之《龙虎》，旌阳之《石函》，言之备矣。地元谓之灵丹。灵丹者，点化金石，而成至宝。其丹乃银铅砂汞有形之物，但可济世，而不可以轻身。九转数足，用其药之至灵妙者，铸为神室，而以上接乎天元，乃修道之舟航，学人之资斧也。古今上圣高真，名为圣事，其法至易至简，不过采先天之铅，伏后天之汞，识浮沉、知老嫩而已。今之盲师，率多昧此，故千举万败，迄以无成。不知地元之道，与人元不殊，必洞晓阴阳，深达造化者，而后可以语此。人元者，谓之大丹。大丹者，创鼎于外，炼药于内，取坎填离，盗机逆用之谓也。古者高仙上圣，莫不由之。故了命之学，其切近而精实者，莫要于人元。故丹有三元，系于天地鬼神而不可以必得者，天元也；法度修明，福慧双美，举之而如取如携者，地元也；宇宙在手，万化生身，鬼神不能测其机，阴阳不能逃其算者，人元也。然则亦有大小乎？曰："愚闻之师，天包乎地，地载乎人，大小见矣，是三元之品也。"

---

① 隆庆元年，公元1567年。

内外药论

夫人元之学，创鼎于外，而炼药于内，于是始有内药、外药之分。而世之言外药者，率多不得其旨，以盲引盲，殊可悼痛！夫道在我身，内炼诚是矣，而何以创鼎于外？创鼎者，圣人不得已焉而为之之事也。老圣比之用兵。其言曰："夫佳兵者，不祥之器，圣人不得已而用之。"且夫上药三品，神与炁、精，凡吾所具于先天者，浑沦未凿，何假修炼？故童初之子，皆圣胎也。自夫情窦一开，而浑沦之体破矣！浑伦之体既破，则凡吾身之所有者，日改月化，动皆落于后天。后天之物，皆属于阴，其法不能以久存，不得不假夫同类之先天者以补之。而同类之先天则太阳乾金也。以阳炼阴，形乃长存。《契》有之曰："欲作服食仙，须求同类者。篱破竹补，覆鸡用卵。"如斯而喻，甚明切也。然又须知彼我之气，同一太极之所分。其中阴阳之精，互藏其宅，有不可以独修者。《易》曰："一阴一阳之谓道。""同声相应，同气相求。"《契》曰："冠婚炁相纽，元年乃芽滋。"造化之理，顺则成人，逆则成丹。神妙自然，不可诬也。炼药于内，而创鼎于外，岂直补吾身之缺而已哉？

阴阳互藏论

何谓"阴阳之精，互藏其宅"？

《契》曰："天地设位，而易行乎其中矣。易谓离坎。"《悟真》之诗曰："先把乾坤为鼎器，次抟乌兔药来烹。"乾坤，则阴阳之象也；乌兔，则阴阳之精也。离为日，日秉阳精，而离之中画却是阴，是阴藏于阳之宅也；坎为月，月秉阴精，而坎之中画却是阳，是阳藏于阴之宅也。《契》曰："坎男为日，离女为月。"盖言此也。是知乾坤者，阴阳之纯也；坎离者，阴阳之交也。其在人也，情窦未凿之先，一乾坤纯阴、纯阳之象也；既凿之后，阴阳之体交，而互藏之精用矣。少阴之数八，男子得之，故二八而精通；少阳之数七，女子得之，故二七而天癸至。岂非阳得阴数，阴得阳数，而互藏之义，斯以见乎？

或曰："男子二八而精通，彼之破体，夫固有所感也。女子二七而天癸至，何所感耶？"

曰："未论有感无感，但其气既至，则浑沦之体，斯已破矣[①]。且夫地势重阴之下，而忽有一阳来复，乃十有一月之卦也。斯时也，天地之心果何所见，而夫子叹之？无亦以造化交感之炁虽未氤氲，而其机斯已动乎？方其不动而动，动而不动之时，是谓先天真乙之炁，所以为造化之根柢，品汇之枢纽者，实在于是。迨夫朕兆已彰，形色已见，斯则落于滓质，而属之后天。故吾所谓破者，乃自气机之动者而言之，非谓必待于交感氤氲而后谓之破也。且男子之精始通也，其始未必先有滓质，必待其气先至，既乃化而为水，又既乃化而为精。所谓先至之气，即先天也；气化为水，即天一所生之水也。先天之体既破，后天之用遂行；后天之用既行，先天之真愈隐矣。造化之妙，发泄至此，谁曰不然，请问之师焉。"

先天后天论

"何以后天之用行，而先天之真愈隐？"

曰："先天之真不可见。凡可见者，皆后天也。今之言涕、唾、津、精、气、血、液者，皆有形滓质之物，俱属后天而不可用，则又以精气神当之。不知后天之用既行，则精、气与神又皆随用显发，而落于后天。何者？已凿之后，说着用着皆落后天，而先天之真，沉潜沦匿，孱弱微细，日就萧索，而不足以为一身之主，至于老病死苦者，后天之用竭，而先天不存也。然则欲吾形之永固者，舍先天奚以哉？"

铅汞论

或问："先天之炁为真铅，其旨安在？"

① 魏尧《一贯天机直讲》："交感之精既生，童体自然而破，不必待男与女媾，女与男交，而后为破体也。盖破体乃天地之自然造化，当'五千四百生黄道'之日，即为纯阳、纯阴完成之时。过此一日，则体自破，男子生交感之精，女子生天癸之水，一白、一红，正是一坎一离，外漏之象。"

曰："真者，对凡而言。真则无形，而凡则有象也。必欲竟其说，请言其本。夫自乾坤交而离坎之体成矣。乾坤交，则浑沦之体已破。故后天卦位，退乾坤于至尊无用之地，而以离坎代之。盖南北者，天地之两极也。先天卦位，本乾坤所居。今退而不用，以离坎代之，则后天之用行矣。离为日，照耀于南；坎为月，照临于北。日月交光，而万物生焉。虽曰后天之用，其实则先天之体为之。故坎之真炁，化而为铅，即天一所生之水也；离之真精，化而为汞，即地二所生之火也。铅汞水火，皆人间有名有相之物，谓之真铅、真汞，则不可名、不可相也。故不得已而假有名有相之物以拟之，而加之曰真，实则阴精、阳炁而已。《易》曰：'精炁为物。'精与炁合而人始生，皆先天之用也。以其互藏也，故男得其精，而用精者化；女得其炁，而用炁者昌。用精者化，故顺而成人；用炁者昌，故逆而成丹。先天之炁为真铅，厥有旨也。以先天未扰之真铅，制后天久积之真汞，则其相爱相恋，如夫妇子母之不忍离，是皆自然而然，有不知其所以然者。自非洞晓阴阳，深达造化，乌足以语此哉！"

元精元炁元神论

"元炁为铅，元精为汞，元神果何物乎？"

曰："元神为性，精气之主也。以其两在而不测，灵通而无方，故命之曰神。故神住则精凝，精凝则炁归，炁归则丹结，皆先天之用也。所谓元精，非交感之精之谓也。精藏于离，心中之真液也。所谓元炁，非口鼻呼吸之谓也。炁藏于坎，虚无中之真炁也。所谓元神，非思虑之神之谓也。神通于无极，父母未生以前之灵真也。夫人，一太极也，精炁即太极之阴阳也，神即太极之无极也，是谓元精、元炁、元神。善乎，翠虚之吟[①]曰：'此精不是交感精，乃是玉皇口中涎。'玉皇，心君也。口中涎，心中之灵液也。'此炁不是呼吸气，乃知却是太素烟。'太素烟，先天真乙之炁也。'此神不是思虑神，可与元皇相比肩。'元皇，即元始也。是谓无极之真，通天地，贯宇宙，

① 翠虚之吟，指《罗浮翠虚吟》，见《翠虚篇》，〔宋〕陈楠撰著。陈楠（？—1213），道教南宗第四代传人，为南五祖之一。字南木，号翠虚。颍川（河南禹县）人。常以符水撮土为丸，为人治病，服之即愈，故世号陈泥丸。

巍然而独尊，超然而独运者也。”

神统论

“何以知神之统精炁乎？”

“即举一身之后天者言之。神太惊，即精散而怔忡；神太淫，则炁脱而痿缩。故神藏于精，则谓之曰精神；神藏于气，则谓之曰神气。精气之得神而王，犹臣之得君而尊也。故修真之士，莫要于养神。神，即性也。性定，则神自安；神安，则精自住；精住，则气自生。何以故？性定，则心火不至上炎；火不炎，则水不干，故身中之精亦住。凡身中五脏六腑之精，皆水也。身中之精既住，则肾中之精可知。肾为精府，精盛于肾者，积水生潮，滃然上腾，如云雾然，熏蒸四大，灌注上下。吾以元神斡运乎其间，则升降进止，如运诸掌，是谓水火交而成既济也，是谓后天之炁而得之似醉也。然此特自吾身之后天者言之耳。若夫先天之用，其采取交媾，脱胎神化，无一而非神之所为。故修真之士，莫要于炼神。炼神者，玉液炼己之谓也。大道之所以成始而成终者也。”

金液玉液论

“丹法有金液炼形、玉液炼己之说，其旨安在？”

曰：“夫道者，性命兼修，形神俱妙者也。金液炼形者，了命之谓也。玉液炼己者，了性之谓也。何谓玉液？玉者，温润贞纯之喻。金者，坚刚不坏之称。夫炼性者，损之又损，克去己私，务使温润贞纯，与玉比德，则己之内炼熟矣。内炼既熟，然后可以临炉采药，而行一时半刻之功。及夫时至机动，则取坎填离，采铅伏汞。而坎中一画之阳，乃先天乾金也，谓之金液。以之炼形，则体化纯阳，而形骸为之永固，一如金之坚刚而不坏矣。故曰金炼玉炼，性命兼修，而形神俱妙者也。玉炼，则无为之道也；金炼，则有为之术也。自无为而有为，有为之后，而复返于无为，则性命之理得，而圣修之能事毕矣。①”

性命论

“何谓性？何谓命？”

曰：“性者，万物一源；命者，己所自立。性非命弗彰，命非性弗灵。性，命所主也；命，性所乘也。今之论者，类以性命分宗，而不知道器相乘，有无相因，虚实相生，有不可歧而二者。故性则神也，命则精与气也。性，则无极也；命，则太极也。可相离乎？或言释氏了性，道家了命，非通论也。夫佛“无我相”，破贪着之见也；道言“守母”，贵无名之始也。不知性，安知命邪？既知命矣，性可遗耶？故论性而不沦于空，命在其中矣；守母而复归于朴，性在其中矣。是谓了命关于性地，是谓形神俱妙，与道合真也。”

或问：“子之论性命，则既明且尽矣。敢问性之在人，果何物也？可得而见乎？”

曰：“性不可见，所以见则性也，于不可见而欲求其所以见，则性愈远矣。何耶？性之为物也，可以无心见，而不可以有心求。昔者老圣称太朴以无名，黄帝索玄珠于罔象，古人之喻厥有深旨。请言人之所以生也，无极之真，二五之精，妙合而凝。所谓性，即无极也；所谓命，即二五之精也。二者妙合，而人始生焉。方其未生之前，则所谓无极者，混沌鸿濛，何相何名？何音何绪？何臭何声？及乎二五既凝，得一以灵，何思何为？何虑何营？是性之本体也，夫自情识开而本体凿矣。张子曰：‘形而后有气质之性。善反之，则天地之性存焉。’所谓情识，即气质之性也。所谓本体，即天地之性也。《老子》曰：‘复归于朴，复归于婴儿，复归于无极。’即善反也。故修道之要，莫先于炼性。性定而气质者不足以累之，则本体见矣。吾师之诗曰：‘不迷性自住，性住气自回。气回丹自结，壶中配坎离。’是后天得先天

---

① 〔元〕张三丰《大道论》：“最上一乘之道，以有为入无为，以外药修内药。以己而求彼，以阴而配阳，以铅而投汞，以炁而合神。无为者，非防危守城之方。温养沐浴之事，乃得丹之后，脱胎神化之功也；有为者，非采战提吸之术、九一动摇之法，乃安静虚无之道，守雌不雄，寂然不动，感而遂通，此即未得丹之前，炼己筑基之事也。有为无为，体用之始终已见于此。”

而妙其用也。是之谓了命关于性也。”

质性论

“夫性一而已。何以有本性、质性之异？”

曰：“本性者，自先天而言之，清净圆明，混成具足，圣不加丰，愚不少啬者也。质性者，自后天而言之，生于形气之私，于是始有清浊厚薄之异。且夫二五变合，生人物之万殊，其间揉杂不齐，本于胎元受气之始。何者？吾自无始以来至于今日，皆以情欲而正命本，逐境起念，遇物生情，熏习久矣。中间得气有纯驳，故嗜欲有浅深，莫不各借本然之性，以行其有我之私。盖质性在人，非能自用。所以用者，皆借灵于本性，如豪奴孽子，借主人以号令也。故常喻之：性则水也，落于气质，犹水之入于泥滓中也。决而行之，但见泥滓而不见其水。泥滓岂能自行？水行之也。但水混于泥滓而不见耳。澄之之久，则清者在上，浊者在下。决而行之，无非水矣。此澄湛之功，善反之力也。”

神室论

“元性、元神，有以异乎？”

曰：“元性即元神，无以异也。以其灵通而莫测，妙应而无方，故名之曰神。谓之元者，所以别于后天之思虑也。”

“神之在人，亦有宅乎？”

曰：“吾闻之紫清仙师，人有三谷，乃元神之室，灵性之所存也。其空如谷，又名谷神。神存则生，神去则死。日则接于物，夜则接于梦，神不能安其居也。《灵枢内经》曰：‘天谷元神，守之自真。’人身之中，上曰天谷，泥丸是也；中曰应谷，绛宫是也；下曰灵谷，关元是也。此三谷者，神皆居之，谓之三田。尝为之论，泥丸者，栖神之本宫也；绛宫者，布政之明堂也；灵谷者，藏修之密室也。故夫元神居于绛官，则耳有闻，目有见，五官效职而百体为之从令矣；元神居于灵谷，则视者返，听者收，神气相守，而营魄为之抱一矣。杨子有言：‘藏心于渊，美厥灵根。’渊者，深昧不测之所，灵谷是也，是神所藏也。”

河车论

神既藏矣，是谓归根。归根曰静，静曰复命。将见神气相守，抱一无离。迨夫静极而动，则是神也复乘气机而上升于泥丸，于是河车之路始通。要知河车之路，乃吾身前后任督二脉也。夫气之始升也，油然滃然，郁蒸于两肾之间，浩浩如潮生，溶溶如冰泮，泛溢于五腧之上者，乃水经滥行，不由沟洫也。吾急以神斡归尾闾，使之循尾闾而上，至于夹脊双关，上风府而直至于泥丸。神与气交会于此，则其疏畅融液，不言可知。少焉，降为新美之津，则自重楼而下，游绛宫，入紫庭，复归其所藏之处而休焉。如此循环灌注，久久纯熟，气满三田，上下交泰，所谓："常使气冲关节透，自然精满谷神存”也。造化至此，内炼之征见矣。然非深造而实诣，又乌知予言之有味哉！

澄神论

或问："吾子所言藏神之宅，则吾既得闻命矣。敢问藏神之旨？”

曰："藏神者，凝神也。凝神之要，莫先于澄神；澄神之要，莫先于遣欲。《清净经》云：'遣其欲而心自静，澄其心而神自清。'《易》曰：'圣人以此洗心，退藏于密。'所谓洗心，即澄神之谓也。周子曰：'无欲故静。'所谓无欲，即遣欲之尽也。夫人神好清，而心扰之；人心好静，而欲牵之。所谓心者有二焉。扰神之心，乃妄心也；好静之心，乃真心也。既有妄心，即惊其神，其神可得清乎？既惊其神，即着万物；既着万物，即生贪求；既生贪求，即是烦恼；烦恼妄想，忧苦身心，心可得而静乎？故澄神之要，莫先于遣欲。能遣之者，“内观其心，心无其心”，知三心之不可得也。“外观其形，形无其形。远观于物，物无其物”，知四相之俱忘也。“三者既悟，惟见于空”，则人空矣。“空无所空，所空既无。无无亦无，无无既无。湛然常寂，寂无所寂”，则法空矣。如是则根尘永净，六欲不生，而心静矣。心静则神自清，如水之无波，而万顷澄澈也。虚靖天师《大道歌》云：'欲得身中神不出，莫向灵台留一物。物在心中神不清，耗散真精损筋骨。’遣欲澄神之说，百世以后[①]圣人，不易吾言矣！”

养神论

“神既澄矣，又何以加焉？”

曰：“养之。养之者，所以韬神之光，使勿露也。神之为物也，愈澄则愈清，愈清则愈明。盖定能生慧，故灵光焕发，旁烛洞达，莫可盖藏。《庄子》云：‘宇泰定者，发乎天光。’若用之不已，则太露而反伤于本性。《庄子》云：‘古之治道者，以智养恬。’智生而无以智为也，谓之以恬养知。《坐忘论枢翼》云：‘慧而不用，实智若愚；益资定慧，双美无极。’《道德经》云：‘敦兮其若朴，浑兮其若浊。’又曰：‘众人昭昭，我独若愚。俗人察察，我独若闷。’皆养神之要义也。”

凝神论

“神既养矣，安所事凝耶？”

曰：“凝神云者，无用用中之用，了命之学也。《参同契》曰：‘经营养鄞鄂，凝神以成躯。’且夫离宫修定，禅之宗也；水府求玄，丹之旨也。澄神要矣，凝神急焉。《翠虚篇》云：‘昔日逢师传口诀，只要凝神入气穴。’所谓气穴，乃吾人之鄞鄂也。予前所著《神室论》中，则既明且尽矣。虑夫学者徒知澄神，而不知凝神之处，则漫无归宿，而无以会夫归根复命之原，徒知养神而不知凝神之方，则茫无下手，而不能侦夫造化消息之妙，故述所闻，复著此论。盖凝神者，入玄之要旨，丹家之第一义也。所谓凝者，非块然不动之谓也，乃以神入于气穴之中，与之相守而不离也。《老子》曰：‘载营魄抱一，能无离乎？’夫气穴者，乃吾人胎元受气之初，所禀父母精气而成者，即吾人各具之太极也。其名不一，曰气海，曰关元，曰灵谷，曰下田，曰天根，曰命蒂，曰归根窍、复命关，即一处也。方其处胎之时，呼吸

① 后，底本作“俟”，当是繁体“後”字之误刻。

之气，与母相通。及夫子母分胎，剪落脐蒂，则自安炉鼎，别立乾坤，而一呼一吸，常归于本穴之中。盖呼吸者，吾人立命之本也。一息之间，呼吸不至，则气绝而死矣。呼则气辟，阳之舒也；吸则气阖，阴之敛也。一呼一吸，名曰一息。诊家以之候气，良有旨也。《庄子》曰：'众人之息以喉，真人之息以踵。'以踵者，谓深入于穴也。众人之息，非不以踵也，但神有不存，纵其出入焉，而不自觉，若以喉耳。真人则神依于息，而深入于本穴之中，绵绵若存，无少间断，故得专气致柔，抱一无离，虚极静笃，而能观其复也。所谓依者，又非逐于息而依之也，有勿忘勿助之义焉。故神依于息则凝，神凝则气亦凝；神依于息则和，神和则气亦和，相须之道也。凝神之法，自调息始。调息者，依息之谓也。[①]"

真息论

所谓息者，有二焉：曰凡息，曰真息。凡息者，口鼻出入之气也；真息者，胎息也，上下乎本穴之中。晦翁先生所谓："翕然而嘘，如春沼鱼"者是也。凡息既停，则真息自动。而凡息之所以停者，非有心以屏之也。虚极静笃，故心愈细，而气愈微耳。今之论者，但知调息，而忽不自知其落于以心逐气之病。盖以凡夫躁竞之心，未闲调习，一旦使之依息，心岂肯自依？未免着意。着意则气未平，而心先动矣。岂非复以气而役神乎？予故曰："调息者，自然依息之谓，非逐于息之谓也。"[②]调息又自调心始。调心者，摄念归

---

① 〔清〕李涵虚《道窍谈·心神直说》："陆潜虚曰：'调息之法，自调心始。凝神之法，自调息始。'此圣贤仙佛之梯航，吾人入德之路也。下手学道者，必须摄念归静，行、住、坐、卧，皆在腔子里，则守静始能笃也。盖有念为妄心，无念为真心，人能收念于平日，而还其所止之地，乃能专心于临时，而坚其入定之基。圣人云：'知止而后有定，定而后能静'是也。心之静者，息亦易调。心愈细，而息愈微也。息调则神归，于是而再安其神，凝于气穴之中。"

② 〔清〕李涵虚《道窍谈·心神直说》："凝神之际，务要与息相依，毋以神逐息，毋以神运息。逐息则神散，运息则神摇。只要息息动荡，任其天然，随其自然，斯其神愈觉凝然。迨至静极而动，是神之得乎气机。是气初破鸿濛，寂然不动，感而遂通。修道之士，乃如是有为也哉。"《道窍谈·神息妙用》："神者，火也。息者，风也。欲识风火玄机，须将神息安顿。神贵含光默默，息凭真气绵绵。但安其神，不逐于息。有如炉中聚火，箱管抽风，风自扇而火愈红，火愈红而金自化。可见是风来助火，并不是火去追风矣。但其中尚有机窍，欲令风箱之气专笃而吹，必使风管逼炉，使它从消息中度去，乃能煽起炉焰，火色重青。学人凝神聚气，即是火熔金，息向坎中吹，又即是引管逼炉，助风追火之势也。"

静，行住坐卧，常在腔子。久久纯熟，积习生常，自然澡雪柔挺，与息相和也。和则相依，依而勿逐。凡息自停，真息自动。橐籥一鼓，炼精化气，熏而上腾，灌注三宫，是谓真橐籥、真鼎炉、真火候也。

火符论

"以真息为火，其亦有说乎？"

曰："有之。'谩守药炉看火候，但安神息任天然。丹灶河车休矻矻，鹤胎龟息自绵绵。'古仙之言，不一而足。然非以息为火也。火，神火也。息，则火之橐籥也。今夫神气相守之时，神则无为，而气机则不能以不动，故一阖一辟，与经脉上下相为流通。所以觉其动者，谁也？神也。一气流通，元神独觉，神与气融，宽急相得，是火力调匀，然后丹成而药就也。予尝以橐籥喻真息，盖亦有理。今夫冶人之铸金也，必先鼓之以橐籥，然后火发而金始熔。若徒以浩荡之风吹之，则火气散漫，而金终不可化矣。何者？浩荡之风，往来不常，即众人以喉之息也；橐籥之风，绵绵不绝，即真人以踵之息也。神依息而互融，即火之得乎风也；炁得神而自化，即金之化于火也。如斯而喻，昭乎明矣！"

或问："火符进退，朝屯暮蒙，其旨同异？"

曰："予昔未得师指，窃以火候难明。亦尝按之周天，准之卦气，分更分漏，徒费讲求。而后乃今，豁然大悟，乃知丹经万卷，火记六百，皆可言下而废。所谓'真火无候，大药无斤'，诚哉是言，不我欺也。夫炼药有内外，故火候有烦简。所谓内炼，一言以蔽之曰：绵绵若存而已矣。外药者，非前所论之外药也，盖指天元、地元而言。符者，谓与天道相符合也。丹法以月之庚甲，象药材之老嫩；日之子午，为火候之消息。所谓朝屯暮蒙，不过言其进退之则，有如是耳。得其意，忘象可也。《悟真篇》云：'内药还同外药，内通外亦须通。丹头和合类相同，温养两般作用。内有天然真火，炉中赫赫常红。外炉加减要勤功，绝妙无过真种。'真种者，人元也。是火符之断案也。"

药火论

“药与火同乎？异乎？”

曰：“药与火，可分也，亦可合也。分则可异，合则可同。何者？分而言之：则药者，先天之炁也；火者，先天之神也。合而言之：则药即火也，火即药也[①]。知合而不知分，则采取不明；知分而不知合，则温养无法。何者？采取之时，药在外，火在内，以火而致药，故药火可分；温养之日，药在外，归于内，得药而行火，故药火可合。要之，火其主也，故火急则丹伤，火冷则丹散。凡言火而不言药者，十月之事也；言药而不言火者，一时半刻之功也。至于紫清仙师之言曰：‘以火炼药而成丹，即以神驭炁而成道也’，更明切矣。”

抽添论

或问：“抽铅添汞之旨，可得闻欤？”

曰：“予闻之立阳先生，得药归鼎之后，养以天然真火，绵绵若存。其中抽添变化，皆出自然。有不容以丝毫智力与乎其间。盖道则无为，而神炁自然有所为，乃造化之妙也。所谓如米炊饭，厥有深旨，非止特喻其易易而已。夫铅之投汞，譬则水之投于米中也。水不可以过多，米不可以过少，犹之二八相当也。火力调匀，其水渐干而米渐长，斯成饭矣。水渐干则抽铅之谓也，米斯长则添汞之谓也。抽非内减也，神入气中，如天之气行于地，而潜机不露也；添非外益也，气包神外，如地之气承乎天，而渐以滋长也。由是而胎圆神化，身外有身。造化之妙，一至于此。要皆自然而然，有莫知其所以然者。若于此而欲求其所以抽、所以添，则涉于有心而非自然矣。所谓自然，亦有深旨。师语我曰：‘顺自然，非听自然也。’旨哉言乎！”

① 〔清〕李涵虚《道窍谈·神息妙用》：“学人凝神聚气，即是火熔金，息向坎中吹，又即是引管逼炉，助风追火之势也。炉中火发，阳光腾腾。此时神即是气，气即是药。犹之火炼铁红，红铁亦火。琼琯翁所谓‘火即药、药即火’者，此也。火药交融，金丹立就。”

遗言论

或问："诸丹经所言红铅黑汞、青龙白虎、白雪黄芽、木公金母、婴姹黄婆，异名殊字，数更仆未易尽也。今子所著，一切置而不言，意者将有遗论乎？"

曰："否。子静听，吾试语之。昔者吾以章句儒生，学窥玄圃，素无前识之资。偶以因缘遭际，得授真宗，颇知径约。凡前所举名义，昔皆熟读而详味之。但识此遗彼，适资扞格[①]，而后乃今知大道之不烦，可一言而尽也。夫道不外乎一阴一阳而已。阴则为精，阳则为炁，而神则统乎二者，故神与炁精，乃上药之三品也。凡言龙虎、铅汞，种种异名，皆依此立。古仙垂语，不欲轻泄，故乱辞孔窍，纷尔多门，使志学之士，因文以见义，出博以之约。迨夫真积力久，豁然贯通，则刊落言筌，直见根本矣。"

或问："《玄肤》所著，多言外药。至于采取交媾，略而不言，学人何述焉？"

曰："采取交媾，乃太上閟密之玄机，千圣传心之要旨。吾非不欲指而言之，但师命甚严，是以临书而惴惴其慄也。然吾于前所论中，似已诀破，但混于微言而不觉耳。《契》有之曰：'千周灿彬彬兮，万遍将可睹。'志学之士，苟能千周万遍，则研精而妙义见矣。然非有求而未得之愤，则孰知斯道之难闻？非有相悦以解之妙，则孰知予言之有味哉？已乎已乎，吾兹将结舌矣。"

玄肤论后序

今世所称养生者流，其说皆莽荡无当，类皆取讥当时，贻累后学，予窃厌之。乃有贤人达士，或心悦之，有尽弃其学而学焉者，予往而问之。曰：此理也，以其深不可测者而言，故谓之曰玄，其实百姓皆可以与知、与能，而不能使之知、使之能者，玄故也。孔子曰："一阴一阳之谓道。""仁者见之谓之仁，智者见之谓之智。""百姓日用而不知。"即今诸家之谈性命者，言

① 扞格，矛盾、抵触之意。《礼记》："发然后禁，则扞格而不胜。"

人人殊，要皆仁智之见，举其一不知其一者也。其下则莽荡无当，谓之不知也亦宜。且夫造化二五，陶铸百物，象形虽殊，体本无二，莫不定阴阳之位，构真乙之精，顺施化之理，立性命之基，故曰："天地絪缊，万物化醇。男女构精，万物化生。"如斯而论，可谓本末兼该、上下俱尽者矣。故天不变则道不变，道不变，则体是道者，亦可使之不变，而长生久视之道端在于此。予三复其言，旨乎其味而不能释也。于是日就斯人而与之语，久乃得其所著录而藏之。既以自好，窃欲同之人人，乃捐薄俸，庸绣诸梓，使知道之正脉，或在斯人，而彼莽荡无当者之果不足信也。斯人者，予之同学，幼有奇赋，累举弗售，爰以夙因神授，遂绝意进取，沉潜道德。二氏之书，多所赞述。今所刻者，特其径约云耳。

隆庆丁卯[①]春王正月方宇赵宋撰

《玄肤论》终

附录:《潜虚翁论调息法》[②]

（三则）

一

陆潜虚者，明嘉靖间回翁度之。其《论调息法》云：如何是勿忘？曰：守自然。如何是勿助？曰：顺自然。如何守？曰：依息。如何顺？曰：平息。依息则息能通矣，平息则息能匀矣。问：守与顺，是二乎？是一乎？曰：知所以守，则知顺之矣；知所以顺，则知守之矣。是二是一，原是不错。由博返约，惟在凝神，切勿用意，如用意，则非真意。真意从静中生，鸿濛初判，无有染着，乃克用之。故要死过来乃知生，不知生亦不知死，生死是动静深机。

二

潜虚翁《又论调息法》云：凡调息以引息者，只要凝神入气穴。神在气

① 隆庆丁卯。公元 1567 年。

② 摘录自《张三丰全集·三丰先生辑说》。

穴中，默注阴蹻，不交而自交，不接而自接，所谓“隔体神交理最详”，古仙已言之确矣。所谓离形交气，别有口传也。所谓男不宽衣，女不解带，敬如神明，爱如父母，皆此凝神聚气而已，故曰道归自然。《参同》曰：“自然之所为兮，非有邪伪道。”此之谓也。

三

潜虚翁《三论调息法》云：今夫水与水合，火与火合，风与风合，云与云合，常理也。调息者以气合气，何待强为？只要凝神入气穴，神光下照阴蹻脉，不期而会者，一气之感通，自然而然也。《屯卦》曰：“以贵下贱，大得民也。”《咸卦》曰：“止而悦，男下女，是以亨。”《易》于交接之道，盖已言之的矣。但调息之法，有法功，有器用，丹道始终不离。

金丹就正篇

淮海潜虚陆西星长庚　著

金丹就正篇序

予观丹经万卷，其言长生大药，必得先天真乙之炁而成。问炁所从来，必曰彼处。求之夫吾人一身，独无是炁，而顾于彼处求之哉？信之者未一二，而疑之者已千百矣。星自早岁即雅志斯道，顾以根钝质愚，未能洞其旨趣。间取《参同》《悟真》，开卷读之，荆榛载涂，缩涩莫前。始为注师俞琰，指以清净无为之道。凡言身外之修，一切斥为旁门；金鼎火符，悉皆认为炉火。固守先入，坚不可破。噫！果清净，不知下士何以大笑，而谤毁何以易生也？予读书至此，不能无疑。

嘉靖丁未，偶以因缘遭际，得遇法祖吕公于北海之草堂，弥留款洽，赐以玄醴，慰以甘言。三生之遇，千载希觏。既以上乘之道，勉进我人，首言阴阳合而成道。时则谬举三峰之说，以质于师。师乃斥之。[①] 间尝授以结胎之歌[②]，入室之旨。微言奥论，动盈卷帙，笔而藏之。顾旨其言，而未能畅也。因循廿载，几负师恩。甲子嘉平，予乃遁于荒野，览镜悲生，二毛侵鬓，慨勋业之无成，知时日之不待。复感恩师示梦，去彼挂此，遂大感悟，追忆曩所授语，十得八九。参以契论经歌，反复紬绎，寤寐之间，性灵豁畅，恍若有得，乃作是篇。孔子曰："温故而知新。"今予所温者故也，而所知则新也。虽一时臆度之言，未敢就正有道，然亦庶几不背吾师之旨乎！

是岁甲子[③]嘉平月下弦日潜虚子序

金丹就正篇

淮海潜虚陆西星长庚　著

上篇

或有问于潜虚子曰："丹经之言先天一炁，必于同类求之，为说者何？"

曰："予闻之师，金丹之道，必资阴阳相合而成[④]。阴阳者，一男一女也，一离一坎也，一铅一汞也，此大丹之药物也。夫坎之真炁谓之铅，离之真精谓之汞。先天之精积于我，先天之炁取于彼。何以故？彼，坎也，外阴而内阳，于象为水为月，其于人也为女；我，离也，外阳而内阴，于象为火为日，其于人也为男。故夫男女阴阳之道，顺之而生人，逆之而成丹，其理一

① 陆西星《三藏真诠》："有为三峰术者，可令先除墓地。(问三峰术。)"

② 陆西星《三藏真诠》："入头境，在我心，心不虚兮景不明。有一药，悬太空，取来磨之空又空。照怪物，非定形，炼钢打剑飘青风。富我屋，润我身，邪魔不扰兮月大明。面山坐，养真人，真人出兮万象形耀，武火沸涌时，战野龙鸣。初发声，济文火，听蝉鸣，蝉不鸣时放大红。不可过，过则伤，莫不足，不足则嫩。嫩则返兮汞又腾，要知来时景，须观此日中，要知止时信，须知惺又惺，此是结胎法，子等慎而行。"

③ 明嘉靖四十三年甲子，公元 1564 年。

④ 吕祖《指玄篇》云："玄篇种种说阴阳，二字名为万法王。"薛道光《还丹复命篇》云："真阴阳，真阴阳，阴阳都只两个字，譬喻丹书几万章。"李道纯《中和集》谓："丹经子书种种异名，不出阴阳二字。"张紫阳《悟真篇》"阴阳得类方交感，二八相当自合亲。"各家丹法都离不开"阴阳"二字，丹道诸派都是炼养阴阳的法门，所以有"报言学道诸君子，不识阴阳莫乱为"(《悟真篇》)之说。

焉者也。”[①]

曰：“坎为中男，离为中女，《易》固言之矣。而此谓我反为离，又何也？”

曰：“此先天图位之说也。邵子曰：‘阴阳之精，互藏其宅。’且夫太极分而两仪，两仪而四象，四象而八卦，则离属之乾，而坎属之坤矣。离坎者，乾坤之交而成卦者也。男女者，阴阳之交而成质者也。故乾坤交，则乾不得不虚而成离，坤不得不实而成坎矣；男女交则阴不得不含夫阳，而阳不得不根夫阴矣。此坎离彼我之别也。”

曰：“然则离之中为阴精，坎之中为阳炁，吾之一身，岂无精炁而顾取之于彼乎？”

曰：“诚有之，未竟其说也。吾尝没溺于玉吾老叟之论，而今始悟。子请静听，吾试言之。闻之师曰：阴阳二五，妙合而凝，而人生焉。其始也，太朴未雕，浑然太极之全体。《老子》曰：‘含德之厚，比于赤子。未知牝牡之合而峻作，精之至也；终日号而嗌不嗄，和之至也。’是阴阳之纯也。斯时也，先天之体浑沦完固，何假于取，何事于填？得而修之，则无为之上德，又何加焉？及夫情窦一开，阴阳交感，则先天之炁，乃奔蹶而逸于坤中。故三画纯乾乃破其体而为离。离为日，日昃[②]之离，大耋之嗟矣，能久视乎？故丹法取坎。取坎者，补其既破之乾也，填其既虚之画也，复其纯阳之体也。此神仙还丹之说也。”

曰：“我之为离也，乃自奔蹶之后而得之。彼未奔蹶则固坤也，其以为坎，又何也？”

曰：“善哉问！浑沦之初，彼固坤体。二七之期，有阳动焉。纯坤之中，忽有阳动，非坎乎？故坎者，阴中之阳，乃太极之静极而动，自然而然，谓之先天。天一生水，真乙之炁，藏于坎中。母隐子胎，水中有金。欲造金丹，法当取坎。此产药之川源，而登真之梯筏也。且夫阴中之阳，以动为主，故取坎之期，惟侦其动；阳中之阴，以静为主，故填离之后，致养于

---

① 徐海印《天乐集》：“虚空者，他也；心息者，自也。以我心息，放在外面虚空中去归并，则自他不二（能固彼我一身邦国），先天一炁，不召而自来，不求而自至矣。是故金丹之道，纯系虚空中事业，从身外虚空中下手，在身外虚空中了手，古人所谓虚玄大道是也。”

② 昃，郑观应刊印本作“昃”。

静。知动知静而不失其时者，其惟圣人乎？圣人者，观天之道，而执天之行者也。是故，月盈亏象药材之老嫩，日早晚为火候之消息，药火相得而丹成。丹成，斯脱胎而神化也。”

或又曰：“子之所论，皆后天也。其在先天，抑有可言者乎？”

曰：“吾尝因是而求之《易》矣。《易》曰：‘精炁为物，游魂为变。’夫阴中之阳，其名曰炁；阳中之阴，其名曰精。二者相须，而物生焉。尝观顺行之道矣，精先至而炁后随，则阴包乎阳而成女；炁先倡而精后随，则阳包乎阴而为男。然则离男坎女之辨，又不待于成质之后，而已预定于受炁之初矣。且夫金丹之道，阴阳相合而成者也。人道顺施，仙道逆取，取药于坎，而造丹于离也。又何疑乎？”

中篇

或问：“吾人四大一身，皆属阴也。有时而动，将不属之阳乎？”

曰：“离，为火，为日，动虽属阳，而实根于阴也，故曰‘火阳根阴’。观夫灵光闪烁，莫可控制，吾身之阳，亦复如是。是以常有奔蹶之患。圣人知其如此，故取坎中真乙之水，以克制之。故夫情炽于中，精逸于外，犹火炎于下，而水沸于釜也。取彼先天真乙之炁，伏我奔蹶易逸之精，犹之酌泉于瓮，而救沸于釜也，靡不济矣。”

“然则取坎之法，亦有可言者乎？”

曰：“天机至閟，非得师旨，孰敢妄言？请启其端，俟吾子悟焉。在《易》，雷在地中，于卦为复。夫地势重阴之中，而忽有阳动，此造化之根柢，而品汇之枢纽也。孔子玩《易》至此，不觉叹曰：‘复其见天地之心乎！’《契》亦有之，‘故易统天心，复卦建始初。’又曰：‘发号顺节令，勿失爻动时。’盖言此也。故夫知雷在地中而成复，则知阳生于阴而真乙之炁之藏于彼也。可不言而喻矣！”

或又曰：“药之生也，丹经每以‘三日出庚’为喻，可得闻乎？”

曰：“坎为月，月为太阴，受日之光以生明。三日出庚，阳始萌也，亦如复卦。八日上弦，遍临二阳。东方盛满，三阳开泰。下弦，则阳之衰也；月晦，则阳之尽也。剥复相寻，终则有始。故三日而复苏。彼之造化，亦复如是。丹法象此，以侦药材之老嫩。师示我曰：‘月夕炉中药。’又曰：‘雪映冰潭，了净梅梢新月，始可药生。’天机玄妙，尽泄于此。吾昔旨其言而不能畅也。今则恍然以悟，乃知师恩深重，昭昭乎若揭日月而赐之视也。”

曰：“药材老嫩，其用之也奈何？”

曰：“金丹造化，乃先天真乙之炁而成。先天之炁，轻清未形，乃阳中之阳也。其端甚微，而其妙莫测。故急采于癸生之初，而用之以一符之顷。稍迟则生滓而度于后天，是又阳而反变为阴矣。《悟真》之诗曰：‘见之不可用’，盖言老也；‘一霎火烟飞，真人自出现’，盖言速也。噫！造化之妙，非圣人孰能知之哉？！亦非圣人孰能用之哉？！”

下篇

或问：“造化之妙，自非圣人莫能用。吾辈非圣人也，伊欲用之，其要安在？”

曰：“师不云乎：‘真土擒真铅，真铅制真汞。’真土者何？己土是也。采药之士，不炼己土，则灵汞易失，而所作无功，反遭困辱矣。《经》曰：‘筑基炼己’，盖言此也。己之为物，于人为意，亦曰己性。以其周游于四象之中而无定位，故名之曰土。金丹始终，皆藉于此。故炼药求铅，以己迎之；收火入鼎，以己送之；烹炼沐浴，以己守之；温养脱胎，以己成之。正心诚意，则身修国治而天下平矣。此炼丹之枢要也。《契》曰：‘运毂正轴。’又曰：‘辰极处正。’古仙垂语，叮咛告戒，不一而足。”

“且夫父母以情欲而生我，故气质之性每遇物而生情焉。苟炼己无功，六根未定，入室之顷，大用现前，性动情炽，姹女逃亡，又安能以一符之顷而夺骊龙之珠于颔下哉？《传》有之曰：‘探虎穴，捋虎须，几不免虎口哉？’危乎！危乎！非大智慧不足以破此，非大力量不足以得此。师示我曰：‘入头镜，在汝心，心不虚兮境不真。’噫嘻！虚心之旨，其炼己之要乎？《清净经》云：‘内观其心，心无其心；外观其形，形无其形；远观于物，物无其物。三者既悟，惟见于空。所空既无，无无亦无。’此虚心之谓。炼己之大解脱、大休歇也。故下文继之曰：‘常静常应。’呜呼！常静者，其炼己之验；而常应者，其求铅之用乎！师示我云：‘月夕炉中药。’命对之，予茫然未有以应也。复自对云：‘风花座上灰。’夫留连光景者，每以‘风花雪月’为四胜，对境生情，应接不暇。而师一切拟之为座上之灰，非忘已忘物而忘忘者乎？采药之符，炼己之要，师示我者至矣。予昔旨其言而今畅之也。”

或闻之跃然起，曰：“微子之言，吾终不闻大道之要，请塞子兑，吾退而炼己。”

《金丹就正篇》终

金丹就正篇后序

金丹之道，炼己为先。己炼则神定，神定则气住，气住则精凝，民安国富，一战而天下定矣。昔师示我曰：“人能清修百日，皆可以作胎仙。”夫百日而清修，片饷而得药，十月而行火，脱胎神化，改形而仙，顾不易易哉！而世卒难其人，此何说也？根浅者，闻道而不信；学疏者，证道而不真。盲师妄引，指东作西，不辨越燕，焉分苍素？间或质以《参同》《悟真》，未即条析，辄云：陈言易得，口诀难逢，别有开关展窍之秘，离形交炁之旨。初学之士，一聆其言，意在速成，心希侥幸，焚香誓天，赍金固请，片言入耳，肺腑深藏，而《参同》《悟真》束之高阁矣！且夫阴阳同类感应相与之道，顺之则人，逆之则仙，是皆自然而然，非有巧伪。岂不闻《悟真》之诗云；“休施巧伪为心力。”《参同契》云：“自然之所为兮，非有邪伪道。”古仙垂语示人，曷尝隐秘？然皆绝口不言开关展窍、离形交炁之说。而今乃有之，是知蛇足不添，则骏骨无价。大道之厄，斯人为之也。[①]嗟乎！鱼目为珠，燕石为宝。世人好小术，不审道浅深，独奈何哉？昔师示我云：“《参同》《悟真》，乃入道之阶梯。”顾言微旨远，未易剖析，沉潜廿载，始觉豁然。且夫仆非能心领神悟也，赖玩索之功深，而师言之可证

① 〔清〕李涵虚《道窍谈·开关问答》：有友数人焉，问于团阳子曰：“足下谈元，可谓清真浅显，开入门之孔窍者也。但不识孙陶一派有云，开关展窍，当在筑基之前者，而潜虚翁则以为古仙垂语，绝口不言，而今乃有之。又云，蛇足不添，骏骨无价，大道之厄，斯人为之。若以开关展窍为可鄙者，君与同师，乞道其故也。”团阳子曰：“吁！潜虚所言者，非鄙之也。盖叹斯人不幸，而失其先天清静，致令添此小术也。夫下德无为，不以察求。童子先天未破，可清养而得胎仙，不假还返，奚用通关？故以此为大道之厄，即太上所谓‘大道废，有仁义’之喟叹也。然吾侪以度人为功，其所流传者，安得尽属童真？则展窍开关，所以启玄门而辟径路，还元返本，所以资同类而补真身也。”

耳。予既微有所见，不敢自私，辄成是篇，以就正于有道。虽然，此其大略云耳，若夫入室细微之旨，内外火候之详，自有二书者在，予则安敢赘哉！予则安敢赘哉！

潜虚生再述

金丹大旨图

淮海参学弟子潜虚陆西星　述

金丹大旨图序

古仙丹法，载之丹经，无下千帙。读之则愈烦愈难，悟之则惟简惟易。大要观天之道，执天之行，则二者其尽之矣。一阴一阳，配合以两者，天之道也；日月运行，昼夜交光者，天之行也。《契》曰："天地设位，而易行乎其中矣。易谓离坎"是也。圣人知其如此，故尝准之以作丹法。是故以乾坤为鼎器，以乌兔为药材，而其中消息盈虚之数，则又准之以为火候。《阴符经》云："日月有数，大小有定，圣功生焉，神明出焉。"又总而言之，则曰"盗机逆用"尽之矣。是道也，言之不能尽，悟之不可得。若也逢师得诀，针芥相投，则可言下而领。大患人无慧性，不能洞晓深达，以故求之愈远。又或摇以似是之非，主以先入之说，则毒药熏心，黥墨入骨，吾未如之何也已。予生幸以空空鄙夫，遭际圣师，提挈年久，赖寸天不障，忽睹堂室，乃知今世之遇，千古希觏也。四方闻道之士，谓某可教，各以师授参互考订，比予所闻，率多枘凿。匪道有异同，户牖自别故也。《老子》云："大道甚夷，而民好径。"金丹之道，至易至简，有所安排布置，则涉邪伪而非自然。故某所图述，根极化原，直指命术，举纲说约，大义昭然，要在不背于师旨，别为破论，以辟邪宗。若乃好道之伦，玩索而有得焉，或可尽性命而不惑于多歧之谬乎！

岁在庚午嘉平月[①]下浣潜虚子书于南沙之西禅精舍

① 庚午嘉平月，公元1570年十二月。

金丹大旨图

先天無極之圖

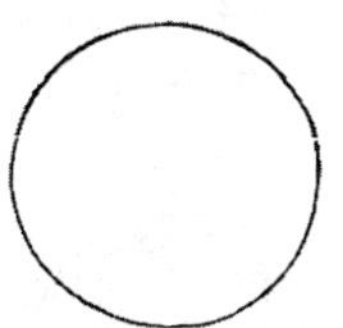

五行不到
父母未生
真空本體
清淨圓明

先天无极之图

《老子》云：“有物混成，先天地生。吾不知其名，强名曰道。”又曰：“无名，天地之始。”又曰：“天下有始，以为天下母。”盖先天混元真乙之炁，为生天生地、生人生物之根。方其未有动机，故溟涬无光，声臭俱泯，谓之无极。在人则至静无感，寂然不动者当之。而佛氏所谓“真空”，儒者所谓“未发”，亦不外是。《老子》云：“常无欲以观其妙。”《易·系辞》云：“圣人以此洗心退藏于密。”《圆觉经》云：“惟取极静，由静力故。永断烦恼，竟究成就。不起于坐，便入涅槃。”三教圣人，同一宗旨，但作用不同，故有三者之别耳。

太極未分之圖

虛無生一
混沌玄黄
體具未分
中有侌陽

太极未分之图

《悟真篇》云："道自虚无生一炁，便从一炁产阴阳。"太极者，阴阳体具未分之象也。《老子》云："道生一。"一，即太极也。其在吾人，是谓玄牝。盖玄牝者，乃真精妙合自然而成。所谓"无中生有，虚里造实"，乃神气之根，而性命之窍也。《老子》云："常有欲以观其徼。"观徼之学，遂为千古圣真立命之基，而圣功于是乎生，神明于是乎出矣。

圖之陽陰分極太

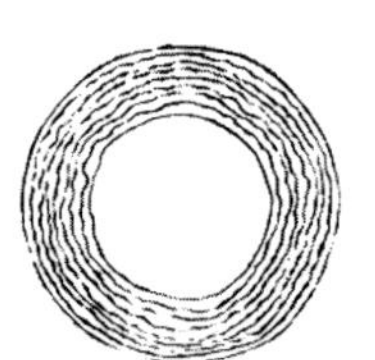

一炁既判
兩儀始分
重為輕根
静為躁君

太极分阴阳之图

《老子》云："道生一，一生二。"是太极分两仪也。两仪分，则天包地外，地处天中，而阴中有阳、阳中有阴之妙寓于其中矣。何者？自虚无而生一气，是静极而动，阴中之阳也；两仪分而天包地外，地处天中，是动以涵静，阳中之阴也。邵子云："阴阳之精，互藏其宅。"故丹法阴中用阳，阳中用阴，而尝以静为主焉。《老子》云："重为轻根，静为躁君。"盖能静，是谓"抱元守一"，而可以复归于无极矣。

圖之藏互陽陰

陽中有陰
陰中有陽
西隣東舍
精炁互藏

阴阳互藏之图

天地既判，日月运行，照耀交光，而造化生焉。日月者，天地阴阳之精也，于卦则为离坎。离中之阴，是谓乌精；坎中之阳，是谓兔髓。丹法以乌兔为药物，故阴中用阳，阳中用阴。所谓东入西邻、西归东舍，不过识互藏之精，盗其机而逆用之耳。

坎離交媾之圖

陰在上
陽下奔
他為主
我為賓

坎离交媾之图

古仙造丹，莫要于采药。而药物有铢两，采取有时节，颠倒有法度。其要在于月出初庚，铅生癸后，而子南午北，互为纲纪，别有口诀，不著于文。

成丹之圖

乾坤交媾罷
一點落黃庭

成丹之图

《悟真篇》云："虎跃龙腾风浪粗，中央正位产玄珠。"又云："药逢气类方呈象，道在希夷合自然。"要知此中一点，不谓之铅，不谓之汞，而谓之丹者，乃日月交光，阴阳和气，自然而成。故丹之为字，象日象月。

《心印经》云："丹在身中，非白非青。"盖以为青龙白虎，则尚属之两家，既归身中，则混合为一矣。故云"非白非青"也。

或问："何谓金液还丹？"

曰："以其既失而复得，谓之曰还。以其采取水中之金，合以己汞而成，故曰金液。"

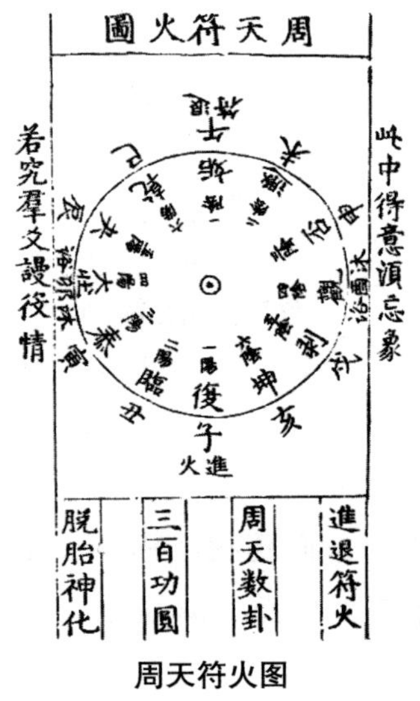

周天符火图

此中得意须忘象，若究群爻谩役情。

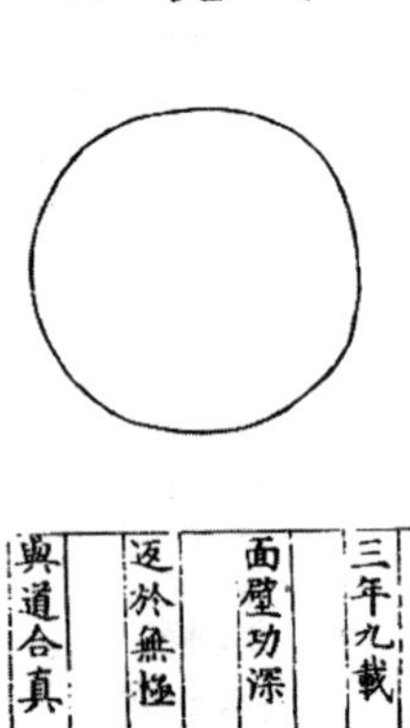

还元图

功夫到此，一句说不得，一字用不着。

《金丹大旨图》终

七破论

淮海潜虚子　述

破非论

陆子既闻性命之学于圣师，四方之士，有就陆子而参道者。坐而与之言，不契，往复与之辩。

或有非之者，曰："老圣有言：'知者不言，言者不知。善者不辩，辩者不善。'今吾子之与人论道也，口喋喋焉不能置，无乃费于辞而伤于德乎？"

曰："某有罪。请为子解之。昔者杨、墨充塞仁义，孟子辞而辟之。公孙丑曰：'外人皆称夫子好辩，敢问何也？'孟子曰：'予岂好辩哉？予不得已也！'且夫大道之世，人无异言，士无异学，故圣人者，与天下相忘于无言。天下未必能尽如圣人之意，则圣人有忧之，故不得已而立之言。若乃《阴符》《道德》《参同》《悟真》，皆圣人证道之左券，所以仁天下万世于无穷者也。乃有狂师瞽人，不能祖述圣经，理会文字，师心任臆，而以其说蛊惑于天下，则其败坏人心，淆乱正道，为祸孰甚焉？譬则大明不照之地，山魈野狐牵人于山谷之中，苟有见焉，必将狂呼尽力而逐之，恐人之迷惑以死而莫之觉也，又焉能隐情惜己缄结而不言乎？若乃以自见自是、好胜好辩而罪予，则予之不白于人也久矣！"

破伪论

世人好小术，不审道浅深，是以狂夫伪人，得以行其无所忌惮之术。盖以玄理幽深，不能洞究，心无所主，是以轻信而易惑。即以世之伪术，略举其概。或炮孕妇之胎以辟谷，或服砒硫之药以御寒，或用铅剑以开关，或养灵龟而展缩，或摇肩脊而淅沥有声，或击头颅而铿訇相应，或垒坐如石，或鼓腹如雷，或倒挂如猿，或曲睡如龙，或轻旋如风而屏气不息，或疾行如猱而健步莫追。如此之类，难以枚举，求诸至道，了不相关。类皆逞其顽技以文神奸，正司马真人所谓："巧蕴机心，以干时利。"而外丹炉火，为伪尤甚。盖银精附体，亦可变易金石，而追摄之法，世多有之。学人不知，信为点化，误矣！误矣！其次则丁打腾挪，对面为盗，呼鹿作马而主不知，以羊易牛而人不觉。又其次者，盲烧瞎炼，耗火亡财，玩日愒时，罔有成效。匪道误人，人不审道故也。呜呼！不审道之浅深而称好道，不识师之真伪而称遇师，遂使狂夫伪人，抗颜居先，挺身纳拜，为愧孰甚焉？予故著为此论。凡我同志好道之伦，珍重珍重，早息妄心，早求真谛，吾鞭不可得也。

破执论

夫物之瓜果，与食之醯酒之类，凡破其体启其幂者，皆变坏而不能久。破体之人，亦犹是也。圣人知其如此，故求其所谓先天真乙者以补之。而今之论先天者，不过自吾已破之身，关键而固密之，攒簇而和合之，以求真乙之生，以为长生久视之道。不知真体既破，则吾身中所有精、气与神，皆日改月化而入于后天。真乙之炁，其能全乎？是犹藏已坏之瓜果，幂已启之酒醯，求其无坏，岂不难矣！此理甚明，人所易晓。近取诸身，远取诸物，罕譬而喻者也。还丹之道，载诸丹经，学者不能熟读而详味之，独以一言半句，出口入耳，自谓真传实诣，至于终身执迷，独修一物而莫之悟，可哀甚也！予悯此徒，故著是论。古仙有云："形以道全，命以术延。"今论道者比比，术在何处？请试思之。

破邪论

今之论同类者，其说不一，予皆举之。九一之术，邪勿论矣。其有先天梅子之说，影响形似，或有可听，然皆有形渣质之物，实与世之红铅异名而同事。以之为道，恐或未然。至于离形交气之说，颠倒两窍之说，开关铸剑之说，上进下进之说，或反经而为蟠桃，或含枣而饮甘露，或碎磁酿铁而为酒浆，或取男女淫液而和曲蘖，或配秋石而称人元。如是之为，种种不一，类皆邪师曲学，以盲引盲，穷年皓首，迄以无成，以至败德祸身，为世嗤笑，大可怜也！且夫先天之炁，来自虚无，视之不可见，听之不可闻，抟之不可得。如上揣摩钩致，多方索取，则去之愈远矣！所谓浮沉铢两，今复何在？以予所闻，真若薰莸异味，不可同器而藏。《老子》云："夫惟无知，是以莫我知。"使天下有知言之人，则吾道不孤矣。

破疑论

或疑："古语有云：'一言半句便通玄，何用丹经千万篇？'言陈言之不足贵也。而夫子教人多读丹经，使之洞晓阴阳，深达造化，得无玩日愒时，而以闻见自障其心乎？吾得师旨，则一言半句，可以循之而入，奚以多读为哉？"

曰："子之言诚是矣。不知道有邪正，师有真伪。吾子素非法眼，将何自而辨之？譬之欲试金者，必以石。丹经者，时师之试石也。不能精思熟读，而徒以一言半句，师人以求道，其不入于邪宗而惑于异说者无几矣！昔人有欲之京师者，问道于途，途之人口口不一也。其人惧不敢往。一旦之坊间见途籍焉，于是执籍以往，所言栖泊之处，鬻贩之所，关津栈闸之次第，毫发不差。然后知书记之与口传，何啻天壤！丹经者，入道之途籍也。今也废阁丹经，而求语句于时师，是犹废途籍而问路人，欲之京师，能无谬乎？且夫一言半句，诀在真师。汝欲觅师，师在何处？"

破愚论

今之好道者，类皆延致方士，烧炼炉火，以冀点化，以求服食，谓之外丹。不知此等之事起于妄心，既有妄心，即招妄侣。以故巧伪之徒，投间抵隙，以马易牛，对面为贼，曾莫之悟。即欲举之，更仆未易数也。予昔未得师旨，几惑此辈。赖天之灵，不致败缺，故著此论，以遗后人。凡炉火之事，勿谓无有，乃金丹之印证也。《参同契》云："炉火之事，真有所据。"在人洞晓阴阳，深达造化，然后妙用可见。盖炉火炼炁，比之炼己。配合一道，采取一机，温养脱胎，无不皆同。大要识其浮沉，知其老嫩，则丹道其庶几矣。今之论炉火者，不知铅汞何物，铢两何在，真土何归，动以凡砂水银，妄意配合，匮以八石，煮以众草。或取铅华而为水金，或取砂魂而为黄硫，或脱砂壳而为天硫，或取天癸而抱砂汞；又或采铅取矿，玩日愒时，自谓真铅真汞真土，举世罕知，千绪万端，无过此法。师心用智，各私其宝，深藏巧售，世人不知，误而听之，则亡耗之祸，大不可言矣。且夫金丹之道，上天所宝。求得外护，法财两济，斯亦可矣。举而售人，以征礼谢，此复何说？不识其诈而信其人，不究其理而用其术，非愚而何？误之于前，而复踵之于后，非愚而何？不务修德，而求非望之福，非愚而何？所谓"竭殚财产，妻子饥贫。迄不谐遇，希能有成"，不幸而中仙翁之料者，十人而九。呜呼！殆哉！外丹之道，为之在人，成之在天；知之在慧，凝之在福；诀之在师，明之在眼，有不可丝厘毫忽假借于人者。苟能潜修德行，密结同心，德动天地，诚感鬼神，自尔临炉之时，保无虞失。否则学术虽正，心眼虽明，如魔试何？余盖亲试历验，今则不敢自隐。恐人不知，妄意轻举，迄以无成，反生懈退。非道负人，人不知道故也。若也能知之而能不为，能为之而能不用，能用之而能不私，则更善矣！

破痴论

金丹之道，知之贵真，修之贵早。所以纯阳老师有云："下手速修犹太迟。"世人不知，执着太上"一百二十皆可还"之说，当其强富之年，沉溺爱河，罥挂尘网，不即解脱，日作夜为，亡耗几尽。迨至日暮途穷，方始就道，以为归老之计。不知时日不待，卦数既满，药材亏少，承藉无基，纵使遇师知药，而时节因缘忽已蹉过，皓首无成，反起虚无之叹而已！可胜惜哉！所以紫阳先生《悟真》首篇喻光阴于石火，等身世于浮泡，警悟之意，盖亦深且切矣。

或问："《黄庭》一百二十之说？"

曰："上古之世，民淳事简，婚配甚迟。譬之良田，其力未乏，是以晚植而犹获。今则硗瘠既甚，树艺复晚，则苗而不秀，秀而不实，无怪其然。且古今人之不相及，风气使然也。又乌得以今之人，而论古之世哉？”

《七破论》终

附录：民国铅印本《方壶外史》序跋

1. 重印《方壶外史丛编》郑序

丹经聱牙难读，玄妙难解。明嘉靖年，陆潜虚先生究道德之根宗，得仙师之口授，深悯后学，皓首穷经，浩无津涯，往往废书而叹，甚至误入旁门，人亡财散。于是将最古最要之书，《玉皇经》《阴符》《道德经》《参同契》《吕祖师百字歌》《邱祖师青天歌》《龙眉子金丹印证诗》均为测疏，示其精要，名为《方壶外史丛编》。其测疏较诸家注解，尤为显明，足为后学津梁。惜书板已遭兵燹，即不致如《论语》代薪、《大元》[①] 覆瓿，亦已散轶无存。访诸书肆及海内好道之士，亦鲜睹其书，几疑《广陵散》不再见于人间矣。迨寻之既久，友人黄君邃之乃得自藏书家，盖不知几经鬼神呵护之灵，而始获斯硕果之仅存也。因嘱观应、张君弼士[②]、马君驯之，各捐百金，重付手民，以广流传。爰缀数语于后，以为序。

---

① 《大元》，是汉代杨雄的《太玄经》。

② 张弼士（1841 — 1916），名振勋，原名肇燮，字弼士，广东省大埔县人。烟台张裕葡萄酒公司创始人，我国近代著名爱国华侨、民族实业家。16 岁渡海到印度尼西亚的雅加达（原称荷属东印度巴达维亚），曾当过帮工，开过商行，采过锡矿，成为当时海外华侨中首屈一指的巨富。在南洋致富后，回国投资兴业。从此，他亦商亦官，走上仕途。先后任清廷驻槟榔屿领事、新加坡总领事等职。为了振兴祖国工业，他先后投资兴办粤汉铁路、广三铁路等，并于 1894 年创办山东烟台张裕酿酒公司。1898 年间，他集资在巴城、亚齐办了两家远洋航运公司。

时在旃蒙单阏之涂月[①]罗浮待鹤山人郑观应[②]谨序于沪渎居易山房

2. 重印《方壶外史丛编》万序

一阴一阳之谓道，一金一石之谓丹，一炁一神之谓药。配合阴阳，烹炼金石，斡运神炁，识此玄机，金丹大道思过半矣！惜学者未遇真师，无门可入，旁蹊曲径，流弊滋深，致使有志之徒，望洋兴叹，废食因咽，坐令金刚不坏之身，日朘月削于不知不觉之地。噫！可慨也夫！孔子曰："道不远人，人之为道而远人。"盖有为而言也！余自幸遇陈师[③]指授后，遍阅丹书数十百种，颇能辨其真赝，而博而能约、简而弥精者，惟陆潜虚先生所著《方壶外史》数种，实为斯道正宗。先生四世知修，学通三教，又得吕祖真传，故所著述字字珠玉，语语琳琅，诚可宝也。惜其书流传太久，散轶无存。《玉皇经》《阴符经》测疏及《玄肤论》等八种，书肆中尚可寻求，而《道德经玄览》《参同》《悟真》测疏、《龙眉子金丹印证》等编，几如仅存之硕果。同乡黄君邃之[④]好道有年，藏书甚富，竟从友人家觅得明板《方壶外史丛编》

---

① 旃蒙单阏之涂月，是乙卯年十二月，即民国四年，公元 1915 年。

② 郑观应（1842 — 1921），近代早期改良主义者。字正翔，号陶斋，别号杞忧生、待鹤山人、慕雍山人等。广东香山（今中山）人。曾任英商宝顺、太古洋行买办，以捐资得道员衔。历任上海机器织布局总办、轮船招商局会办、汉阳铁厂及京汉铁路公司总办等。主张设立议会，振兴工商业。所著有《易言》《盛世危言》等，今人编有《郑观应集》。郑观应素喜丹道60余年，博阅丹籍，在《致刘和毅真人书》云："官应夙慕神仙事业，曾读南派、北派、东派祖师丹经数十种，遍求丹诀已五十余年。"《上张三丰祖师疏文》云："待鹤求道已五十年，凡有道之士靡不执贽求教，指示迷津，凡有善举无不尽力倡助，冀消魔障。"曾资助刊印了大量丹经道书，多次护师入室，并提议创建"修真院"，以培养"真人材"等。

③ 陈师，指陈显微。陈显微，南宋淮扬人，字宗道，号抱一子，临安祐圣观道士，著作有《周易参同契解》《文始真经言外旨》等。万启型《盛世危言后编序》云："迨甲寅季秋，以奇缘得遇仙师陈抱一先生，授以天元秘旨，嘱为广传大道。四方之士，踵门求道者，纷纷不绝。陶斋先生闻之喜而不寐，亟托观妙道人为之介绍。乙卯春间，陈师降临，首授先生以玄科秘旨，嘉叹无已，甚惜相遇之太迟。"可见其师于陈显微乃是乩坛之受，非见有陈显微本人也。《中华仙学》（台湾真善美出版社，1978 年）载有周海萍之《万启型真人事略》，称遇"陈致虚上阳真人"为师，乃是讹传误说。

④ 黄邃之，或称黄邃，又名益斋，号通邃道人。陈撄宁《〈梁海滨先生入山炼剑〉按语》评价："通邃学问渊博，天文地理，无不精晓。"吴彝珠《梁海滨先生入山炼剑事实详记》称"长于内外丹法并阴阳数术"。陈撄宁在《挽道友黄邃之君联语》中云："南宗称知己，证师传，谈妙悟，源流指掌，今后难逢第二人。"

一部，各种俱全，出以示诸郑君陶斋、张君弼士、马君驯之，遂各捐助百金，慨然重印，嘉惠士林，诚非浅鲜。郑君夙具慧眼，幼知向道，于兹五十载未尝须臾离，所著《盛世危言》正续编、《中外卫生要旨》《待鹤山房诗钞》，以及道书数十种久已流布寰区，脍炙人口。今春来邗，就陈师而问道，师鉴其乐道好施，根识俱善，因授以“玄科秘旨”，使之性命双修，将来精进不休，名登仙籍，实为同门之庆，平时邮筒论道，络绎不绝。因知《方壶外史》诸种，为东派正传，是以有《丛编》之刻尤亟亟焉。书成，嘱序于余，辞之不获，爰述颠末于右云。

时在乙卯（1915 年）冬月东华正脉后学式一子万启型[①]谨撰

3. 重印《方壶外史丛编》马序

《河图》左旋而五行相生，《洛书》右转而五行相克。相生相克，天之道也。《系辞》云：“河出图，洛出书，圣人则之。”《说卦》云：“昔者圣人之作易也，将以顺性命之理。”又曰：“易，逆数也。”夫五行生克，二气顺逆，不外邵子[②]“阳在阴中，阳逆行；阴在阳中，阴逆行；阳在阳中，阴在阴中，则皆顺行”数语，此造化之机缄也。先天乾坤之位，后天之坎水离火居之。乾下交于坤，而坤中孕阳；坤上交于乾，而乾中含阴。先天之乾，后天之离，人得之以为性；先天之坤，后天之坎，人得之以为命，而阴中孕阳，阳中含阴，坎离又互为性命。是故乾坤者，坎离之体；坎离者，乾坤之用。天地消息于水火之中，万物男女亦生死于水火之中。圣人与天地合撰而经纶之，动静互根，生克交济，顺逆异用，性命双修，丹道也，易道也，一以贯之矣！予友黄君邃之，抱道潜修，世罕知者。一日出所藏旧刻《方壶外史》示予，

---

① 万启型，字雯轩，江西丰城人，为前清名宦。周海萍《万启型真人事略》载：“民国建立的那年，还是初入中年，……数年之间，便弄得一身支离病骨，而朝不保夕了。”蒙抱一子（陈显微）为其疗疾，遂得陈师授受，命其为东华正脉领袖。万在《盛世危言后编》序云：“余幼习举业，每于作策论时论及时事洋务，必涉《盛世危言》一书，由是知郑陶斋先生之名。”万启型在郑观应（郑陶斋）的资助下曾在扬州创建“扬州修道院”。“（万启型）到了民国十五年后，大丹已就，……届时果无疾而终。”（据《中华仙学》）万启型曾刊刻《古书隐楼藏书》等道书。

② 邵子，邵雍（1011—1077），北宋著名思想家、理学家，字尧夫，谥号康节。著作有《皇极经世》《击壤集》等。

予拜而读之，洞晓阴阳，深达造化，发群经之奥，揭千圣之传，修玄之正脉，度世之慈航也。爰与同志诸君子，捐资排印，用广流传。道体无一日不流行于天壤，而兹书显晦有时。予得缀言简端，固三生之幸也！

乙卯冬至驯道人

4. 重印《方壶外史丛编》《悟真篇小序》跋

上《悟真篇小序》一卷，亦方壶外史所著之一。初偶得明刻本《丛编》于名宿某公，检之较世所传本多若干种，殊可贵，什袭藏之有年矣。辛亥（1911 年）以还，书籍多散佚，而《丛编》完然幸存，惧其久而失也，谋诸友已与之板而行矣。岁丙辰（1916 年）作广陵游，邂逅汪乐川先生，以手录是篇并《丛编》目录见示，曰："《丛编》中原有此，曷补刻之。"始知向所藏本已阙是篇，故目录自屯字以下皆无也。乃录副本以归，第尚阙数页，忆陶式《悟真约注》[①] 引《小序》独详，欲据而补之，而是书又未在行箧，索诸肆亦不可得，既置之矣。友人陶君忽觅得别一抄本，亦一汪姓所藏，亟假而校录之，阅旬日《约注》亦至，复据而勘焉，遂成全帙。夫是篇之成，前后皆由于汪、陶，何相值之巧欤？于戏，岂偶然哉？爰急付手民，庶完《丛编》之旧。惟是辗转抄写，难免错落，既无他本可据，而《约注》所引，亦略有去取。倘有明哲君子，正其帝虎弥其夺漏，是固百祷以俟者也！

岁在强圉大荒落[②]端阳日古新淦黄邃

---

① 陶素耜，原名式玉，道号存存子，自号清净心居士、通微道人，又号霍童山人。少时才华益盛，后来往于霍同洞天，遇师授以修养秘法，遂焚时艺之文，作此《道言五种》，以传后世。陶氏与《参》《悟》集注作者仇知几先生友善，常相互印证丹法。《悟真篇约注》，陶素耜引证翁葆光、陆子野、陈致虚、陆潜虚、戴同甫、李文烛、甄九映、仇知几等诸贤之注，于每章首列一正解于前，继可互相参证者分列于后，末参己意以补各注之未及。

② 强圉大荒落，丁巳，公元 1917 年。

第九卷 续编

方壺公修真墨蹟
三藏真詮
上卷
十六世孫元沼裝訂

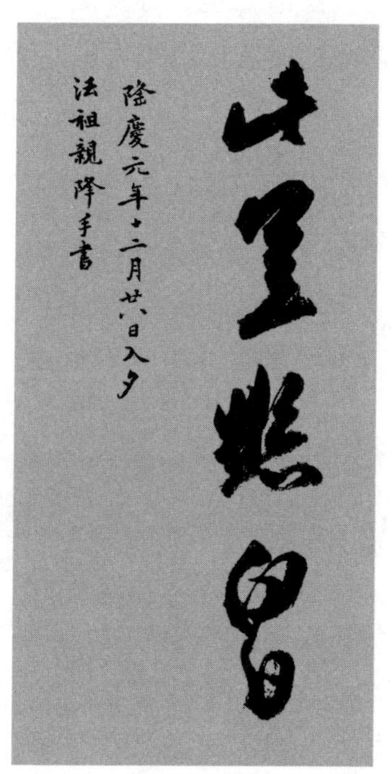

三藏真诠

方壶公修真墨迹

十六世孙元沼　装订

《三藏真诠》上卷

三藏真诠序

清虚洞天侍者潜虚子陆西星　谨制

玄元大道，陶铸万物。天地日星、山河动植，皆象形之糟粕，其精粹纯和、灵明洞豁、不属有无、不落方体者，钟为帝圣真仙，于以旋斡阴阳，主宰造化，三清之境、弥罗之天、蓬瀛阆风之上，若人居之，可望而不可攀，胡乎邈哉！斯造化之实理也，达者则信，众人疑焉。昔者汉武雄材好仙，卒为方士所惑，白首无验，慨尔叹曰："天下岂有神仙！"伤哉志乎！天下未尝无仙，顾帝弗识耳！帝左右执戟为郎者谁也？神仙之道，以玩世为适、度人为功，故尝不远于人。阎浮之间，奚鲜奇著？大都诚精者格，缘熟者遇，道合者亲，行满者度，师之得徒，方诸徒之得师，同一庆快，古今而然，焉可诬也！

星谫劣，于道罔闻，爰自丁未之秋[①]，偶以因缘遭际，得与四溟姚君[②]同被师眷，谆谆诲教，多历年所，援毫纪事，要领则书，积有岁时，溢乎简帙。其后遵阳赵君[③]又以姚君遭际，同侍师门，参差岁月，各纪所授，会而观之，条分干共，厥旨不殊，三生之遇，诚希觏哉！星恐世变时移、教湮莫振，爰合二家纪载之书，裒而集之，析为三卷，一曰《法藏》[④]、二曰《华藏》、三曰《论藏》。法言道、华言词、论言论也。各以手翰辑录，藏之其家，比于"大训""河图"焉！守是书者，其知秘之。《法藏》则师命甚严，永不可示，有盟于天，其盟曰："宁售已盗，无示法藏，天鉴在兹，永矢勿忘"。

嘉靖四十五年岁次丙寅闰十月念又一日[⑤]

① 丁未，即明嘉靖廿六年（1547 年）。
② 姚名更生，别号太华山人。
③ 赵名栻，字子严，别号遵阳子。
④ 本编始嘉靖廿六年丁未（1547 年），终隆庆六年壬申（1572 年），前后共计二十六年。
⑤ 此序与《老子玄览》同时所作。

三藏真诠卷之一

法藏

清虚洞天侍者潜虚子陆西星 编

法祖纯阳老师：

“青春容”，盍喻上乘术？尔徒播弄文术，穷疲精神，不为天壤山水笑者无几矣！（弟子辈数以文渎师，师固发此。）

非也，子等清修百日，皆可以作胎仙。（弟子言仙乃天福，非凡骨可期，师故答此。）

《参同》《悟真》，乃入道之楷梯。（问：当读何书？）

阴阳合而成道。（弟子问道。）

有为三峰术者，可令先除墓地。（问三峰术。）

依有力备法财，妙、妙、妙！不用财而用财，此所以为妙也。（丁未年。）

下手工夫，先以静思为本，危坐绝想，举目不见杂物。用信香一炷以观火候，然不泥于迹，非今之观火候。（以下八条，在戊申春正月，授道始此。）

儿儿儿、孙孙孙，父生子兮子生孙，孙子元同一团气，气散之时子孙去，只落老父在虚无，长生不灭由他做。（论先天炁。）

虚无中有至实至有。或曰：无中生有，虚里造实，则有实根芽何处？不为窈冥，不着实做，恶能参如来以成仙佛？予应之曰：子以是疑之，殆不喻耳！一身所以生、所以生生，其生也，非父精母血；其所以生生也，亦非父精母血，乃离精血之真精血，故生子生孙，则至有至实见矣。（解上歌意。）

于尔心上做起，于尔心上收功。（问下手工夫。）

先足真铅，后伏真汞。铅是阴中之阳，以心作，起落用敬，以取真铅之炁。所以用敬，盖因人一身所有者，皆是浊气，则皆是阴也；能敬，则思虑不起，清气自如。故《易》曰：“复其见天地之心。”夫复者，复其本然之心，则天地在是；夫本然之心，正是那不思、不杂、不肆、不贰、不伪之心也。故孟子所谓“清明之气”。（顶批：吾师以清气为阴中之阳，乃身中内炼之诀，初授正合语此。）子能敬，则固阴中之阳，斯有真铅。

以敬作采取斧头，无敬则无真铅。无真铅，又何以容吾之采取？所谓敬，与儒者作圣之“敬”不同，只是在这上头惺惺做去。夫孔子，圣人也。欲行周公之道，是圣心也。故梦见之，是圣梦也。然则孔子何尝因夜间浊气而胜其圣心？子患敬不立，立则铅气生，生则恶可已？（弟子因虑夜梦昏浊，师故答此。按，师因星辈初学，故止论及此，然实玉液炼己之功，不可诬也。）[①] 恍惚中，清清楚楚，升上来，降下去，几在虚无，说到这处，予不能形容，子不能领悟。

银海池，银海池，乘鹤登之君莫疑。（师自书。）

遇而不遇是真遇，有处觅师却废师。

海蟾刘仙师（戊申二月上丁日）[②]：

草茅中阳战阴兮，交魂落魄，东邻大吠，冷消清液。金华冉冉兮，挂尽宝光，一上来，一下去，虎入龙潭，真的成如珠满腹。即忙用木金所长兮，自自如如。拿青镜在手兮，破碎妖魔。从顶心大卖机缄兮，始游未百步，见黄婆，再乳之，其声洋洋。终腾万里兮，飞天涉水。又回首兮，重炼合虚，造化无双兮。

法祖纯阳老师：

《入头镜》（戊申夏，授此于宝严禅房，是日始告盟。）

入头境，在我心，心不虚兮景不明。有一药，悬太空，取来磨之空又空。照怪物，非定形，炼钢打剑飘青风。富我屋，润我身，邪魔不扰兮月大明。面山坐，养真人，真人出兮万象形耀，武火沸涌时，战野龙鸣。初发声，济文火，听蝉鸣，蝉不鸣时放大红。不可过，过则伤；莫不足，不足则嫩。嫩则返兮汞又腾，要知来时景，须观此日中；要知止时信，须知惺又惺。此是结胎法，子等慎而行。

赠陆生对联：（戊申冬。）

“约火升丹早，沉思下榻迟”。

夫火之上升，水之下降。然伏汞，起于铅之上升，而铅之所以升，则由于火。谓之约者，因火或失于散漫，则汞高飞而不成金液。（顶批：二汞字

---

① 此前共十一行，当是嘉靖廿六年丁未所记。根据后来潜虚子于己巳年满五十岁推算，本年当是廿八岁。

② 戊申，明嘉靖廿七年（1548 年）。

当作铅，当时授书疑误，或师故混之，非是。）或失于断续，则汞老度于后天，亦不成珊瑚。故入道者，必知约火之法。（此解对意）

玄点百关，妙函八鼎。探之者消业病朽，甚至舍父母妻子不得少间。子以顽稚碌碌，偶遇老夫，虽金紫万户曾不可易，反荡荡昏昧若醉人，然终不能悟，费我力何多，此来绝子令改。（十二月初五日，师谕不计何年，当在己酉以后。庚、辛、壬、癸四年，星衣食奔走，与师契阔，至甲寅而星以内艰归，乙卯复与师遇而传地元。）

浊淮四流，人不再饱，子等安得兀然高坐以待毙耶！（乙卯年，邑大水，民饥，师降于南村万柳堂中示此，以发授丹之端。是日授丹，有飞剑斩邪之异，予辈悚然久之。）

以白变白，黄不可用，中有至精，可作大丹。

银铅二物，相生相死。银非铅则真气不生，铅非银则终是蠢物。二物和合，妙用自生，名曰“灵基”，可造黄房。调停些儿，方成至刚。至刚不磨，用之者昌。大积大积，探出灵霜，周天火候，要配阴阳，取而饵之，洞天寿长。那时兀坐，逍遥楼中，方性命合虚矣。

何谓和合？用银为母，铅配之，亦无定数，但灵气足方可耳。

（问灵气足，有何消息？）

何消息，何消息，上无云影下无色，中间一个素娥儿，飞来飞去无踪迹。

（右上五条，七月初八日降示。）

月夕炉中药，风花座上灰；

性见还缘妄，云开即是空。

（九月初九日，降于宝严西禅房，赠道者顾双峰。下联赠仁慈上人。师言：佛言明心见性，不知既见了性，即是妄境，佛云“色即是空”，太说没了，我故云“云开即是空”也。）

雪映冰潭，了净梅梢新月，始可药生；

雷闻玉阙，直飞海底金身，方云颖脱。

（右联，九月十一日复降于禅房，赠姚、陆二生，遂以是日授地元。）

《火候诀》：铅银二八炉中炼，炼得铅枯见汞生，汞生便是丹基结。丹基结，再着铅，三十六斤尽消没。尽消没，有真机，弦绝之时阳生灭。（弦绝者，言阳生如断弦之疾。此师自注）。阳不灭，弭来送在黄房歇，那时汞死不能飞，过却红尘千万劫。千万劫，再脱胎，脱胎神化灰缸接。一接一接妙于神，造个神葫频养热。频养热，一气生，取来吞之终无说。

（师既授此，顷之复降，命取焚之，作为隐语，随注于后。）

二物相投，文武并用。赤者既见金身，黑者徐徐用入，四八数足，妙用自生。执巽者，守静无为，停停温浴，三百功圆，那时却入灰缸接制，接制数足，始作神房，保合十月，真阳自生。用之人已，白日飞升。（“四八”，当作“四九”，当时笔误。）

问：二物相投，作何池投之？曰：始用灰池。

问：文武并用？曰：火有不同，前文后武。问：武用何时？曰：红气上升时用之。问：炼几时？曰：不拘时日，任子精神。（文火，采药之火；武火，脱胎之火。）

问：赤者。曰：己汞是也。问：见身在何时？曰：在金水净之时，如天地初分。

问：何景象？曰：如飞云出岫，中有玄黄，乃云汞足。问：见身后若何？曰：取出复作铅池。

问：黑者徐徐用入多少？曰：一次八两。

问：四八数足，妙用自生，有何景象？曰：铅灭时，其气来金光透室，方可养之。问：养于何池？曰：即在池中。问：养几时？曰九炷香。

问：三百功圆，以后如何？曰：再求真土，真土须在铅汞之中。子母分胎，又少不得炼得体壮，方子不盗母。问：炼到何时止？曰：只是再炼到无汁无瑕田地，五炷香，用有力者三人扇之，少暖则狮头起，而泄气矣。

问：接制。曰：以二抱一，九转到分厘点化，一转三七日，二转二七日，三转一七日，四转六日，五转五日，六转四日，七八九转俱三日。

师言：丹有三乘，皆可了命。有天元、地元、人元。天元，许仙长是也；地元，杨子所为；人元，顾子所学亦是。（项批：顾子祥，学内炼，与予友，时与事，故师语之。）世人不知，妄为讲解。

问：有大小否？曰：有大小。天包乎地，地载乎人，大小见矣！

师言：我之道，变化无穷，始难而终易。

师言：内外一道，火候一机，人身中也要炼己，炉火中也要炼气。药生也一时，采取同一诀，温养脱胎，无一不同。

师言：铅气生，则真汞就。汞，银中之精也。世间最难的是银中之精（汞）不可干。

（以上四条，皆先后记忆师言。师传地元毕，其日遂言与吾有十年之别，不复降矣。）

乙卯十月二十八日，吴草仙降于西禅书舍。草仙，名寿长，号素野真人，师弟子也。师初降时，即尝与将命。

问：文火求铅，武火采汞，何也？曰：求铅只是养，和合用烹煎。

问：武火红气上升时，用何时止？曰：见五彩霞尽即止。

问：铅银以少入，可乎？曰：一齐下，庶气不参差。

问：求土宁保狮头不起乎？曰：归真土，则博厚可以载物，面子高厚，他自不升出来。

问：起狮头，何也？曰：固是真气未完，亦由火候失调。

鼎形如中天半璧，高三寸六分，其大盈掌。

十一月十二日。午刻，白紫清仙师降于陈小冈家，示此：

太清一宝珠，沉在深潭底。不见是混沌，见之是尔我。混沌既无用，尔我又无体。见而不见真奇哉！谁人识破引归来。归来送在黄房隐，三百周天莫强猜。子等识此意耶？

问：真土。作《真土歌》：

气足为真土，真土何处求？红黄乃飞声（先声也），青白方来候，青白亦是软，从软化作美金刚，满天星斗清如水。清如水，镜着尘，着尘非是世间尘。药到此时方可用，点铜化锡皆其根。

炼到无汁无瑕田地，再进数扇，不嫌于老。问：有伤乎？曰：否。

十二月二十二日，草仙降于西禅书舍，言《养砂诀》：

初转一日半刻间，用大火，令母热。然后用文火，火候亦用上弦之数。

问：火大伤砂否？曰：不。

炭团以酒浆为之，有大小不一。一在灰缸底，一在上以观盛衰。砂在上，母在下，砂用生者，中无余物。

十一月二十八日，草仙降于西禅书舍，作别诗。

“念尔尘缘重，蓬莱几万程。彤云一回首，古寺雪风清。”冬上一日，素野真人吴寿长书于凭虚山馆。

吾师怪子德薄，罪予轻传，已汞已住，任子为之。此后不得有言。

闰十一月二十七日，南宫列仙孟河清，降于西禅书舍，作此：

“砂砂砂，白骨一点发红霞。一粒曾化沧溟水，一粒曾开顷刻花。取来悬在太空里，温温溶溶遍天涯。那时弭之忽发燥，乘龙飞上玉皇家。”

问：内外二丹大小？曰：外丹能普济众生，内丹能使人知之，不能使人为之。问：服食。曰：即服即仙。

陆子顺修，出酒入诗，簿书进退，虽策名天朝，印不斗大。逆修则能长驾风云，驱环魔鬼，亦可列仙。

姚子顺修，则瑶阁歌喧，风亭棋响，出入关津，锦衣入室，虽名震一方，而疾不长步。

顾子逆修，则遍迹四州，魂荡七室，虽可出神，竟难了性。

（后顾子以己未之秋，来访予于金台，至临清得风颠之疾而死高邮。徐济临清，非四大州乎？七室，粮舡也。魂荡，颠也。事有前定，非偶然者。“七室”，疑作“七宝”，粮舡有七宝仓。）

此顺逆修，皆由于德，无则两失之。

十二月初五日，含真章子降，章亦列仙，言“斩三尸法”：

觉邪念动，咒曰：我为尔家，尔夺我室，使我朝无所栖，夜无所止，子何忍也？子若忍之，吾取吾玄真剑、混元盂，行将灭之，子为何如？速避速避！

十二月十二日，法祖纯阳老师降。

问：二子丹熟乎？谁教子大胆干汞？予言：玄真子所命。师言：子倍师而学之，亦为不善学矣。子法未精，炁又再泄，火候不调。母又少，德又凉，安能全集乎？

天远缘尽绝，请与二子分手。逢草莫走，遇张是家，乱[1]石横身，方见子志，那时方能了手。

丙辰年[2]二月十五日，周天神下降，欲授三五飞步之术，言当此劫中，不动手，待何时！

三月初一日，夜，周天神降于凭虚馆。言：三五飞步之术，已奏玄真

① 校注：此字字迹不清，存疑。

② 丙辰，明嘉靖三十五年（1556年）。

白天神，执奏以为不可往返再四，终莫能得。又言：前见天老奏，修真子三千，已有某名矣。此三千可成，近百可喜，扬州一府，三人而已。

三月初八日，予有疏，恳白天神言三五术。白遣神兵示予，云：有所藉而为善者，其善必不精。子欲人买子为善耶？又云：子积善得善，得善行善，有何不可！又云：凡草木必根固神完，方能畅达。又云：积善无日月，凿井及泉，不计工夫。皆答疏中语也。

十一月二十三日，张天神降，授驱疫符。言已奏得允，万发万中。

丁巳年二月初一日，素野真人降。言圣母死硇事。又言：君等失前断弦之意（火候失调也，不见。）。◐半清半浊阴阳分，觉此时正子母分离，即《易》之“既济”，老嫩在此。

问：碧眼是何？曰：灵也。多看几等，多铅眼，多又不可，火不计多少，但看安顿何如。

初三日，素溟仙师降于西禅书舍。言：狮头皆母内火，不去用，盖以固其气，不退火以退火。

太真方仙师，初号矫亭先生。

丁巳年[①]十一月二十四日，未刻，托吕师降，作诗云：经上仙翁人不识，茫茫携履唯何适？夜来西苑一阳生，欲向东床（窗）报消息。无消息，何所适？银空晃朗欲霜飞，沉沉待月秋江壁（碧）。欲问道人名，须解道人意。意解即相知，徒名如不遇。金鼎汞何事，玉池铅已非。试看江上月，隐隐一乌飞。世事何大小，蹉跎空自老。纵有季子金，不如当时好。

十二月十四日，托素野降言：吾令子等积行，全未能守吾十戒。赐汝初转丹，来日再请授戒，越日始授丹。

十戒：一曰勿泄（虽妻子亦不可通知）；二曰勿贰（二人同心）；三曰勿贪；四曰勿淫；五曰勿忌；六曰勿嗔；七曰勿爱；八曰勿明（辨是与非）；九曰勿饮（不至极醉）；十曰勿侈。

十六日，卯刻，托素野言：丹已降于翠壶中。百稽首，启视之，死汞也，重五钱，言可养可煎。

二十八日，托素野言养砂法。鼎上火有大小三样，下则一样大者，但有

---

① 丁巳，即明嘉靖三十六年（1557 年）。

升降。

戊午、己未、庚申，予皆客金台。

“神僧”数条，遵阳子录记，当在庚申。

神僧曰：仙佛一源，予知性不知命，才问命，当知性。世间性命，岂得为瓦砾者？科子家，半年上，吾受一缘，故来耳。

“慈悲”二字，乃兹心非心，天下万物一心。万物无心，乃灵光一粒。子等以我为心，不知慈悲何物。子等性命之学，全然未了，真乘坚驱良，面墙学术，不知身心，有许多说话。

不悟了缘，徒为雕虫小技，闻见耿耿，自谓天下事已知者毫芒，何异燎虫之烛天、寸木之步海，多见其不知分也。子会积金，不会积命，性命为重，黄金为轻。子恋其所轻，略其所重，无是说也。何谓重？千里为重；何谓轻？车至为轻。欲轻即是爱，欲重即是贪。贪爱之人，非吾徒也。

我有一事问子等，酒能醉人乎？人能醉酒乎？酒能醉人，则仙圣当勿饮；人能醉酒，则我当自为剂量。愿子视天下事皆如酒，视己为饮人，使我醉酒，不可使酒醉我，如此性自见。经无谈，道非道；我无道，我非我，我是物化，方可空心上达。

黄谷钱仙师（遵阳记录）：

精气神，仙佛之根，非真根，乃假根也。精气神，就子论之，皆凡也。精为交感之精，气为呼吸之气，神为思虑之神，何以得道？修道者，精为元始之精，气为浑一之气，神为不死之神。然非凡精，做不得出真精，气神亦如此。精气神合做一块，方为修道。凡修真者，先平气，用真息，以元神随气运，而精自合穴矣。真息者，不在喉下，在脐下，不在鼻中，上下穴中。然欲得真息，须从凡息来。调息须静坐始，又要去尘念。始去念，静坐澄心，把凡息从粗处坐细了，从细处坐若无了，然后将此息搬入丹田，上下自如，神随气降，所谓“绵绵若存，用之不勤”，此入仙之梯也。有意化无意，若全是有意，又是使气。所谓“龟息忘年”，正谓是也。子等息悉皆从喉。

（此一条，内炼之法，亦已泄尽，但遵而行之，何道之不我得耶！当时师授遵阳，岂知今日张公吃酒李公醉也。拜阅之余，何胜庆幸！时隆庆改元五月十有三日，弟子星谨跋。）

辛酉年[1]（予以是年得地于灌河之滨，其东辟为大园，建宅于高树之西，适合仙旨，事皆前定，岂偶然也！）

汉北朝陈太初仙翁降于遵阳宅，予欲卜居，曰：宇宙一足地，四围方寸间。东园西树下，独可奈心闲。此中意味当自得之（首前肘后，便是佳园）。子近见闻若何？可惜哉！本是清微骨，却作黄金奴，世间第一流不会学，而往来冰雪间，何谬若如此？精神为用，大矣！日夜淬砺瓦砾，奇策之士为之乎？

甲子年[2]，法祖纯阳老师降遵阳宅，与予语（此为授道之始，故详记之）：

道在何许？究竟何自？子近惹道，非云悟道，正传尤未也。

道不在，何处参？不究竟，何由得？若在时，放步到，子等皆死心。解仙佛同源，枝叶少异。佛若只是无极，则草木皆生西域。道不在颜氏，何谓卓尔？道若在颜氏，何谓来由？子近日见太高一层，把人心性，都作无用了。

"贪"字又粗甚？"着"字何着力？略有何影响？（答予言）

此道重如太山，不得看轻了。轻如无虚，不得看重了。如饮食中，正味人自得之，岂得开口认杀有无！

"真假"二字、"母子"二条，子皆隔纸。真处莫作真，便是了。中有内外，外即是内，内又非外。凡人成仙作佛，才有"成"、"作"二字，便不得立地空清。（观此一条，则知吾师别授，隐然言外。）

五八又三三，陆生时进第。

甲子年，法祖纯阳老师降予宅，授予论人元（星按：此论明白详尽，师之恩等诸覆载也。）：

道不在天，亦不在地，天地外又无道。是知"道者盗也"，他能盗我，须知我去盗他。盗有侣，无侣则失机。机者，杀机也。盗有路，路有门，门路有信，信得始通。无信，则宾主不能适值，值得又有分两，主宾对语又要慎密，当言而言，当止而止，行止在我，又要在人。（问何谓在人？）如信者，彼信也，焉得不在人也。

方人入室下手，一刻不差，何得走动？虽不走动，又非死的。（此一条在"信者，彼信也，焉得不在人也"后，偶遗之。）

① 辛酉，即明嘉靖四十年（1561 年）。

② 甲子，即明嘉靖四十三年（1564 年）。按：潜虚子所作《金丹就正篇》成本于年本月。

乙丑年正月[①]，法祖纯阳老师降予宅，首言成真子，别号“國中師”（三字皆“二口”成姓）。

何日月华明，却在不明日。明既着形躯，不明潜龙日。有无混沌间，乃是诸佛偈。（妙哉妙哉，已授之矣。惜当时，犹暗投明珠也。）

子不明正宗者，因子知中路可适天台，不知行路有多少景象缓急。药具，彼此也。药性，生机也。

生机不死，机中有神，神明若来，必然有信，机不可知，信则可见。（时有谈玄者，语予人元口诀，予故质之师云。）

子见虚，虚中虽无物，物不外虚中，少为近道。若儿见着物，物虽有可执持，终不是活悟，故为远道。

口诀是活的。（问“月之圆存乎口诀”。）

壬水癸水未面。（问“癸尽壬生”之语。）

子取上阳生说，来当我前。（问“铅生于癸后，阳产于铅中”。）

癸何由生？必有原头。子既知“应无住而生其心”，又何疑此邪？若曰“癸后”，则是癸为母炁，是有所住而生其心矣。

一刻若差，便是诬猜。有信，信便是一刻不差。信前有调弄功夫，信至一毫不爽。信，即如姚子昨问句，但他未解耳。若他不生，是炁不恋我。

夫妇交感，若全在泄精之念，则一度一生；若不在精泄之念，则未合之夫妇，皆有生矣。

无信，凡念也；有信，真念也。

二月，上阳陈观吾仙师：

出入有无，乍明乍灭，罪福天人，究竟何别！

问“铅生癸后”：

凡香秽触法色相，未呈其气，先飞人身经脉。凡见皆有道理。经之初至，则是见闻，见闻既有，即度后天。后天既兆，以渐日昏，如太阳未出，先放元光，太阳既升，其神渐淡，淡而再中，万物已老，少之日昃，万物皆死。死而有象，象入无象，无象再含，元阳又生。此朕兆自有一定，不得散求。

---

① 嘉靖四十四年，1565 年。

问炼己：

炼己，说话进门不一。炼己有三关：上关买求心性，中关自在心性，下关毫厘积聚心性。子等止有上下二关可走。

言人心性，万化不一，变态不常，纵有灵觉，暂开复蔽，如陆子谈禅，亦是室见。非是炉中灵药，何以立跻圣域！

如子家有父母妻子，学道者，须要远此恩爱，岂得舍此恩爱？必然处之得当，方死此心。又如见此万种罪苦，非不欲立超法航，曾如无可了念，即此不了，便是固我。由此固我，便起谋为，谋为一起，百争影化，如何得清净心？

灵药非外丹而何？中关乃赤子门户。

法祖纯阳老师降，予拜而叩道。

首乘要知养不杂之体，中乘当觅符来之信，下乘当识自然之用。

子不知不杂者，非圣学也。涵固精神，潜守元炁，使万景澄静，如水定渊中是也。中乘之信，虽是微渺，的有可据。言此信，虽生于弦断之时，但有一个恰好时节，又子一毫不知也。千圣相传，惟此而已，子或以今日求，又非矣。

顺自然，又非听自然也。用不得清净心，用得混沌心，如睡浓初醒时是也。须要如哑把〔巴〕，又要如痴人。子见《张奴传》乎？彼虽妇人，亦要徉狂行乞。

太真方仙师（授丹始此）：

药物具，心性灵，半月间，即便成。

要七日养，前七日炼。前七日，举常而言，或三两日，或十余日未可知，其他细微密旨，必有授之者。

十二月十四日，饮罢，太真仙师降，索书后三纸。

即疾即疾，缘重业沉。左引右翼，同生帝京。

铅汞两事，非吾孙不成，孙疾非二子不正，白云夙炼，吾孙缘重矣。

白云山中，孙炼素矣。一为吾孙，一为吾徒，子等根基不及多矣。

十二月，日传。法祖言，索书共四纸：

东海细民，无风尘之厄，无反侧之危，坐致百金，若易视也。或谓之经营，曰诺，乃请眷与贸资之，以若恃爱而易侵也。卒之市间，左顾右盼，得一人可付者，且入其室，上下铢锱，少不称与，竟不与也，明为盗得，亦甘心焉！况重于此乎？况重而至于无所重乎？以无所重之道，即望人以授之，怪也。即以受人，怪也。幸谓三子。

十二月廿七日，昏暮时，法祖纯阳老师同悟寐禅师降，其夕授盟，索书二纸。

仙佛诸眷同来，先言法言，后待诸君云驾，另言前事。（老师）

悟寐禅师曰：上宗正觉，子颇能悟一二，但中守约真诀，或未究也，因作一偈：凡人皆有心，妙用即是性。不可有住心，一住便雕琢。不可有空心，一空便失落。有无皆非道，无有不可却。试看佛前灯，面面皆圆觉。（有无皆落边见，故云"非道"。无中含有，乃道也，故不可却。）

"普物无心，顺事无情"偈：

普物即是有，无心即是空；合此有无字，佛心自此生。

普物，机也；定寂，空也。

照心不可凝，凝即是住心；慧心不可有，有即是机心。照慧在何处？灵台色色清。（精微之极。）

本照觉照，又是照上加照。照可照，不可知，知处是心照。

欲为老佛，先学婴儿。（予问守约真诀，答此。）

乙丑岁余，予授道与海陵三子，请予盟山，生死以之，而今而后，不可违也。尝值将佐，为我记之，吕道人书授真舍堂。（师书。）

既盟之后，道共心同。有自私、自退、自轻者，愿师法剑诛之。（此师命誓之词。）

鼎必三元，何二抱一？举成数，只得十二，求无失，只可十数。

三八廿四，二抱一，每八得四，故曰"十二"。此成数也。汞无十分汞，火无十分火。加数在外，此外可得廿八九充之，此其一也。

炭一池，得十斤，子算三八二十四，一八无咎，得三十六池，百石方可作具，兹其一也。

铁器也要十八斤，铅也要一百五十斤，好香日烧也要二三斤，衣服也要从新换。

好砂也要二斤，一以择取，一以转制。

坚尔心，清尔性，合尔神，一了百了，身外生身，岂浅浅哉！（此条方师言。）

丙寅年[1]正月，素野仙兄传法祖言，索书三纸。

得手在寅，埋名在酉；身可与人，道当自守。吴道人传师言。（授陆子。）

净身心，立住脚，到辰年，飞宇廓。（授姚子。）

虎尾兔身，可得麟角。逢卯遇未，是汝大坎。拜师三度，方能守炉。（授赵子。）

三月，素野仙兄降，问复采沉下者。

假如八两母、八两铅，气起沉下，还有六两重，可复采也。如少又不可何？炁已甚，破浑沦矣。若已照而沉，犹不可也。

问汞得炁高下。青为下，白而有神者上，白而实者中，可乳。上不必乳，下不可用。

问砂。青白而有神者上，青外而中青红者中，可乳。红多而青微者下，不可乳也。好则俱好。

七月二十三日，未刻，立阳周仙长降，书：

汝等同心力道，朝天可期。否则，先后随损。钱家堡主人来。（钱家堡，方师公孙相约之所，仙长以予辈不知，故报之。）

立阳周先生，钱黄谷仙师高弟也，以人元成道于云南，故人苗土官家。方予修地元时，太真师请于黄谷，得先生为予辈羽翼，先生爽剀英敏，知无不言，洞见肝胆。予辈深赖之，常以不时赐降，道诸真消息。予辈人元之学，得之先生者更多，骎骎乎闻所未闻矣。素野仙兄言：法祖纯翁谓，予与三子相遇二十余年，未尝成段诀破天机，而立阳子以倾盖之顷，尽露法藏，爱道似不若此。惜时以匆遽，未能一一授简，姑举曩所记忆者一二，以志不忘，然已十遗八九矣。丙寅十一月十有八日记。

二月末旬，先生初降时，即为予修池。因观予举火从容，论及人元，言火生于木，祸发必克。吾人乃汞体也，汞属木。初鼎乃柔弱之火，温和之气，足以长养发生而成大丹。若败鼎，则燥烈之火，甚能消烁真炁，贼害丹炉。今人采取败鼎者，往往阳壮少睡，以为药征，不知真炁被其消烁，故神不自宁，有若是耳。所谓“祸发必克”，非徒无益，而又害之。

[1] 丙寅，即明嘉靖四十五年（1564年）。

次言悟此道者，如米炊饭，此喻明切，非止特状其易易而已也。彼之真铅，譬则水也；我之真汞，譬则米也；神火，譬则火也。火力调停，则水入米中，其水渐干，而米渐长成饭。水渐干，抽铅之谓也；米渐大，添汞之谓也。

原来积汞，所以为真铅之城郭。城郭不完固，则虽得真铅，而不觉日消月耗，欲望成丹，其可得乎？

此道至易至简，丹书未可尽信。仙翁不欲直指，故为乱辞。又恐人以命宝轻弄，故直难之，使之其难其慎，而不敢轻有所为，及其临炉采药，随取随得，又无甚难也。

先生一日降予卧内，从容慰谕，久之，因指一鼎示予曰：其外者，混混沌沌之气，即无极也。其来还在无极之先，其簇而归中者，恍惚有相，即太极也。太极动而生阳，故俟其动而采之。动，即《易》之复卦。（先生又谓：采药之法，仙家谓之金剪铲，如初开之花，一剪而断，枝叶虽断，而花不知，颜色自若也。）

是日论人元铅生之候，言：凡可以算数历律、星杓可纪者，皆不可谓之活子时，彼自有活时。

二刻妙用，正在此时，是语非为泄机，乃予迎机而告，法祖知之，必不予罪也。（顶批：法祖言，金砂映日，亦是蒙眬，审之眉间，误人多矣。）因以手举炉着几，曰：如此易易。先生之恩，等诸覆载，中心藏之，何可忘耶！

先生于夏间，一夕，与予语诸途，言赤子之体虽全，然不解存神，死汞须留，而活汞则走。吾人破体者，死汞虽走，而解存神，反能留活汞也。又以灯笼为喻，糊其走风者而已。

予问："巽风常向坎中吹"。曰：风有谷，风有道。再叩之，曰：俟再言。先生又言：调鼎不得太早，子畏走汞，独不惜彼铅飞耶！

先生一日言：风道乃任督二脉，彼此吹之，引风而入其道，即是开关展窍[①]。其橐籥，以葱为之。

二月廿六日，予炼三小鼎，皆异不可晓。先生降而语之曰：适侍法祖吕公，言示子三鼎，一者癸水，正色微黑而紫；一者活，无极也，金粉沉底，

① 李涵虚《道窍谈》："孙教鸾真人云：'修身之人。必先用鼎器以开关窍。'""展窍开关，所以启玄门而辟径路，还元返本，所以资同类而补真身也。"《张三丰全集·大道论》谓："更有进气补血，名为抽添接命之术者，亦能避疾延年，保身健体。"

婉蜒回连；一者攒簇五行，留以为质。

九月九日，神师降予宅，索洪誓，为予辈护法。（神师不言姓名，明姬谓之“神公”，乃玄天将首。）

凡众宁屠一牛，不起一杀念。杀，即嗔恨心也。宁售已盗，不露一藏法也；宁甘弃百有，不坐失药物也；宁悖君亲，不疏一真侣也。数字，子能解行之，吾保进道，少坐思之。

当把前面学道日程，尽当焚烬，自今月今日今时为始。何以故？前面都算不得，能解行否？能作洪誓否？宁对枪刀，无对神誓，誓不易为也。你们前师盟，算不得，你等亦不曾依得，若当真，子等皆灰烬矣。

宁可欺君，毋为神欺。师能度子法，不能翼子操。宁忍弃道，毋发誓神。何以故？誓必至戾，神必依誓。依则小而戮身，大则满门灰烬。是欲偷生，而反伤也，不如弃道乎哉！

你开口便行方便，才有嗔恨，即是井中汲水，水虽复定，已分铢两。一有是心，便任出入。

才言无心露法，便是割心与人。

但进所未能，保所已尽。（答姚生。）誓当再思，再思必有大章亲押，歃血为盟，一有疑念，便当已之。勿以性命作口说人情也。

其人非一人，子焉能自语。（答陆生。）其缓急在子，吾何择期？予能主成否？予能杀魔王，予能作大匠，予能上天地，予历代护法，显报神王。非师也，乃汝师敬请来耳。

初十日，予辈歃血成誓。神师为书“天鉴在兹”四字。

十二、十三，为予与赵特示二鼎，一池中有声，一以铅掷地。又护一小鼎，池虽裂而不漏。

十月初二日，予晚进香，忽一香插于“兹”字之上，正中不偏。

十月初一日，昏暮时，予方炼罢入养，忽钟离老太师下降，舞两袖而歌：“天地灵，造化悭，缘未至，在心坚。”如此经行中外，且舞且歌数十遍，席地而坐，命予辈皆列坐。予叩首，止之曰：“莫作虚礼。”因问：“铅在那里？汞在那里？”予仓卒无以应。曰：“汝吃木查者耶？”予应以采铅之法。曰：“汞在那里？”予曰：“汞是银中之精，弟子不知，愿吾师指迷。”曰：“超脱之时，凡有红黑之气可见者，是汞也。一毫不尽，则终是不伏，故须炼至莹然，由莹然而浑然。汝到此惧起狮头，不知既归真土，则博厚可以载物，自不升出矣。”因示养火之法，火大则起铅，火小则起粟，以四两细炭作饼，而三分之内，用泥套以尚中正，其高二寸，外用瓦套以收火气，其高七寸，如此做去，自成。汝知汝之师，而不知汝师之复有师也。言讫而别。

（太师别后，予辈止火者月余。十一月十日乃复首事，炼罢养火。夜得一梦，辗转寤寐，数次皆同。始梦至一处，见一大池中有锦鳞，大者可三四十斤，游泳水底，清彻可鉴。予见此鳞，命人下水取之，随取随得，有一大者，昂首就抱而出，如此连梦二次。又梦见法祖于酒肆中，师同一人，云是白姓。予贳酒饮师，师枕予膝上。又见一小童，云是素野，予与拜之，谢其殷勤。时师与白师言，予皆不能悉。师问：何不听予言？予答以方拜素野。后师出门，面西与予拜别，予别师后，复别素野。明早语姚君，君言：夜梦亦奇，梦入一洞府，见诸真八十余人，中止识法祖，飞霞缥缈，仙乐铿锵。有桃如南瓜之状，诸真剖而食之，其乐无涯。）

十一月十二日，申刻，炼罢，法祖纯阳老师降，手击缶而歌：“水云乡，入洞房”云云、“正茫茫”云云，不能悉记。言吾辈火候差殊，大意谓：月出庚如方师者认差，观之晦朔之间，晦尽朔来，方生庚月，此是药生之时。如方子两次养取，是上乘降为中乘，取之不得，复钩取之，是中乘降为下乘矣。

又言：不必九鼎，采药只在片时，成功只在三日。

三十六斤，乃天元三倍，子等必不能。池鼎既多，一有休咎，前功尽弃。

又言：汝说见五彩霞为汞走，非也。此是人生于寅时节，万物明盛，有色相可见，亦相见乎离之意。

又言：汝辈缘尚早，从前所作，都算不得，今始进得一步。

予自师别，记其言，五更起坐，恍然有悟，作诗呈师：晦朔之间自合符，无中含有有还无。直看晦尽俄成朔，便是三庚月出初。

师言：“汝看三庚之月，怎么出来？”当时只疑作“三更出月”，悟后方知有味。

十月十三日，辰刻，法祖降予养静龛中，始命陆生阖龛门，次命磨墨，少顷命扫素。予取纸呈师，师命阖室门。阖已，命予脱去毡氅，弃履入龛，阖门趺坐。

师从容顾予言：“与子邂逅二十余年，偶尔因缘，遂成故旧。今观吾子志颇精勤，足以居道。今年今月今日今时，以道授子，与子长别。”予起而长跪。

师言：“凡我所言，子已彻悟，但悟而不悟，今当与子诀破，藏之于心，亦足万劫不坏。夫出庚之月，何以在三日？盖激阳之炁，汲于无始，是为生天生地、生人生物之根。晦之夜，阳之尽也。一之日，阳之胞也；二之日，阳之韫也；三之日，阳激烈而明生焉。然见月已不是月，所以仙翁往往只言‘晦朔之间’。晦去朔来，谓之间者，间不容发，不见不是月、见月不是月，子熟记之。”予谓：“如此若何而取？”曰：“晦尽便了。”予问：“师前所谓‘弦绝之时’，莫非此意否？”曰：“是。汝知此，则人元之道，不外是矣。”（顶批：弦绝，即晦尽，非取速也。以速悟者亦是，但不若此之味长。）

师言：药物之生，全在火候。火候既调，天机妙合，何假积累！如男女化生，只在一时氤氲，自然而成。若待积累，则商贾远离，终无嗣续，而夫妻相守者，又皆孙子满前矣。（顶批：后己巳年，师复论不假积累。）

故吾谓方子之法，非上乘者，谓于造化有斡旋也。有斡旋，则非天机自然矣。（至此处，遵阳方来，师命进，复告戒之，续始前语。）

前授子，铅用三十六斤者，乃天元铢两。谓子必用百金者，非要子等耗火忘财，盖天机妙合，必非一鼎可成，须以八鼎取之，不然，徒糜费岁月，而志气日就隳坠矣。（顶批：己巳年，师复于此。）

人元之道，至易至简，得后全无工夫。无意，则火冷而丹散；加意，则火燥而丹伤。丹者，自然之和气也，要当“勿忘勿助”以为火候。

予问：“只如此惺惺做去，是否？”师言：“惺惺又是沐浴之法。沐浴毕，又将惺惺包在混沌之中。”

比时师欲言别。予问地丹养火之法，师言：“活法在人皆然，是粗的。火大者，养起铅气，走而归心，其色青者，混浊而不可用；火小而见风，则起红粟，亦未可用。”予问：“色紫而带黑者，何如？”曰：“此犹为活血，可用，然已入于下乘矣。”师言：“予授道已毕，子静思之，今年今月今日今时与子长别，从此仙亦不降。”予问：“何故？”师言：“非是仙凡道绝。仙凡道异故降，仙凡道同故别。吾行世教去也。”予具纸墨请书。师言：“本欲使子记之，然言已在子心上矣。”言讫而别。

是日未刻，素野师兄复降予龛中，首歌：“见云雾苍苍，烟水茫茫，引下了蟾宫一段香。”又歌“古寺雪风清”之句，二作皆素野兄昔所制者。予乃焚香，即席而问："师何以别？"兄言："吾师已别，予亦就别。"予问："何故？"兄言："别了才是吾师。适与子言后，赵子至，有言不能尽者三，命予教之：一者，人元要择活鼎，活鼎者，谓彼意思伶俐，不畏我、忌我而解调；二者，采药临炉之时，要正心诚意，不得妄起邪淫，专以一真相感、相眷、相恋，使彼求而我应，彼动而我静，如此方为合妙；三言，养砂无得簇日，转转加功，只要薰蒸透彻，其火之调停，存乎妙用，上下进退，要合天度。春温夏燠[①]秋凉冬寒，不可毫发差殊，有伤丹体。砂粒粒要有城郭，择大者数粒记之，等之养出，分毫不拆方好，得点化后，方可入山。"

予求小安乐法。"无他语，只要清心寡欲，夜间验之梦寐，诸妄不生，即此就是。从心莫如梦，即此就是；天行健，即此就是；昼之所为，夜之所梦，即此就是。梦寐卜所学之浅深如此。却用肘后飞金晶之法，以补其脑，你们脑子俱是空的。"予言："阳生下手？"彼言："阳生下手，是初学功夫。积水潮生，日夜自止不得。"兄去后，降香于火炉之边，味如独火枣云。

续纪（前师降时，所语甚详，一时不能悉记，今复纪之。）

师言：晦尽朔来，乃造化之元会运世也，其妙不可以斡旋而得。

弟子问：如此做去，惧有天谴。师言：何谴？道高德薄，谴斯至矣。

素野言养法，振衣，则虽退亦进；积衣，则虽进亦退。予问：炭圆三样。兄言：太阳径围，尺寸惟一，惟照曜则有远近高下，但有进退，则是鼎要升降，隔一纸便有进退。在上者退火，则加灰于下。

十一月二十二日，未刻，炼一鼎，不得于心，将欲重炼，忽有仙降，手持二炭，摩予两颊，予异之，顾笑不言，索箭画地，作字甚多，大意谓：今年将尽夜，明日未生时，此鼎汝师所示，以子等同心力乏，故尔助之，可养九香，子等既得真诀，不得乱弄。又言：可分二鼎，一以养真阳，一以养真阴，不明白，初八日面予，乃黑子〇（不识）也。（太真言：仙余姓，名柘，白弟子也。）

十二月初八日，灯下，仙师降，言前二鼎甚悉。约十三日，再举而面教之。予问："身中造化，何以若是？"师命前，附耳语曰："得真则灵，汝好

① 燠，校者补，据《参同契口义·周易参同章第一》："盖火候之有温燠凉寒，乃阴阳进退自然之消息。"

修矣。”

三庚之月，韫于初一、初二之前，故前此而取者，药材甚嫩，其金在外，为阳鼎。

养后取者，待其紫芽初现而采之，其鼎外白而中金，是为阴鼎。（顶批：三开三合产真铅。）紫芽去照甚远，以为照者，非也。（照乃取照。）

十三日，灯下，炼罢养火。方太真仙师降，言：“别后事甚详委。”

予问：肘后飞金晶一段。师言：两肾之火，名曰“阳火”。若散漫而炎，不归气道，反伤真气，当以神会而约之，斡归尾闾，使由关道而行。有一橘术，用竹爪于夹脊之中，循循而上，皮肤觉痒，则神在而气随之。迨其过于玉枕，急于右手中指点于脑上，则脑觉指点，气便止此，或点囟门，气便止于囟门，但不可使逼近日月之宫，恐生昏障。如欲循任脉而下，急以指自囟门引下，顺道而止于脐下，此之谓下手工夫也。指所点处，久之而气耸高凸，以此为验。

予问：“口之甘津，其自上腭而降者耶？抑华池所生？”师言：“天潮地应，自然而生，亦不专在上降。”

虽能寡欲而神透光，是留其查[①]滓者，而精华反失矣。

丁卯隆庆元年，正月十四日，灯下请师。

忽有仙降，索无锋笔而书之，言：闻吕法祖言，予辈所传已悉，其道则是，所为则非，碌碌身口，何陋哉！陆子缘尚未，不得心燥，一入门间，不得便用主人财也。赵生“夺生方”，此月与之。水肾经来难调，三日后见。予意姚生诚难处，不得琐琐不求仙，我教太真与千金。

是月十七日，炼罢。灯下，仙师至，命净墨纸，自书二纸。

三生心法颇精，手法未熟，功片成，谅尔未就，姑且守晦，保却真知。

师训（师，指法祖）：“药验鼎寻”。（此四字，乃仙师之教，师马姓讳名，成道在法祖前。自言：吾先而汝师后也。后问符使，言：师号太素真人。）

师言：汝辈所为，药具未备，乃升合之羹，未见有太冲之味。若药物既灵之后，便宜寻鼎，以人道了手。天元服食之事，须德行完备、神将护坛，方能有济。况此末劫之年，丹友难择。汝身中造化，只知升火，不知退符，

① 查，当作“渣”字。

须是一升一降，轮转无穷。盖此一圈，乃神道也。气道从此而行，久久纯熟，则一身阴浊之气，自是销煎，除旧方能布新。譬如此几，欲置奇器，先须洗去尘垢。

予问："欲作睡功，行之可否？"师言："一睡便有倚滞之气，起而端坐，则外而四肢，内而脏腑，皆中正不偏，且功须苦行深炼，入门学懒，非所宜也。且方睡中，觉此气突然而生，急以神驭之，不知气之既生，则属后天。神在气后，则神亦属于后天。先天安在？故当静以俟其自至，则以主迎宾，以神驭气，方为得妙。如此行之，久久纯熟，河车不拨而自转，任尔横睡竖睡，又安往而不宜哉！"[①]

是月二十日，灯下，虔请马师。顷之，师言：不意请速，已同华丈来矣。

华青囊[②]仙师箕书：别来念虑，身体如何？陆、姚二生，听老夫说，赵郎疾缘夙数不寿人召，但此子有隙，即便投之，非今之偶感而偶愈者也。此子诚不能守戒法，应弃之，但彼因有所恃，故不知谨也。予今别赐方药，再不复见矣。

吾语子疾：如戒，则保万无一失，不谨，非老夫所知也。

姚子何不谢？汝祖何人治耶？（方有伤额之变。）

陆生听，子妻儿妇，皆小疴也，汝欲如何？

一则可先谁乎？子妇乃气郁血横故耳，法当大吐取血，乃能活，但恐警

---

① 《陈希夷赠金励君睡诗》："常人无所重，惟睡乃为重。举世皆为息，魂离神不动。觉来无所知，贪求心愈浓。堪笑尘中人，不知梦是梦。至人本无梦，其梦本游仙。真人本无睡，睡则浮云烟。炉里近为药，壶中别有天。欲知睡梦里，人间第一玄。"张三丰《蛰龙法跋》："或言希夷先生别有睡诀传世，其所传皆伪书也。《随》之《象词》曰：君子以向晦入宴息。夫不曰向晦宴息，而曰入宴息者，其妙处正在入字，入即睡法也。以神入气穴，坐卧皆有睡功，又何必高枕石头眠哉？读三十二字，盖使人豁然大悟。吕翁表而出之，其慈悲之心，即纠谬之心也。张全一跋，时寓终南山。"黄元吉《乐育堂语录》云："入定之时，忽然神与气交，直到真空地位，不觉睡着，鼻息齁齁，一惊而醒，此即是天地之根，人物之祖。"海印子《天乐集》引汪东亭云："心息相依，一到睡着，亦是自然而然入于无人无我、忘物忘形的景境。《庄子》云：'逍遥于无何有之乡'是也。务要明白只要是心息相依睡着，一到睡熟之时，则心息亦自然相依也。切不可有心去安排，所谓'顺自然，非听自然'也。若有心去安排，即不是'顺自然'之旨也。不论时刻，如有空闲，便去下功。"

② 华青囊，疑指华佗。华佗（145—220），东汉沛国谯（今亳州市）人。字元化，东汉末著名医学家，被后人称为"医圣"。相传曾撰《青囊经》（《青囊书》）。华佗被曹操妄害，故下文提及"遇难之事"。

众耳。且气血两损，不宜即下手也，可于七日后，公孙即与汝。

赵子药，待吾取透经藤来，方药可成，子无拘我日，我来，则陆、姚二生皆神通矣，是其验也。

二十七日，法祖遣使来说：公孙采药未回，一二日可到。

二十九日，宅神来言：有仙送方先回，方在此：天麻、白面、白术、白茯苓、黄芪、黄芩、半夏、陈皮、羌活、甘草。仙以白术、天麻为君，二陈为佐，二黄少之。白面在中，只用野菊七蕊为引，热服。

神去，予辈复以符禀问法祖。法祖忽降言：何得弄，何易易也？予因问：身中合，马、方二说，何先？师言：始用马〇，或七或三，中间参用（方），如液不新，美不降也。（顶批：见汞。）

二月廿五日，华恩师降，言：几五日矣，似未可与也。（初旬，公孙仙连书“五日”者五）蛤蚧品下用之，亦妙。（前十八日公孙降，命买蛤蚧厚而明润者。）可将银板一片，微用紫桑火炙之，以待此物干，即碾作末，以和丹药。十七一更，二符我来。

二十七日，夜入鼓，有仙降言：师约在此刻，上帝颁差治陈廉之母。命予践约，予段休章也。予问陈廉，乃江西吉安府田家村人，此人孝行通天，非一言可尽。前蛤末入地尺余，以彻火性。

二十九日，昏刻，段复报，昨为子故，亲去探师。予云：辍暇与赵子何如？师云：帝命俟伊瘳，复命可见也。

三月初三日。段报，师已回，方趋复命，准在明面分付，予来可觅静隙地，所得罄长言。有门有户，闭之不通，此处非三更不可。

初四日，夜二鼓，师来赐药，于炉下长谈，移刻，药以竹箬裹之，中有蛇胶、龙米、土龙，共八味为末。蛇胶者，蛇所交之漦也；龙米者，龙初起时所嘘之气触物而结；土龙者，深山老蚯蚓也。余味不言。师命以酒服之。澡后觉汗，粘而臭，乃骨髓中拔出风毒也。调理或三或七，慎勿见风，后再有丸另赐。

陈廉，江西道人也。无所闻道，只一味真实。其母破瘤疾，一日思鱼，廉买鱼途中，为蛇所伤，廉不回，直买鱼至家门而毒作，仆蹶于地。师举此一端，以见真实孝心。因言：一真可贯金石，意及予辈学道，要办真心，以缘未至而止焉不修，是未知买鱼而能愈母也。

学道何防[①]彻骨贫，乃贫啬之义，谓于一切世味，损之又损，非贫乏其身之谓也。三人置鼎，用可千金。

学道课程要宽缓，但此心常系于道，不可令有间断。

话多则损气，紬绎义理则损神。

凡物春生夏长、秋苗冬实，自有时度。缘未至，圣师不能提挈。

十一日，暮夜，法祖降：子渎我番番，恐非弟子事师之礼。吾有数字与汝，一次一令符使可也。

今觉何如？已抽大根矣，慎之！（答赵生。）

非靳请似庆日耳，新月阳日，予同群公来，子谨请以完一帖。（予请书寿册。）

十三日，暮。段仙来，言师侍孟掌教筵不得来，汝疾已抽除太半。土已见，则能生金，金能制木，木不能生火风矣，庆也，但未能全如法行耳。汝若惮丸药常服，祈师留仍前散一尽除之。（语赵。）

十四，月明。华师与予辈语于南城学前，言欲授予剖劈之术，词甚委悉，言今日之游不亦乐乎！师生相与，贵有诚信，术可得授，见亦可得常也。予问："师能身外有身乎？"曰："当时则不能，然皆夙有仙种，故权托世以度人，世乱则异人出。所谓异人，皆仙种也。"予问当时遇难之事，曰："吾世缘已尽，正欲假此归去。凡物业尽尚求自尽，况于人乎！"

十九日。灯下请师，符使降言：

予使神也，赍符至华师府，封闭不通。问行次，皆云：师弟去二日矣，不知何往也。（问师府何处？）在云南清溪临海洞府。（再探）有消息了，明日准回，盖封三日限也。

二十日。灯下，华师至。赐丸药于南城，名"天圣丸"，其药自手中出，以手掬授予手中，三次约三合，以清茶照岁数服之。将毕，再与前末药汗之。

二十八日，申刻。二女有鬼祟之扰，拜禀法祖，降：子求请，疾为邪穴，邪为疾奴，相依为奸，亦名两感。必先邪而后疾也，子自治，不得渎予。

许子行符，（予让姚子。）答："姚生性不真。"

其夜治，大著奇勋，斩一邪，碎二邪。（明夕复碎一邪。）

① "防"字，疑误，当作"妨"字。

四月初三日，新月阳日也。更余，法祖降，书：性师华丈偕予三丈在此。（性师，悟寐禅师也。）

其说深抵夜分，取笔了汝尘业。（师书“方壶外史，员峤道人，吕公书记”。）

令汝等先参禅，不得令人知也，可入禅座。

性师与予先论“知觉”二字，言：知在外，觉在内，觉即性之灵觉，口不能言，而心自知之。因以指爪予腕，言：“痛否是汝自觉，至其所以痛，则口不能状。性贵见，不贵知。知在外，口头禅也。”

“佛经诸藏与人言性，皆不得已，欲人缘此求进，自性自见，直是一毫文字立不得，如痛然，口不能状也。见性之人，一了百当，然就中亦有品级，所以分为果位，如江河淮海、溪涧沼沚，同是一水，但大小异耳。见性工夫，只是炼去气质熏习，如儒家克己而礼自复，非是将个礼来克己也。”

予言：“如磨镜然，垢去明见。”曰：“然。丛林炼魔之辈，不过假此，一见光景，旋已失却，或一出即涉魔境，终非实际。”予谓：“郁养强熟，终非自然。”曰：“然。”

“慧光是性之用，见性者不在慧光。生如已燃之烛，虽能普照一室，未免有烬有焰，置诸盒中，容有不照之处，不若未燃之烛，光明不露，体用互融也。”予因悟：“混沌之先，乃喜怒哀乐未发之时，乃先天也，无极也。（顶批：即所谓“不思善，不思恶时，是汝本来面目。”）若慧光已发，则属后天。师前言‘守约真诀，先学婴儿’，如此见性，是否？”曰：“然。觉是本然之性，识是气质之性。觉则无拣择取舍，只如闻香闻臭；识则便生爱憎，如喜香恶臭也。”

予师别后，四更时，始悟性命一原，师之教是性即是命也。《老子》曰：“复归于朴，复归于无极，复归于婴儿。”（顶批：“复归”二字，是自惺惺伶俐中返来。非谓本无所觉，而徒混沌不分也。见性之人，如已磨之镜，但韬光不露耳。）如此了性，即命亦在是，乃作二语：“复归无极见真宗，了命实关于性地。”（予因思，世间亦有一等混混沌沌之人，如未开之镜者，岂可谓之见性？但资之近耳。见性之人，自尔定慧双美，体用互融也。）

于时华师续言医理。“夫医有望、闻、问、切，今之诊脉乃切也，不知人之禀气厚薄不同，脉之至数亦异。今也，不能熟察其人，一旦骤而诊之，欲求应病，不亦难乎？故医以望为神、闻为圣、问为工、切为妙，然此四字，望中亦有闻，中亦有问、切，亦有神圣之道。子不能授，即以工巧言之。凡人五脏之气，皆发于面，如面黄，脾家病也；黄而带白，则为泄气，土生金也；带赤，则受母气；青气，则土受木克而死；黑气，犹为受制之气。故法补脾制金，推此可以类知。用药只看何脏受病、何药引经，以引为主，旁加正治数味。如心经受病，以麦门冬引之，旁加生血、活血之药。其最妙者，剖劈之法，正病用药，客病用剖，剖劈有法，如胸如腹，皆可剖也。"予问："不伤气否？"曰："世人下手便伤，他日吾治与看。"予问："何谓客病？"师曰："如正病久，真气虚而邪气入，自生客病，如劳虫、如痞块，药不能攻，必须剖去，而后正病可治。吾《青囊书》所言只数条，不多，使其烦多，何以缝之领中。"因言赵子尚在坎数，且留一分，令其知惧而谨疾，昔文王羑里，圣人知坎数之不可逃，故安受七年，然后求出。此言只可语子，吾前支调，正为是也。言讫而别。

法祖书：二丈已剖，藩篱未识，子等能悟否？

孟师过荆扬，予往赴前松山一迎，不得话矣。

符使言：恐有别计，不得归，命予来说。

华师八月十五日生。前马师，曰"太素真人"。

四月初六日，灯下，公孙渊仙丈至，言师后日来，因取册，书"太上丹支，公孙渊书于道长仙舍"数字。又执予掌书"面肿气虚，皮枯血少"，赵掌书尽之矣。

初八日，候师不至，有仙言：师约后日来，君等尚不解圯桥之约邪？

初十日。候师。周立阳先生，同公孙仙丈至，言：不晤久矣，别来万状，恐不能百语陈也。太真近始得复旧，下手亦有期。予语太真及诸子等，故来。来，是念也。予再三日俟姚生解触面。（立阳先生。）

前与君等说二语，非指君等。言大约如此二语，尽"气血"两字，望闻中二大柱也，勿作易视。子等洁念求吾师，拜后方尽传耳。（公孙大仙丈。）

十三日，灯下。华师降入禅座中，言甚悉。首言："予辈意亦诚，但须禀命于法祖，而后可授。"因言诸疾之难已者，惟风为甚。痨风之来也，由皮毛而肉，由肉而筋，由筋而骨，由骨而至于髓中，已安其根，复自髓而骨、而筋、而肉，以达于皮毛。伐其枝叶，则本根在中，当春复发。欲拔其根，则人命倾矣。故此疾，圣手皆不能已。一法治面有游风者，萝葡[①]白色者与藕，皆碎捣，以豆腐匀之，夜间涂其面，葡多于二品，肉中红络自散，名“三白膏”。亦可干葡、藕二品，不时济人。涂面时，先擦去面油，以手心温膏，毋使大寒滞血也。

望色者，有形色、有神色、有病色。形色者，谓人原禀赤黑黄白之色；神色，谓一时所感，如怒发则青、火动则赤，一时之变，不可为常。

坎数不可逃者，如日中当食，先时而食之，日中之饥，终不可疗。凡事须密，得一佳梦，亦不可语人，况道法乎？（否则诸仙丈以不谨弃之。）

十四日，法祖圣诞，拜庆后，禀前事如华命。有神即降言：“我行神也，吕仙师命来付三生知：今日定拜庆，师方与大都仙会饮，不得降也。禀者，我即走报。”顷之复云：“师云，得之亦利，道门无碍也。”遂行。

十五日。灯下，报：“师来，见二子各有气横上，臆非可授道，去矣。再授无事，术非一日可尽也。”（符神。）

七月十七日。太真先生寄方与赵，云：去钱堡百七八十里。师易姓曰“吴怀庆”。

清风藤，当归，白僵蚕，蝉蜕，蛇床子，苦参，生地，防风，玄参，用酒七八斤煮服，藤易致酸。

（顶批：大风，上，去油者三，以水浸。白芷，下。蛤蚧，酥炙，中。当归，去须而用，□尾，上。白僵蚕，去尾，中。蝉蜕，去后足，中。生地，火淫浸，上。玄参，上中。苦参，中上，火淫浸。二物用太阳初火照之。防风，中。蛇床，中。陈皮，中。清风藤，中上。□□汁，□米□。再加金毛狗迹。米饮，服卅丸。）

八月廿六。夜半，荆心疾剧，恳法祖。有方名“二皮引”：青皮，陈皮，山栀（炒），甘草，四品足矣，山桅为君。（此方鬼传，非法祖也。）

九月十五日。灯下。有僧降书，言：予适感念应身，予何名？性理成。性在西方，西方何西方，只缘不担当我也。

予问梦境，答：汝问却在地狱中讨清白。汝等内出知臆，众前来启问。佛法本空，子又空处着脚，如东海中宫坐的，他从何处至此？我试问汝等，

① 萝葡，萝卜。

学道人有前程，何为浅深高下？子所说，故乃云：人性有照无情，是个自然死，佛说他怎么。此段说话，万众会上人人晓的，正如海中何以着脚。至此儒人进道，自有次第，不得躐等。坐论圣人，终为虚花，如点徒言蕴，须合内藏，开口则是，闭口则非，何圣者云？汝等类是。再譬之，观花果实圆成，打何时？何以到此？是我击汝几下，有众见性、有众明性、有众行性、有众无性。次品，何以子返照，说来勿口头对。造佛迳阶，尚尔茫茫，汝虚照四等，皆汝所未。明性不如见性，见性不如行性，行性不如无性。见、明二品，子所喻，行无二品未也。行性者，吾无心，中有觉，时时在是，白日在是，夜梦在是，即儒“依仁”是也。无性者，万缘不起，如灰自扬，乃成空到。行性还有我去挑他，无性则无我矣。子所步乃说性，又是借光照路，斯又下矣。说不得，俟各人静思反照，即锁可匙也。各人出知，如人出锁，我看门用匙也。（吾答云云。）

壮哉志也！子不是出力挑水，万缘如何去？可谓竟成者矣。

子且掷下，我问汝，仙佛那精[①]，仙有几件，言仙便言修仙，修仙便在身中做起。身中紧要何物？（我言：神。）又走佛迳。仙佛一个，弓弦、弓背不同。性是同，性的修养，二家不同。佛者，养性不修，功夫极难；仙者，修性不养，功夫稍易。再掷修养，试问身中紧要，如子言是神气精，神气精是论分量，不是论紧要。先天自然本是神、炁、精，后天作用却是精、气、神。子再即物喻来，我语子，譬生化焉，男与女交，先神摇则炁化，气动则精流，是神为气主、气为精源，不知成孕则全在精不在气，况神乎？故修仙人重精也，故曰“精气神”。精气神又有妙解，子等沉听：精气神，神为主人，气为作用，精为事功。神在精，则为神孕精中；神在气，则为神运气妙，三品相依，其流不断，此又合言也。

十八日。法祖判：人谋天成，黄梅饭熟，清醪饮渴，当无湎乎！

十月廿日。仙人黄子谷论赵侄疟：

补之则助邪，截之则伤神，是以无处下手也。正气消铄，邪不入不可得也。药用先去邪，然后徐补之。以参、术为本宗，以归身为辅相，以白茯、陈皮为走使，以川芎、柴胡为媒合，以火草为舟揖，以炙甘草为引正，以不

① 仙佛那精，原文如此。

来香为荡涤。火草七，不来香七，先候而服之，再用木桶以升麻成汤，不得用冷，令坐，以汤浸膝，三理时换热汤，身以重裘，不得透风，过时者二，俟其倦而寝之。药水煎只可半盏。火草，灯草也；不来香，扫落絮也。

十一月二十日。予辈各以岁晚务闲，叩师请教，向夕，法祖降箕：三生近状何如？精意不差，神采各别，何哉？子色忧毙，金色愁怖，赵稍进之矣。子等志意若何？北上之行，近于无事。家居无为，不若北行，稍近（言赵。），勿也，子宜便宜行事。内炼无功，外炉灰冷，不若便宜行事，子如今怎么得脱手？离家不得入俗，入俗不得下手。子亦不曾细寻身藏，向者教汝弃毁冠绅，以地元出命冀[①]子，今不得积力大为，又欲苟且求静，子冠绅弃而不弃。言子当内景知经后，还当尽俗缘，不得且行且止也。俗儿言子身落道途，便行计程，考课不知，功不成片，何异不修？见子无验，便生路议，是子招之也。子等不能保护元阳，虽然少守，是以五十笑百也。姚子独此有优，难道不是力气？（师复面书此。）谨志勿惊，三日后再用烧此。

廿三日，向夕。师降书，明卜善地，悉寄所怀，夙莫无计也。

二十四日，巳刻。面师于拱极台，师咏："鹤楼应有约，铁笛更无声。"命予辈席地而坐，言多不能悉记，姑述其概。

师言：自与三生相与，诸真侧目而视，不见长进，奈何？大抵吾辈相与，实系爱缘，至于仙缘未熟，神仙不能促也。陆生有不了者三：老鼎在堂，遗君未妥，法财未聚；赵生有不了者四：上下未了，姬妾之爱未能遽割，法财虽具而动多掣肘。吾谓陆生便宜行事者，力既未周，则宜行所有事，不宜假借于人。夫市沽满前而宾不享，问何以故？物自外来，非己出也。况当今之人，为性命者绝少，若以此道而售于人，又大非矣。师言：此地颇可长语，有疑则问，吾为剖之。

予问："人元沐浴之诀，吾师以惺惺为沐浴，得无似于加火乎？"曰："惺惺者，刷振精神之意，乃以神用，而不以息用也。夫人身中，惟橐籥之火最为利害。橐籥者，乃真息也。吾以神用而不以息用，何谓加火乎？要知神火，如太阳照耀，乃阳火也。橐籥之火，自形中出，乃阴火也。当其刑德临门之时，吾惟温温自如，勿行长短，则沐浴之妙在是矣。"（顶批：此要紧

① 冀，底本似此字，存疑。

处，师命予以笔记。）予问："鸡兔之月，还攒簇于一日之中耶？"师曰："不然，若在一日之中，则虽准以漏水、报以符刻，而毫发之差所不免矣。故兔鸡之月者，以月用，非以日用也。"

师问："炼己之功，何所证验而可以临炉？"予答以"精满不思欲，气满不思食，神满不思睡"。师曰："如是难哉！夫精气神，皆帅于志者也，志果精确，则亦可以忘欲、忘食而忘睡，以是为验，未足征也。要知当以髓实为期，髓实方可下手。髓实于'寒暑'二字上见得，耐得寒暑，非避寒暑也。此在人自觉，一毫欺瞒不得。"（师言：寒暑是自己寒暑，谓寒不能侵，暑不能涉，如婴儿然，方云"髓实"。）

予问地元："吾师以分毫不拆为上鼎，方其传子之时，有躯壳不动，而其中暗拆者何？"师曰："此神不足也。神足则以神传神而不拆，神不足则气泄，而所损多矣。夫初胎之妇，其生如达而脂腻不腿[①]，神足故也。若数产之妇，则不然矣。"予问："神既不足，吾以四抱一，可乎？"师言："父母精血充足，则生子必壮实而硕大，未闻欲子之壮实，而求补助于他人者也。气不可杂，类不可多，一阴一阳，道在是矣。神不足者，铢两不足也，火候不调也。"

赵问：巽风吹坎。师曰："巽风者，以外而言，鼻息是也。若徒泥于鼻息，是谓'履枝'。要知其中自有妙用，夫江湖之行重筏者，呼呼之声何所用也？同声之相应者，欲其同力之相济也。然则巽风之鼓，殆亦以气感气，使之同心协力，有以得其絪缊交密之情耳。

问："然则用橐籥否？"曰："用之，殆不必泥也。"

"此道亦甚易举，临炉无畏其难。凡今人之所以举而必败者，顽途惧熟也，况又有主人以驱之，谓主人情炽而荡。今则以无情感有情，欲火不生，途道阻塞，尚何偾事之足忧乎？途道阻塞者，谓精满则关窍紧密。"师又谓："妓女不育者，入顽途也；室女字人，不数月而孕，非顽途也。今人欲试鼎以补后天，不知适入顽途，无乃不可乎！"（又引儒书："未有学养子而后嫁者也。"）

予问："一时半刻之功，恐有虚花，何所证验？"师曰："诚惧之当，但

① 腿，疑为"褪"字。其生如达，语出《诗经·大雅·生民》："诞弥厥月，先生如达。"达，音 tà，羊胎、小羊之称。《毛诗传笺通释》："人之初生，皆裂胞而出，骤失所依，故坠地即啼。惟养连胞而下，其产独易。故诗以'如达'为比。"

恐鼎中无药，或采之非时。夫市沽之酒，饮之尚可致醉，况醇醪乎！因思‘得之似醉’一语[①]，崔公不我欺也。”

师言：“吾辈离俗，尚涉意兴，夫此俗缘世谛，未抛勿抛，既抛勿顾，不得意兴也。”顾陆生曰：“子心中诚有不快，但小魔尚不能堪，他日轮刀对斧，一笑而领，方见手段。”

师言：“凡与人论道，少有回曲，则为欺道，欺道则为欺师；少有明直，则为卖道，卖道则为卖师。不若混沌无辨，方为妙耳。”

是日，师为予辈邀含玄柳师论青乌一段：言案山如带，又如人之两手，高不过顶，若高则反见凌逼，如矮人对长人语。又宾主远顾则有情，近则宾视主人，反使主人无味。论水来要易，不要冲去。要难不要结。（二师别，移二晷矣。）

十二月初五日，入夕。法祖箕降，论姚生襄事。金生脱略，若举甚重，无失礼落罪也。盖此举入条，尸神谢口，原人善恶，籍籍有条，一有不到，尸箓不孝故也。尸，本身三尸，三生勉之，一生罪，三生堕落也。凡所心语，再晤再晤。

初六日，入夕。含玄柳师降，予计面语，地少静，姑箕识之。（论地）一毫千里，岂得将就，姑可借居，后即真耳。此地此穴，可三生面点之。此葬父母，仙箓大件，不得苟且，可珍为之。今年诚利，但速则周章耳。（问丧事。）礼可杀而义不可废，诚又不必言矣。如有愆亡，又不如姑待为愈。（问修斋。）此又不可少者，于神人二处，不得两议。所谓幽明两协也，亦宜净修。金又于人事相妨，此当条列不乱。此又要二子夹维之速，诚速，但不可因速而草草耳，与其万乙不到，不如守之待时。

十一日。荆疾剧，有仙送方：天雨灰一个（门枢中灰），大山栀（姜醋姜炙），再用桔梗为道足矣。火以风路嘘之，偏气驱，则火自起。

十三日。面含师于拱极台，论风律[②]，言葬后有阳宅者，名曰“画下回春”，亦利阳宅。盖阳不得阴则不生，阴不得阳则不暖。（下穴之时，要人心安，人心安则天心安，天心安则地心宁矣。地下的有监临部主，无德以

① 语见《入药镜》，崔希范著。

② 风律者，即今人所谓风水。阴阳者，阳谓阳宅，阴谓坟墓。得穴之“穴”字，疑是“气”字之误，但“穴”字亦可用。

称之，彼不依也。辟如量小而饮醇酎，峨冠博带而体不庄，徒增一番傀儡耳。）葬法一棺，则以一线居一棺之中，两棺则以中线居两棺之中，然又当占阴一线，盖阴不足而阳有余也。（如一棺则占左一线，两棺则左占右一线。）

眠弓案两头起者，为有生气，若偏欹则无用矣。一案三美，谓外而弓案弯圆，内而本案亦然，则中之水案不言而美可知矣。裁成琢削者，未免泄气，非美也。（凡伏尸，乃地之死气，乘人之生气而为害，如刚暴则能致讼，柔弱则沦澌已尽矣。书有《青囊穿地锦》《白虎玉髓经》。）

二十日，入夕。法祖命素野仙兄从容对语，因浼之请含师，师遣玉童报之，与论风律甚悉。赵问：水冲城脚。云：曲而来者曰"冲"，直而来者曰"射"。源头远远而来，之玄盘曲[①]而聚于明堂者，曰"水聚天心"。水之聚，不宜死，须要塘大而圆，使水有旋转，方为合妙。水死则子孙愚钝，流有波纹，文章之象也。前案有狮象形者，冲射则兽走。瓶形而左右斜射者，名曰"插花"，反为合局。凡有案，须看靠山，如人之椅，靠山不在本身，本身后有宅舍，只如人着绵絮耳。

兄言：予名"玉炉"，因为结信[illegible]。

二十二日，未刻。含师亲为点穴，时玉兄先至。

二十七日。面含师于拱极台，再论风律。言：葬只贵得地、得穴。年时之利，不重生者，专以生者为言，则生者谢世之后，而此地不相关矣。（项批：利方三十六步之外，左右其随所之。）方向亦不重死者，专以死者为言，则如酉生之亡，终无丙向矣。此去本根而论枝叶也。（选择尽合，固为全美，一或不然，宁舍善地乎！）

赵问"迎水"。曰：迎水有抹裙、掀裙之异，抹裙谓少避也。

葬棺丁样者不妙，北方四方齐头者佳，何故？丁样者，合其前则后开，合其后则前不合，向后开者，多使子孙、夫妇、兄弟不相得也。葬法阴阳饶减，具论如前，阳占阴时，仍令先阴一步。自阴论之，则青龙前导；自阳论之，则白虎低随，故为两利。

予问："一阳二阴如何？"曰：阳居其中，亦令居先一步，但贵所生者得

---

① 之玄盘曲，指水道曲折弯转，形如"之"字、"玄"字之状。

穴耳。无出者，彼自先绝，得气何用？祸福有门，不可敲动。祸者主入，福者主出，如人有隐祸于此，一被说破，则官司口舌立至矣。有人言某市好酒，人便争而饮之；有金在某处，人便争而攫之矣，所以贵密也。”

二十八日，灯下。予方记事，忽法祖阖门而至，入予座，命呼赵生于沈氏，从容谓予辈之志不坚，故行不立。然子之志道，不若吾眷子之志笃也。予因谢之。因问：“身中造化，觉有苏散处，何也？”曰：“关节不紧，故气散漫也。若关节紧，则如铜墙铁壁，彼止有一线之路可行，子之气不可谓之非水，但有土沫耳，谓杂于后天也。”师候赵，不来而去。

《法藏》第一卷终（通计五十六叶）

方壶公修真墨迹《三藏真诠》下卷

十六世孙元沼　装订

法藏第二卷

清虚洞天侍者陆西星　谨录

隆庆二年，岁在戊辰，正月初五日。面玉炉仙兄于拱极台。

论“水冲城脚”：所谓城者，谓地形势天成，中有穴可寻，然后可以言城。若地散漫而不成形势，则非城矣。

论“迎水”：此地土不胜水，迎水而葬者，十败八九。水远远望穴而来者，谓之“走迎”“远迎”；湾湾抱穴而流者，谓之“坐迎”“正迎”。走迎、远迎，有似有情而实无情者，盖源头之来，其始贵疾，及其望穴而来，则又宜缓，譬如宾之投主，方其发足之时，急趋数步，此其情急于见主也；及其远远望见主人，又宜缓步徐行，方为有情。若行之太疾，则是远奔他人矣。迎水之妙，有如此者。

予问：迎水有掀裙（顶批：掀裙，前面应速，后面少缓。）、抹裙之异。曰：“掀裙则凶，抹裙则吉。然又有掀阴、掀阳之异，掀阴则女奔，掀阳则男淫。掀阴者，水自青龙而远，于右迎而向左，则水掀裙而过，少避而向右，则水抹裙而过。掀阳者，水自西来也。祖茔居西而别茔于东北者，谓之“白虎射脑”，其凶立至，盖白虎乃一气也[①]。若异姓则不妨。（此地水不足贵，绝无而仅有者，斯可贵也。如南人喜山肴、北人重海错。走迎不若坐迎，然相近而逼视，又不若远望而有情。）

前月廿八日，新春日，将夕。予与姚兄治拱极台，予方在楼上，姚在楼下。见有一女子，年可十三四，叩西门而进，手持一盒，中有物，青白如匐又如旦，过楼下东行至门，时门方闭，女置盒于地。姚启门而出之，谓予曰：“若时而有若人者乎？”予辈初不之异也。玉兄言：“此为法祖行试，盒中桃也，盖法祖化现耳。”予为蘧然。（后法祖亦与予辈言，试不过。）

初八日。玉炉兄面于拱极楼，顷之，柳含玄师降，论龙虎是理，非实象也。龙虎俱要驯伏，譬人之臂，顺而向内，则为驯而有情，向外则反是，高则为昂首。

予谓：龙虎只是论阴阳左右。曰：“然！吉凶者，阴阳舒惨之气也。向内而昂者，不若向外。龙昂差可，虎昂祸速。”

赵问沙。曰：“沙是形，龙虎是理；沙是死的，龙虎是活的。此地乃胶泥合土，不可论沙，沙非田，亦非滩。”

十一日，法祖降于拱极楼，约十五日，早会于此，偕华师来。

十三日。面玉炉仙兄于八里铺之村舍，进酒。

予问：“仙家有酒，谁造之乎？”兄曰：“吾从容与话家常。仙家之酒，自有打供，其酒百谷皆可造也，如麦米亦可造酒，葡萄枝元之鲜者亦可酒也。”予问：“何人打供？”曰：“有性灵者，有物灵者。性灵者，灵鬼也；物灵者，如海中龙神之类。神仙自有品级，品级之高者，诸灵为之打供。无供者，皆能自造，其法亦用水火，但和气自酿，不似世人但用曲孽[②]。”予问：“神仙日月，与世同乎？”曰：“焉能异乎！”予问：“洞中方七日，世上已千年。何说？”曰：“此诗但言仙境闲适，一日已胜千年，君当著此论，以破世疑。”予谓：“人有归不见妻孥，惟见子孙者，何说？”曰：“皆好事者谬论

① 一气者，谓同一血统关系。

② 孽，通“蘖”。

也。”予问：“烂柯之事[①]，一局方终不久而能之乎？”曰：“仙家洞天，皆阳明气盛，朽树枯茎，见阳而化，又何疑焉！”曰：“丹丘昼夜明彻，信乎？”曰：“丹丘者，神仙之都会也。诸真各有性光、身光，彼此照映，数百步外，常如明昼。诸洞天中，日月皆与世同，但阳明气盛，故厉风雨雪皆不能至。非无风雪，风雪乃阴气也，阴见阳明，自然消化，原自无而生，有复自有以还无。洞中灝烝，非神仙法力所致，一自然耳。”予问：“神仙夜睡乎？”曰：“有时打和性灵，如今打坐之意，非若世人之睡也。盖世人之睡，乃睡来寻人；神仙之睡，则以人寻睡。神仙作用与人不殊，亦以玩世为乐。”予问：“仙亦周游四天下乎？”曰：“四天虽能周游，终是留连故旧，如公等三人非不能广交四海，但三人终是气味相投耳。”予问：“佛曰，佛不打应。仙则打应，神仙与世未能相忘。佛无情也，今人呼佛，佛则不应，神为应之。曰神护法乎？”曰：“天下神皆护法，未可着定何神。”此时兄在道中徒行而语，登小舟，至赵茔宅，曰：“君可远避，恐土神迎接。”吾欲问之，因言：“蒯墩地主，彼既为将，其鬼必神，登岸各便。”兄自诣墩所，顷之回，谓予曰：“汝谓此无神乎？适墩主相迓，祝仙师无败某地。”因言：此地下尚有千金殉葬。因问予，何知其有宝乎？观其土皮细腻，如有壳然，知有宝也。

论水：官河之水，虽可迎取，然彼乃公水，不若私水之情专。水之分支，亦依地势，各指示之。赵茔作月池引水，玄武西注而南，使人月相对。月池如三庚之月，过宫而止。东形削弱，可培。

问：“掀裙水，主男女多淫，人家男女不尽然者，何故？”曰：“此又与命理相符，譬如人家造酒，量大者饮去。”

十五日，卯二刻。法祖偕柳师降书：“谨身苦志”。正月十五日，降识一符，以黄绢囊之，悬于卧榻结信，以每月十六至五月止。因命柳、华二师各请结信，再命予辈：“今日拜柳师，从此当谨弟子之礼，若授之不尽，师决不为，传而不习，责在子等。晚间会柳师。吾不来矣。”

是夕，柳师面于拱极楼，结信，因言赵茔东培其地而作场，取青龙震动之意，但不可取东土培东地。

---

① 〔南朝·梁〕任昉《述异记》：“信安郡石室山，晋时王质伐木至，见童子数人棋而歌，质因听之。童子以一物与质，如枣核，质含之而不觉饥。俄顷，童子谓曰：‘何不去？’质起视，斧柯尽烂。既归，无复时人。”

十九日。面玉炉仙兄于拱极楼，言房田事。（此后契阔月余，谓以观场，致咎。）

二月二十七日，午刻。玉炉仙兄箕降，言：太师钟离三月十五降。忽天目掌教孟祖至，面约太阳日酌水献花，面于楼，别有所授。太阳日，九日也。

三月初九日，巳三刻。孟老太师降。先日出时，予辈恭伺于楼，忽玉炉兄至，言：前者为太师携去，侍班三日，今尚未放回，适所发牌，乃巳三刻。至期，兄又至，命扫除四壁，设蒲团。俄而太师降，予辈拜，列跪左右。太师言甚多，大意责予辈，而兼责群真。时群真侍旁，太师命予辈分拜之。太师称法祖为纯真，而称群真为诸侣。尊严之下，词多不能悉记，姑记数语，乃太师反覆为予解说者。

吾闻基仙以缘，升仙以德，绛宫不净，神不成享，裳衣不洁，花香不飞。招鹤以薰，饵龙以珠，意谓必斋明盛服，然后可以上接仙真，非可如是苟简也。因问予辈何所祈请，予言："弟子辈愚昧无知，偶以因缘遭际，得遇法师吕公，拳拳接引，大道之要，略见一斑，但以功行浅薄，切惟医可济世，而堪舆之学，利益存亡，予辈素所慕向，过蒙华、柳二师，许以相授，倘可因以积行，缘此超入法门，惟吾太祖师垂慈宽宥，俯受祈请。"（言讫叩首）太师左右顾，命二师令各尽其术，但贵于精。因为结信，且令诸真各观结信，凡有仙会，酌水献花，斋戒明洁，信宿默祷，随意召仙，信尽再请。予请堪舆之学，非一会可了，复结五信，命召玉炉云。

三月十五日。用孟太师信召请，钟、吕、华、柳四仙师俱至，予辈再稽首，命予辈跏趺而坐。太师中坐，吕、柳左侍坐，华右侍坐。

太师是日，色甚怡悦，言甚婉切，多不悉记。大意谓予辈请孟太师信，非算[①]，当时何不思之？吾辈各有符信，子持以请吾辈不至，命使报之，此是私会，诸大众未必知也。今用太师召吾辈，在大会中，只得辞而赴召，是子辈为十手十目所指示矣。且持太师命而召我，子辈心必不安，今吾辈不得频会，精神安能翕聚？且太师之信有尽，而子辈之学无穷，如丹道、风律、药饵，非一时一言可悉。多言之，则汝不能记；少言之，则不足以发挥奥妙。子何不虑此耶？此事姑徐图之，缓数日玉炉消息之。

① 非算者，意谓不是好的办法。

二十一日。用孟太师信召玉炉兄，论风律，一客居，二内堂。客居者，谓浅攒；内堂者，谓深葬。客居欲气上升，当历饱春；内堂气欲内蕴，当用冬身。春则气浮，冬则气敛，葬者各乘其气。因言：华师医道与此颇同，闻华师谓予师，言膏药只可用于春夏，春夏气舒，故肤理疏，药味可达，冬则脂膏凝，气缩而药味不得达矣。

论看地。凡看地，于无中求有，虚里讨实，斯足贵矣。处处有穴，则处处皆非。一树之花齐开则无大朵，一园之花齐放则无腴地。外眩者，最能左目。

论望气。凡观旺气，须远望之，又当于日始升时。（顶批：望气在数里之外，若建都之邑，百里之外望也。）有杀气者、有厉气者、有和气者、有祥气者、有福气者，若败若耗，则无气矣。杀气者，上下不一，其气尖劲。厉气者，愤懑而起，如蒸笼初启之状。愤懑者，气之力也；灰杂不明者，气之象也。和气者，团融蕴结，团成一色，其色若黄。祥气者，从上而罩，团如伞盖，纯如金色，乃上下和气，相应如潮汐然，所谓“和气致祥”也。但可暂而不可久。福气者，浑厚浓重，浑然一色。凡气霁明者、上黑暗者，不佳。又有食气者，乃食烟之气。有杂气者，树林之茂密、禽鸟之喧填、屋宇之鲜美、人族之繁众，皆可生气。有秽气者，如此地所积人马牛畜之恶秽，亦能生气。

柳师，八月十一日生。孟太祖，周人。

四月十四日，法祖吕师圣诞也。予辈方供师罢，忽有仙面降。始东向趺坐，命予辈北向趺坐，言叩予衷，因爱此楼颇静，可以长语。去，少刻，复降而坐艮方，命予辈分坐乾巽，促膝而语，多不悉记。因论上乘实悟，乃无所因袭，独契本体，若自见解来者，终涉口耳，且为闻见障心，是又糊上一层，必须彻底脱去可也。（顶批：神僧降。）

因论风律，五星俱有博换互变，如木城直撞，若斜蓄而为员塘，是木变金也。此金如在熔之金，倾出溜头，正有力而可用，故对此塘而扦之，乃取变金，不取正木。若木直冲而为塘，则不可用矣。水之直行者，回头则湾处可扦。

赵问：“明堂见一水之斜流，居官退职。”师言：“如已立祖而居官，是有征应了。若因退职而迁祖，又恐拔断福根，故不可舍已然之征应，而信未然之福泽。若别扦父茔，则决不可用斜水耳。”

赵问："东宫窜过西宫，长房败绝。"（顶批：东宫沙窜西宫，而西宫水却抱东流，此又合妙。）因举某茔案山。师云："如以案山而言，则东弱西强，虎强于龙也。破败则诚有之，绝嗣则是本地有死败之气而致，然未可全责案山也。"

因论此地之水，大抵散漫无情，所以人家多不悠久。明堂之水如金，乃自高阜之地而言，即如砚须有池。如此地四围俱水，不必复开明堂，譬如砚石四围有低凹处，皆可蓄水，则不必凿池可也。

水有缓急，合流则急者居下、缓者居上，夹行则缓急相益。须于风静时，浮以毳毛着何[①]边而行者急也，法当避其急，如长河委曲而下，则狭者不急，宽者必缓。直者必急，委者必缓，法当于缓处而扦之，则刚柔之义得矣，大都在人目力也。

桥梁锁水，乃厌胜之法，有神锁、有形锁、有气锁。神锁者，大木横拖，人行其上，界断流水；形锁者，甃以砖石，隘其中流，使不疾驰；气锁者，支其左右，使水有分泄，牵制盛流。然皆不得已而用之，譬之衣重甲而当射，虽不能伤，非全策也。

风律要识土形、水性，医术要知五行相胜。如今年大风，乃此处阴阳不和，故风隧独开于此边。若阴阳和畅，则风洒洒，四陲皆和风矣。杀风须以雨，故知风从汗散也。土形要黄润、坚实、细滑；水性看有情、无情，此地南方土佳。

予请师姓，终辞而不言，曰："数日后，汝师来言之。"

师言："望气似有似无，以神遇而不以目遇，乃自精熟之后得之。如善医者诊人之脉，其至数虚实，心手相应，口不能言而心独知之，如肾脉虚，沙淋则虚中有实，何以别之？有非口之所能言者，子但于熟中得之耳。

四月廿又四日。面玉兄于拱极楼，论风律。凡论土国木城，俱作横论；山城俱作直论。横者，径南经北，东西而长者，死木也，法当弃之。凡地之受炁，皆自左而转右，左为阳、为刚、为生，右为阴、为柔、为死。凡见冈之中隆而急来者，此阳也、刚也，形之生也。然动极则归阴，故形生则气死，法当避之。而就其转而之右者，乃形死气生之地。葬乘生气，故法当扦。

右气之转，皆自边行，若扦于中，则无气矣。左右俱隆者，法扦于心。

① "何"字，应作"河"字，疑原本抄写时误。

左隆而中平者，气之缓也，法就左而扦其中穴，急中取缓，缓由取急，不可一律论也。（此与《雪心论掌》同，予因悟之。）[①]

土国之受炁也，自前而后，自首而尾，法宜天穴而扦其前；山城之受炁也，自下而上，自足而首，法宜地穴而扦其麓。土国不重祖宗，以其自前而后，为气尽之地，故当留余于子孙；山城重祖宗者，以气发自平麓，故取穴最宜先得之。

木星无枝叶者，死木也。火星较木而尖，傍有尖峰乱插，火之焰也。凡取穴处，看山有招[②]头，天有覆，地有载，真穴也。

有穴而外无护从，则穴宜弃之；有护从而无穴，则山宜弃之。

凡论五行，系以偏胜，非纯性也。偏胜者，从其所胜，如木火相类，长而锐则锐胜[③]，取火城；少锐而多长则长胜，取木城。五行互藏，各无纯性。

一水斜流，自后而前者不妨，如人背后射箭，目所不见，故无惊恐；及至已见，则箭去而不伤己身。若自前来者，主人见之，日[④]有惊恐，况实有冲射之虞乎！

火城，水自后合前，则顺而吉；自前两削而后，则吹动火焰，而反焚其身矣。（土星葬尖，从所生也，亦看前拥后托如何，不然子孙削矣。）

前十四（日）降者，神僧也。名“佛元证”，以有佛在前，故不得称佛，压于所尊故也。

金囚于东。金，坚刚之物，惟火能制之，而以为所生之祖宗，则无能囚制之者，惟逢木而拆缺，是囚于东也，亦柔能制刚之意。废于父母，返于元胎，则化而为炁，归藏不出，非废而何？此二论皆予辈所不能辨者，得兄谕豁然，天人之学，岂凡情所能测哉！

六月二十三日，黄谷师降箕于遵阳宅。

七月初二日。面玉炉兄于拱极楼，言：自杭州大像寺来，闻耿、何二生言仙事，小僧了元笑而不言，方与明姬皆得手矣。

---

① 堪舆书有《雪心赋》一卷，历来都有为之作注解的，因此怀疑“雪心论掌”也是一种研究《雪心赋》的堪舆书。

② 招，或作“抬”字。存疑。

③ 此句疑有脱字。按上下文，似应作“少长而多锐则锐胜”。

④ “日”字，当是“目”字之讹。

生男者为舒气，生女者为囚气，万神唱恭唱奉，以身中言。

予问，风律分形、情、气、法四段。曰：略尽之矣。

七月十一日。面玉兄于拱极楼，与遵阳为寿。兄先奉酒于法祖，既酌酒饮赵，既命予二人酌酒奉赵毕，兄乃饮，以余沥沥身后，因坐勉赵，言甚款洽，大意谓：君今五十，且幸有子，便当自爱重，以膺福履。光流迅速，又十年又十年，则古稀矣；又十年又十年，则耄耋矣；又十年又十年又十年，则全寿矣。人生全寿，何可多得？不自奋厉，二十年以后，铅枯汞少，终就殁灭。非惟君等无处索吾，吾欲索君，将求之黑壤黄泉乎？言至此，盖可怜也。

兄言："饮酒当以双手擎杯，余杯沥于身后，面前乃光明之地，不可以余馂弃前，若身后则不复顾矣。"因命削桃皮而食其肉，因曰："凡物从心起，亦从心坏，此心中红，乃火性也。"因请瓜，曰："不用，此自不洁中来。"

是月十四。夜入鼓，明月满台，金风袭衣，予三子群聚于拱极候玉兄。忽钟离老太师至，登楼问故。赵告辞简而有文，师问："谁教之？"曰："玉兄也。"太师去而玉兄至，因各即席趺坐。兄言："前论形、情、气、法，不如吾四字：性、情、形、体。性，内也；情，外也；形，动也；体，静也。性不可见，因故而见，如土色之明润、草木之蕃鲜，乃已然之故，因之以知土性，此一定之验也。情则如前所论气，然形则活动不常，如山水之回还，星辰之博换，皆在其中。体则一定不移。四者全具，方为尽美。地有有性而无情者，远而望之，或其气已泄而不存，或其气闭结而不达，三者皆可推类而知。"

十五日，寅刻。诸真俱降，赵告，虔请其子小字。"'延龄'，而俟其长也，名曰'大儒'"。（偕来者钟、吕、钱黄谷师、周立阳先生。）

二十九日。面玉炉兄于拱极楼，言：前孟太师与诸真言，此会不可常，使诸子得有所恃而不前，喻如市儿日嬉戏而忘身家之虑，恃乃祖父之积也。若靳之不与，彼将自食其力矣。

真降者，有形、神、气三者之不同。箕，神也；入窍者，气也；可见者，形也。

龙虎如左右手，各随身之所向。

一地自有一局，与邻绝不相干。太岁，土神也，宜静不宜动，取功名反宜向之。（顶批：此与石勒伐燕意同。）若于岁方置产，久之必为所复。（一室有一室之岁方，分为三间，有三室之岁方。）

恶神自禀一方之性，乃阴阳生杀之气。予问："天地好生。"曰："如是则无阴矣。"予问："积善之家，而或葬凶地，其报如何？"曰："大凶必不能免，小凶则薄其报，喻如犯法当刑，主者宁至涕泣而不敢原，但恤其后人而已。若轻典，则可原也，积善之报如此。"

兄前言：偷修乃贼盗之事，非正人所为，若恃其有解，而故用凶星恶煞，如鸟喙狼毒，非不有解，而可嗜之乎！

予问："潘言尺量九星，可得吉穴？"兄言："地之有穴，如木之有节，长短不一，非可度量而得者。一节过一节生，本无定则。审若兹，是取穴者，以手而不以眼矣。"

山家年、月、日、时，以日为主，皆所以辅佐乎穴者。盖气之融结者为穴，方穴之始扦，其炁未免泄漏，必俟培养之久，而后其气始固。所以诸凡取吉者，欲其尽善全美，而无冲败之虞，及其气之既固，则所得者惟气耳，年、月、日、时勿论也。如蒸面然，置物欲其中正，安笼欲其稳当，其要归于得气成食而已，余件皆辅佐也。

诸前达皆葬于功名富贵中，三君所知也。今无功名富贵可葬，而谁俟乎！

兄其日传一糜疮方，用一味陈皮，先以童便浸晒干，次用黄连水浸七次，晒干，次用连翘、防风、白僵蚕水制一次，晒干，止煎陈皮为汤。疮在上，饱后饮之；在下，则空心饮之。

初八日，辰刻。与玉兄约游于西郭外之山子庄，兄舟中与予辈论地理之大格局。先问：如何是虾须水？乃两水自后抱员而前如虾须然，地须有此，方为结局。又须前一水以界之，如虾须挺直，又是死的，外跳是无情的，皆不必看。虾须二水，湾湾前抱，又看阴阳清浊，葬向其阳而清者，如向阳而清，而前案后山峙不相对，又以山案为主。

金鱼荫腮之水，自外而入明堂，左右两分，如鱼之饮水，口入腮出。水自外入明堂，但有屈曲之玄[①]，不谓“冲射”。

何谓“大八字、小八字”？乃山之分脉也，如人形然，化生脑头也，项腹、蜂腰、鹤膝也，两手两足分开，大小八字也。予谓：“乃太极阴阳分合之理。”兄曰：“固是。

山之格局，大率如此。然八字要活，抱员者，活也；散垂者，死也。亦如人然。

既知格局，须识檐球。何谓檐球？檐在外，球在内。檐，屋檐影落之处；球，球门影落之处。趋檐凑球，葬法之缓急也。葬法阳来阴受，阴来阳受。且夫后山巃嵸，高阜如脊而来至本穴，而高者如故，乃阴来也，气刚可避，故趋檐以缓之，此阳来而阴受也；若行至本穴而低垂，此气之缓也，故凑球以迎之，此阴来而阳作也。喻如小儿之吹芦膜，觉管中之气不足，则促其膜而短之。阳中用阴，阴中用阳，知此法者，千变万化皆不外是。如一山隆起，状如覆盂，顶中有凹，急可扦穴，此突中窟，阳中阴也。四平之地，中有土泡，乃吉气凸起，阴中阳也，急宜扦之。要皆不外此檐球之义而引伸之耳。（顶批：仰者为阳，覆者为阴。又与男生而伏，女仰其躯，亦同。盖

① “之玄”之义，前文已注。

男生而伏，阳中寓阴故也。女，效此。）

凡登地，先看死活，然后寻穴。阴阳交者，活也。或有阴而无阳，或有阳而无阴，或两有而不交者，皆死也。地，阴也，静也；水，动也，阳也。阴阳交则活，不交则死，而阴阳自有死活。隐隐隆隆迢递而来，有起有伏，如层波如叠浪者，阴之活也。后无所托，前无所界，其状四分五裂，如偃木如卓面者，阴之死也。或涓涓而流，有之有玄，湾曲而相抱；或汪汪而停，如弓如月，圆满而停蓄；或清而如鉴，或细而成纹，阳之活也。汩汩而去，流而不返，或直或跳，与穴无情，或浊或秽，停而不散，阳之死也。夫过水所以止来龙，龙水无情，是阴阳不交也，相地者何取焉？

大抵造化之理，独阴不生，独阳不成，必交而受气，乃克有济。然造化生成之理，皆以顺受。独葬法、丹法，则以逆受。盖龙见水而止，止则气返，逆而退行，故扦穴以迎之，是谓"逆受"。其气如丹法阴阳之交，地天交泰而逆则成丹也。

有山则论山，无山则论水。欲知过水止来龙，当观木节，木遇节处，脉理便不直行，必逆而旋曲，文理环抱；又观人之臂，其屈曲处，其血必横流，血横流则其骨自止。骨，龙也；血，水也。

有穴定有龙虎相抱如虎口者[①]，有穴如掌心者，有穴如指丫者。无穴，穴卑而龙虎高，又露臂而不可用。（龙不宜逼，又不宜散。）

水贵大停蓄，有泄气处迎之无用，盖气盛而不可留也。当远迎其静，若来多而少去，则可取去之，阔则无用矣。来虽少而有去，则亦可取，何者？谓其派[②]之远也。

论候气。候气当并观二地，其地与我远近相等，无相去悬绝。若悬绝，则远者有气，而近者必无，故法当取其等，并而观之，则有无自见。于有气者，端详而候之，以观其吉凶。天晴太日正中，阳光夺气，不可望也。雨霁后，不可望也；云阴滃，不可望也。上无日光，下无云脚，或晨起而望之，目少眩，则目中又自生气，则收视而少俟之。大抵望气，非一目可尽。谓之

① 虎口者，谓人手大指食指交叉处。

② "派"字，据文意，似当作"脉"字，因为地理家所常言的术语不外星、脉、气、水等之说，未闻有派之说，"派"与"脉（脈）"字相仿，或疑抄写时的笔误。又，派，江河的支流，泛指分支。《说文》："派，别水也。"

候者，侦之察之，非一日也。若死而无气，则不必用心。

兄别后，少选，约至山子墩，论钟乳垂珠穴。钟乳者，谓地形所钟如妇人之乳。珠者，乳头也。妇人性命之根，不在乳头，在垂珠之下，以乳垂下尽处是也。钟乳之墩，法当观其乳之状，其高若何，而覆其盖头正在何处，取以为穴，如屈手指而取穴于掌心然，则得之矣。

真龙如身，干龙如臂，枝龙如手指。佳者身，次者干，再次者枝。

八月十一日。予辈祝含师寿于拱极楼，顷之，候玉兄不至，忽有神降，甚武怒，解所悬剑插腰，绕楼阔步数回，索笔书，密遣问踪，另日再面，复悬剑于梁而去。

九月十五日。归自吴陵，二君①省予，忽钱黄谷仙师面于卧榻中，掀予髯而笑，索笔书："何说何辨，劫当自受。予有密语，月留细说。"掷笔无言而去。

十月二十五日。面黄谷仙师于拱极楼，书：月留乃月尽也，拟初三日，误矣。

师从容就席而语，言："汝难乃劫数之决不可逃者，且喜过了，只宜顺受。"弟子再拜，叙心事，师细细为说：修真之要，只孟子"存心养性"四字已道尽了。存心者，谓将此心藏在这里，常常照管，常明常觉，以此为振刷工夫。养性者，顺其自然。"性"字去了"觉"字，便与"心"不同。养与存不同，有勿忘勿助之义，以此为火候。古来成佛作祖，谁不由此？因论地元之学，别有捷法，虽霸道而不离于正。俟告汝法祖后而再商之。

丹法铅银相和，俟半净而养之，别为银罐，以灰作底，以风厢之火鼓其气，使上升而采之。采法，以铁圈置罐之下，而上以架悬之，去火五寸许，为退火。顷复下而养之，超脱亦在此中。铅半净，则浊者已退，清者尚存，银罐灰底，则铅渗于下，虽底火而无上呕之患。此丹不取传送，但取朝种暮收而已。师留约而去。（顶批：黄谷师丹法。）

十二月十四日。予诞。候玉兄于宅，顷之兄至，为予作赞："知君者君，若何所负？竹底疏云，梅梢清露。是耶非耶？云何归处？"兄即席从容而语，因言："形骸累人。耳目，形骸也，悦于声色而动其心焉，是形骸累人也；口

① 二君，或是姚、赵二人。

鼻，形骸也，悦于臭味而动其心焉，是形骸累人也；闻见，形骸也，以闻见之故而障其心焉，是形骸累人也；贫贱，形骸也，以贫贱之故而困其心焉，是形骸累人也。夫形骸每为吾仇，而吾固以恩报之，何悖哉！知此则凡所以奉吾形骸者，皆当不必物物而求备矣。”此段命予志之。

十七日，午刻。面黄谷师于拱极楼，降书一纸：积行为造池，和美为任火，坚守为持炉，此外丹秘肯[①]也。供此动手。

二十日，午刻。期面法祖，法祖遣素野仙兄降语，前事已得允，兄因期玉兄侍降，而素野笔二纸乃为予赞：“凡人雅好非浊世，缘乃无前意君以。无前意沉浊世缘，多口嚣嚣为君异。人异此身我非身，任将唤作牛马辔。西家有个知音者，镜里温温独自睡。”

已巳年正月初一日，午刻。予与四溟饮罢，忽玉兄面坐于卧榻前，言：“岁历更新，风景如故，予偶过此，砂事置鼎，中自分硫土，汞干硫结，皆赖圣母。设鼎口不固，则汞虽去而硫存真炁，有所附丽。”予问：“不混浊否？”曰：“彼自有清浊。”再相约于元宵之间，极楼相会。

初六日。素野兄自至于楼，以银置剑顶，用偿姚子焚衣之憾，因言：吾辈法财粗具，十一日可以面师，面后随意而举，大率以和召和，其本原在我。今三人之意，尚未和洽，不然是自己之魔先不能遣，而诸魔毕至矣。养鼎之法，用红枣取肉，捶极细，炭末为桶，如竹升之无底者，一桶可足二日，换火取降火时，庶气不偏冷，养之定用三日，冷极方可开鼎，不然汞性要返。母气足则子母分胎，不足则子犹缀乳。上气足则以神相授，分毫不拆，纵折亦有补法。[②]

超脱法，用热灰暖夺，充塞无间，少有空隙，虚自生风，冷则则[③]生湿，一香之后，便可已之，否则灵炁又泄矣。冷极开鼎，是为瓜熟蒂落，不则汞性终返。

初七日，面玉兄于拱极楼，言：养鼎三日后，还须用明火一香，汞干硫坠，积硫两余，却用圣母养之。此硫可抱凡硫，转转干汞不穷。

兄言：“阳宅不可一条如衖衕样，家神要拥护，后无壁者不佳，司命主口

① “肯”字，疑为“旨”字之误。

② 此处“拆”“折”并用，存疑！

③ 疑衍一“则”字。

舌，不可不敬事。前门主财，不可有大缝。大家起房，大率并排者不佳，如葫芦样可也。”

十三日，元宵之夜[①]。面玉兄于拱极楼，是夕长谈移时，秉烛将尽，因得从容再究地元之学。兄言：“金白水清之候，不可用太扇促之，恐致强逼，如人元调鼎未熟而强取之，其气必不和畅。须观其心黑色微淡而中有清白者，乃气之动也。于此时促而取之，譬如靛缸挠动，其中必空而花始泛，中有清白乃中空也，此时金始浮上。”

予问方师“先养后采”之法。曰：“养之多时火小，则后来采取，气来必缓。但见黑花变为糁白而小，此时便可取之。此法至妙，可授中人。”

予问超脱。曰：“此时亦看老嫩，嫩则汞腾，太老则火气入于母中，亦致猖獗。须审无滓无瑕之后，面颇浑厚，便可止之。归静之后，大忌贼风，密糊丹室，不得动手摇袖，往来闲走，俱可生风。大抵人静，则彼亦静，相感之道也。”

予问补母之法。云：“觉母轻少，乃神去也。作池置母其上，用铅作穹窿之形覆于母上，以紫土亦作穹窿之形覆于铅上，养之二香，遂以铅煎之，则母毫厘不损。养硫先以圣硫而抱凡硫，多七日，次五日，少亦不过三日。火须小，凡硫既出，复以圣母养之，其硫与圣硫同功，如硫既抱出子硫，其硫无气，又复以圣母养之。如此转制数次，其硫愈灵，一两可干汞二两。此法亦在世间，但圣母不如耳。”

予问人元脱胎神化之事。曰：“十月气完，婴儿显相，顶门自开。婴儿出窍，便觉身外有身，其神忽惊，惊而入窍，便可养之。时一游戏出入，勿令去远，俟其壮大，方可抛身。”予问：“壮大俟三年九载乎？”曰：“只看工夫何如！”

又问移神换鼎之说。曰：“子处胎中，上下左右，随其所之，皆自然也。人元之事，举之甚易，可急为之。精神攒簇，愈细愈微，其人愈觉濡弱不可担当，或者不知，讥其无功，不知此非酒肉粗暴之气可比也。昔人有修炼得手者，一日入寺，立佛像傍，其佛忽倒，此人急以背撑之，此特寻常一夫之力耳，其人便为所损，卒成怯细而亡。由此观之，得气之后，保护当如婴

① “十三日”，恐是“十五日”之误。

儿，不可暴也。”

人间佳节，神仙俱有庆会，洞府之中器物，皆是人间有形有质之物，有天设地造者，亦有自造者，如此台乃公所，见一至其中，便置玩器。予问：“神仙不食烟火？”曰：“下人间则食之，如洞中则无用烟火。”曰：“止果品乎？”曰：“亦有肴脯之类。”曰：“出自打供乎？”曰：“亦有自制。”“自制不用烟火，焉能成熟？”曰：“神仙家掌心可以熟脯。”曰：“神仙以口干汞，信乎？”曰：“亦能之，但一时戏化耳。”曰：“神仙有身乎？”曰：“有之。今此来者，皆神来耳，身不来也。”曰：“有身何不令人见之？”曰：“子修至七分，则自可见，今进箕而面矣，见之渐也。”

予问：“湖广汪白石、太仓陆之裘仙事信乎？”曰：“皆魔也。但观其言，于理有渗漏处。或示迹显化，或邀其酒食，令之置于山巅水涯，彼将呼众鬼而赛之。此魔乃造化阴气所成，专为小儿之事，不喜人学道。若吾辈则成人之美，此其心术之别也。”予观此一段，大率与《楞严》同旨。

予问：“佛言诸天，信否？”曰：“天虽有数重，焉有许多？但道理无尽，天亦无尽，进得一重道理，是又进一天矣。佛只是真性，悟性则直超矣。”

二十四日。予入炼，夜二鼓，法祖降于本宅。先是，玉兄来谕，予与姚君肃穆以待。

法祖降言：力疾举事，可谓好矣。二乘之说，养而后采者，害事不浅，子等胡不悟之。且炼后而养，其意何居？无非欲使先天真乙之炁养入母腹耳。方其金铅未升之先，停火养之，此时清气虽得所养，而不知浊气亦随所养而住，清气与浊气俱住，是谓理欲混淆、天人交杂，焉成圣体？所以采药之后，养之既久，其体悭松，浊气迸出，其面多变而为青黑者，浊铅之气也。破鼎败炁，为害不浅，法当一乘而取，半香之后，其面已冰，此时养尚未定，急宜微启而观之。如黄则久养，五香或九香尚早；而面青者，急宜加炼，再激其升而取之。如气升已过，未能急采，便当彻而净之，俟其洁白见宝，而后可炼。勿谓其有铢两可积而留之，何者？清浊混淆，留之无用也。且夫金体本重，今为浊气所压，所以愈炼而愈不能升，所谓害事职是故耳。启观之法，已降二乘，五香之后，复启观之，如好则不必再养。（顶批：师意命多置鼎者，正不欲人启观，数鼎中有一鼎合妙，则其余无用矣。启观之法，为一鼎者言，又为初学者言。一恐废时，一欲熟眼。）

予问："启观不无粟乎？"曰："微粟无妨，然既降二乘，终非全鼎矣。"予问："曩者方太真先生之说，弟子未承面谕，未暇深究。今闻师旨，若相矛盾者何？"曰："彼所以教养数香者，正欲汝等认取后乘光景，意谓黑花既淡，此时金气方升，便是程途。然黑花非久养则不可见，所以养之数香者，欲汝认取黑花也。大抵欲作正丹，未可如是苟且。吾必欲汝百金方可办事者，盖以造化之妙，必须天人和气交应而成，非一鼎可得也。"师言："吾授法已尽，无复可语，子勿复疑矣。吾今日之降，实为怜子，然与子辈当别，他日直俟肉身相见也。举事俟二月八日黄谷差返，请而行之。

廿五日。炼罢一鼎，紫芽微生，采之入养。一香之后，予辈欲启观之，忽素野兄面言："此鼎不必观，紫芽微动，是谓阴蕊，采之微老。何谓阴蕊？盖阳生之后，阴便随之，此时阳已胞胎，落于有质，故谓'阴蕊'，比之出庚之月，微觉老些。"予因细问，兄以状示，命予笔之。

凡佛金脸着体，如肉中金，此老也；（顶批：面黄而微有惨色，如堆沙糕样者，谓之落地尘，亦不可用。）凡着体如肉上金，老中嫩也；凡飞扬有神，如醉人酒华，此嫩中老也；如飘扬炫耀，载沉载浮，此出庚月也。过无气，则白皮皱纹，不及则青魂在面。

予问："何以肉中金为老？"曰："老者，其气已升尽而回头，如箭射，力尽而返，故金隐隐于肉中；醉人酒华，酕醄困酒之状也；出庚之月，嫩中嫩也。载沉载浮者，生气浮动，如叠浪然，又如蒸饼得气而发，则面子凹凸不齐，发而过则其面反平矣。"（顶批：予于此因悟地理。）

予问："何以只取其嫩？"曰："先天之炁，浑浑沌沌，无质无形，此无极也。其中一点生机，乃阳动也，为生天生地、生人生物之根，如风之有头，又如浪之前浪。此机一动，然后生气随之，所以愈出而愈不穷。（顶批：予于此因悟人元。）取其嫩者，恐其老而度于后天也。后天则落于形质而不能生物矣。作丹之法，前只要嫩，后只要老。"（此老乃归土之老，非落于后天也。）

阴蕊之动，阳已胞胎，将向于老，尤为可用。但落二乘耳！如龙头已过，而超[1]龙尾，不知而弃之，大可惜也。予问："阴蕊是阴气耶？"曰："晦

① 超，当是"起"字。

朔之间，止有一符阳火，余者皆谓之阴，如此日中自午以前，皆可谓之阴，止亥子之间一符，可谓之阳耳。神仙家只取先天，故先天为阳，余皆阴也。”

兄与予细论炼丹之诀：一要得地，古人炼丹须选名山福地，可以召集和气者，若四面有粗恶之山，则避而不用。（顶批：此大旨与师昨论同。）盖丹乃天地和气所成，其机虽在于我，亦系于天。二要得人，其人心和气和，方能感召和气。外则漱濯口齿、澡浴支体，衣履饮食之类，俱要香洁。丹房四壁，亦要常焚异香。衣服不必锦绮，虽布素亦须新洁，非平日熏染者。人身为火所逼，自有腻汗外透，此皆不洁之气，可以触犯太和，故日宜澡浴荡涤。三要火和，火之和气，妙在执巽，如排火左右不等，风在一边，则金铅偏起一角，不能平举，所以阴蕊既动而中犹心黑，火使之然也。至于养火调停，全在于人，虽有匠手，亦须三年而后成丹。谓火候难调、造化难得也。兄言：鼎之绝妙者，启炉则异香满室，此外景也。兄言：道尽则缘尽，所以有别。若业师之辞弟子然者，君勿异也。

二月十一日。面玉兄于本宅，言：诸君欲会吾辈，不可饱人以受藏，盖受藏有秽也。积铅之法，非谓积而养之，乃自生气欲动未动之时积之。至于三十六斤，铢两已足，然后采之。正如人元积铅、积汞于平日，而临炉采药于片晌，乃法祖始授之诀也。然是法非圣师不能，下此则须降而授之。盖以池鼎既多，一有败裂，或临采之候先后失宜，则前者所积之功尽弃之矣。正如七层宝塔虽完，而结顶金瓶忽尔迸破，将焉用哉！此圣师所未言者，故今日言之。

予问：“人元临炉之候，其气若何而得？”曰：“真精头，真精头，不打自然投。先天之炁，鼎鼎有之，但不若此为生气之始。但既得之后，急宜休之。若彼声色尚在耳目，则我之神未免见诱于外，不能专一于内，譬如迎客到家，主人专一陪奉，须是关键门户。若主人精神少不翕聚，则客又将去矣。”

十三日。面黄谷师于本宅，告炼，言：予法已尽授玉炉，任子行之，非所靳也。

十四日。予方入炼，忽有一祖师飘摇而至，予不知其人，叩之亦不应，但言：“汝辈大胆干甚事？一个授之太难，一个授之太易。”问取所炼母看，予答以未善弃之。曰：“不消弃，取一小者，重壹两七钱，以气呵之二遍，命入鼎，入汞六钱，三香后以渐升降，冷定取视，汞尽死母下。”时师先行，昏暮复来。（顶批：师入予丹房，言凡炼须得神仙法仗，方可保成。）取碎汞，称九分半，用铅养之，复呵炁铅上，半度香，煎之如“养母法”。时予别炼一鼎已脱，师命启视之出，为予言“养母法”，以人身消息之。面红者，火大也，如人火动则发赤；面黑者，火不适中，或大或小。母中铅炁自出粟者，寒也。师去而玉兄至，亲为予煎汞，九分半，得银一钱九分。

二十四日。予入炼于台。午后，面玉兄于东厢室，言：法仗事，予辈三人当斋戒求之，得此法仗，则汝辈左右前后无不如意矣。

二十九日。予方净一鼎于台之东厢室，忽太师至，命以盖盖之，时鼎已彻而就老。太师命止炼，约初三日辰时降，别有所授。时赵以家故，启改十三日辰时。

三月初六日。予往候姚君，与谈道理颇多。姚饮予酒而登城，自东城步起，至兢[①]渡庙后，因论张陆二地，忽玉兄至，遂与论风律。兄问：“有阳宅，人家已兴，后忽败者，其故何居？”予言：“或阴宅不称，后无积累功德，皆足致败。”兄言：“此皆枝叶之言，非风律定法。吾昔为子严[②]道之，今复相授。此等事，皆因堂局小也，如步至人地，观其前后，倚伏包裹，止有数重，数世之后便合凋谢，何者？既得地气，便合兴隆，而地气有限，气尽则人家福泽亦随之尽矣。（顶批：此乃定理、定法，较彼参论者，诚涉想象。）故登地者，已知其吉，但问居此几世矣，如居地已久，便云此地无用；如尚未久，便云此地发福。地一也，而盛衰异者，气尽、未尽也。盖地气吉而无人居，千年百年旺气犹在，一为阴阳二宅所夺，则气泄于二宅矣。泄则会有尽时，譬如有酒一坛，如未启封，数十百年犹酒也。一启其封，则酒自会醉人，人面日红则樽酒日减，面红数次，樽酒尽矣。”予言：“地不得人，犹是混沌未凿，此属先天。一得人居，凿开混沌，便属后天。后天则落于象数，其有成败盛衰，皆数也。”兄然之。

兄与予步至东寺，对城而别。是日所言，皆透当而意更恳到云。

朝闻道，夕死乐矣。圣人恐出语惊人，故止言“可”。可者，仅词。

十三日，辰刻。面玉兄于拱极楼，言：太师以赵故大怒，言环视深年，

① 兢，疑应作“竞（競）”。

② 子严，赵遵阳之字。

数断乃绝。

玉兄为恳久之，但命以前炼入，养砂五日后再言，先予夙启玉兄，故自得无咎云，而法仗不可必矣。

十七日。面玉兄。鼎开视砂母，毫厘不折，以赵家故，三人不齐，不敢打鼎。

兄言：会黄谷师，言前养火不久，师命作小砖样，齐鼎身，厚寸一二分，插于三方。炭末稍粗些。浆鼎不用紫土，土亦能受炁，但用厚糊，或米粥细研如糊，彼物见火，则成灰烬，无可分炁。砂宜入汞四钱，盖以母尚有炁，而砂中之汞，见汞则拔。

法仗者，祖师之意，或以炁留，或以笔留，乃法之倚仗也，师师俱有。予问："如此，则是一由于师，而已不得专，何谓宇宙在手？"曰："此事乃欲速成者，非法力保护不可得成，譬如顷刻开花，须要硫土在根，如待天工自至，则不必用此矣。"

凡人为学，须要成癖，如画有画癖、字有字癖，如此方造精妙。[①] 为仙者，须有仙癖，精诚方能透彻。孔子说，好仁者，无以尚之，此仁癖也。有以尚之，则意念分矣、杂矣。

二十五日，午。面玉兄，责予辈怠慢，因引韩信下齐故事，言说齐降者，蒯也，而信袭之，蒯卒以受烹。意谓彼必以予辈故，得罪于太师矣。予辈恳之再四。

兄为启太师，命打鼎三香，鼎启而汞事非矣。

二十六日，晨。约太师降，而玉兄忽至，遂与予辈拜别，言：师命甚严，不得长语。遂滴泪悲咽而去。

四月初六。面悟寐禅师求解，约旬日候。

十六日，面悟寐禅师于楼，言：诸真无甚嗔恨，只缘汝辈不能日损。禅家垂帘者，不接外境也。风律事，吾任之。

后数纸，遵阳面玉兄纪语：前后之水，横而直去者，皆谓之四漫无情。八方之水不必论。厶[②] 水好，厶水不好，只要看自己受用。若水来有情，虽

① 〔明〕张岱《陶庵梦忆·卷四·祁止祥癖》："人无癖不可与交，以其无深情也；人无疵不可与交，以其无真气也。"

② 此"厶"字，通"某"字。下同。

不好亦好，与我无情，纵好何用？凡水俱不宜冲。

傍城借主城，水城也。主本山也。如主地正南，而水城东南甚好。欲傍水城以迎其福，必借主迁东，不能依正南也。然无祖宗山则可，若有祖宗山而欲傍城，又是今人裁穴，只论向，更不观星后龙上之说，此是背祖，又不宜耳。

葬者，取生炁也。凡言强弱、横直、硬软，皆是只求生炁于界限之中。

大向小扦，以一地而言，地之大者，其中必有小穴，如蛛网攒心，取其小者，正炁之聚处也。若地之小者，其气必薄，更须求外面大包裹，方为尽善。

龙脉过峡，在山则易，或小涧、或沙两边有坡，则气易接而过，谓龙脉从厶处来可也。若平洋地有大沟，则气必断。若谓脉从厶处，必无是理。地复起者，就谓之祖宗，以水为龙者，又是宾非主也。

高者葬浅，平者葬深，盖地之高者炁上行。《经》曰：“地有吉炁，土随而起。”[①] 故葬浅以乘其生炁也。平洋之地，其炁未升，故葬深以就生炁。（此与凸者脉浮、凹者脉沉意同。）

金居兑位，亦以水言。金在西方，如水在西而金形者是也，只就本身之形而言。若水在坎宫不止一形，金形土形俱好，但木火形不宜耳。

凡言后山包裹倚靠者，必是后面之水，如金城员抱，而后面之地亦必员抱，方可言得倚靠也。若水直去无情，则地亦无情，后虽有地，非员抱者，不可言得倚矣。

地前无聚水而后有聚水者，发在子孙。若欲见在者发达，必须明堂澄凝方可。

三吉方者，四正则南与东西，而北方不可葬也。然南又有正南、东南、西南。而东西又有东南、东北、西南、西北，此四隅又有三吉方。四正之吉方，则南为上、东西次之。兼之四隅，则东南、西南为上，东西次之，东北、西北不足言矣。

凡地前有乱坟垒垒，如乱石森岩，其气不聚。后虽有地，亦不足取，必有明堂水界之可也。若后有乱坟而前有余地，或对明堂聚水而包裹势大，水口关阑，葬之吉矣。

---

① 此句出郭璞所著《葬经》之语。

葬后有乱坟，或谓如跟随护卫，然必在山上，则坟小谓之“护卫”可也。若平地，则坟高谓之山可也。坟或东西南北不一，犹山参差反背不常，亦不宜也。

玄武水有潴畜停聚，虽宽大更好。若直流而去，便不宜宽大。

看地，先寻祖宗山。得祖宗山，然后寻龙脉；得龙脉，然后寻穴。龙住结穴，必前有界水。得穴，又要水口关阑。若水口不谨，则气不聚，而穴亦因散矣。

祖宗大者，发福必盛；祖宗深者，发福必远。深谓后山重叠深远，前面朝山左右护卫，须要俯视朝穴如荷花包心，方为和合，宾主有情。若仰背无情，则出子孙必强傲不逊。

明堂要宽，又不要散，若前一削而下，是谓倾泻，则气不聚。

明堂水潴蓄澄清，则子孙必聪秀，浊则虽富而难免愚钝矣。水归明堂，必之玄而来者为善。若水直来，是谓水射天心。凡水直来者，皆谓之冲明堂。水流而清者为美，若不见其流而莹然如十五之月，谓之神清，尤为美也。

地势高耸而来，至前偶叠而下，如阶下一级，前有界水，则此处谓之脱气，不宜葬也。必须挨上数尺，则生气与逆气相合，方可下葬，是谓凑球。若平地削而下，必近边者，方可言脱气也。穴前见水去者，则退应本身，不必子孙也；若水去而前有一界水横栏弯转，反为吉矣。

凡葬偏仄者，主人心不正，喜怒无常。

看地须要有水，或前后有聚水，后山复有包裹，一重包者一代富贵。水口有关阑，左右有护卫，方为佳地，否则不必观矣。

定人家之兴败，必看后地之包裹，地好而后无地又无包者，一发便衰。登山见水斜流者，面无堂局，而止有一水未过宫而反跳，此为不善；若前有局面，而此水又远，则不必拘。

龙虎须要相让，影山两头决不可相对，围墙后不宜四方，圆抱方可。明堂不可逼侧，又不可太宽。明堂或小而龙虎颇低，太阳时照，则虽隘而不隘也；明堂大而龙虎又低，则气有未聚，是宽而又宽也。必须龙虎高耸，方为善矣。

土色黑者冷，青者不佳，白者尸气，黄者佳，而太红者无用，须掘地观之。

昼下回春者，别人居宅，或己屋与人居之则可，其曰先宅后坟、先坟后宅而有盛衰者，盖阴阳相压，以一家坟宅而言，故不宜也。

山形一样，而彼此发福异者，盖为五形正仄不同，如金星正而土滋润温厚，则福必盛；非正形而土枯松浅薄者，福必不久。

闰六月十八日。面玉兄于拱极楼丹房。

十九日。面玉兄于北舍官篷中，论水之所忌者，曰连水、截水、落水、放头水、胜己水、邻水。连水者，左右前后相连，或圆或斜尖，状各不同，大率相连而去，与穴无情，又与四至黄泉者不同。四至黄泉，方水也。截水者，水流至后而断头。落水者，水流至后而犹有聚落，然亦截断而不可用，须以人力裁制之。放头水者，桥梁锁水，水过此则放头而奔，无情顾人，故不可用。胜己者，谓水胜于土，冲射之水小，亦可惧。之玄之水来湾而直入者，穴亦宜避之。邻水者，在穴傍不抱不湾，皆不可用。

补地法，去四傍硬埂，参差裁割，使旧土之气得与新土相入，虽地底亦用筑，破去其筋膜，如割痈者，去其纲口，然后皮肉相和，除旧而新可生也，不然一硬楔耳！今之补地者，多不得法，或以柴草填沟者，不知柴草百年不坏，终是过水。水聚难泻易，已断而疏通之，无不可者。（如器物天生之眼固可泄水，凿而穴之，水宁不泄乎？）倾泻以南北言，歪斜以东西言，倾急而泻缓也。

穴有二：有自然之穴，有裁成之穴。裁成之穴，乘生气也。气亦有二：自北而南者，为祖炁。隐隐隆隆，界水而止，此炁一定不移，乃阴气也，死气也；止于水则气复逆行而来，故自南而北，乃阳气也，生气也。葬乘生气，故于阴阳交会之处而扦之，其会处必有逆蹐之状，卑高相因，扦于其中者，是为得穴；扦于上者，是为不及之穴，言不及乘生气也。（顶批：气之已往者为阴，故为死气。气之方来者属阳，故为生气。往者祖气，来者子气。祖老无用，子能代事，葬乘此气而已。）

不蓄者，四面倾泻。腾者，上尖而不员齐。漏者，泉水下泻。背者，山形四反。因者，拘迫于中。此穴皆不吉。

祖宗山一重，主子孙一代福荫。旺各房者，观蜂腰鹤膝之所向。前秀拔主文，浑厚隆壮主武。

三横四直，横以东西言，直以南北言。

葬近祖坟，殃及儿孙，指昭穆言。先穆则穆为祖坟之白虎，先昭则祖坟为昭之白虎，故俱不利。古者无昭穆葬，气遇走路亦止如水然。

八月十五日。面玉兄于遵阳宅。予问："身外之身，不宜纵之远游，须勤勤照管，谁纵谁收，还有二耶？若有二，则我还是我，乌得合而为一？"兄言："汝作梦之时，谁唤谁醒？但一惊觉，则魂自入壳，其所以惊者，乃阴魂自惊，如人一遇狂贼便返而归舍。舍乃主人识熟之路，方其出游，不知有舍，一归便会入舍，其中有谁唤之？且身外之身，乃阳神也，乃性命混融而成。性无知觉，凡有觉者，皆识神也。火足丹熟，至于脱胎，则识神皆化而为阳神，所谓阳纯阴尽，盖识神乃阴也。元性之处胎中，如子之处胎，故无有知觉。"

赵问"脱胎冲顶"。兄曰："顶上岂有破绽？盖婴儿一身之气浑与天地相通。自有知识，则浊气障蔽，便与天地隔塞不通。今也复其婴儿之体，则依旧与天地相通，故去来无碍。"

真铅升顶之后，化为玉浆，还有形质，及乎入于中宫，混合为一，连一也无，化为虚无，此时不可谓之铅，不可谓之汞，不可谓之土，不可谓之阴阳，故不得已而名之曰"丹"。丹者，虚无之气也，如盐与酱合，则不得谓之盐，亦不得谓之酱，而名之曰"味"矣。一身之气辐辏而归，谓之"拥护"，非交媾也。识神亦在外面拥护元性，元性本孱弱，养之之久，自能神化。阳长一分，阴自消一分。

是夕，复面玉兄于姚君宅，言赵文可得二篇，予续问"火符"："丹归中宫之后，既以武火结实矣，何时复进朝屯耶？"曰："须待其停妥之后，盖丹入身中，龙虎交战，其身疏畅如醉人然，必待其惺惺。既惺惺矣，便以意绵绵若存，谓之'若'者，似存而未尝实存，此便是朝屯之火。火有发机，发动其机，自以渐而进，如发弩者然，至其所到之后，其箭自会落，落即退符也。退符之时，谓之若亡，非实亡也，实亡则火便冷。此火只在真息[①]。真息者，'以踵'之息也。"

予问"毫发差殊不作丹。"兄言："此差殊，还是炼己无功上有此休咎，若真汞既死，亦无甚害。"予因问"炼己"。兄言："关键三宝，然所谓固塞

① 陈虚白《规中指南·火候》："然火候口诀之要，尤当于真息中求之。盖息从心起，心静息调，息息归根，金丹之母。"

者，非是死了机括，亦有放参之时。且如目非无视物之时，如人举一物与看，常人便将眼倏尔着意，瞠视此，便摇其神了。炼己者，常常照管此心，缓缓移眼少视。又如听声，耳为命门，倾耳而听，便摇其精了。炼士如遇杂聒声语，便收耳勿听，只在一处照管，勿为二三所杂；如对人言语，耳虽听之，神实未尝移也。（顶批：炼己则精固、气完、神定，耳主精，目主神，口主气。）言能续命，亦能促命。言语便便给利，大能损气。盖所损者，虽后天之气，然浊气既尽，则清气亦随而耗。炼士非闭口不言，但言自有撙节，常使自己有余。"

予问："静中虽无声色之想，忽然道理上心，亦为理障？"兄云："念头焉能无之，如无是死人了，但不要杂了念头。今人念头起时，种种枝蔓不一，一头向东，又一头向西，又一头向南，神被其役，实受苦耳！神被尔苦不过，便纵三尸日夜搬弄，耗散精炁，直促你死了，他便去了。"问："何人役神？"曰："乃气质之性，奴仆反役主人也。"

兄言："吾来皆禀师命，言的有本。"既又同游月下，指月而言："既言'三日月出庚'矣，何以又言'八月十五玩蟾辉'？十五，喻类者之炁足也；出庚，喻类者之药嫩也。月言十五，则日可知，此是二八相当，所谓'门当户对，正好成亲'。"因言予有行色，告以'恕'之一字[①]，乃禅家之平等法也。凡事以恕，便是反己，便是收神，便是存养，便是省察。

十八日。予辈候玉兄于姚宅，请赵文。入鼓初，忽太师降，言炼己法：己者，我也。克去有我，真性乃见。世人惟以握固精神，心息相守，作蒲团上工夫者，则人人能之，此特修身之一术耳。凡言克去有我者，谓有生之后，知识既开，事事念念认为有我，此气质用事。学以变化气质为本，所谓"善反之，则天地之性存焉"。因诵数语，命予识之："乃我在性之漓，漓性以求道，兀坐以谋适。以故，我之念，伐道之魔；我之事，伐道之柯。执是求道，万劫无何。"应之曰："诺诺，犹是"。我师去，而命玉兄来报，兄为续言："婴儿知识未开，此时真性尚在。炼己者，炼去故态，归复于婴儿，方始

① 《说文》："恕，仁也。"《孟子》："彊恕而行，求仁莫近焉。"《声类》："以心度物曰恕。"《贾子·道术》："以己量人谓之恕。"《墨子·经上》："恕，明也。"《礼记·中庸》："忠恕违道不远。"注："恕，忖也。忖度其义于人。"《论语·卫灵公》："子贡问曰：有一言而可以终身行之者乎？子曰：其恕乎！己所不欲，勿施于人。"

见性。"

予因悟："'反者道之验'，是此意否？"兄曰："然！"因问三精九灵，曰："身中三精藏九灵，九灵藏十二真，三精分上下中三田。"其名何义？曰："随意命名。"何谓"召之"？曰："召之者，聚精会神也。书符咒水则呼之，呼与召有缓急。"

二十一日，鼓初。玉兄传祖太师太[①]易真人命，命予授书赵文，文当入《华藏》中。

大易真人，"休"姓，"贞"名，东周时人。

赵宾之八十。（顶批：此当入《华藏》。）

兴邑古昭易，四壁皆水也。土绵气浮，市罕老人，老人出，争奇之是也。大易先生道：邑有颂，老人者，不能言。迓先生，谓之先生，客而庭焉，索素依几以状老人，筵之左也，佥曰："将无数乎？"其右曰："匪摄生，德之为也。"先生曰："此岂老人哉！老人之寿，老人之留也。老人积厚矣而不奢，籍仕矣而不禄，守朴履素，和气隐隐而未漓也，是则老人之谓也。尝闻之观卉卜山测诸验，泉从其脉也。老人之子，森森且贤焉，传之奕世，老人之寿犹在也。"老人喜，捧朋酒以飨先生，先生慰而遣之，时岁己日午也。东周大易山人贞赠。（首尾皆太师自命。）

十月初七日。予以水患借居开元观之小楼，是夜面玉兄于其上。予问"挺除武都"四字。兄言："'武都'二字有本，出《室冢宝经》。'黄都'者，捐意也；'武都'者，捐火也；'琉都'者，捐象也，皆隐语。《参同》正文止八百字，世遗五十字，其他窜入正文者八家。"

天元丹是以劫火焚身，一时阴浊尽去，皆化为气，故能轻举；人元则身外有身，躯壳无用，须用脱去，大抵只为元神堕落凡质中，劫劫沉沦，圣人不得已用此方便，使元神不受堕落耳！天元丹更捷径，不论有德无德，服之便仙也。

赵文十五日得。

十五日，夕。法祖降于开元观之小楼，手书"乙丑岁余入册"，赵文命三日一候。

① 太，后文作"大"字，此"太"字恐是"大"字之误。

十八，夕。法祖降赐文，黄谷手书。继太师至，性师至，玉兄侍，云：八真在座，文载《华藏》中。黄谷留别，手书一纸在册中。

十九，夕。明姬面谢。予手书四言诗，并赵寿文跋，见《华藏》。

二十一，夕。候法祖不至，性师赐教，作偈，命一善书者书之。书罢，作“性解”一章，见别册。焚去缘身，方见原性。（说者是性，听者非性，学婴儿，不是婴儿。）

是夕，玉兄降，为四姬先容，姬手书一纸。二更余，秦君符坚至，语世事。国相王猛至，又东海东谷先生至。

廿六日，夕。皮师写文作引序。三字偈者至，言解脱，须性与气质相离，如两手然。气质中见性，非性也。必离形去知，堕支黜聪，气质消尽，性方自见，此时方能了脱。（顶批：我见他才是见，只在知解上理会，非见性也。）喻如佛前之香，香尽烟灭，香魂自飘，一时悟者如香烧一寸，其余须要烧尽。

投胎法：以三更出梦，先要清净心口，打熬睡眠。三更阳生之后，以我作梦，须要清楚，使入调格，不然又当立志，决要从心作梦，百日之后，可得如意。如此入格，出入自如，自能投胎。投者，先要知人宅宇门径。临产之时，观其下泄之气，黑者为女，黄者为男，欲下未下之时，入之。

三更后，四姬叩道，顷之有悟，作长别言，明姬复来致谢。

天明时，性师至，作警悟语，大约言：宅舍者，后人之伞盖；功名者，自己之牵由；财货者，后人之淫福。达者何必留意？予去卦数十四年矣，追忆十四年前，遥乎速乎！五十而死，已不称夭。七十古希，世岂多得？纵使天假耄耋之期，衰惫之年复有何用？子等勉之，吾言已尽，就此长别。

十一月初二日。面法祖，手书赵文。是夕，东海卜紫元、钱东谷俱至，言四姬去矣。

初七日，灯下。三字偈师至，作“梦悟神脱”，语载册中。

十四日，灯下。玉兄自至，言风律：坐向不吉者，以时日对之，谓之“射家”，如人正方与我为敌，而忽傍生一敌，彼方支吾傍敌，而我之敌释矣。射家时日，可用一年，浮攒者用之。

予举三字偈师所云“阴神”与缘督子所论大小不同，不能无疑。兄云：“阴神者，劫劫入轮网，盖佛非一劫所修，缘气质之性自无始以来沾染熏习久矣，必须渐渐淘汰，如澄水然，下有浊滓，非一次可清也。此个工夫，渐渐入细，故悟则脱去，别作受用。仙家阳神炼就，身外有身，虽住轮网[①]，然却带有识性在，终有浊滓。如君所问，虽在理上，皆识神也。”予因问：“临炉采药行火，亦是识性？”兄云：“此未易语，盖予前月二十六夕，与三字偈师言阴神、阳神，彼言阴神是无始以来本来面目，阳神终有假借，阴神则无所不通，阳神则容有不到之处。向者悟寐师言彼光中所照，较仙家颇胜。如斯而证，可以豁然。”（顶批：因以日光为譬，阳则有所不照，不照之处皆阴也。）

十七日，灯下。主箓降。法祖继，黄谷师手勒答魔文（入册），玉兄继至。

二十日，灯下。卜紫元先生送“海上方”四治。手书小字一纸入册。

一治白丑：马苔，阴干者佳，急则晒干为末。乌引剖洗一具，俟自出者，银器制干为末。前药四两，引具和之，水服。量病浅深为先后，每服一钱，日三度服之。浅者一服。忌诸血脉物，勿食。有合咒。

治手污：生姜不拘多寡，捣烂入真獐血少许，连蓼草一茎合成，置肘腋间，三日即除，有合咒。（连蓼草不知何草，俟查。）

治禁门：鱼王肝，银器炙，百岁灰，齿积，各少许，防风荆介汤服之，有合咒。服用一七足矣，齿积用亦不多，谓之“药线”。

治五淋：苎茎下根者二，用漏下水一钟，浓煎，半空心服之。（此方乃东谷。）

又治吐血（衄咯喷者，皆治之。）：牛鼻冲草，晒干为末，入真獐血少许，以竹筒吹鼻中即止。（此方二十三日巳刻，紫元先生再授。）

二十二日，更余。法祖降，与予言别。再论身中内景，须心息相依，性命合璧，静极而生动者，方可用之。若吾辈终有夹杂气血，强而用之，日久反生奇疾。趺跏坐，乃闭关法。日用间行住坐卧，只要自然，在外缘熟即行，恐生爱恋。予请所祈三事，有符护身，命展而拜之，即如见师也。符水事，叱咤鞭挞，与精神内守者，道不相应，故不可行。俟得手后，纵横顺逆，无不如意矣。末事俟法财备请行，终须藉此积行。师去后，而玉兄继至，为予邀东海紫元先生，期明日，复授前方云。

① 住轮网者，乃轮回停止之意，不是住在其中。

师命：有窘迫处，当呼“东海明真”百声，当有护持。盖彼不忘报也。

隆庆四年八月十九日，予归自虎墩省亲。

廿八日。面玉兄于西禅小静，论黍珠。

卅日。复面于遵阳之山子庄，入更分，续问：“黍米悬珠产于北海者，还有质否？”兄曰：“黍米之珠，乃以神气相感氤氲而成，谓之‘外丹’，实无质也。及乎饵之入腹，始与己之精气相投，怀胎育婴，无中生有，虚里造实，是谓‘内丹’。当其一时半刻之符，阴阳之气互相纽结，其中消息之机至微至妙，始以神感，后以形通，故得采而归己。先用筑基炼己者，正谓此关难进。彼童初之子，关窍紧涩，虽有感合，而走失尚迟，壮夫入于顽途则不然矣。炼己者，积精累气返于童初，故能临炉采药保无虞失。凡采药之时，阴阳互有胜负，故彼动而我静，则静者胜。动者，神之荡也。炼己熟者，神太定而不荡，不能太定，而徒以坚忍为静，则又自闭门户，所谓‘宾欲来而主不迎”，乌能相济以成其事哉！”

予时举龙眉子《和合》之诗，兄为予解之：“‘二八清源正一斤’者，非只以等分为均平而已，须要和合乃是均平，且以十二辰参详而论之。申与巳合，是金火相合也；寅与亥合，是水木相合也。何故如此？其中必有联合之妙。盖以金长生在巳，木长生在亥，故位虽间隔，气实相通，阴阳男女，实可例观。故等分非是均平和合而成，三五方是均平也。然彼此各要有个和合，若天不降而地不升，阴不氤而阳不氲，妙用何从生哉？”

予问“河车”。兄言：“河车水足，乃能载舟而行。若积累不足，道路枯涩，虽有黍珠，安能搬运？故炼己者，贵积精累气也。”

予问：“炼己者，于动处炼，方为常静常应？”兄言：“此说甚好。但非初学所宜，譬之植物，固须暄以太阳、饱以风霜，乃成大材。始植之时，若无遮护，其不悴死者无几矣。”

九月十四日。山子庄，日就夕，忽有一师至，续命徒来。予问：投胎、夺舍、移居、旧住。投胎法，须于静修百日中试之，食后浊气行，毋睡。于夜子丑时坐，候梦将出，急收之毋纵，久久纯熟，自能出梦。投胎，须于旧熟识去处。夺舍者，其人生气未绝。移居，生气虽绝，而未至于僵冷。旧住者，如公侯之家，不欲他往，此人犹恋旧居。四果皆道之后门，人元中堂也，天元如前厅，三五飞步之类如两厢，道如前门。人须要得一门一路，庶不为六贼戕死。

九月二十一日。面真姑于山子，三更，候姑感念而来，自称嫒也，谓予：始志何锐，今复逗留，是先生能教人而反不能自成矣。嫒有数句，愿先生书。

绅。修真者，不外气、神二字，气则抑之，神则藏之。黑煞之气太重，则福神远避。又言：质以气化，神以精完。所谓“气则抑之”，谓能下人也。因命予演其义。予言：“谦己虚心，不立人我，不争是非，不言人过。”姑命再演之，予辞重复。姑曰：“一有忌心，非下人也。幸人之败，非下人也。”

予问：“投胎于何时入之？”曰：“出胞之时，头顶产门，此时鼻息已开，便乘息而入，入即居于绛宫。夺舍者，但窍中有气，即随气而入，更不拘于何窍。”予问：“生气已绝者，何得复生？”曰：“神能化气，然亦以渐而化。”

辛未[①]四月初记，与玉兄一会于姚田僦舍，一会于西寺小禅室，皆仓卒而别。

七月十一日，酉刻。有师降于赵宅，手书：“天郁甘露不降，地郁草木不生，人郁气血不畅。赵郎识此乎？”师，海蟾也。

十三日，月下。有禅师降于赵宅，予因问“投夺、剑解”之说，师意：夺难于投，非平日素有强悍之力、坚韧之操者，不能嘘出死气而生之。剑非刀剑之剑，取疾速割断之义，乃断缘割爱之法，此身解去，非便为仙也。

因问：“二教家只用一字可以尽盖其义者，使上通圣神，下及凡昧，皆可通晓？”予答以：“三教惟心，只一‘心’字。”师云：“心有真心，有凡心，如此又费讲解。”予思一“诚”字。云：“‘诚’字又深，凡昧小人焉能通晓？”师去而命予三思，三反皆不得。云：“予一字，乃四画字。”命思之，不能得，从容云：“乃‘反’字也。令愚昧小人只将日用道理一切反来，如阳施阴受、阳上阴下之类，一切反之。性宗则如六根、六尘，一切反之，人为的我不为，人欲的我不欲，如是反来，自然合道。此字彻上彻下，可以立教。”

予问：仙佛中所言“最上一乘”之说。曰：“各家皆有最上一乘，如玄门中言‘我法见前，即获神通，不假修行累世，此最上一乘也。’天元家

① 辛未，即隆庆五年（1571 年）。

言‘我法丹成，即服即仙，普济群品，不比人元止能善独一身，此最上一乘也。’要之，最上乘，唯我法门耳！”予对：“向亦见得性门如此，敢问仙佛同源皆以得丹为义，何也？”曰：“此断轮止劫之法，诸佛皆不能外，但一霎之顷，得之即忘，无劳温养。盖彼性已灵通，借此阳光一照，即皆化为阳神，从此断轮止劫。”

予因遂问“采药”。曰：“诸师所未与汝言者，夫采药之时，觉气横于上，面目俱热者，此汞走也。其中已无汞矣，急宜弃鼎，以图后举，否则有焚身之伤。”予问：“久积之汞，满而易溢，将奈之何？”师言：“所宜问者，在于神怯而金梁不壮，彼非所急也。”（顶批：“金梁”二字，出紫微夫人语，汉武帝叩金梁。）去，月下后会。

壬申[①]十月初五日。予往山子庄省赵兄，玉兄降而与语。予问：“壬申太岁在申，奏书在坤，逼近之宫，何以《历》云‘各神所临之地，惟奏书博士宜向之’？”兄云：“奏书宜向者，向其左边，借奏书以为避，《翼》所谓‘吉则趋之，凶则避之’，方向在小圈中则有走移，远则仍照岁图也。”予问奏书等。兄云：“天有八门，奏书者，奏达章疏之方；力士者，羽林卫士之所；蚕室，如帑藏之库；博士者，多官会集之地也。蚕室秘密，力士、神武皆不宜向之。”

吴门已降，云：人谓我蒙，蒙者已炯，蒙而既炯，炯者何蒙。因言：近为黄谷师送南立国禅师座下学就，亦写字属对。

近觉心灵亦能赴箕作假仙，因命予二人各写四字，予写“忠孝节义”，赵写“久要不忘”。彼各续下数语，“忠”字一“中”在“心”，心在何处？“孝”字，世有人子尽得此心，心尽尽人，人而仙矣。“节”字，有节不通，通而失节，失节失心，于义安在？“不忘”二字，共作数语，不忘久要，节义忠孝，只此做人，方可学道。此亦言之有理者，记之。

佛氏之徒，皆在南立国，去此万里，其王不行雨，只护佛法。○佛光如圆月，仙光如火直上。兄与予联一诗，予赠一诗：“师门久忆三吴客，别后遥悬数载情。菱镜惭看双鬓短，花名今付一毛轻。山中喜识圜中意，尘梦那如鹤梦清！早晚药炉酬夙愿，相期长日话无生”。

① 壬申，即隆庆六年（1572 年）。

子问姑，“上鹊桥，下鹊桥，天应星，地应潮”。姑言：“上鹊桥，玉卮是也。知上，则下者可以意而会之。‘天应星’二句，‘天’‘地’即‘上’‘下’二字之义；应星者，精光浮动射人，所谓‘光透帘帷’是也。此二气交感，降丹之候，星辉潮至，上下相应，此时方可采药。先声者，潮至之初候。星辉者，丹降之正候。知星辉，则药可必得。”予以法祖“金沙映日”问，曰：“是也。”又问：“何以知得？”曰：“汝于平日观之，今则觉其独异，正如平日观星，景象如此，一夕摇动光彩，自是不同。潮将至者，此时作痛，即须命去，不时候之。先声不必人人俱有，乃十分鼎也，合邑中无一二人。但有征，即时入鼎，直候应星，然后采药，吸而归之。”

金粉沉底，激而不动者，其面尚青；半沉半浮者，面中黄而四边俱白，亦有不俟其激而紫芽微彩者，面青而金在中，混沌不分；气至而散者，面白皮皱纹，凿视其中金色淡白而无气，养之而变者，固是火候失调，多为浊铅养住于中，得火而外透耳。

师云：要知来时景，须观此日中，日中有乌也。

百神听令，诸藏合符，中有积精，与之俱化。尼连老人，请阙而行律令。五叶一咒。

（手稿终）

附录

陆西星诗文事迹汇录

八哀诗[①]

（录自《重修兴化县志》）

陆西星

东海处士韩贞

东海有畸士，卓然欲希圣。妙悟惟一心，闻见无自性。
从师走东海，往复多印证。闻风一时兴，门弟亦何盛。
千年振遗响，木铎声甫静。伟哉陶穴人，崛起远相应。
瞻依傍宫墙，抠趋入门径。造诣虽未深，矩步先以正。
一体解同观，三昧得无诤。化俗有恒言，固穷见危行。
宰官式门闾，儿童识姓名。以彼宏济心，天下可平定。
只怀孔孟忧，遑恤尧舜病。斯人忽已逝，颓风日无竟。
后学失归依，大事谁究竟。伤哉弃我去，何以慰不佞。

福建提学副史、前吏部员外郎方城宗君臣

中原有五子，吾友处其一。光焰不自韬，均为时宰黜。
闽中有三策，时务见经术。官人与校士，持衡而无失。
君才大可用，君年恨早卒。事业不可量，棺盖乃称毕。
忆初英妙时，颖脱故无匹。文事相颉颃，飞动固可必。

① 陆西星《八哀诗》现只存七首，俱见《重修兴化县志》。

骥足日千里，驽者遭其桎。孝皇抚盈运，旰食求英杰。
先生甫弱冠，蜚声震朝列。恩怀朱黻荣，心拟冰壶洁。
断断古人风，皎皎直臣节。权奸据要津，中外咸结舌。
抗章对所天，手指虹霓截。九死心不悔，松柏凌霜雪。
造化弗慭遗，玉柱速摧折。经纶不克施，报国心空切。
过客谒乡祠，下马恒流血。

文学凤河禹君龙

禹生搦长管，奴隶马与班。如彼骑气者，倒影空人寰。
生平胆气猛，能夺千夫关。不胜视犹胜，养之自安闲。
与生渡江流，逆浪高于山。舟人惊拜呼，愿言乞生还。
生也但危坐，朗吟无骇颜。生口有微词，矢诗遂成篇。
曾以宿构语，运之讬箕仙。人士竞传诵，叹服俪且骈。
英雄每欺人，惟我谅不然。素无鲸吸能，持杯强擎拳。
有时贳酒来，顾我坐西禅。入门发高兴，而腹何便便。
韵险语益峻，畴能或之先。一受墨吏迕，五火相交煎。
发愤乃杜门，愿学公子虔。竟以忧恚死，门户绝可怜。
为生敛手足，殷勤掇遗编。过眼一再读，泪落如迸泉。
安能倩巫咸，招生当我前。精研复深讨，可以穷岁年。
锺期不可作，抱琴归断弦。[①]

赣州府推官六冶潘君应诏

潘郎富才华，袖有金光草。一茎化丈六，百化百自好。
一时步趋人，瞠视惊绝倒。后生畏前修，人工夺天巧。
图书见测言，律吕有新考。理微心转细，穷年恣寻讨。
取友得三益，补助良不少。君才日千里，康庄骋騕褭。
一泛虔中驾，皂枥难自保。归开蒋诩径，著书以娱老。

① 按：此诗可以与宗子相的《报陆长庚》一文相参看，可觅见西星与禹君及子相间的彼此深情与友谊。

仙游未半百，修文胡太早。死为人所惜，伤哉勿复道。

益府教授从侄律

吾宗老兄子，律也空人群。文采擅无色，笔阵驱千军。
为人强诵览，清风送流云。一朝校文艺，十郡皆声闻。
元才负所举，百战无奇勋。乃知造物者，语命不论文。
幽兰生空阶，落叶醉斜曛。生无食肉相，官居何足云。

马湖府太守进阶中议大夫理庵宗公周

宗公璠玙姿，声明溢华夏。早年作文训，倾国竞传写。
一朝应骏图，大宛出名马。腹此双龙驹，膺门悉沫赭。
神采空人群，誉望动朝野。公才乃栋梁，可以支大厦。
其如贱场师，养棘舍梧檟。官以二千石，掷之若飘瓦。
浩然赋归来，山林恣潇洒。六经阐微言，精博无苟且。
公赋有私贷，毫发不肯假。圣宫树短碣，以愧贪墨者。
高山何巖巖，培塿尽其下。如公文与行，今人或应寡。
公年已耄期，享福尽纯嘏。谈笑骑箕归，示民有终也。
藉以百身赎，其身也可舍。伤哉如之何，吾泪欲盈把。

中极殿大学士少师赠太师石麓李公春芳

今代李相国，绰有大臣度。温其若良玉，闲以七宝聚。
三年奉居诸，曾不见喜怒。状元作宰相，素履若韦布。
门馆无私恩，边境绝公贿。辞受乃一节，可以见衷素。
当其柄国时，北虏正骄固。甘泉达烽火，天子多内顾。
一朝求市马，争者满言路。惟公主斯议，节省费无数。
频年虏尘靖，中外咸豫附。伟哉谁之功，岂不以公故。
晚岁频好道，至人讫难遇。大药如龟毛，希年易朝露。
虎豹守九关，鬼神失呵护。台斗閟光芒，黎庶惊且仆。
公归定天上，闾阎苦谁诉。早生际昌期，明堂急梁柱。

焦公洞[①]

陆西星

古洞阴森锁白云，千岩雾气正氤氲。
天应为我留佳处，世有何人似隐君。
石室尚封丹凤诏，草堂休勒北山文。
年来已解逃名意，野鹤沙鸥自一群。

报陆长庚

宗子相

溪上结庐，幽栖咫尺。频辱进艇，叩我石门。对落花之缤纷，坐明月以叹息。玄言独契，华藻时抽。取之存心，便拟千古。秋夜深谈，河山顿隔，一水盈盈，竟阻握手，是造物忌之矣！既渡淮，稍得谢客，乃索篋中佳序，竦意而读焉，一读十起，顿足长叹：自束发内交，茫茫日远，足下以数语，纪掇往迹，恍然昔观，意气不殊，容鬓渐改，因之伤念，及读洲上语，则又洒然，快心足慰离索矣。一抵燕，便作案牍中人，群吏环趋，如对魍魉，百苦攻人，肌骨欲痛，此状不缕报，恐百花樵客闻而笑之。足下龙卧沧江，云深雾远，丹经在握，白日难欺，间以其余，综辑昔采，俾左马曹杜，相顾失色吾人之上计者也。顷者春水渐深，鱼虾可网，足下箕踞独嚼，散发长吟，亦有一念以及远人乎？奈何其亡妒也。

山中与陆长庚

宗子相

秋日事行游，游此清江湄。俯视青鸟翻，仰见白日驰。
人生寄一世，风尘岂足羁。贫贱安其常，富贵令身危。
浮云起西北，帝乡不可期。甘此茂陵渴，愧彼首阳饥。

---

① 此诗系互联网上搜索获得。所谓焦公洞，即指镇江焦山的三诏洞。焦山，相传东汉末年焦光弃官隐居在此而得名。其所居之洞，后被宋徽宗赐名三诏洞，又名焦公洞，位于焦山西麓。洞竹环抱之中，有一尊别致的焦光塑像。

商山有同调，行行歌紫芝。

春夕同舒子、房子、子培访陆长庚别业

宗子相

暝色戎戎乱，春阴惨惨生。孤村流水夜，一酌古人情。
雪积天愈白，江寒月较明。纶竿吾欲把，惟怪楚渔惊。

陆长庚夜至

宗子相

戎马暗汇国，君从何处来？门惊芳草遍，尊对早梅开。
雨雪春衣短，鱼龙夜笛哀。中宵抚长剑，惜尔陆云才。

长庚、纯一、舜隆既别忆之

宗子相

一别不自意，茫然空复愁。孤舟仍盗贼，多病已春秋。
明月一江远，故人何处楼？风尘双泪眼，为我寄沧州。

寄陆长庚

宗子相

天涯一自失论文，岂有同心不忆君。
孤客逢秋悲蓟草，尺书经岁阻江云。
清时易别烟霞路，月明难随鹿豕群。
便欲投簪沧海去，兵戈消息不堪闻。

诸子夜集因寄长庚

宗子相

万里西风吹急湍，茆堂幽事起凭栏。
客寻玄草频捐佩，醉倚青松不着冠。
渔父暮归双艇急，鲛人夜语一江寒。
闻君已作餐霞侣，石上瑶华只自看。

出访陆长庚不遇

宗子相

出郊频系艇，筑室不倚山。樵者千林下，人家一水间。
岩花春更碧，渚草夕仍斑。汝谓长逃世，吾将共闭关。
岂乘黄鹤去，何意白云还。龙剑斗边？渔竿石上闲。
玄芝应自摘，丛桂好谁攀。惆怅当年语。丹书次第删。

寄陆长庚

宗子相

江上茆堂倚石孤，清尊紫菊岁相呼。
别来千里看鸿雁，明月愁心落五湖。

陆长庚母夫人叙[①]

宗子相

余往在草莽时，则长庚时时共余治博士家语，顾非其好也。辄太息罢去，乃独亟称司马子长杜少陵，当是时闻其言者，相与共目笑之，而独嗟嗟异焉。于是时时过长庚草堂，长庚辄与余几而谈，细剖深语已，命侍子摘园蔬，饭余或酒。余不夜不别，即别复相与握手，竟谈途中。当是时，余贫，而长庚更大贫，至不能张烛启途，往往错足沟秽，不恨也。而太夫人张颇怪，长庚暮归，辄问曰："儿所从朝夕者谁子哉？而殷殷亟亟焉？"长庚跽进而曰："儿读天下书，见天下士者，至众矣！乃无亡逾斯人者，渊停岳峙哉！非儿不能友之。"亡何，又与二三子共谈艺事，则太夫人有时时出酒肴佐谈。长庚得以翱翔文史，驰骋今昔，虽自其雄才乎，要太孺人贤有教矣。后长庚与余次第应有司辟已，乃次第罢归，则仰天叹息曰："嗟乎！余豪士，岂困一第哉！顾念母夫人教我者勤也，且何以慰先君于地下！"盖长庚尊君以《易》学名世，卒乃萝荔其身以老。以故，长庚之念深焉。余先长庚举进士，为郎。无何，以病免归。长庚时时孤艇来讯，停

① 此篇从宗臣妙笔写出，陆西星之生平、神采，跃然于纸上，读之，极有味，不愧为有明文坛巨子之作。

杯曼啸，抗志霞表，然未尝不中夜而叹。余曰何叹，则叹母夫人老在堂也。后数年，余以参藩过里，长庚凡五觞余馆舍。时岛寇急，人仓皇走。长庚独叹曰："天乎天乎！即不念其家，独奈何不念吾母哉！"俄而寇遁，而太夫人以今年六秩矣！太夫人虽萧然荆乎。顾长庚者，天下才，用之则夔龙稷契，不用则班马杜李。辟之云焉，即垂即雨、即结即霞，终日而遍于宇内，均之炳然大观也。以余又闻夫人中子约之，能诗能书能画，又能精歧黄家言。余未交其人，知其豪也。斯何愧机、云哉！睹机、云者，欣艳其子，孰不念其亲哉？当时显约又何论也！即使太夫人翟冠翠翘，扬帔曳裾，终日听丝竽而美金玉，非不融融乐也。乃其子或不足振藻清时，流采千祀，则浮世荣华，辟之飘风落叶，倏起倏灭也。太夫人宜何取焉？长庚闻余言，跃然而起曰："微子言！吾终不能以世俗事吾母。"长庚故喜为玄言，与余言，言终夜不能罢去。诚如其言，则啖桃饵芝，炼形久视，长庚又别有事其母者也，余则安能知哉！

报陆长庚

宗子相

暮春一为缄报，便又深秋。望足下片楮，心目断绝，岂忘之？或遂弃之也。家大人书报六月大雨至，使鹭鸥栖我芙蓉馆中，则足下南墅当不能据波浪侵几矣。细诸君郎君岂安水居？即水中拾一二穗穧，岁计何恃？大为足下称苦。足下既苦穷，乃禹君又竟长逝，又何也？往岁仆走别禹君，则禹君尚挟刺访客，仆意既能挟刺访客，又安有病？即病，亡虑也。不谓遂已，夏中方对客餐，闻子辄弃餐，泣数行下。此君负奇使气口期期，又好文致其词，此具可书。足下宜书，书成报我，当不使此君遂泯也。其孤嫠抱影，何恃为命？足下及伯章诸君，负高义，当后已而先之。简笥中得糈直二金，以道远不能买双鸡斗酒而哭之，足下其为我遗诸其孤。时夜直，省中秉烛，书此朋好，星疏存殁，关念投笔，长歔不能为，心想足下同之尔！①

① 以上宗子相诗文俱见宗臣所著《宗子相集》。

和陆长庚灌河见梦之作

（出《重修兴化县志》）

郑材

至道本真一，至人也无对。逍遥出世老，超然绝憎爱。
谈玄入窈冥，披素见肝肺。下风聆一言，终身足为佩。
曰子睽三秋，俨如宗君在。鸿濛适东游，云将过之再。
何异空谷人，亲戚与謦咳。

陆西星真人传

1. 陆西星传

陆西星，字长庚，生而颖异，有逸才。束发受书，辄悟性与天道之旨，为诸生，名最噪，九试不遇，遂弃儒服，冠黄冠，为方外游，数遇异人，授真诀，乃纂仙释书数十种。其《南华副墨》为近代注《庄》者所不及。西星于书无所不窥，娴文词，兼工书画。同时宗臣最以才名，而著作之富，独推西星云。弟原博亦才士，宗臣拟“二陆”。其《楚阳诗选》与西星《南华副墨》并载焦肱《经籍志》中。从孙士驌，字渠黄，性嗜学，不避寒暑。尝录经、史、子、集与四子书相鼓吹者，几盈尺，名《稽古集》。南丰汤总宪来贺，莱阳周孝廉正序之。当书未成时，三年不下楼，其专笃如此。其他编辑尤多，皆未付梓。士驌子廷抡，见《隐逸》。

（摘录清《重修兴化县志·文苑传》）

2. 拱极遇仙[①]

江北陆西星，遇吕祖于拱极台。嗣后常至其家，传《阴符》《道德》之秘。因注《黄》《老》《参》、《悟》诸书，名曰《方壶外史》。吕祖又命两仙童，受业于陆，偶与戏嬉，童子飞空而去。吕祖仍至，索纸题诗，以指代笔，末有云："每一下阶，众仙为之侧目。"自此仙迹杳然。陆氏子孙，至今珍藏此卷，书尾犹指上罗文。

（录自清·刘体恕编《吕祖全书》）

3. 度陆潜虚

潜虚，名西星，字长庚，淮海人也。幼慕玄修，冥心参悟，购读丹经万卷，未能洞达其旨。潜虚慨然曰："不因师指，此事难知，回先生不我欺也。"嘉靖丁未，以因缘得遇吕祖于北海之草堂，弥留款洽，嗣后尝至其家。一日谓潜虚曰："居，吾语汝。汝今四世分神矣，劫劫栖真，皆明大道。赐以玄醴，慰以甘言。三生之遇，千载难逢。"既以上乘之道勉进潜虚，并授以结胎之歌，入室之旨，及《宾翁自记》数十则，《终南山人集》二卷。微言奥论，动盈卷帙，笔而藏之。旨其言，而未能畅也。研寻二十载，流光如箭。甲子嘉平，潜虚乃遁于荒野，览镜悲生，二毛侵鬓，慨勋业之无成，知时日之不再。复感吕祖示梦，去彼挂此，遂大感悟，由是入室求铅，不数载而事毕。平生著述甚富，所作有《老子元览》两卷、《阴符测疏》一卷、《参同测疏》一卷、《紫阳四百字测疏》一卷、《就正篇》一卷、《方壶外史》八卷、《南华副墨》八卷，俱行于世，启发后人。

---

① 此则也见于清康熙年间仇兆鳌《古本周易参同契集注》，文字略有不同。然所见非康熙原刊本，故不知此条是否是后来的同治本依据乾隆刊本《吕祖全书》窜入。但仇兆鳌之父仇公路乃熟悉明万历以还掌故者，为大儒黄宗羲所推重者也。故此条也极可能是仇兆鳌闻之乃父之口而记者也。

吕祖尝（常）命两仙童受业于潜虚[①]，偶与嬉戏，童子飞空而去。潜虚知天符事近，急欲述吕祖遇钟离、众仙遇吕祖事迹，编为一册，名曰《道缘汇录》。书将成而吕祖仍至，索纸题诗，以指代笔，末有云："每一下阶，众仙为之侧目。"自此仙迹渺然，潜虚亦由此坐化。陆氏子孙至今珍藏此卷，书尾犹带指上螺纹。

（录自清·李涵虚编《吕祖年谱海山奇遇》，清空洞天藏板）

4. 吕祖《示陆潜虚一联复为足成四句》（并序）

予遇潜虚也甚异，潜虚遇予也甚奇。嘉靖丁未，化迹维扬，遍觅良缘，落落无偶。既见君于北海草堂，知为上根利器，嗣后往来其家，赠以上乘妙道，倾怀而予，动盈卷轴，予不以为惜也。谈玄之余，并书生平诗示之，名曰《终南山人集》，更举生平事言之，题名《宾翁自记》。潜虚潜虚，而今而后，撒尘海而上云霄者，惟我与尔有是。夫前日走书一联[②]，今为足成四句。丙寅天开（十一月也[③]）记

雪月炉中炼，风花座上灰。

早寻丹药饵，同听紫云回。[④]

（录自清·李涵虚编《纯阳先生诗集》，清空洞天藏板）

---

① 陈撄宁抄本《法藏总抄·节录〈海山奇遇〉度陆潜虚一则》："原抄本所记录者，有小仙二人，一名素野，一名玉炉。此二仙童程度甚高，陆以兄呼之。与本条'受业于潜虚'之说不同。"

② 陆西星《三藏真诠》："月夕炉中药，风花座上灰。（九月初九日，降于宝严西禅房。）雪映冰潭了净，梅梢新月，始可药生；雷闻玉阙直飞，海底金身，方云颖脱。（右联九月十一日复降于禅房，赠姚陆二生，遂以是日授地元。）"《金丹就正篇》云："师示我曰：'雪映冰潭了净，梅梢新月，始可药生。'天机尽泄于此。吾昔旨其言而不能畅，今则恍然以悟，乃知师恩深重，昭昭乎若揭日月而赐之视也。"又："师示我曰：'月夕炉中药。'命对之，予茫然未有以应。师复自对云：'风花座上灰。'夫流连光景者，每以风花雪月为四胜，对境生情，应接不暇，而师一切拟之为座上灰，非忘己忘物而更忘忘者乎？采药行符炼己要诀，师示我者至矣。"

③ 十一月，底本作"十月"。陈撄宁抄本《法藏总抄·吕祖赐陆潜虚诗》陈注："天开月，即十一月。"十一月建子，故从其说。

④ 紫云回，仙乐名。

5. 方壶仙师迹传

谨按:《海山奇遇》所云：天符事近，言其功成应诏也。国朝火西月所注《道德经序》后载，方壶仙师封号:“三清总校真函兼洞天秘藏事仙史馆文明普度先生东派祖师”。光绪壬辰年兴化至善堂乩坛请降宝诰。

陆方壶仙师宝诰

志心皈命礼，昭阳启派，楚水登真，儒冠切慕黄冠，理学潜通道学，南华经注存储四库之中，北海子池早悟三乘之法，书成外史号方壶，螺印墨斑留祖迹，回春掌上，超识胸中，捍患御灾力阻飞蝗民赖食，驱邪救厄求消疫疠卫苍生，掌宝箓于选仙成忠成孝，巡副御于斗部宜圣宜贤，乃刚乃毅，式守式为，大悲大愿，大感大慈，三清总校真函，洞天秘藏，选仙掌箓，副御梵天，文明普度，东派祖师，宣化彰济真君。

兴化至善开化聿坛降判

（录自光绪辛巳春三月集益堂重镌《方壶外史》）

6.《方壶外史》像赞

圣世逸民，海滨高蹈。
迥出风尘，林泉寄傲。
其德可钦，其容匪耄。
皦尔不滓，从吾所好。
三教阐明，直窥堂奥。
君子万年，有功斯道。

崇祀遗爱祠邑侯中州李戴题[①]

又像赞

矫矫长公，胸次洒洒。

① 李戴，是兴化县令。

潜心二氏，身寄儒者。
道见身隐，调高和寡。
若为仙也，若为禅也。
我知长公[①]，不愿为也。

崇祀乡贤祠宗臣题

（录自光绪辛巳春三月集益堂重镌《方壶外史》）

陆西星《方壶外史》与东派丹法

盛克琦

中华民族内丹学是参天地、同日月、契造化的金丹大道，又是返自然、还本我、修性命的天人合一之学，渊源流长，肇始于伏羲、神农、黄帝上古时期，与道学同源，乃中华民族传统文化中的瑰宝。史书载昔黄帝访天师岐伯而问医，作《内经》阐明医学以疗人民之疾苦，始开中华医学之先河，为世人所熟知；黄帝访广成子学仙问道于空同[②]，鼎湖跨龙白日飞升，尚世人所稀闻。嗣老子、庄子集其成，阴长生、魏伯阳、葛洪、魏华存奠其基，钟离权、吕洞宾、陈抟、刘海蟾将内丹学理论体系发展成熟，大开法门传道。自此内丹流派纷呈，有南、北、中、东、西五大流派之传，其余尚有龙门派、

① 陆西星，字长庚，故称为长公。

② 崆峒山，或谓为天津市蓟县之府君山。1944年版《蓟县志》卷一《地理》山脉载："崆峒山，一名翁同山。以上有崔府君庙，又名府君山。在州北五里，形势峭峻，登峰一望，则边城野景，尽在目中，乃附郭之奇观。雪后遥瞻，宛若图画。……昔传黄帝问道于广成子之处。按岷州、原州、肃州、汝州、赣州，皆有空同山，未知孰是。但黄帝都于涿鹿（今河北省张家口市涿鹿县，现存黄帝城遗址），去蓟甚迩，则是此亦未可定。嘉庆十五年州牧赵锡蒲以蓟之龙脉聚于崆峒山之景，运关郡之盛衰，倡议重修。因药王庙旧基，为广成子殿。……今庙宇俱坍废。"1991年版《蓟县志》载："府君山，古称崆峒山、无终山，在县城北2.5公里。相传为黄帝问道于广成子之处。后建有广成子殿，因年久失修，原殿毁坏。清嘉庆十五年（1800年），知州赵锡蒲在原址重建广成子殿。"（《蓟县志》，南开大学出版社、天津社会科学院出版社，1991年12月第1版，744页）

伍柳派等衍生分化的流派。南宗创始于浙江天台张紫阳（984—1082），名伯端，有《悟真篇》等记其法诀；北宗创立于陕西咸阳王重阳（1112—1170），传全真七子，金莲演派，至今传承鼎盛；中派则肇始于元朝李道纯，著《中和集》等，调和南北两派丹学于一炉，故后世称之为“中派”。东派创立于扬州陆潜虚（1520—1606），名西星，著《方壶外史》《三藏真铨》《南华副墨》等流传于世。西派创立于清道光、咸丰年间乐山李涵虚（1806—1856），自称得吕祖、张三丰传以丹诀秘奥，并推崇陆潜虚丹道学说，冠之以“东派祖师”，袭之而衍“西派”，著有《圆峤内篇》，大张法门，递传近代不衰。

（一）西星生平

陆西星（1520—1606），字长庚，号潜虚子，又号方壶外史、蕴空居士、三剑道人等，江苏扬州兴化（今属江苏泰州兴化）人。其生平见于咸丰壬子年（1852 年）刊行之《重修兴化县志》（尊经阁藏版）卷八。陆西星生于明正德十五年（1520 年）十二月十四日，历经嘉靖、隆庆、万历三朝，是明代杰出的道教学者、内丹家，被后世尊为道教东派创始人。

陆西星诞生在一个诗书世家，其父精于易学。《兴化县志》载“生而颖异，有逸才”。自幼聪明，才华横溢，工诗文，擅书画。尝为诸生，颇有名望。早岁事举子业，曾不断赴闱应试，但是却九试而不中。在其《八哀诗·益府教授从侄律》中云：“生无食肉相，居官何足云？”“乃知造物者，语命不论文。”（《重修兴化县志》）透露出其将九试不第归于命。命运不济，仕途无望，于是“遂弃儒服，冠黄冠，为方外之游，数遇异人，授真诀。”（《重修兴化县志》）

九试赴闱，大抵贯穿了陆西星从青年到中年的历程，然而从资料看，其与丹道仙学结缘却是甚早的。明嘉靖二十六年丁未（1547 年），陆西星称于本年秋季在北海草堂遇吕祖（吕洞宾）亲授丹诀，其时二十八岁。在《三藏真诠序》载：“自丁未（1547 年）之秋，偶以因缘遭际，得与四溟姚君（姚更生）同被师眷，谆谆诲教。”关于此次遇仙奇遇，其《金丹就正篇·自序》也有详细记载：“嘉靖丁未，偶以因缘遭际，得遇法祖吕公于北海之草堂，弥留款洽，赐以玄醴，慰以甘言。三生之遇，千载希觏。既以上乘之道，勉进我人，首言阴阳合而成道。时则谬举三峰之说，以质于师。师乃斥之。间尝授以结胎之歌，入室之旨。微言奥论，动盈卷帙，笔而藏之。顾旨其言，而未能畅也。”

在九试不中之后，愤然悲生，“慨勋业之无成，知时日之不待”，遂绝意于仕途，一心深入研习丹道，并开始了人生中丹经道书的著述。陆西星在《金丹就正篇·自序》中记述：“甲子嘉平（嘉靖四十三年，1564 年），予乃遁于荒野，览镜悲生，二毛侵鬓，慨勋业之无成，知时日之不待。复感恩师示梦，去彼挂此，遂大感悟，追忆囊曩所授语，十得八九。参以契论经歌，反复䌷绎，寐寐之间，性灵豁畅，恍若有得，”撰著了第一部丹经著作《金丹就正篇》。已经四十五岁了。

嘉靖四十四年乙丑（1565 年），陆西星四十六岁。居灌河之滨，开始悉心研读《老子》，叹《老子》一书为“圣人之微言而性命之极致也”。翌年，陆西星通过深入研究《老子》，“参以丹经，质之师授，恍然似有所得其要领者”，历时三月而成《老子玄览》。同年十月，将昔日遇诸仙所授丹诀、事迹、语录等辑成《三藏真诠》。所谓“三藏”者，即“一曰《法藏》、二曰《华藏》、三曰《论藏》。法言道，华言词，论言论也。”该书记述开端于明嘉靖二十六年丁未（1547 年），终于明隆庆六年壬申（1572 年），前后共计 26 年。是年，陆西星开始烧炼地元外丹。

隆庆元年丁卯（1567 年），四十八岁。因妻儿病，从而研究医药之学。同年著成《阴符经测疏》，并撰《玄肤论》。赵宋为之作后序，并出资刻板行世。

隆庆二年戊辰（1568 年），四十九岁。研究风律、堪舆地理之术，继续烧炼地元外丹。七月十一日，至拱极楼祝同门赵遵阳五十寿诞。十月二十四日，陆西星五十寿诞，异人为之作寿赞云：“知君者君，若何所负，竹底疏云，梅梢清露，是耶非耶？云归何处？”是年，河南延津人进士李戴任兴化知县，闻“兴邑有畸士曰陆长庚氏者，谭性命之学而归极于仙禅”。

隆庆三年己巳年（1569 年），五十岁。撰《周易参同契测疏》，盖因《参同契》注家虽多，以陈致虚之《参同契分章注》“得夫立言之旨”，但陈注“特其学问渊深，议论闳博，初学之士，骤尔读之，未免厌多而废，苦难而止”，于是陆西星“会文释义，以义从文，剪去枝蔓，直见本根，详略相因，义由一贯。其宗旨则上阳也，其文则己也。”十月，黄淮水溢，兴化水灾，陆西星借居开元观，继续研究风律、堪舆，烧炼地元外丹，多有所得。

隆庆四年庚午（1570年），五十一岁。八月十九日，自虎墩（今东台县富安镇）省亲归。十二月，于南沙之西禅精舍撰成《金丹大旨图》。又著《七破论》七篇，尽述旁门外道之邪法。

隆庆五年辛未（1571年），五十二岁。五月，撰成《心印经测疏》《百字碑测疏》《青天歌测疏》。大抵《金丹四百字》《入药镜》《龙眉子金丹印证诗》及《悟真篇小序》也是在本年完成。

万历元年癸酉（1573年），五十四岁。陆西星之妻久病不愈，“将还造化”。六月，陆西星重读旧著《参同契测疏》，觉《测疏》虽“贯串经旨，断络章句，自谓庶几不悖作者之意”，然“大义虽明，而微言未晰，将使后昆一字不逗，衷怀贰疑，纵予不咎，宁无歉乎？于是伸纸濡毫，信手成句，纷解义意，补塞遗漏，不复润色辞藻，名之《口义》。”

万历三年乙亥（1575年），五十六岁。陆西星始起草《南华副墨》。

万历四年丙子（1576年），五十七岁。赵宋刻陆西星《方壶外史》。亶怀逸史王部《新梓〈方壶外史〉玄肤论序》云：“君（陆西星）注疏甚富，穷于学道，不能自梓。梓其书者，上大夫方宇赵公，余续就事。”可知赵宋之刊刻陆西星文集《方壶外史》当起于是年。

万历六年戊寅（1578年），五十九岁。四月，《南华副墨》脱稿，并作序。从侄陆律作序，云：“吾叔氏方壶先生，天诞之灵，夙有异骨，才雄学博，洞百氏外家语，童时即志仙游，尝曰：‘人世浮华，石火耳！安用名为？’一日，即谢去亲知，长啸入栖霞山，彷徨乎尘垢之外，逍遥乎无为之业，鹑居鷇食，徐徐于于。旧注《阴符》《道德》《参同》《玄肤》等书，顷著《南华》。”又云：“自先生注出，而诸家注可尽废矣。”五月，青霞外史李齐芳（李子蕃）为《副墨》作序，云：“外史氏，予里闬先生也，闻性命之学于溟涬先生，遂屣弃旧所，栖真乎摄山之阳，注《南华》《道德》，以适己志，明大道之要，俾后来者知乡方。书成，予为梓之。”进士郑才、李茂年分别作跋与后序。

万历八年庚辰（1580年），六十一岁。八月，赵宋序陆西星旧著《老子玄览》，云：“长庚注《老子》二卷，名曰《玄览》，二万余言，贯串一旨。

要皆契悟于言语文字之外者，然非长庚之私言也。……似当准此梓传。”此可知《玄览》虽作于嘉靖四十五年（1566年），十余年后方才刻板印行于世。

万历十二年甲申（1584年），六十五岁。中极殿大学士李春芳病逝，享年七十五岁。陆西星有诗哀之。盖李春芳自致仕归兴化故里，颐养天年数年间，陆西星尝与之有交游也。

万历十九年辛卯（1591年），七十二岁。陆西星参与由兴化知县欧阳东凤主修的《兴化县新志》。

万历二十四年丙申（1596年），七十七岁。陆西星开始着手为《楞严经》作注，并撰写《〈楞严经说约〉引语》，自谓于《楞严经》之旨“独取衷于环师”，“间尝载之毫楮，以志健忘。”所谓环师，即宋代温陵戒环，著有《楞严经要解》二十卷。

万历二十八年庚子（1600年），八十一岁。冬，陆西星远游京师，会李戴于京师官邸，质以学佛心得。

万历二十九年辛丑（1601年），八十二岁。五月，撰成《楞严经述旨题辞》于潞河舟中。同月，李戴为《楞严述旨》《楞伽句义通说》二书作“题辞”于端揆公署。本年，陆西星等十二人参与纂修的《兴化县新志》完成。

万历三十年壬寅（1602年），八十三岁。为旧作《楞伽经句义通说要旨》作《〈楞伽经句义通说要旨〉絜言八则》，并刻成《楞伽经句义通说要旨》一书。

万历三十一年癸卯（1603年），八十四岁。为沈懋孝的《滴露轩藏稿》作序，署名“万历癸卯陆长庚顿首百拜撰”。

万历三十四年丙午（1606年），八十七岁。陆西星卒 。据《重修兴化县志》记载：“陆山人墓，北郭外十里平望铺葬布衣陆西星。”

（二）东派概考

每云南宗创始于浙江天台张紫阳（984—1082），北宗创立于陕西咸阳王重阳（1112—1170）。其实张紫阳并没有开宗立派之意，虽传丹诀于石泰、刘永年等，薪传不断，但传播面并不大，影响也不广。一传石泰（1022—1158）著《还源篇》，二传薛道光（1078—1191）著《还丹复命篇》，三传陈泥丸（？—1213）著《翠虚篇》，四传白玉蟾（1194—1289？）著《紫清指玄集》等。直至传承到白玉蟾才在南方建立教团组织，初具规模，但无“南宗”、“南派”的称谓。王重阳于甘河镇得仙人传授修炼真诀，在终南山“活死人墓”修炼有成后，去山东传道，先后传道法于马丹阳（1123—1183）、刘处玄（1147—1203）、王玉阳（1142—1217）、丘处机（1148—1227）、谭处端（1123—1185）、郝大通（1140—1212）、孙不二（1119—1182）等七人，建立了“三教七宝会”“三教金莲会”“三教三光会”“三教玉华会”“三教平等会”等会社组织，后统称“全真”[①]，创立“全真道”。王重阳及其弟子虽然积极创办教团组织，但是也没有“北宗”“北派”之名目。其时由于政治上北方金元与南方宋朝对峙，南北方割据，虽然全真教弘教迅捷，但当时也仅仅传教北方，声势比较浩大；白玉蟾及其弟子彭耜等则布道南方，颇具影响。随着元朝政府的南进，宗教南北分峙的格局也渐进影响，以致交流、融合。南宋景定年间袁州（今江西宜春）人李简易，号玉溪子，遇异人授以丹道，著《玉溪子丹经指要》三卷[②]，阐述《悟真》一派丹法。其卷首有《混元仙派图》，列举唐宋丹道派师承谱系，其间张紫阳至白玉蟾、王重阳、丘处机等都在其列，可见当时修炼丹道一派自称为“混元仙派”。[③]宗派的合流最初是谱系的融合和互相承认。元·陈致虚师承全真教马钰一系，其在《金丹大要序》中说：“华阳、玄甫、云房、洞宾授受以来，……燕相海蟾，受于纯阳而得紫阳以传，杏林、紫贤、泥丸、海琼接踵者多；我重阳翁受于纯阳而得丹阳，全真教立，长春、长真、长生、玉阳、广宁、清净诸老仙辈，枝分接济，丹经妙诀散满人间。……我黄房公得于丹阳，乃授太虚，以传紫琼，我缘督子得于紫琼。”其间江南传道的李道纯本是南宗白玉蟾弟子王金蟾（名景玄，字启道）的门人，入元后称全真道士，入全真道，是江南最早的全真道士。其弟子柯道冲在《玄教大公案序》中云：“自周汉以来，惟尹子嗣祖位，金阙帝君继道统，授东华帝君，帝君授正阳钟离仙君，钟传纯阳仙君，吕传海蟾刘仙君，刘南传张紫阳五祖，北传王重阳七真，道

① 王重阳在马钰、孙不二家后园结庵修炼，匾其居曰“全真”，是为“全真”立教之始。

② 玉溪子李简易《自序》作于宋景定五年，即公元1264年。

③ 马西沙、韩秉方《中国民间宗教史》称：“该派即两宋兴起的内丹派最初称谓。”上海人民出版社，1992年版。

统一脉自此分而为二。”世称之“南五祖”“北七真”当从此而立，也可以说南北宗教社团在陈致虚、李道纯等明智之士的不断努力下已经实现合流和统一。

明·宋濂（1310—1381）在《潜溪后集·卷之四·跋长春子手帖》中说：“盖自东华少阳君得老聃之道，以授汉钟离权，权授唐进士吕岩、辽进士刘操。操授宋之张伯端，伯端授石泰，泰授薛道光，道光授陈楠，楠授白玉蟾，玉蟾授彭耜，此则世所号南宗者也。岩授金之王嚞，嚞授七弟子，其一即公（长春子丘处机）。余曰谭处端、曰刘处元（玄）、曰王处一、曰郝大通、曰马钰及钰妻孙不二，此则世所号北宗者也。”[①] 在《翰苑别集·卷九·送许从善学道还闽南序》中又讲：“宋金以来，说者滋炽，南北分为二宗；南则天台张用成（伯端），其学先命而后性；北则咸阳王中孚（王嚞），其学先性而后命。”[②] 大抵“南宗”“北宗”的称谓正式确立。

“南宗”又作“南派”，“北宗”也作“北派”[③]。正是由于南宗、北派的产生，因之也就有了“东派”和“西派”的建立。陆西星丹道学说虽然在全真诸派之外自成一家之学，在当时“陆子既闻性命之学于圣师，四方之士，有就陆子而参道者”（陆西星《七破论·破非论》），但未见有传承弟子的记载。陆西星“修道确有同志数人如赵遵阳、姚更生等，但均未著书立说，很可能陆一派之成员不过为同师门弟子若干而已，并无法脉延续。”[④] 因此从现在所掌握的资料看，陆西星自己并没有创宗立派。

“东派”的称谓，首次出现大抵是在清道光咸丰年间李涵虚编纂的《吕祖年谱海山奇遇仙迹》之中。《海山仙迹》卷六《示冷生》中云：“纯阳有三大弟子，为群真冠：海蟾开南派，重阳开北派，陆潜虚汇东派，吾愿入西方，化一隐沦，亲拜吕翁之门，身为西祖。一日上黄鹤楼，忽遇吕祖从空而下，谓之曰：汝欲临凡耶？今乃万历丙午（1606 年），再候二百年丙寅之岁，手握金书，降于锦水之湄，精修至道，阐发玄风，为吾导西派可也。”“东派”之名，堪称首次出现。李涵虚《〈道德经〉注释》一书前有署名陆西星

---

① 《宋濂全集》，201 页，浙江古籍出版社，1999 年 12 月第 1 版。

② 《宋濂全集》，1110 页，浙江古籍出版社，1999 年 12 月第 1 版。

③ 这里所谈的“南宗”“北派”，是指张紫阳和王重阳二支所传承谱系而言的。

④ 谢正强《傅金铨内丹思想研究》（儒释道博士论文丛书），162 页，四川出版集团巴蜀书社，2005 年 12 月第 1 版。

《题〈东来正义〉诗》，其落款："三清总校真函、兼洞天秘藏事、文明普度先生、东派祖师、同仙史馆、愚弟陆西星拜题。"明确了陆西星是"东派祖师"的地位，首次戴上了"东派祖师"的桂冠。

通过前面考证可知，"南宗""北派"之名号是并行对应而来，其名是同时产生。若无"南宗"之名，则"北派"之号无因而起；若无"北派"之称，则"南宗"之呼也无因而得。清乾隆年间"涵三宫"刘体恕等编纂之《吕祖全书》在《仙派源流》称："南北两宗，皆吕祖法嗣也，猗欤盛哉！"考李道山《李涵虚真人小传》载：李涵虚"至峨眉山，遇吕祖、丰祖于禅院。"李涵虚编纂之《张三丰文集·卷一·道派》藏崖居士考纪的《后列仙传》称：李涵虚"道光初，遇张三丰先生于绥山，传以交媾玄牝、金鼎火符之妙。既更遇纯阳（吕祖）祖师，得闻药物采取之微，以是决意精修。"再看陆西星在《金丹就正篇·自序》自称："嘉靖丁未，偶以因缘遭际，得遇法祖吕公于北海之草堂，弥留款洽，赐以玄醴，慰以甘言。三生之遇，千载希觏。既以上乘之道，勉进我人。"李涵虚与陆西星一同承自吕祖的仙传，李在西乐山，陆在东扬州，从地域上看，一东一西；从时间上看，则一前一后。既然李涵虚自赋开宗立派之志，故奉陆西星为汇"东派"之祖，李涵虚自己则为导"西派"之师。如是"星月交辉"，陆为西星，李为西月；陆字"潜虚"，李改名"涵虚"，潜为隐于其中，涵字则包于其内；陆名"长庚"，李则号"长乙"。庚为西金之代称，乙则是东木之隐语；陆道号"方壶外史"，李自称"圆峤外史"。"方壶""圆峤"同为三仙山之名，而方圆又为对称之词。从谱系上李涵虚不仅仅与陆西星是同门师兄弟，更后追与刘海蟾、王重阳共坐平起，都是吕祖门人。"海蟾开南派，重阳开北派"，那么"陆潜虚汇东派"，李涵虚则自导"西派"，从而吕祖法派，不仅"南北两宗，皆吕祖法嗣也"，更有"东派""西派"共同羽翼，如是确为吕祖门下"猗欤盛哉"！

《纯阳先生诗集》内《大江吟》的后记中明确称吕祖法嗣为"大江派"："先生（吕祖）大海也，而以江自喻，弟子沟渠也，不敢以沱自居，然沱乃大江一派耳。虽非沱而窃愿为沱，遇灌则分，逢泸则合，而今而后，皈依先生者，即称为'大江派'也可。"所以皈依吕祖者，即属"大江派"。在《大江吟》首句谓之"西陟岷山观徼外，千峰万涧成一派。一派溶溶号大江，长驱万里注沧海。”然而大江一派，乃众水之所依附，故必万流之来归。大江自西而东，皖江既受淮河西流水，后来又归长江，暗喻陆潜虚仍归宗于吕纯阳。四川在长江之西，故李涵虚宜称“西派”之祖也。而陆潜虚系淮海人，乃在大江之东，允称为“东派”之祖也。东有淮河皖江之来归，西则有沱江诸水之共趋，淮者固为陆西星，沱者即是李涵虚。淮也沱也，一东一西，同注大江而去，陆东李西，即所谓“星月交辉之谶，宿有因缘”①也。“大江派”乃是以尊奉吕祖为创始，由此吕祖法嗣南、北、东、西四派俱全矣！世尚有“中派”之称谓，系元代李道纯在当时丹道南北二派之外，又创新说，强调以“中”为“玄关”在丹道修炼中的核心作用，并且在传承上调和南北两派丹学于一炉，因此被后世丹家推崇为“中派”②。《纯阳先生诗集·大江吟》云：“大江茫茫众水附，沱也归来共一潢，我今再告沱龙曰，江量宏深能容物，……东卷西翻吞浩荡，皖江既受淮西流，得来又被是江收，天下九河各分派，会于江者居半筹。”明清以来，吕祖信仰风行，丹道诸多流派尊奉吕祖为祖师是非常普遍的，大都自称为“钟吕门下”或“吕祖门下”，以及吕祖的“奉道弟子”，等等。因此李涵虚《纯阳先生诗集》称吕祖法嗣为“大江派”，犹若大江汇集了千山万水一样，波涛滚滚，湍流不息，也预示了就像奔流不息的长江，自西向东，一浪推一浪，勇往直前，一泻千里，汪洋恣意，其生机盎然，永无休止矣。吕祖法派，诚是道教千门万派中的最佼佼者。

在李涵虚创立“西派”之前，可以说并没有“东派”的提法。如清康熙年间博学广闻的仇兆鳌和陶素耜两位丹道大家，受陆西星学说影响颇大，他们在各自注疏的《参同契》《悟真篇》采辑陆说最多，也未提到陆西星创立“东派”之说。清乾隆年间刘体恕等所编纂之《吕祖全书》，载有陆西星“拱极遇仙”事，也不提有“东派”的存在。然而萧天石先生（1908—1986）在其所著《道家养生学概要》中却有云：“据明末朴真道人著之《玄寥子》中云：‘东派之开关展窍诀，提携追摄诀，过关服食诀，较印度瑜伽术与密宗双修法中所用者，尤为上乘而简妙。’特志之。”该语每见国内学者经常引用，

① 见李涵虚《吕祖编年诗集序》。

② 参见萧天石《道家养生学概要》卷二之《中派修真要旨》、王沐《内丹养生功法指要》之《道教丹功宗派漫谈》、胡孚琛主编《中华道教大辞典》道教门派之《中派》辞条，等等。

却多不加分析判断，诚为可惜。通过考证可知，将陆西星定为“东派”和“东派祖师”是清代李涵虚所奉立。那么作为“明末朴真道人”怎能在其著作中使用“东派”之称？另外，焉能知道“明末朴真道人”在《玄寥子》所提及的“东派”就是指陆西星之“东派”呢？再者，除萧天石先生提及了该书，到底有谁真正地看到过“明末朴真道人著之《玄寥子》”？因此怀疑“明末朴真道人著之《玄寥子》”是本子虚乌有之书。如果确有该书，并且其所提及的“东派”确实是陆西星一派，那么也可以推断该书是本伪托、伪造的“明末”道书。因无“西派”之立，焉有“东派”之名？作为“明末朴真道人著之《玄寥子》”怎能运用清道光、咸丰年间人李涵虚所造“东派”一词？

萧天石先生在《道家养生学概要》卷二《丹道门各派要旨》中说：“东派则为陆潜虚所创始，……嗣后傅金铨又大张门庭，并编著有《证道秘书十七种》广行于世。”在同书卷四《简列修真必参书目》将傅金铨《证道秘书十七种》等列为《东派必参书目》，认定傅金铨是东派，其著作是东派内丹理论经典。其说在学术界也颇为流行，大都是承袭萧天石先生论断而来。傅金铨，字鼎云，号济一子，又号醉花道人，江西金溪珊城人，活动于清嘉庆、道光年间，著有《证道秘书十七种》等。傅金铨虽然也尊奉吕祖，并且对陆西星著述评价极高，但是从传承谱系来看他不可能是“东派”，从丹道法诀比较来看，差异也颇大，因此论定傅金铨为“东派”是不确切的。关于这个问题，谢正强博士曾在其大著《傅金铨内丹思想研究》[①]一书中有详尽论说，兹不赘述。

（三）著述略说

陆西星的著作极其丰富，有《方壶外史》《南华副墨》《三藏真诠》《楞严经说约》《楞严经述旨》《楞伽经述旨》等传世。另外据王沐先生[②]、柳存仁

① 谢正强《傅金铨内丹思想研究》（儒释道博士论文丛书），162页，四川出版集团巴蜀书社，2005年12月第1版。

② 王沐《内丹养生功法指要》，东方出版社1990年第1版。

先生等考证小说《封神演义》也是陆西星之手笔。[①]

《方壶外史》为明陆西星撰著的内丹丛书，是研究陆西星丹道思想和所创东派丹法的主要文献。《方壶外史》八卷，收书十五种。《方壶外史》的内容可概分为两类：一为注释，计有《无上玉皇心印妙经测疏》《黄帝阴符经测疏》《老子道德经玄览》《周易参同契测疏》《周易参同契口义》《悟真篇小序》《崔公入药镜测疏》《纯阳吕公百字碑测疏》《紫阳真人金丹四百字测疏》《龙眉子金丹印证诗测疏》《邱真人青天歌测疏》；二为自著，计有《玄肤论》《金丹就正篇》《金丹大旨图》《七破论》。今将《方壶外史》各书及《三藏真诠》略作钩玄。

一、第一卷乾字集

1.《无上玉皇心印妙经测疏》：《无上玉皇心印妙经测疏》，书成于隆庆五年（1571 年），署“淮海参学小臣陆西星谨测”。认为《玉皇心印妙经》“乃上帝之心印，诸经之鼻祖，玉京之尊典，有志斯道者，当信受而奉行之”，故为之测疏，置于卷首。

其解释精、气、神关系等简明而周全。“夫人身中三宝，精气与神而已矣！灵明知觉之谓神，充周运动之谓气，滋液润泽之谓精。以其分量而言，则神主宰制，气主作用，精主化生，各专其能，而皆听命于主人。以其功用而言，则精能化气，气能化神，而神之所至，气亦至焉；气之所至，精亦至焉，又皆相依相济，以成自然之用。若乃原始反本，则无极之真，二五之精，妙合而凝，而后三者始具。盖神即无极之真，而气与精，即二五之精也。大朴未散之民，药物完具，圣体浑全，故童初之子，不假归复，而成无为之道。自夫窍凿之后，天真既断，而此三者，日改月化，而度于后天。后

① 胡孚琛《丹道法诀十二讲》：“内丹学家陆西星（1520—1606）作《封神演义》述道教仙术，此书亦被鲁迅误判为许仲琳所作，柳存仁先生和先师王沐先生皆有文章考定为陆西星所著。《封神演义》中多有咏丹道修炼的诗句，且引《黄庭经》达十余处，文字不失丹家本色。如其第五回词云：‘夺天地之秀气，采日月之精华。运阴阳而炼性，养水火以胎凝。二八阴消兮若恍若惚，三九阳长兮如杳如冥。按四时而采取，炼九转而丹成。’内丹学乃自古秘传的绝学，非世间等闲之辈所能知。《封神演义》中之丹诗，乃丹家真传，显非许仲琳之辈凡夫俗子可冒认著作权的。”（胡孚琛《丹道法诀十二讲》中卷，328 页，社会科学文献出版社 2009 年 9 月第 1 版。）

天之物，当体属阴，不能久固，故不可以入于药品。今之上药，则指先天而言，所谓元精、元气、元神是也。盖元神者，混沌之神，非日用思虑之神也；元气者，鸿濛始判之气，非口鼻呼吸之气也；元精者，其精甚真，其中有信之精，非交感淫泆之精也。是三者得而用之，然后可以扶救老残，补续年命，回阳换骨，而成上品九级之天仙。若乃后天之物，则破坏无用，但可保啬，以为助道之阶梯。”指出修炼所用“上药”是先天清虚之质，“可以扶救老残，补续年命，回阳换骨，而成上品九级之天仙”。后天重浊之物，则不堪作用，但也不可轻易弃捐，云：“若乃后天之物，则破坏无用，但可保啬，以为助道之阶梯。”

论丹道修炼是“盗其机而逆用之”功，称“存无守有，言盗机也；回风混合，言逆用也。”功程次第，首先“存无”，“凝神静虑，炼己以有待也”；其次“守有”，待“恍惚窈冥”而有“真信”，“其精甚真，其中有信”，趁此“勿失爻动，乘时而有为也”，即行“采药”而作“炼丹”之功，“迨夫玄珠呈象，运剑追来，疾驾河车，逆转而上，此时元皇正炁来合我身，……合则冠婚相纽，龙虎交媾，而丹药圆成矣。”丹药圆成后，“遂言养丹之事”。“盖西入东家，宾迎主人，既已回风混合于戊己之宫，但见身中精气，一时辐辏而朝于主人，如君臣之庆会者然。如此朝朝暮暮，火候无差，长养圣胎，婴儿显相，直至三年九载，行满功成。脱胎神化，而升于玉阙，则还丹之事毕，而大丈夫之志愿遂矣。”将丹道关键法诀，简明扼要地全部揭示无遗。最后指出“夫存无守有，采炼于顷刻之间；回风混合，功灵于百日之内；默朝上帝，升神于一纪之期。如此程途，历历可循，所谓‘功夫容易，大药非遥’。上根之人，一闻即悟，勤而行之，则如上功程，指日可计。”

丹道修炼最重“火候”，陈虚白在《规中指南》中指出，“火候口诀之要，尤当于真息中求之。盖息从心起，心静息调，息息归根，金丹之母。”陆西星也阐述：“夫火，神火也。而何与息？盖息者，火之橐籥也。今夫冶人之铸金也，必以橐籥，急则火躁，调则火匀，缓则火藏，止则火冷。故养丹之法，妙在调停真息，以佐神火，常使一呼一吸消息合宜，育养清阳，以滋灵质。”

丹道注重色身的转化，形神俱妙。“夫先天元神，原自不坏，但不依形身，未经煅炼，虽有灵妙，无自而显。是故学道之士，贵在保啬此身，以固主人之宅舍。然而四大一身皆属于阴，则又不能以永固，必得先天真一之气以补之，然后阳里阴精长盈长住，而不凋不残，蔚乎如松柏之青青。盖精盈则形固，形固则神安，而长生久视之道，端在是矣。”堪称“补气”之功，其气惟是“先天真一之气”耳！

2.《黄帝阴符经测疏》：《黄帝阴符经测疏》，成于隆庆元年丁卯（1567年），题名“淮海潜虚陆西星测疏，同志遵阳赵栻、太华姚更生校阅”。《阴符经》，全称《黄帝阴符经》或《轩辕黄帝阴符经》，总计300多字，或谓黄帝所作，或谓黄帝受于广成子，是道家祖书，故放在卷二之次。

据载《阴符经》是唐朝著名道士李筌在河南洛阳嵩山少室虎口岩石壁中发现的，此后才传抄流行于世。后世丹家多重视该书，宋张紫阳在《悟真篇》中称：“《阴符》宝字逾三百，《道德》灵文满五千。今古上仙无限数，尽从此处达真诠。”清刘一明谓之：“《阴符经》三百余字，其言深奥，其理精微，凿开混沌，剖析鸿蒙，演造化之秘，阐性命之幽，为古今来修道第一部真经。”陆西星称该书：“所谓性命之宗、三元之道，则论之备矣。”

陆西星在《测疏》中论述：“一阴一阳者，天之道也；一动一静者，天之行也。人能观天之道，执天之行，则道自我出，命自我立，而圣修之能事毕矣。”“苟能洞晓阴阳，深达造化，实见其理之如是也。逆转杀机，以善其身，举水以灭火，以金而伐木，其心之施行，与天道天行无不吻合，则铅汞同炉，三五归一，自然怀胎结婴，而宇宙在乎手，万化生乎身矣。”称“‘盗机’二字，乃《阴符》一经之骨髓，其妙用则不外乎明日月之数、识阴阳之类而已，所谓‘观天之道，执天之行，尽矣’。”“识互藏之精也，明合发之信也，知不神之神也，得盗机之巧也，观天之道而执天之行也。”“观天之道，执天之行，盗机逆用以修其身也。若夫至静之道，则律历有所不能契，何以故？至静之道，无为之道也。知自然之道之不可违，因而制之，则有为之法也，阴阳相胜之术也。无为则性之宗也，有为则命之窍也。无为，则先天也，无极也。”讲采药炼丹“爰有奇器”，“此器有合符之时”，“此器有变化之妙”。合符炼丹以用术，变化通灵守之道。“所谓术者非他也，乃阴阳相胜之术也。道不外乎阴阳，故术亦不外乎阴阳之相胜。以是知道即术也，术即道也，但有有为、无为之分，先天、后天之辨耳。然而无为固妙，有作为基，圣人以术示人，以象进人，可谓体物不遗，上下兼尽矣。”

二、第二卷坤字集

《老子道德经玄览》:《老子道德经玄览》，成书于嘉靖四十五年乙丑（1566年），题名“淮海参学弟子陆西星长庚撰”，昆丘外史赵宋、遵阳子赵栻给予作《序》，太华姚更生作《读〈老子〉宗眼》。《老子》又称《道德经》，是老子所作。老子，名李耳，字伯阳，又称老聃，唐朝时被尊为“太上老君”，是我国古代伟大的哲学家和思想家，是道家学派创始人。出生在西周时期楚国楚苦县厉乡曲仁里。

嘉靖四十四年（1565年），陆西星四十六岁，居灌河之滨，开始悉心研读《老子》，叹《老子》一书为“圣人之微言而性命之极致也。”翌年，陆西星通过深入研究《老子》，“参以丹经，质之师授，恍然似有所得其要领者”，历时三月而成《老子玄览》。

陆西星讲:“昔老圣为周柱下史，以道不果行，乃西游出关。关令尹喜，有道人也，望气而知，迎谓之曰:‘夫子殆将隐乎，强为我著书。’于是乃著灵文五千，名曰《老子》。汉之景帝，遵崇其道，始名曰经。至唐玄宗，始加道德，分为上、下两篇。何谓道德？道者虚而无有，德则一而不分。《庄子》云:‘性修返德，德至同于初。’初，即无名之始，道之谓也。‘道德’二字，世人罕知，汉兴以来，笺疏《老子》，代不乏人，略记百有余家，得其旨者，庄子《南华》之外，指不可以多屈。盖自河上之说，已属可疑，其散焉者，则狃于儒说之支离，而于所谓妙徼重玄之秘，则概乎其未有得也。星启窾寡闻，晚遭圣师诲谕，命读《阴符》《参》《悟》之书，沉潜反覆，溯源穷委，观其递相祖述，言近指远，迥出思议之表，乃知是经根极性命，八十一章的非即事曼衍之谈。于是尽废诸说，不敢分裂章句，同欣戚于矮人之场，僭为测疏，名曰《玄览》，贵在得其君宗，中其肯綮，读吾书者，当作别观。”“八十一章老圣之言道德，其肯綮实在于此，学者苟能得其宗旨，则其后所言治国用兵与取天下，皆属寓言，吾可以曲畅旁通而得意于文辞之外矣！”其在注中多借《老子》发挥丹道性命之理，今将阐述丹道语句略作钩玄。

第一章:“《易》曰:‘天地絪缊，万物化醇；男女媾精，万物化生。’故有名为万物之母。《经》曰:‘天地万物生于有，有生于无’，盖言此也。其在人也，若何而体之？故常自其无欲者而言之，即无极之真，道之妙于其无者也，是故可以观其妙焉；常自其有欲者言之，即阴阳二五妙合而凝，道之所以立乎其有者也，是故可以观其徼焉。徼之言求也，或曰窍也，有相通之义焉。盖当无欲之时，至静无感，以观其妙，则见清净之中，一物无有，释氏所谓‘真空’，儒者所谓‘未发’，皆不出此。但不可以有心观之，有心观者即着思虑，而非自然，又不可以无心驰之。《经》云：‘载营魄抱一，能无离乎？’作是观者，方为合妙。及乎时至机动，天人合发，元始真一之炁自虚无来者，吾得其机而用之，则见阴阳相求，冠婚相纽，所以为万物之母者在是，所以为立命之基者在是。千圣传心，惟此二语，所谓性命双修，圣凡同证，万世之下，不得师旨，孰敢妄言？”

第三章：“盖能静能应，常应常静，圣人定性之学，有为中之无为也。”

第五章：“是道也，言之不能尽，体之则可得。盖道不可道，而吾必欲以言语形容之，吾见其多言而数穷矣。体之于身，不若常守此中，庶乎至虚守静，而道可凝也。中，即下章玄牝之谓，乃吾人之橐籥也。性由此立，命由此出，所谓无欲以观其妙者，意盖如此。然谓之中，则已不落方所，不属指拟，果何自而守之哉！”

第六章：“无极则道也，太极则所生之一也。一者既立，两者遂行，于是始有玄牝之门焉。门者，神之所由以出入者也。《易》曰：‘乾坤其易之门耶。’乾，阳物也；坤，阴物也。阴阳分，则玄牝之门一阖一辟，而造化于是乎生，圣功于是乎出矣。故曰‘玄牝之门，是谓天地根’。……圣人则知此，而存之以绵绵，用之以不勤，专气致柔，务以复乎无极之本体，故能以神驭气，以气留形，圣人之所以长生而久视者，其道如此。……然又须知，玄牝自玄牝，而玄牝之门自玄牝之门，不可混而为一。”

第二十章：“‘众人皆有以，而我独顽似鄙’也。我之所以独异于人者，何哉？亦惟食母之为贵焉耳。盖无名天地之始，有名万物之母。万物之母炁，即先天之始炁，一而二,二而一者也。人皆得之以有生，而以智慧巧利窍凿，混沌存焉者寡矣。圣人则知母炁之在人，乃吾生身立命之根，而不可以须臾失也。于是观妙、观徼于同类有情之中，而窃其互藏之精，以为性命之主，养之温之，食之味之，则见道味深长，而世味为之自忘，又何俗学之足以撄吾念哉？‘食母’二字，老圣平生学术，尽露于此篇中。”

第二十一章："'道之为物，惟恍惟惚。'然'惚兮恍兮'，而'其中有象'也；'恍兮惚兮'，而'其中有物'也；'窈兮冥兮'，而'其中有精'也。'其精甚真'，而'其中有信'也。精，谓阴阳互藏之精；信，谓天人合发之信。是谓无象之象，无物之物，甚真之精，不言之信。所以为生天生地、生人生物之根，实在于是。圣人洞明古始，深达造化，故于阴阳互藏之宅，而求其所谓象、所谓物、所谓精、所谓信者，以为主命之基。则宇宙在手，万化生身，而长生久视之道端在是矣。……。'恍惚窈冥'数语，古今论道之公案，万世之下，未得师指，孰敢妄笺？今以所闻于师者，略赘一言。"

第四十章："先天真乙之炁，根于虚静之中，及其动也，神明生焉，圣功出焉，故地势重阴之下而一阳来复，乃造化之根柢，而品汇之枢纽也。圣人洞晓阴阳，深达造化，赞易至复，不觉叹曰：'复，其见天地之心乎！'天地生物之心，至复乃见，则夫静极而动之端，其道之出机乎？故曰：'反者道之动'。圣人用其道，以善其身，故于阴阳互藏之宅，而窃其微动之机，逆而修之，以立性命之根宗。其未得之也，守之以濡弱，尚之以不争。及其得之，即专气致柔，抱一无离。始终以弱为用者，体道之事也。故曰：'弱者道之用'。所以然者，盖以天地万物皆生于有，有生于无。谓之曰'无'，即'无名天地之始'也。谓之曰'有'，即'有名万物之母'也。圣人之于道也，求之于有而能窃其机，守之于无而善观其妙。知动知静而不失其时者，其惟圣人乎？此非予之私言也，尝闻之矣。"

第五十章："澹泊以养其心，冲和以养其气，虽尝履虎之尾而能免于咥人之凶。虽有临敌之时，而不致丧宝之患，故终无死地，而得以长生久视也。"

第五十五章："常抱元守一，专气致柔，使吾冲和之炁与天地相为流通，则性真全，命蒂固，而真常不变之道在我矣。非明于大道者，孰能之哉！"

第五十八章："辨水源，知药材之老嫩；执天行，知火候之消息。微乎深乎，入于无朕。至于无垠，慎乎密乎！视于无形，听于无声者，是察察之政也。圣人于此岂乐而为之哉？求以补吾身之缺缺焉耳。且夫治身之道，圣人非自百姓日用之外别有所加也。盖其洞晓阴阳，深达造化，故于其互藏之宅，而窃其所谓真乙之炁者，以为立命之基。是知杀机逆转，害里藏恩，祸福倚伏之机，奇正互变之势。所谓顺之则法界火坑，逆之则大地七宝，出死入生，转凡成圣，非有二道。"

第五十九章："察察之政，以啬为先。非啬则灵株不固，己汞不全，纵能知药，而二八不当，宾强主弱，无以行一时半刻之功，故当'啬'以积之。然所谓啬者，又非止深藏固閟不施予而已。以究其极，则伯阳翁之所谓'关键三宝'，能仁氏之所谓'不染六尘'，紫阳翁之所谓'顿超无漏'，皆'啬'之妙义也。……自惜自吝，积之之久，神气满室，民安国富，待时举事而动，罔不克，又孰知其底止哉？如是则可以有国矣。有国，犹言有身也。然天下岂有无母之国哉？虽然有国，而不得其母，亦非长久，故有国之母可以长久。母，即食母、守母之母，乃真乙之炁所以生生者也。夫重积而至于有国，有国而能得其母焉，则宇宙在手，造化生身矣。所谓'深根固柢，长生久视之道'，又孰有加于此哉！"

第六十三章："夫有为之道，圣人修之以善其身，愿其化而欲作之时，为能镇之以无名之朴。是以虽不离于事相之中，而超然独出于事相之外，所谓欲为而为之以不为者。故曰：'为无为，事无事，味无味。'《经》曰：'有之以为利，无之以为用。'意盖如此。大小多少，报怨以德，何以故？常人身处大国，不能下小，自雄自长，凌轹于物，卒之用壮取困，两败俱伤，恩多怨深，业重福败，沉滞于有为事相之中，而不能自振者，往往有之。……洞晓阴阳，深达造化，故于阴阳互藏之宅，而窃其所谓真乙之炁者，以为立命之基，岂非至易至简、至幽至微、至神至圣者哉？圣人为之、图之，不出乎此。此千圣传心之要道，上圣登真之梯筏，舍此则为旁门小术而不足以为道矣。"

第六十四章："圣人之治身也，窃互藏之精，行逆修之道，保身于未危，故其安易持也；迎机于未兆，故其事易谋也。识其时而诱之，故其脆易破也。得其机而运之，故其微易散也。为之于未有，故气清而无质也。治之于未乱，故顺习而易驯也。……圣人洞晓阴阳，深达造化，故于有为事相之中，逆而修之，以仙其身。是知出死入生，转凡成圣，其机不远，在乎虚心弱志，欲为而为之以不为，方为妙合。否则，为之者败之，而执之者失之矣，此百姓所以去道之日远也。圣人无为故无败，无执故无失，且民之从事于道也，亦常于几成而败焉。……所以然者，得非以持心未熟，炼己无功，见境生情，群魔作障，而致然哉！……使其胸次洒洒，一尘不挂，然后情境两忘，可以临炉采药而行一时半刻之功。及乎时至气动，则惟恭己听命顺其自然，而一毫敢决取强之意，不敢与乎其间。……欲为而为之以不为，圣人之谨于行事而善于慎终也。如此，其无败而无失也，宜哉！”

第六十八章：“为之下，以身下之也。盖有为之法，圣人不得已而用之，以善其身者也。既不得已而用之，则当以慈、俭、不先为宝，保而守之，夫然后可以得人之力济其事，而成其功。盖惟慈故不武不怒，惟俭故不与；为不先，故用人而能下；是不争之德也，是用人之力也，然是不争而下人，乃天道也。”

三、第三卷离字集

《魏伯阳周易参同契测疏》:《魏伯阳周易参同契测疏》，成书于隆庆三年己巳年（1569 年），题名“淮海参学弟子潜虚陆西星测疏，同志遵阳赵栻、太华姚更生校阅”。《周易参同契》是东汉魏伯阳所著，被历代内丹家尊为“万古丹经王”。后蜀彭晓《参同契解义序》云：“魏伯阳，会稽上虞人，修真潜默，养志虚无，博赡文词，通诸纬候，得古人《龙虎经》，尽获妙旨，乃约《周易》撰《参同契》三篇，复作《补塞遗脱》一篇。所述多以离言借事，隐显异文。密示青州徐从事，徐乃隐名而注之。桓帝时，公复授与同郡淳于叔通，遂行于世。”淳于叔通为后汉桓帝时人，袁宏《后汉纪》及陶弘景《真诰》等书均有记载。葛洪《神仙传》还记述了魏伯阳和其弟子虞生炼丹得仙的故事，其云：“魏伯阳者，吴人也。本高门之子，而性好道术。”又云：“伯阳作《参同契》《五相类》凡三卷，其说是《周易》，其实假借爻象以论作丹之意。”《抱朴子内篇·遐览》又录有《魏伯阳内经》一卷。《周易参同契》载于《旧唐书·经籍志》，《北堂书钞》《颜氏家训》《真诰》俱有征引，陆德明《经典释文》还记载虞翻曾注过《参同契》，足证《周易参同契》确为后汉之书。何况《参同契》正文中早已隐有“魏伯阳歌”的廋词（《颜氏家训·书证篇》解为“魏伯阳造”），据此《参同契》为桓帝时魏伯阳所著，殆无疑义。魏伯阳著《参同契》时所据的古《龙虎经》，大约是一本外丹黄白著作，其精于金丹术，因此便将大易、黄老、炉火三家通同契合起来，著成此书，经徐从事、淳于叔通传注问世。张伯端《悟真篇》云：“叔通受学魏伯阳，留为万古丹经王。”高先《金丹歌》亦云：“又不闻（淳于）叔通、（徐）从事、魏伯阳，相将笑入无何乡，准《连山》作《参同契》，留为万古丹中王。”由于《周易参同契》是用隐语写成的，其中丹诀仅靠口诀秘传，《参同契》的抄本亦珍藏在少数人的手中，世人难得一见，因之《参同契》的学说至唐代才流传到社会上，而且版本杂错，文句惑乱，注释亦歧义百出。萧天石在《重刊古本周易参同契集注序》中说：“《周易参同契》一书，汉魏伯阳著，世尊为‘万古丹经王’，历代丹家祖之，为我国古典哲学书中之最深奥义书。”“尤以其书难读，其辞难解，其理难明，其诀难彻，其法多秘，其术难传，此所以数千年来，流派纷陈，正统圣脉，不绝如缕，而其道术，亦暗而不彰也。”因此能读懂的人微乎其微，宋代著名学者朱熹都称其“词韵皆古，奥雅难通”，虽曾为研读此书“终夕不寐”，却叹息“眼前见得了了如此，但无下手处”。后世注家更是仁者见仁，智者见智，歧论百出，莫衷一是，正如元代陈致虚所说：“此书解者，百有余人，少能深造其奥”。

陈致虚在《周易参同契分章注解》云：“后人各执异见，不立苦志参访真师，不明阴阳同类相胥，各尚所闻，愈差愈远。彼见‘周易’，则指为卜筮纳甲之书，又恶知同类得朋之道乎？彼见‘鼎器’之说，则猜为金石炉火之事；彼闻‘采取’之说，则猜为三峰采战之术；彼闻‘有为’，则疑为旁门邪径；彼闻‘无为’，则疑是打坐顽空；彼闻‘大乘’，则执为禅宗空性。”陈致虚曾得丹家真传，以“阴阳同类相须”、“同类得朋之道”注《参同契》。

陆西星撰《周易参同契测疏》，盖因《参同契》注家虽多，认为以陈致虚之《参同契分章注》“得夫立言之旨”，但陈注“特其学问渊深，议论闳博，初学之士，骤尔读之，未免厌多而废，苦难而止”，于是“会文释义，以义从文，剪去枝蔓，直见本根，详略相因，义由一贯。其宗旨则上阳也，其文则己也。”陆西星此注力主人元阴阳丹法，多所发明，清·仇兆鳌推之为“发挥丹诀，疏畅条理，得吕祖亲传。”（仇兆鳌《周易参同契集注》）陶素耜则极赞之为“暗室之巨灯，迷津之宝筏。”（陶素耜《参同契脉望》）陈撄宁亦谓“古今所有《参同契》注解，余读过四十余种，应推潜虚子陆长庚之《测疏》《口义》两种为最善。”

陆西星指出：“魏公首章，铺叙作丹之旨，药物火候，大段分明。学者于此，诚能句句精透，字字贯串，则以后诸章，皆如破竹，数节之后，可以迎刃而解矣。”因此其对该章注解很是详尽细致。

四、第四卷坎字集

《周易参同契口义》:《周易参同契口义》，成书于万历元年癸酉（1573年）。陆西星之妻久病不愈，“将还造化”。“乃僦地北里，俟命晨夕”。“容膝之下，倚木焚香”，重读旧著《参同契测疏》，觉《测疏》虽“贯串经旨，断络章句，自谓庶几不悖作者之意”，然“大义虽明，而微言未晰，将使后昆一字不逗，衷怀贰疑，纵予不咎，宁无歉乎？于是伸纸濡毫，信手成句，纷解义意，补塞遗漏，不复润色辞藻，名之《口义》。方尔尘谈，起草于孟夏之望，阅月余乃就绪，存之草创，相与《测疏》之书互相参订，嗣我后者，好道之伦，苟能精思而玩索焉，庶乎诵言知味，而无开卷嚼蜡之患矣。”书中于人元丹法之精义阐发极为显明。因《测疏》《口义》精奥之论颇多，句句珠玑，钩不胜引，且篇幅有限，故二书提要不作摘录，读者悉心研究，寻文索义，品读精思，更易食髓得味也。

五、第五卷屯字集

《张紫阳悟真篇小序》:《张紫阳悟真篇小序》，具体成书时间不甚详细，大概作于隆庆五年辛未（1571年）至万历元年癸酉（1573年）之间。

《悟真篇》，北宋张伯端著。张伯端（987—1082），字平叔，一名用成，号紫阳，天台人，著名道教学者，道教南宗鼻祖，南宗丹法创始人。著作有《悟真篇》《金丹四百字》《玉清金青华秘文金宝内炼丹诀》《八脉经》等。《悟真篇》在丹道中占据着重要的学术地位，可与“万古丹经王”《参同契》相媲美，被历代丹家所推崇，故各家注解《悟真篇》者甚多，其中以翁葆光《悟真篇注释》、《悟真篇三注》（题名薛道光、陆墅、陈致虚注）、陆西星《悟真篇小序》、陶素耜《悟真篇约注》、仇兆鳌《悟真篇集注》等为最著名。在历代《悟真篇》注疏中，陆西星颇为推崇《悟真篇三注》，赞叹“三贤注之详矣”。其鉴于《悟真篇三注》“篇章浩瀚，读者病焉”，故“会其意作为小序，冠诸篇首，比之毛公《诗》云。”而发挥《悟真篇》丹道玄意。

陆西星在其书中特意批判了“三峰采战之说”，同时也阐述了丹道与之的区别:“或问：三峰采战之说，诸家非之，而《悟真》每言求战、死斗，抑又何欤？曰：三峰之言采战，乃空国兴师之战；其言采，乃采取后天渣质淫浊之气，有战之名、有战之事者也。《悟真》之言战、斗，乃阴阳均敌，举水灭火，以金伐木，有战之理，无战之事者也。《易》曰：‘阴疑于阳必战’。解曰：疑者，均敌而无大小之称。今夫两弦之炁，二八相当，非均敌乎？两相饮食，遂相并吞，非战乎？《老子》曰：‘抗兵相加，哀者胜之。’又曰：‘行无行，攘无臂，仍无兵’，是名之为战，而实无所战也。彼三峰之说，可以同日而语乎？”

六、第六卷蒙字集

1. 崔公《入药镜测疏》：《入药镜》，唐崔希范著。《宋史·艺文志》录有《崔公入药镜》三卷。今《道藏》中存五种，即《道藏》第20册太玄部宋曾慥编纂《道枢》卷37所收《入药镜上篇》《入药镜中篇》和第4册洞真部方法类《修真十书》卷13、21所收宋萧廷芝《解注崔公入药镜》《天元入药镜》。《道藏》第2册洞真部玉诀类元王道渊注《崔公入药镜注解》一卷。《道枢》所载《入药镜上篇》《入药镜中篇》和《修真十书》所载《天元入药镜》是用散文形式写就。萧廷芝《解注崔公入药镜》、王道渊《崔公入药镜注解》所载《入药镜》是用诗歌形式写成。三字一句，共八十二句，合二百四十六字，是后世最流行的版本。对内丹理论和功法作了全面系统的阐述。清代内丹家济一子付金铨也有《入药镜注》收于《道书十七种》内。《入药镜》的注解，还有李攀龙和彭好古的注解。《藏外道书》第6册《道言内外》收有彭好古注《入药镜》。同册汪东亭《道统大成》录有混然子王道渊、了真子萧廷芝、沧溟李攀龙、一壑居士彭好古和陆西星5家注。

《道枢·入药镜中篇》载：“纯阳子（吕洞宾）尝闻之于崔公而叹曰：吾知修行有据，性命无差，道成其中矣。于是纯阳子复为之演释焉。”并有诗云：“因看崔公《入药镜》，令人心地转分明。阳龙言向离宫出，阴虎还于坎位生。二物会时为道本，五方行尽得丹名。修真道士如知此，定跨赤龙归玉清。”（《吕祖全书》）宋人有《渔家傲》词赞之：“幸有崔公《入药镜》，如究竟。”（《修真十书》卷23）李攀龙在注中赞：“崔公《入药镜》一书，首尾二百余字，真明镜也。谆谆所以教后学者，深切著明矣。如鉴形有镜，妍丑莫逃。此书自采药物于先天，入铅汞于神室，行周天之火候，成九转之金液，由初及终，包括悉备而无余蕴矣。修炼之士，苟能依其法度，密密以行，句句皆应，如影随形于日中，如谷应声于耳内，皆不离一身之中。譬之梓人，执斤运斧，自合准绳。学者悟之，亦犹得之丁心，而应之于手矣。”

陆西星在《入药镜测疏》大阐丹家密旨，如云：“夫学道之人，大要先识药祖。所谓药祖，乃鸿濛始判之炁，丹家谓之先天真乙之气者是也。其产也，有川源；其生也，有时节；其采之也，有铢两，有法度，得而用之，以合已汞，然后还丹可成，而神仙之能事毕矣！盖先天药祖，原吾故物，自夫窍凿之后，日改月化，而度于后天，故阳里含阴，其质不刚，势必不能以久存。圣人知其如此，故于同类互藏之中，求其所谓先天真乙者，盗其机而逆用之。丹经所谓‘取坎填离’‘流戊就己’‘推情合性’，旨意皆不出此。既合我身，则吾身之所谓后天气者，亦复与之混合和融，如君臣之庆会、夫妇之谐偶，欢忻交通，畅美和悦，不言可知，故云‘似醉’。”指出“所谓药祖，乃鸿濛始判之炁，丹家谓之先天真乙之气者是也。”但“先天药祖，原吾故物，自夫窍凿之后，日改月化，而度于后天，故阳里含阴，其质不刚，势必不能以久存。”因之“故于同类互藏之中，求其所谓先天真乙者，盗其机而逆用之。”将“还丹”机理揭破无余。所云“先天药祖，原吾故物”，然而却“于同类互藏之中，求其所谓先天真乙者，盗其机而逆用之”，其理颇令人生疑。既然“药祖”原是我家“故物”，为什么“故物”却到“同类互藏之中”寻求？难道我家“故物”到了同类彼家之身中？彼家之中何以我我家“故物”？思之颇疑窦丛生。清末光绪民国间内丹家汪东亭（1839—1917）非常推崇陆西星，在《三教一贯·总说》中讲“返还”之理云：“万卷丹经，皆教人返本还原。要知返本者，是返我身中之本也；还原者，是还我身中之原也。盖返本还原，则是盗天地，夺造化也。……夫九者，先天真阳也，必要知是在身外虚空中盗之，使之还；七者，先天真阴也，亦必要知是在身外虚空中夺之，使之返本。譬如失物者，是在何处失，则在何处寻是也。濩著《一贯》，尽是教失物者，是在何处失，则在何处寻。”在《体真山人丹诀语录》中进一步讲解：“破体之后，元阳日漏，漏尽则死。总之，虚复生之，虚复夺之，虚复死之，生死之权属于虚空，而不在我也。圣人教人返还，是盗天地、夺造化之事。返者返真阴，是要从虚空中去返至我身。还者还真阳，亦要从虚空中去还至我身。须知天地并非只盗我真阳，亦盗我身中真阴。真阴真阳两般药物，自破体以后，明明白白地被虚空盗去，则修道者，不从虚空下手，将何自哉？所谓失物者，在何处失去，必至何处去寻，方能物归原主，此极易知之事也。”溯源知流，寻得“失物”之所，“故物”焉不能复得？汪东亭谓之“真阳”被“虚空”夺去，故必从“虚空”中返还回来。陆西星虽云“先天药祖，原吾故物”，却是“于同类互藏之中，求其所谓先天真乙者”。存其二说，列之于此，但求明士精思。究而言之是对“彼家”的诠释不同，陈撄宁先生曾在《道窍谈读者须知》中论述“究竟‘彼家’二字是如何解释，颇有研究之余地。如谓‘彼家’是指肾中之气而言，则单炼心中之神者非矣。如谓‘彼家’是指身外之太虚而言，则单炼心中之神者非矣；如谓‘彼家’是指同类异性者而言，则一己孤修，专事静坐者非矣。读者须于此等玄之又玄处着眼，方可谓头头是道。”

“既知药火，当明采取，而采取之诀，关系天机，微妙閟密，神仙直以口口相传，不立文字。吾今隐而注之，知者自悟。鹊桥者，天河所驾，以通牛女之往来。二七之期，应时而度，取义甚微，人身上下亦复有此。金公归舍，从此桥而上之；醍醐灌顶，由此桥而下之，是皆百姓日用之中，媟亵而不可致诘者，讵知神仙关键、济渡津梁？舍此而独修一物，则非所以语道矣。何谓‘天应星，地应潮’？曰：此药符也。少阳之精，流而为星；大气之动，嘘而为潮。人身之中，亦自应之。故金精发祥，景星呈彩，汛潮将至，白气先驱，以是为符，思过半矣！然而，单符单诀，非师莫传，意见揣摩，终难下手。”“催火入鼎之诀。……迨夫真炁既动，运剑追来，疾驾河车，上昆山，下鹊桥，降重楼，过绛宫，入黄房而休焉，则大丹凝而至宝结矣。”

2. 吕真人《百字碑测疏》:《百字碑》，题名唐吕纯阳所撰著。吕洞宾（798—?），名岩，字洞宾，号纯阳子，又自称回翁、回道人等，俗谓“八仙”之一。生于唐朝“贞元十四年（798 年）四月十四日巳时生”（《续道藏·吕祖志》），因修炼内丹而获长生。《宋史·陈抟传》中记载吕洞宾“关西逸人，有剑术，百余岁而童颜，步履轻疾，倾刻数百里，世以为神仙，数来（陈）抟斋中，人咸异之。”

《百字碑》，《续道藏·吕祖志》题名《内丹百字吟》，清康熙年间编纂《全唐诗》卷 859 收录题名为《百字碑》。清乾隆年间刘体恕等纂《吕祖全书》收录《百字碑》，清道光间李涵虚编纂《纯阳先生诗集》题名《百字篇》。《百字碑》被历代内丹家所推崇，为之作注者亦复不少，其中尤以张三丰《注吕祖百字碑》、陆西星《百字碑测疏》、刘一明《百字碑注》最为有名，见地非凡。张三丰谓之“吕祖真正口决工夫，无半点虚伪，乃修行上天之阶梯。”陆西星称：“吾师百字灵文，乃千圣登真之梯筏，学人谁不知诵，求其融会贯通，以得夫立言之意者，盖亦鲜矣。”刘一明赞之“其字仅一百，其句仅二十，丹法有为无为，了命了性，始终全谈，谓之上天梯，真天梯也。”“还丹大丹，始终次序，火候工程，悉皆吐露，至简至易，约而不繁，依法行持，自卑登高，由近达远，端的为修道者上天梯也。”李涵虚称之“熟复此篇，于胎息筑基、金水炼己之诀，思过半矣。”

陆西星在《百字碑测疏》着重指出人元彼家丹法初步门径，务要“性源要清净，命蒂要坚固”，是为“炼己凝汞”的功夫。先“修定于离宫”，后“求玄于水府”，“如是双修，方为究竟”。“何谓命蒂？真息是也。”祖述曹文逸《灵源大道歌》“我与诸君说端的，命蒂从来在真息。”真息为橐籥，以规火符，成采取之具。筑立命蒂，其要在于“守中”，其功不外乎“心息相依”。“心息相依，归乎其根也。”“盖能常守于此，则心息相依，子母相见，神气混融，打成一片，绵绵迤迤，久之而成大定。少焉静极生动，真火熏蒸，金精吐华，冲关透顶，灌注上下，气得其养，其妙用有如此者。”“玉液炼己”内炼有成，方有问津“金液”之资格，岂可冒然妄为？陆西星非常重视首句“养气忘言守，降心为不为。”，称“我师十字之中，千古内炼之丹诀，无出于此。直至采药行火、抱元守一，彻始彻终，无过此诀，妙哉！妙哉！”又云：“上言养气降心，静守内炼，乃无为之道。复恐世人不知此外复有有作之基，乃高真上仙以术延命之事，故吃紧提出‘动静’二字，要人知宗认祖。盖金丹之道，无为为体，有为为用，动中采，静中炼，二者不可偏废。故知动而不知静，则基址不立，而无积精累气之功；知静而不知动，则天机不合，而失临炉采药之旨。要之，动其宗也，静其祖也。祖者性祖，静则得之；宗者命宗，非动不立也。知性祖，故修定于离宫；知命宗，故求玄于水府。如是双修，方为究竟。”

七、第七卷既字集

1.《金丹四百字测疏》:《金丹四百字》，旧题宋张伯端撰。但据南宋道士白玉蟾《谢张紫阳书》，则疑系出白玉蟾伪托张伯端名而作，但《四百字》在丹道的价值，却不容轻视，价值非浅，因此受到历来丹家的重视。而且此篇文辞斐然，语言精练，“括《悟真》之要旨，乃详说而返约也（仇兆鳌语）。”

《金丹四百字》历来注解甚多，最早有南宋人黄自如注解，及至明清，注者纷纷，各出己说。大概可分为清修、彼家、外丹三类。而本篇注者陆西星则以彼家阴阳同类丹法作注解，此为读本篇所须知者。

陆注《金丹四百字》，其最重要之处有三：一论火候沐浴，认为阴阳造化之理，虽有定数，但“法是死定，理实圆活，运移之妙，存乎一心。”这就给彼家丹法的沐浴功夫下了一个定义，就是以活用为手段，若固执时辰，则失丹法之真旨。二论“木汞一点红，即自己之灵汞也，无有铢两，故言一点”，此为己家务须知道之一要义者，即己家功夫在运用之际，是小引大来，而且既然言“灵汞”，自然非泛泛所谓的积精功夫，而是要汞通灵，才能致用，此非朝夕功夫所能致也。三论“金铅三斤……言三斤者，四十八两……盖金铅全体未破，铢两完足，乃有此数。”可证陆真人所谓金铅药物，必是先天神鼎之药，非世之论，此可参《三藏真诠》关于人元丹法之记载可也。

2. 龙眉子《金丹印证诗》测疏：《金丹印证诗》，原名《金液还丹印证图》，南宋龙眉子著，收入《正统道藏》。龙眉子，南宋嘉定年间人，翁葆光（无名子）再传弟子。陆西星谓之“龙眉子乃白紫清仙师（白玉蟾）之嫡传”，不确。

《金液还丹印证图》，原刊本每章先列一图，图后附七律一首，龙眉子称“因叙师旨，绘作图章”，依内丹修炼步骤排列，发挥内外法象，意在印证丹道，分别真伪，避免误入旁门。陆西星所依据之本，尚有注解，称“旧本有图有解，皆不得其旨趣”，故为“厘而正之”给予删除。陆氏所称注解本，考《诸真玄奥集成》卷五所收《金丹印证图》有题名“涵蟾子”的《发微》，疑是此篇。

宋·林静称赞《金丹印证诗》：“其采炼药物，养蜕脱胎，工夫次第，犹阶而升。”陆西星对本篇评价也非常高，谓“其诗原始要终，工夫次第，简明直截，使人豁目洞心。《悟真》之后，鲜有如其作者。”

陆西星批评“愚者执言身内阴阳，往往但以清净独修为道，而不知破体之后，先天不存，欲炼还丹，须求同类。”称“金丹之道，乃真阴真阳气类相感，潜孚潜应，莫知其然，正如霜肃冽则鹤翅愈劲，月华明则蟾酥自生，气类感通之妙有如此者。所以采取合妙，则二气相纽，不致飞腾，而金丹圆就也。”“盖神仙金液大丹，乃高真上圣以术延命之事，大要识取真铅。真铅者，乃先天真乙之炁，太极动而所生之阳，隐于先天，则溟涬无光，为天地之始炁，寓于后天，则生化无穷，为万物之母炁，得而修之，则造化在我，而长生久视之道，不外是矣！盖观太极之先，溟溟涬涬，当体全静，静极而动，阳乃生焉。阳动则天心建始，兆乃滋张，万有之初先实开于此，故从无入有，乃造化之妙机也。神仙盗机逆用，盗此而已，然是机也，生天、生地、生人、生物，靡不由此。吾人得之，则‘乾道成男，坤道成女’，各具太极之全体。自夫窍凿浑沌之后，而失之于动者多矣。圣人知其如此，故于互藏之宅而取其始判之炁以补之。而始判之炁，即先天真铅也。尔其动而未形，有无之间，造化閟密之机，正在于此。……神仙盗此真机，动中采之，静中炼之，故旋转坤乾，运行日月，皆自定中。‘定’之一字，最为肯綮，丹学成始成终，皆不外是，故始焉不定，则情境不忘，而无以善夫临炉采药之用；终焉不定，则火候不调，而无以收夫脱胎神化之功。从此药就丹成，则生生化化，无有穷尽，而宇宙可以在手，万化可以生身。”同时也重点指出了“定”在丹道中的重大作用，在修炼中贯始成终，不可轻视。

3.《青天歌测疏》:《青天歌》，金元丘处机著。观此歌内容，当是丘祖在磻溪苦炼时所作。王混然云:“是歌演音二十二句，乃是按《度人经》二十二天运化之道也。”又云:“其文简而直，实修真之捷径，入道之阶梯。”（混然子《青天歌注释》序）旧有元混然子注解，流传颇广。

人元丹法，首重炼心。丹家每云:“还丹容易，炼己最难。”《金丹真传·炼己第四》张崇烈注云:“炼己者，炼身中之己汞，使变而成砂也。……将身中的活汞，炼成一块乾水银，故曰成砂也。功夫到此，方许还丹。”陆西星所谓:“是以学道初关，先须炼己。炼己者，克己也。克去己私，私欲净尽，本体湛然，乃见真性。”若以《青天歌》视之，无疑是以性地视为青天，故西星注解概是“以常秉慧剑扫荡诸邪，务使一念不生，万缘顿息”，这样才能“炼己纯熟，方许临炉。”请自问自家是否真的是性地如青天之朗朗而纤尘不染？若果然是炼己纯熟，方许研究此道。

八、第八卷未字集

1.《玄肤论》:《玄肤论》是陆西星的论著,“淮海潜虚陆西星长庚著”,成书于隆庆元年(1567年),万历四年(1576年)王部作《序》,姚更生作《跋》,赵宋作《后序》,并付梓刻板行世。《玄肤论》计二十篇,属丹道通论,系统阐述东派丹法。《玄肤论》序云:“《玄肤论》者,陆生所述也。陆生既闻性命之学于圣师,豁然有契于其衷,乃述所传,为论二十篇,总七千余言,名曰《玄肤》。”同门太华山人姚更生赞为“丹经万帙,尽约《玄肤》数语。”

在《三元论》中将丹道分为天元、地元、人元三元丹法,天元、地元为外丹,人元是内丹,《玄肤论》所论述的重点是人元。“人元者,谓之大丹。大丹者,创鼎于外,炼药于内,取坎填离,盗机逆用之谓也。古者高仙上圣,莫不由之。故了命之学,其切近而精实者,莫要于人元。”“人元之学,创鼎于外,而炼药于内,于是始有内药外药之分”,彼家我家之立。彼家之药物为外药,我家之药物为内药。“自夫情窦一开,而浑沦之体破矣!浑伦之体既破,则凡吾身之所有者,日改月化,动皆落于后天。后天之物,皆属于阴,其法不能以久存,不得不假夫同类之先天者以补之。而同类之先天则太阳乾金也。以阳炼阴,形乃长存。……然又须知彼我之气,同一太极之所分。其中阴阳之精,互藏其宅,有不可以独修者。……造化之理,顺则成人,逆则成丹。神妙自然,不可诬也。炼药于内,而创鼎于外,岂直补吾身之缺而已哉?”

详细阐述了“玉液炼己”“金液炼形”,云:“金液炼形者,了命之谓也。玉液炼己者,了性之谓也。……夫炼性者,损之又损,克去己私,务使温润贞纯,与玉比德,则己之内炼熟矣。内炼既熟.然后可以临炉采药,而行一时半刻之功。及夫时至机动,则取坎填离,采铅伏汞。而坎中一画之阳,乃先天乾金也,谓之金液。以之炼形,则体化纯阳,而形骸为之永固,一如金之坚刚而不坏矣。故曰金炼玉炼,性命兼修,而形神俱妙者也。玉炼,则无为之道也;金炼,则有为之术也。自无为而有为,有为之后,而复返于无为,则性命之理得,而圣修之能事毕矣。”

2.《金丹就正篇》:《金丹就正篇》是陆西星的论著,“淮海潜虚陆西星长庚著”，成书于明嘉靖四十三年（1564年），陆西星第一部丹道著作。“甲子嘉平，予乃遁于荒野，览镜悲生，二毛侵鬓，慨勋业之无成，知时日之不待。复感恩师示梦，去彼挂此，遂大感悟，追忆囊曩所授语，十得八九。参以契论经歌，反复细绎，寐寐之间，性灵豁畅，恍若有得，乃作是篇。”

《金丹就正篇》分为上、中、下三篇，简约讨论丹道修炼中的几个问题。《上篇》论“先天一气，必于同类求之”的原理，云：“予闻之师，金丹之道，必资阴阳相合而成。阴阳者，一男一女也，一离一坎也，一铅一汞也，此大丹之药物也。夫坎之真气谓之铅，离之真精谓之汞。先天之精积于我，先天之气取于彼。何以故？彼，坎也，外阴而内阳，于象为水为月，其于人也为女；我，离也，外阳而内阴，于象为火为日，其于人也为男。故夫男女阴阳之道，顺之而生人，逆之而成丹，其理一焉者也。”

《中篇》论以“彼”之炁制“我”之精，云：“观夫灵光闪烁，莫可控制，吾身之阳，亦复如是。是以常有奔蹶之患。圣人知其如此，故取坎中真乙之水，以克制之。故夫情炽于中，精逸于外，犹火炎于下，而水沸于釜也。取彼先天真乙之气，伏我奔蹶易逸之精，犹之酌泉于瓮，而救沸于釜也，靡不济矣。”而所以“取坎之法”称之为“天机至閟”。强调“勿失爻动时”，把握“药材老嫩”，“先天之气，轻清未形，乃阳中之阳也。其端甚微，而其妙莫测。故急采于癸生之初，而用之以一符之顷。稍迟则生滓而度于后天，是又阳而反变为阴矣。”

《下篇》专论“炼己”。“金丹之道，炼己为先。己炼则神定，神定则气住，气住则精凝，民安国富，一战而天下定矣。”认为“采药之士，不炼己土，则灵汞易失，而所作无功，反遭困辱矣。”“金丹始终，皆藉于此。故炼药求铅，以己迎之；收火入鼎，以己送之；烹炼沐浴，以己守之；温养脱胎，以己成之。正心诚意，则身修国治而天下平矣。此炼丹之枢要也。”“苟炼己无功，六根未定，人室之顷，大用现前，性动情炽，姹女逃亡，又安能以一符之顷而夺骊龙之珠于颔下哉？”

3.《金丹大旨图》：《金丹大旨图》，题“淮海参学弟子潜虚陆西星述”，成书于1570年。盖因“四方闻道之士，谓某可教，各以师授参互考订，比予所闻，率多枘凿。匪道有异同，户牖自别故也。”陆西星以为“金丹之道，至易至简，有所安排布置，则涉邪伪而非自然。”于是作此《金丹大旨图》，意在撰此“图述，根极化原，直指命术，举纲说约，大义昭然，要在不背于师旨。”《金丹大旨图》是丹道之理的图说，凡八图，前后图示，别具匠心，大宜悉心研究。

4.《七破论》:《七破论》，题“淮海潜虚子述”，由七篇论文构成，成书时间当与《金丹大旨图》相同，因其有云:“别为破论，以辟邪宗”，即指此篇。由于“陆子既闻性命之学于圣师”，故而“四方之士，有就陆子而参道者。坐而与之言，不契，往复与之辩。”因此也就有了《七破论》之作，尽破旁门外道之邪法，称“若乃好道之伦，玩索而有得焉，或可尽性命而不惑于多歧之谬乎！”一为破非，破斥他人对还丹之道的责难；二为破伪，斥责各种骗人的旁门小法；三为破执，批评拘泥于丹经只言片语而不识大体；四破邪，斥责各种邪术，称“类皆邪师曲学，以盲引盲，穷年皓首，迄无成功，以至败德祸身，为世嗤笑，大可怜也！”五为破疑，批评对丹经的怀疑态度。六为破愚，批评当时延请术士烧炼外丹的愚昧行为。七为破痴，斥责有志求道却不速修，壮盛之年却溺于爱河。

九、《三藏真诠》

《三藏真诠》，题“方壶公修真墨迹，十六世孙元沼装订”。本编始嘉靖廿六年丁未（1547年），终隆庆六年壬申（1572年），前后共计二十六年。据嘉靖四十五年（1566年）陆西星所作序言云:“爰自丁未之秋，偶以因缘遭际，得与四溟姚君同被师眷，谆谆诲教，多历年所，援毫纪事，要领则书，积有岁时，溢乎简帙。其后遵阳赵君又以姚君遭际，同侍师门，参差岁月，各纪所授，会而观之，条分干共，厥旨不殊，三生之遇，诚希觏哉！星恐世变时移、教湮莫振，爰合二家纪载之书，裒而集之，析为三卷，一曰《法藏》、二曰《华藏》、三曰《论藏》。法言道、华言词、论言论也。各以手翰辑录，藏之其家，比于‘大训’、‘河图’焉！守是书者，其知秘之，《法藏》则师命甚严，永不可示，有盟于天，其盟曰:‘宁售已盗，无示法藏，天鉴在兹，永矢勿忘’。”记述了《三藏真诠》的成书因缘，也反映了陆西星对该书的珍视程度。《三藏真诠》一直被丹家所珍惜，珍若拱璧，视作枕中鸿宝，不肯轻以示人，是丹家秘本。该书原分《法藏》《华藏》《论藏》三部，所谓“法言道、华言词、论言论也”。现今唯有《法藏》流传，分为上、下卷。陈撄宁先生早年阅过数种摘抄本，都不完整，20世纪30年代曾在《扬善》刊上公开征寻此书。陈撄宁将所得抄本“互相对勘，虽彼此详略不同，正好补其所缺，校其所误，俾成完璧”，因不喜“‘三藏’之名与佛教相混”，故题名为《法藏总抄》。陈氏极其重视该书，称“人元口诀，书中虽不多见，但所记者皆扼要语，十分露骨，在《方壶外史》各种著述中，皆未见有如此直说者”。因之在抄本中将一些重要内容给予删除，在誊本中又用毛笔反复涂抹。其记云：“原抄乃其家中珍藏本，永不刊版流行，自无妨碍。余今重抄，难保不出现于世，只得将其删节之。同时并将原抄本付丙。潜虚先生在天之灵当能曲谅愚衷，不责我轻妄违其诫律耳。”其慎重之态度跃然纸上矣！余在整理《三藏真诠》的过程中，也有师友劝诫不可轻泄。然思之大道为公，学术无隐，故毅然将方壶公修真墨迹校订整理，与《方壶外史》合集出版。《三藏真诠》是研究陆西星丹法不看缺少的文献，是对《方壶外史》的有效补充。《方壶外史》是公开刊板的著作，是为外；《三藏真诠》是“藏之其家”的秘本，是为内。合其内外，二药抟结，大丹成矣！

（四）丹诀钩玄

陆西星在《玄肤论·三元论》中对丹道体系做了详细的阐述：“愚闻之师曰：‘丹有三元，皆可了命。’三元者，天元、地元、人元之谓也。天元谓之神丹。神丹者，上水下火，炼于神室之中，无质生质，九转数足，而成白雪。三年加炼，化为神符。得而饵之，飘然轻举。乃药化功灵，圣神之奇事也。其道则轩辕之《龙虎》，旌阳之《石函》，言之备矣。地元谓之灵丹。灵丹者，点化金石，而成至宝。其丹乃银铅砂汞有形之物，但可济世，而不可以轻身。九转数足，用其药之至灵妙者，铸这神室，而以上接乎天元，乃修道之舟航，学人之资斧也。古今上圣高真，名为圣事，其法至易至简，不过采先天之铅，伏后天之汞，识浮沉、知老嫩而已。今之盲师，率多昧此，故千举万败，迄以无成。不知地元之道，与人元不殊。必洞晓阴阳，深达造化者，而后可以语此。人元者，谓之大丹。大丹者，创鼎于外，炼药于内，取坎填离，盗机逆用之谓也。古者高仙上圣，莫不由之。故了命之学，其切近而精实者，莫要于人元。故丹有三元，系于天地鬼神而不可以必得者，天元也；法度修明，福慧双美，举之而如取如携者，地元也；宇宙在手，万化生身，鬼神不能测其机，阴阳不能逃其算者，人元也。”由之丹道“三元”之说颇流行于后世丹家，即所谓“三元丹法”之说。

“三元丹法”即天元、地元、人元三种丹法。天元谓之“神丹”，其法“以阳燧取日精，方诸取月华，摄集日精月华，以丹士之元神使之无质生质，而成大丹，此术匪夷所思，不能以现代化学理论解释，是一种以心灵转化物质的实验。”[①] 获得“一种凝聚态的‘道’，服之立即可以与道合真，连衣服、用具也同人体一起气化，化形为仙”[②]，并且可以助多人成道化仙。相传黄帝鼎湖跨龙白日升天，许旌阳服之拔宅飞升，刘安服之全家升举，连鸡犬也一同上升，留下“一人得道，鸡犬升天”的千古典故。另有一种“天元丹法”之说，代指“清净丹法”或“清净派”，谓“先天一气，自虚无中来”是其特征，有谓之为“天元大丹”。陈撄宁先生有云：“古之所谓天元丹法，乃指神丹而论，由‘地元’而上接‘天元’者，可以点化服食，可以拔宅飞升。至普通所谓天元丹法者，即清净派也。”[③] 又云：“天元之道有二，一为天元神丹，乃地元再进一步之作用；一为‘先天一气，从虚无中来’之天元，乃清净独修真凭实据之工夫。”[④]

地元谓之“灵丹”（又称为“地元金丹”），纯属物质化学，也分为两种：一为黄白术，或名“地元炉火”，是变换贱金属为贵金属的冶金化学，后经阿拉伯国家传入欧洲，成为现代化学的前身。烧炼所得的“药金”“药银”，除可作为修道之资斧而外，同时可用以铸造“神室”（用药金所铸造外圆中空的“鼎器”，用以招摄宇宙虚空中物质精微的“道”或“先天一气”），上接“天元神丹”。二为丹药，以铅汞、五金八石为主化合炼制而成的药丹，达到“长生不死”或延缓机体衰老的目的，后来发展为“丹医派”，为推动“制药学”作出了不可磨灭的贡献。

人元谓之“金丹”（又称为“人元大丹”）。“天元神丹”和“地元灵丹”

---

① 胡孚琛《道学通论·外丹黄白术》，451页，社会科学文献出版社1999年1月第1版。

② 胡孚琛《丹道法诀十二讲·三家四派第一讲》，4页，社会科学文献出版社2009年9月第1版。

③《中华仙学》，陈撄宁著，徐伯英选辑，袁介圭审定，真善美出版社1978年版。240页，《答虞山吴悟灵君十问》。

④《中华仙学》，291页，《答覆北平学院胡同钱道极先生》。

是身外物质化学作用，被学术界统称为“外丹”或“外丹学”。“天元大丹”和“人元金丹”是身内神气化学作用，被学术界统称为“内丹”或“内丹学”。

东派丹法是人元大丹，分为“玉液炼己”“金液炼形”两大功程。在《玄肤论·金液玉液论》中说：“金液炼形者，了命之谓也。玉液炼己者，了性之谓也。……夫炼性者，损之又损，克去己私，务使温润贞纯，与玉比德，则己之内炼熟矣。内炼既熟．然后可以临炉采药，而行一时半刻之功。及夫时至机动，则取坎填离，采铅伏汞。而坎中一画之阳，乃先天乾金也，谓之金液。以之炼形，则体化纯阳，而形骸为之永固，一如金之坚刚而不坏矣。故曰金炼玉炼，性命兼修，而形神俱妙者也。玉炼，则无为之道也；金炼，则有为之术也。自无为而有为，有为之后，而复返于无为，则性命之理得，而圣修之能事毕矣。”因此，东派丹法是丹法之上乘功夫，先行“玉液还丹”以炼己，凝半斤灵汞在我家；次成“金液还丹”而合符，求八两真铅于彼家，以真铅点灵汞，化成一粒“紫金霜”，大丹圆成矣！力主清净法门之西派汪东亭先生却非常推崇陆西星《方壶外史》（参阅《体真山人丹诀语录》）。

一、玉液炼己

“玉液炼己”之功，在丹道中占据的关键性的作用，炼己不成，则不能临炉还丹，因此在《玄肤论》中论述玉液功夫很是细致详尽，简明而显豁，尽量不用隐语，直指其义，所以陈撄宁评论陆西星丹法精醇简易。其将炼神细分为“澄神”“养神”“凝神”三法，进而“真息”成、“河车”转、“神室”就，完成“玉液”，“炼己”功成，才能具备临炉还丹的资质了。

1. 澄神：澄神就是遣欲，将我人平日扰乱身心的思虑逐渐遣去，澄之使清。张三丰在《玄机直讲·炼丹火候说》中云：“初功在寂灭情缘，扫除杂念。除杂念是第一着筑基炼己之功也。人心既除，则天心来复；人欲既净，则天理常存。”陆西星在《玄肤论·澄神论》阐述：“藏神者，凝神也。凝神之要，莫先于澄神；澄神之要，莫先于遣欲。《清净经》云：‘遣其欲而心自静，澄其心而神自清。’《易》曰：‘圣人以此洗心，退藏于密。’所谓洗心，即澄神之谓也。周子曰：‘无欲故静。’所谓无欲，即遣欲之尽也。夫人神好清，而心扰之；人心好静，而欲牵之。所谓心者有二焉。扰神之心，乃妄心也；好静之心，乃真心也。既有妄心，即惊其神，其神可得清乎？既惊其神，即着万物；既着万物，即生贪求；既生贪求，即是烦恼；烦恼妄想，忧苦身心，心可得而静乎？故澄神之要，莫先于遣欲。能遣之者，‘内观其心，心无其心’，知三心之不可得也。‘外观其形，形无其形。远观于物，物无其物’，知四相之俱忘也。‘三者既悟，惟见于空’，则人空矣。‘空无所空，所空既无。无无亦无，无无既无。湛然常寂，寂无所寂’，则法空矣。如是则根尘永静，六欲不生，而心静矣。心静则神自清，如水之无波，而万顷澄澈也。虚靖天师《大道歌》云：‘欲得身中神不出，莫向灵台留一物。物在心中神不清，耗散真精损筋骨。’遣欲澄神之说，百世以后圣人，不易吾言矣！”

2. 养神：神既澄后，以加养神之法。在《玄肤论·养神论》云：“养之者，所以韬神之光使勿露也。神之为物也，愈澄则愈清，愈清则愈明。盖定能生慧，故灵光焕发，旁烛洞达，莫可盖藏。《庄子》云：‘宇泰定者，发乎天光。’若用之不已，则太露而反伤于本性。《庄子》云：‘古之治道者，以智养恬。’智生而以智为也，谓之以恬养知。《坐忘枢翼论》云：‘慧而不用，实智若愚；益资定慧，双美无极。’《道德经》云：‘敦兮其若朴，浑兮其若浊。’又曰：‘众人昭昭，我独若愚。俗人察察，我独若闷。’皆养神之要义也。”

3. 凝神：神既得养，进之以凝神。在《玄肤论·凝神论》云：“凝神云者，无用用中之用，了命之学也。《参同契》曰：‘经营养鄞鄂，凝神以成躯。’且夫离宫修定，禅之宗也；水府求玄，丹之旨也。澄神要矣，凝神急焉。《翠虚篇》云：‘昔日逢师传口诀，只要凝神入气穴。’所谓气穴，乃吾人之鄞鄂也。予前所著《神室论》中，则既明且尽矣。虑夫学者徒知澄神，而不知凝神之处，则漫无归宿，而无以会夫归根复命之原，徒知养神而不知凝神之方，则茫无下手，而不能侦夫造化消息之妙，故述所闻，复著此论。盖凝神者，入玄之要旨，丹家之第一义也。所谓凝者，非块然不动之谓也，乃以神入于气穴之中，与之相守而不离也。《老子》曰：‘载营魄抱一，能无离乎？’夫气穴者，乃吾人胎元受气之初，所禀父母精气而成者，即吾人各具之太极也。其名不一，曰气海，曰关元，曰灵谷，曰下田，曰天根，曰命蒂，曰归根窍、复命关，即一处也。方其处胎之时，呼吸之气，与母相通。及夫子母分胎，剪落脐蒂，则自安炉鼎，别立乾坤，而一呼一吸，常归于本穴之中。盖呼吸者，吾人立命之本也。一息之间，呼吸不至，则气绝而死矣。呼则气辟，阳之舒也；吸则气阖，阴之敛也。一呼一吸，名曰一息。诊家以之候气，良有旨也。《庄子》曰：‘众人之息以喉，真人之息以踵。’以踵者，谓深入于穴也。众人之息，非不以踵也，但神有不存，纵其出入焉，而不自觉，若以喉耳。真人则神依于息，而深入于本穴之中，绵绵若存，无少间断，故得专气致柔，抱一无离，虚极静笃，而能观其复也。所谓依者，又非逐于息而依之也，有勿忘勿助之义焉。故神依于息则凝，神凝则气亦凝；神依于息则和，神和则气亦和，相须之道也。凝神之法，自调息始。调息者，依息之谓也。”

西派李涵虚在《道窍谈·心神直说》也阐述：“陆潜虚曰：‘调息之法，自调心始。凝神之法，自调息始。’此圣贤仙佛之梯航，吾人入德之路也。下手学道者，必须摄念归静，行、住、坐、卧，皆在腔子里，则守静始能笃也。盖有念为妄心，无念为真心，人能收念于平日，而还其所止之地，乃能专心于临时，而坚其入定之基。圣人云：‘知止而后有定，定而后能静’是也。心之静者，息亦易调。心愈细，而息愈微也。息调则神归，于是而再安其神，凝于气穴之中。”

凝神调息，就是“心息相依”功诀，是炼己的要害。胡孚琛先生讲：“无论阴阳双修或清净孤修，都以‘炼心’一着为贯彻始终的功夫，以‘心息相依’为入手法门。”[①] 西派汪东亭先生在《道统大成·女丹诀》讲：“凡初入门，最要紧第一着，亦不外乎‘炼己’。务要知‘炼己’，则是‘心息相依’。相依者，心依于息，息亦依心也。”其诀有数息、调息、随息、依息、忘息、无息等次序，陈撄宁先生曾指出：“今之从事于静功者常云：‘不调息便罢，愈调息则愈觉得气急’，都犯了‘以心逐气’之病。”李涵虚在《道窍谈》中讲：“凝神之际，务要与息相依，毋以神逐息，毋以神运息。逐息则神散，运息则神摇。只要息息动荡，任其天然，随其自然，斯其神愈觉凝然。迨至静极而动，是神之得乎气机。是气初破鸿濛，寂然不动，感而遂通。修道之士，乃如是有为也哉”（《心神直说》）。体真山人汪东亭讲：“丹书说来说去，不出一个心息相依。起初须知微息之出入，在外面虚空中悠扬宛转如游龙。片刻之后，即可放下（心念），顺其自然。若有杂念来，再心息相依，

① 胡孚琛《道家与道教文化举要》，《道教文化与现代社会》，101页，沈阳出版社2001年8月第1版。

之后再把心放下，自然心静而得冲和之效。不知放下（心念），便往往做成以心逐息，则坏矣”（《体真山人丹诀语录》）。张三丰在《道言浅近说》中云：“调后天呼吸，须任他自调，方能调起先天呼吸，我惟致虚守静而已。照此进功，筑基可翘足而至，不必百日也”。

4. 真息：《玄肤论·真息论》云：“所谓息者，有二焉，曰凡息，曰真息。凡息者，口鼻出入之气也；真息者，胎息也，上下乎本穴之中。晦翁先生所谓：‘翕然而嘘，如春沼鱼’者是也。凡息既停，则真息自动。而凡息之所以停者，非有心以屏之也。虚极静笃，故心愈细，而气愈微耳。今之论者，但知调息，而忽不自知其落于以心逐气之病。盖以凡夫躁竞之心，未闲调习，一旦使之依息，心岂肯自依？未免着意。着意则气未平，而心先动矣。岂非复以气而役神乎？予故曰：‘调息者，自然依息之谓，非逐于息之谓也。’调息又自调心始。调心者，摄念归静，行住坐卧，常在腔子。久久纯熟，积习生常，自然澡雪柔埏，与息相和也。和则相依，依而勿逐。凡息自停，真息自动。橐籥一鼓，炼精化气，熏而上腾，灌注三宫。是谓真橐籥、真鼎炉、真火候也。”

5. 河车：凡息一停，真息自动，则辟“河车”之路，行“河车”之功。《玄肤论·河车论》云：“神既藏矣，是谓归根。归根曰静，静曰复命。将见神气相守，抱一无离。迨夫静极而动，则是神也。复乘气机而上升于泥丸，于是河车之路始通。要知河车之路，乃吾身前后任督二脉也。夫气之始升也，油然滃然，郁蒸于两肾之间，浩浩如潮生，溶溶如水泮，泛溢于五腧之上者，乃水经滥行，不由沟洫也。吾急以神斡归尾闾，使之循尾闾而上，至于夹脊双关，上风府而直至于泥丸。神与气交会于此，则其疏畅融液，不言可知。少焉，降为新美之津，则自重楼而下游绛宫，入紫庭，复归其所藏之处而休焉。如此循环灌注，久久纯熟，气满三田，上下交泰，所谓：‘常使气冲关节透，自然精满谷神存’也。造化至此，内炼之征见矣。然非深造而实诣，又乌知予言之有味哉！”

张三丰在《玄机直讲·炼丹火候说》中云：“每日先静一时，待身心都安定了，气息都和平了，始将双目微闭，垂帘观照心下肾上一寸三分之间，不即不离，勿忘勿助，万念俱泯。一灵独存。谓之正念。斯时也，于此念中，活活泼泼，于彼气中，悠悠扬扬，呼之至上，上不冲心；吸之至下，下不冲肾，一阖一辟，一来一往，行之一七、二七，自然渐渐两肾火蒸，丹田气暖，息不用调而自调，气不用炼而自炼。气息既和，自然于上中下不出不入，无来无去，是为胎息，是为神息，是为真橐籥、真鼎炉，是为归根复命，是为玄牝之门、天地之根。气到此时，如花方蕊，如胎方胞，自然真气薰蒸营卫，由尾闾，穿夹脊，升上泥丸。下鹊桥，过重楼，至绛宫，而落于中丹田，是为河车初动，但气至而神朱全，非真动也，不可理他。我只微微凝照，守于中宫，自有无穷生机，所谓养鄞鄂者此也。行之一月、二月，我神益静。静久则气益生，此为神生气、气生神之功也。或百日，或百余日，精神益长，真气渐充，温温火候，血水有馀，自然坎离交媾，乾坤会合，神融气畅，一霎时间，真气混合。自有一阵回风上冲百脉，是为河车真动。中间若有一点灵光觉在丹田，是为水底玄珠，土内黄芽。尔时一阳来复，恍如红日初升，照于沧海之内。如雾如烟。若隐若见，则铅火生焉。方其乾坤坎离未交，虚无寂灭，神凝于中，功无间断，打成一团，是为五行配合。至若水火相交，二候采取，河车逆转，四候得药。神居于内，丹光不离，谓之大周天，谓之行九转大还也。此时一点至阳之精，凝结于中，隐藏于欲净情寂之时，而有象有形。到此地位，息住于胎，内外温养，顷刻无差，又谓之十月功夫也。”

通过“玉液炼己”，筑立神室，得成玄关，以便于进一步“临炉采铅”。张三丰在《大道歌》中云：“黄庭一室须要精，精在中间一点灵。切莫糊涂为隐秘，黄庭便是真玄关。不识玄关端的处，真铅来来何处安？君不见《悟真》诗，须凭玄牝立根基。真精既返黄金空，一颗明珠永不离。又不见《参同》书：状似蓬壶比不诬。下闭称无上闭有，两孔穴法气相须。从今讲道谈玄理，除此为之都是虚。”以上玉液功成，大抵就是陆西星所说“金丹之道，炼己为先。己炼则神定，神定则气住，气住则精凝，民安国富，一战而天下定矣。昔师示我曰：‘人能清修百日，皆可以作胎仙。’夫百日而清修，片饷而得药。”因此“炼己”是丹道法诀中的重中之重，张紫阳在《悟真篇》西江月词中说：“白虎首经至宝，华池神水真金。故知上善利源深，不比寻常药品。若要修成九转，先须炼己持心。依时采取定浮沉，进火须防危甚。”吕祖《沁园春》词中也说：“七返还丹，在人先须炼己待时。”胡孚琛教授讲解说：“其中‘先须炼己持心’一句，即‘清净头’也。否则‘白虎首经’再好，也难以‘依时采取’。……古丹家多以性功成就者，称‘玉液还丹’，命功点化者，方是‘金液还丹’。先‘尽性’才能‘至于命’。胎息不成，炼心不死，而行此一时半刻之功，乃自投地狱。”①

著名丹道学家王沐先生（1908—1992）在《内丹养生功法指要》中曾指出：“陆西星虽创东派，并未立教，所以师弟传授系统，记载不详，但继承东派丹功的，却是西派。”②因此，要深入了解和研究东派丹法必须阅读研究西派典籍。玉液炼己功夫，可以参阅李涵虚《收心法》《后天串述》《三车秘旨》之第一件河车与第二件河车、《九层炼心》之第一层炼心至第六层炼心等。③另外，体真山人汪东亭的《体真山人丹诀语录》、海印子徐颂尧的《天乐集》等也需要仔细研究。

二、金液炼形

金液炼形就是“入室临炉”“采药还丹”，行“一时半刻之功”之功，需要“辨水源，知药材之老嫩；执天行，知火候之消息。”张三丰在《大道歌》中云：“关已开，功已积，制剑要明真消息。莫邪尚且铁为之，何况我剑本来直。天为炉，地为冶，金水相停切莫野。子午行功要铸成，能刚能柔能取舍。剑已全，采真铅，采取鸿濛未判先。若还来得后天气，只是将他命却延。二七时，有真机，神州赤县当求之。法财两用若求得，就好切思细详别。粉红云，野鸡色，唇若涂朱肤似雪。聪明智慧性温良，神光漆珠发纯黑。气清视正步行端，方用中间算年月。五千四百生黄道，杳杳冥冥生恍惚。依时采取定浮沉。不可毫厘令过越。此际须明三日弦，妙在西方庚辛白。慧剑灵，内心诚，敲竹相通始鼓琴。天梯宜用不可缺，密密深机那个能？海底巨鳌休乱钓，恐惊去了不回程。炉莫损，候要别，采过后天延岁月。一个时辰分六候，只于二候金丹就，尚除四候有神功，妙在心传难泄漏。真铅来，发神火，西到东来先觅我。运我真汞一点红，相迎相迈成一颗。过三关，升泥丸，下得重楼大广寒。又不痴，又不慧，又不醒兮又不醉。若非遍体使精神，怎得夫妻成匹配？丹既定，心暮辛，屯蒙两

① 胡孚琛《丹道仙术入门》，245 页，社会科学文献出版社 2009 年 11 月第 1 版。
② 王沐《内丹养生功法指要》，17 页，东方出版社 2008 年 3 月第 2 版。
③ 见《圆峤内篇》，李涵虚，宗教文化出版社 2009 年 5 月第 1 版。

卦朝昏应。也知沐浴在其中，卯酉之时不宜进。守城垣，罢战功，增得灵砂满鼎红。如斯十月功夫足，器皿丹房一撒空。入深山，抱元一，万事俱空不费力。”

陆西星论述采药之诀云：“药者，真铅之炁，先天乾金也。西南坤位，坤土能生兑金，故曰‘本乡’。金能生水，水一动，则金炁将泄，故当乘癸生之候，而急采此金为大药。生者，生机也。上阳子云：‘癸动后而生铅，若望远，则药老而就亏矣，故不堪尝也。’或问：药嫩何以可用？曰：造化之气，成功者退，将来者进，喻如酿酒，三日之酵，浮而致之，可变千瓮。此时气味虽薄，而生机浡然，若已熟为酒，则不复可用矣。采药取嫩，意正如此。”（《悟真篇小序·产药川源第七》）并且要取其“真”，不用其“质”，同类施功，得类才能妙合，谓：“盖真则无质，而凡则有相也。三黄四神，金石之类，与夫众草，皆人间有形渣滓之物，非我气类，安肯合体而居？惟有阴阳得类，二八相当，乃为合妙。”（《悟真篇小序·同类为真第八》）称：“真铅者，先天真乙之炁，水中之金也。此物最难寻觅，非寻师则不知，非寻财则不得，非寻地则不得，非寻侣则无辅，而其中最难寻者，符来之信也。大修行人，历山川，饱风雪，穷年矻矻，寻此而已。”（《悟真篇小序·着意寻铅第十》）指出“其中最难寻者，符来之信”，大宜注意。“盖真铅在外，则为真乙之炁，以其可聚可散，而藏于至阴之中，故名之曰地魄；归于鼎内，结而为丹，则曰水金。真汞在内，则为神火，以其飞扬飘荡，而居于先天乾宫，故曰天魂；散于四大一身，皆阳里阴精，皆名朱汞。地魄擒朱汞者，以黑投红，而汞为铅伏也。天魂制水金者，养以神火而抽铅添汞也。‘但将’，则别无他物；‘自有’，则不待安排。以铅伏汞，故曰擒；铅为汞留，故曰制。制，牵制之意，言丹结不散，皆由神火温养，使火冷则丹散矣。《契》云：‘经营养鄞鄂，凝神以成躯。’此天魂制水金也。”（《着意寻铅第十》）

“坎水之中而生者，谓之天一生水，又谓之水中金，即先天真铅也。遍历诸辰，莫非此精所化，东则为汞，南则为砂，至于西方化为兑金，而质始成。神仙于此兑金之中寻觅造化，当其金精壮盛，二七爻动之时，以火煅之，以感其炁，取归土釜，配以己汞，日夜温养而成金液还丹。七返者，七乃火数，己汞是也，此物最善周流；返者，穷而返本，化为元精也。还者，自外而来，金来归性也。七九之义，不在寅子数至坤申，但要识得木火金水

同一太阳元精所化，故其返、其还同归混沌，化为元精而成大丹。”（《悟真篇小序·七返九还第六》）

金液还丹，重在火符，陆西星在其著作中论述颇多，今略指一二，余留诸君自索研究可矣！

（2010年2月28日元宵节完成于唐山寓所）

陆西星先生年表

周全彬

1520年，明正德十五年庚辰，一岁。十二月十四日诞生于扬州兴化县。其父精于易学，其弟原博亦有文名。稍长，读四书五经，习举子业，与宗子相（宗臣）为友。

1547年，明嘉靖二十六年丁未，二十八岁。陆西星自称于本年秋季，与姚四溟“同被师眷”，于北海草堂遇吕祖（吕洞宾），得授口诀。李春芳（子实）举进士，廷试点为状元。

1548年，明嘉靖二十七年戊申，二十九岁。据《三藏真诠》记载，陆西星于本年与太华山人姚更生、遵阳子赵枤（子严）得吕祖及刘海蟾传授。

1549年，明嘉靖二十八年己酉，三十岁。好友宗臣、同学赵宋，乡试中举人。

1550年，明嘉靖二十九年庚戌，三十一岁。为“衣食奔走，与师契阔”数年。宗臣中进士，授刑部主事。

1552年，明嘉靖三十一年壬子，三十三岁。宗臣因病回乡，住百花洲，讲求药饵之法。陆西星时相过从，往往言终夜而不罢去。

1554年，明嘉靖三十三年甲寅，三十五岁。西星外出归乡。

1555年，明嘉靖三十四年乙丑，三十六岁。据《兴化县志》记载：“嘉靖三十四年，春蝗，夏大水，秋又蝗，食屋草殆尽。”陆西星困穷，拾取水中穗穧以充饥。好友禹凤河英年早逝，西星有诗哀之。

1556年，明嘉靖三十五年丙辰，三十七岁。频得异人传授丹法。

1557年，明嘉靖三十六年丁巳，三十八岁。宗臣出任福建参议，过里省亲，陆西星前后五次访宗臣。其时倭寇犯浙江、福建，人皆仓惶而走，独陆西星念老母年迈，不肯远走。宗臣为陆母六十寿作《陆长庚母夫人叙》，历述己与陆西星之友谊及陆母教子之远见。李春芳升太常寺少卿。

1558年，明嘉靖三十七年戊午，三十九岁。至三十九年，连续三年，陆西星皆客居金台。[①] 时李春芳在京官运亨通，“恩遇日隆”。

1559年，明嘉靖己未三十八年，四十岁。赵宋中进士。赵宋累官至宁武兵备副使、山西行太仆寺卿，为官守正不阿，归里后，常与陆西星、伯兄赵遵阳研讨丹法，自号昆丘外史。陆西星著作之梓行，多赖赵宋资助。兴化知县胡顺华主修《兴化县志》，陆西星与其侄陆律皆参与修纂。《扬州府志》谓陆西星编有《兴化县志》，《重修兴化县志》亦云陆西星编有《邑志》，可知本年陆西星参修《兴化县志》出力独多。

1560年，明嘉靖三十九年庚申，四十一岁。二月，好友宗臣病死于福建，享年仅三十六岁，西星有诗哀之。李春芳升礼部右侍郎，掌翰林院事。

1561年，明嘉靖四十年辛酉，四十二岁。得地于灌河之滨，其东辟为大园，建宅于高树之西，陆西星自认为“适合仙旨，事皆前定。”李春芳回礼部主事，次年升吏部左侍郎。

1564年，明嘉靖四十三年甲子，四十五岁。十二月，撰成《金丹就正篇》，序谓：“甲子嘉平，予乃遁于荒野，览镜悲生，二毛侵鬓，慨勋业之无成，知时日之不待。复感恩师示梦，去彼挂此，遂大感悟，追忆囊所授语，十得八九。参以契论经歌，反复紬绎，寐寐之间，性灵豁畅，恍若有得，乃作是篇。孔子曰：‘温故而知新。’今予所温者故也，而所知则新也。虽一时臆度之言，未敢就正有道，然亦庶几不背吾师之旨乎！”侄儿陆律乡试中贡生，为龙游训导，著有《从吾集》，《兴化县志》称陆律“与从父西星齐名。”

1565年，明嘉靖四十四年乙丑，四十六岁。居灌河之滨，研读《老子》，

---

① 据李西月编纂之《吕祖全书·纯阳先生诗集》谓，陆西星编纂有《终南山人集》，于“嘉靖戊午金满日”作《序》，云：“吾师垂怜愚鲁，枉驾北海草堂，星即以私衷启请……星以手记其源流。由唐太中十年起，至南唐中兴止，凡一百八十余首。由宋太平兴国起，至南宋祥兴止，凡五十余首。编次井然，名曰《终南山人集》。”

叹《老子》一书为“圣人之微言而性命之极致也。”研究人元丹法，多有所得。

1566年，明嘉靖四十五年丙寅，四十七岁。陆西星研究《老子》，“参以丹经，质之师授，恍然似有所得其要领者”，历时三月而成《老子玄览》。十月五日作自序。同门赵遵阳为之作序，姚更生为之作《读〈老子〉宗眼》。十月，初辑《三藏真诠》。所谓“三藏”者，即“一曰《法藏》、二曰《华藏》、三曰《论藏》。法言道，华言词，论言论也。”《三藏真诠》一书，开端于嘉靖明嘉靖二十六年丁未（1547年），终于明隆庆六年壬申（1572年），前后共计26年。是年，陆西星开始烧炼地元外丹。

1567年，明隆庆元年丁卯，四十八岁。因妻儿病，研究医药之学。著成《阴符经测疏》一书，三月望后二日，序于安宜舟中；七月望后五日，作后序。并撰《玄肤论》。九月，序云：“《玄肤论》者，陆生所述也。陆生既闻性命之学于圣师，豁然有契于其衷，乃述所传，为论二十篇，总七千余言，名曰《玄肤》。”同门太华山人姚更生赞为“丹经万帙，尽约《玄肤》数语。”赵宋作后序，并出资刻板行世。

1568年，明隆庆二年戊辰，四十九岁。研究风律、堪舆地理之术，继续烧炼地元外丹。七月十一日，至拱极楼祝同门赵遵阳五十寿诞。十月二十四日，陆西星五十寿诞，异人为之作寿赞云：“知君者君，若何所负，竹底疏云，梅梢清露，是耶非耶？云归何处？”是年，河南延津人进士李戴（仁夫）任兴化知县，闻“兴邑有畸士曰陆长庚氏者，谭性命之学而归极于仙禅。”

1569年，明隆庆三年己巳，五十岁。九月，撰《周易参同契测疏》，盖因《参同契》注家虽多，以陈致虚之《参同契分章注》“得夫立言之旨”，但陈注“特其学问渊深，议论闳博，初学之士，骤尔读之，未免厌多而废，苦难而止”，于是陆西星“会文释义，以义从文，剪去枝蔓，直见本根，详略相因，义由一贯。其宗旨则上阳也，其文则己也。”陆西星此注力主人元阴阳丹法，多所发明，仇兆鳌推为“发挥丹诀，疏畅条理，得吕祖亲传。”陶素耜则极赞“暗室之巨灯，迷津之宝筏。”陈撄宁亦谓“古今所有《参同契》注解，余读过四十余种，应推潜虚子陆长庚之《测疏》《口义》两种为最善。”十月，黄淮水溢，兴化水灾，陆西星借居开元观，继续研究风律、堪舆，烧炼地元外丹，多有所得。友人潘应诏（六治）中贡生。

1570 年，明隆庆四年庚午，五十一岁。春，结识东皋严怡（石溪）。八月十九日，自虎墩（今东台县富安镇）省亲归。十二月，于南沙之西禅精舍撰成《金丹大旨图》，盖因“四方闻道之士，谓某可教，各以师授，参互考订，比予所闻，率多枘凿。匪道有异同，户牖自别故也。”陆西星以为“金丹之道，至易至简，有所安排布置，则涉邪伪而非自然。”于是作此《金丹大旨图》，意在“根极化原，直指命术，举纲说约，大义昭然，要在不背于师旨。”又著《七破论》七篇，尽述旁门外道之邪法。

1571 年，明隆庆五年辛未，五十二岁。五月，撰成《心印经测疏》、吕祖《百字碑测疏》、邱处机《青天歌测疏》。疑《金丹四百字》《入药镜》《龙眉子金丹印证诗》及《悟真篇小序》均完成于本年。

1572 年，明隆庆六年壬申，五十三岁。十月初五日，至赵宅，与赵遵阳研究择吉之术。是年，陆西星于人元丹法所得尤精。

1573 年，明万历元年癸酉，五十四岁。陆西星之妻久病不愈，“将还造化”。六月，陆西星重读旧著《参同契测疏》，觉《测疏》虽“贯串经旨，断络章句，自谓庶几不悖作者之意”，然“大义虽明，而微言未晰，将使后昆一字不逗，衷怀贰疑，纵予不咎，宁无歉乎？于是伸纸濡毫，信手成句，纷解义意，补塞遗漏，不复润色辞藻，名之《口义》。”书中于人元丹法之精义阐发极为显明。

1574 年，明万历二年甲戌，五十五岁。十二月，严怡卒。怡病中吟诗三百七十九首，名曰《移情杂咏》。陆西星探视之，有《读移情杂咏》诗。

1575 年，明万历三年乙亥，五十六岁。

1576 年，明万历四年丙子，五十七岁。六月六日，陆西星始起草《南华经副墨》。赵宋重刻陆西星《方壶外史》。据亶怀逸史王部《新梓〈方壶外史〉玄肤论序》云：“君（陆西星）注疏甚富，穷于学道，不能自梓。梓其书者，上大夫方宇赵公，余续就事。”可知赵宋之刊刻陆西星文集《方壶外史》当起于是年。

1577 年，明万历五年丁丑，五十八岁。严怡《严石溪诗稿》刊行，题“楚阳虚仙陆长庚校”，卷首有陆西星“跋石溪严公拟古十九首”，《诗稿》中有：赠陆虚仙、陆虚仙读移情杂咏、次韵陆虚仙赠田炼师、赠陆潜虚弟子俞文通。

1578年，明万历六年戊寅，五十九岁。八月八日，《南华副墨》脱稿，并作序。从侄陆律作序，云："吾叔氏方壶先生，天诞之灵，夙有异骨，才雄学博，洞百氏外家语，童时即志仙游，尝曰：'人世浮华，石火耳！安用名为？'一日，即谢去亲知，长啸入栖霞山，彷徨乎尘垢之外，逍遥乎无为之业，鹑居鷇食，徐徐于于。旧注《阴符》《道德》《参同》《玄肤》等书，顷著《南华》。"又云："自先生注出，而诸家注可尽废矣。"五月，青霞外史李齐芳（李子蕃）为《副墨》作序，云："外史氏，予里闬先生也，闻性命之学于溟涬先生，遂屣弃旧所，栖真乎摄山之阳，注《南华》《道德》，以适己志，明大道之要，俾后来者知乡方。书成，予为梓之。"李茂年作后序。

1579年，明万历七年己卯，六十岁。昔日学道同门姚更生在陕西中举人。

1580年，明万历八年庚辰，六十一岁。二月，有《复张还朴进士书》，与张还朴粗谈丹道性命之学，并述所怀："别后惠我好音，谓仆浮沉倏忽，非仆也故，时值然也。若称怀而论，必使斯世斯人同归觉路，讵不畅然？"于张还朴有所寄望："凡人之情，同声相应，同气相求，足下患感之至，盖昔人有以千金市骏者，未逾年，千里马至者三。此郭隗之事，足下耳目所睹记也，足下盍勉之矣。"八月，赵宋序陆西星旧著《老子玄览》，云："长庚注《老子》二卷，名曰《玄览》，二万余言，贯串一旨。要皆契悟于言语文字之外者，然非长庚之私言也。……似当准此梓传"。此可知《玄览》虽作于嘉靖四十五年（1566年），十余年后方才刻板印行于世。十二月，与郑洛（范溪）《遗制府书》，劝以洛不独以学佛修性为重，当兼以修命，若果只是修性，"则他生来劫，当觅公于兜率天中，而阆风玄圃之墟，终不能挽公之逸驾矣。"本年，识郑材（思成）。郑材，河北安康人，郑洛之子，万历六年（1578年）任山东博平县知县，官至山东少参。"读副墨终篇，乃茫然失，蘧然觉，喟然叹，吾师乎，吾师乎！"为《南华副墨》作跋，从陆西星学道。有诗《北游杂咏》五十三首。

1581年，明万历九年辛巳，六十二岁。北游至京师。六月，在上谷与赵宋别。有诗《北游杂咏》五首。

1582年，明万历十年壬午，六十三岁。北游会乡。有诗《归田杂咏》十三首。

1583年，明万历十一年癸未，六十四岁。与潘六治、陆律多有酬咏。陆律、潘六治本年卒，作《哭亡侄从吾》《九月二十九日哭六治》二诗以悼之。有《归田杂咏》四十一首、《青山逸思八咏册序》。

1584年，明万历十二年甲申，六十五岁。再次北游，至安康县，与郑思成往来颇密，互相酬咏之诗颇多。有《北游续咏》四十首、《卮言》一百首、《平昌杂咏》、《古谚刻小引》。六月，将万历九年至万历十二年四年诗文集结成册，题名《觳音漫录》，并作“引”以记其事。与郑材共着道服趺坐，请人写影，并记以诗。则西星于道法授受，当独重郑材。中极殿大学士李春芳病逝，享年七十五岁。陆西星有诗哀之。盖李春芳自致仕归兴化故里，颐养天年数年间，陆西星尝与之有交游也。

1585年，明万历十三年乙酉，六十六岁。邑人韩贞（乐吾）卒，陆西星有诗悼之，慨叹“伤哉弃我去，何以慰不佞？”太初散人孙大绶重刊《南华副墨》，此刻书法宗颜真卿，颇为庄重古雅，可见其剞劂之不苟。

1588年，明万历十六年戊子，六十九岁。焦竑著成《庄子翼》，其中“引西星之说颇多”，可证《副墨》得到当时学术界之认可和推崇。

1591年，明万历十九年辛卯，七十二岁。陆西星参与由兴化知县欧阳东凤主修的《兴化县新志》。

1592年，明万历二十年壬辰，七十三岁。姚更生任襄城县知县。

1595年，明万历二十三年乙未，七十六岁。作蔬菜画卷，款题识：天地闲人、三剑道人、天放翁等。

1596年，明万历二十四年丙申，七十七岁。陆西星开始著手为《楞严经》作注，并撰写《〈楞严经说约〉引语》，自谓于《楞严经》之旨“独取衷于环师”，“间尝载之毫楮，以志健忘。”所谓环师，即宋代温陵戒环，著有《楞严经要解》二十卷。

1598年，明万历二十六年戊戌，七十九岁。六月，李戴任吏部尚书。

1600年，明万历二十八年庚子，八十一岁。冬，陆西星远游京师，会李戴于京师官邸，质以学佛心得。郑洛卒，终年七十一岁。洛官至少保兵部尚书，曾从西星学道，陆西星戒以性命双修为要。

1601年，明万历二十九年辛丑，八十二岁。二月，李戴为《楞严述旨》《楞伽句义通说》二书作“题辞”于端揆公署。五月，撰成《楞严经述旨题辞》于潞河舟中。本年，陆西星等十二人参与纂修的《兴化县新志》完成。

1602年，明万历三十年壬寅，八十三岁。为旧作《楞伽经句义通说要旨》作《〈楞伽经句义通说要旨〉絜言八则》，并刻成《楞伽经句义通说要旨》一书。

1603年，明万历三十一年癸卯，八十四岁。为沈懋孝的《滴露轩藏稿》作序，署名“万历癸卯陆长庚顿首百拜撰”。

1606年，明万历三十四年丙午，八十七岁。陆西星卒①。春，曾有书画绘白菜《清白传家》之作。据《重修兴化县志》记载：“陆山人墓，北郭外十里平望铺葬布衣陆西星。”

1609年，明万历三十七年己酉。太初散人孙大绶重刊《南华副墨》。

1806年，清嘉庆十一年丙寅。四川乐山李西月（李涵虚）诞生，李涵虚推陆西星为道教“东派祖师”，自开大江西派。并谓陆西星尚辑录有吕洞宾《终南山人集》《宾翁自记》《道缘汇录》《淮海杂记》等，并据之编纂《纯阳先生诗集》《吕祖年谱海山奇遇》（合称《吕祖全书》）。

1881年，清光绪七年辛巳。广陵集益堂重刻《方壶外史》，惜只刻二卷而止。

1885年，清光绪十一年乙酉。兴化传薪书屋据明刻本重刻《南华真经副墨》。

1915年，民国四年乙卯。清末名士待鹤山人郑观应、张弼士（张裕）、万启型（万雯轩）、黄邃之等据明刻本，筹资以铅字重新刊印《方壶外史丛编》，收陆西星注疏及著作十四种。缺《悟真篇小序》。

1917年，民国六年丁巳。黄邃之觅得《悟真篇小序》抄本，尚阙数页，复据陶素耜《悟真篇约注》而勘，遂成全帙，补刻《悟真篇小序》。

1924年，民国十三年甲子，兴化县人任树基、孔宪中、刘圣泉，集资在兴化县方壶岛，兴建向南正殿三间、北向三间、虹桥一座，以祀乡贤陆西星。

① 陆西星之卒年，迄今尚无定论，此处所定陆之卒年，姑从李西月于《海山奇遇》卷六“示冷生”一则，推断陆西星卒于万历丙午年（1606年）。